Theory and Practice of Evaluation in Mathematics Education

수학교육평가의 이론과 실제

이광상 · 임해미 · 최인선 · 김성경 지음

KYOWOO

머 리 말

이 책의 집필진은 한국교육과정평가원에 현재 근무하고 있거나 근무한 경험이 있는 수학교육 전공자로 수학과 관련된 다양한 평가 업무에 참여한 경험이 있다. 집필진은 이러한 경험을 토대로 각 시도교육청 수학과 평가 문항 제작 관련 연수 및 대학 강의 등을 하면서 수학교육 평가에 관련된 전문 서적의 필요성에 공감하여 1년 6개월 동안의 시간을 공들여 이 책을 집필하게 되었다.

한국교육과정평가원은 교육과정은 물론 교수학습, 교육평가와 관련된 연구·개발 등의 업무를 수행하고 있다. 특히 교육평가와 관련하여 국가수준 학업성취도 평가, 국제 학업성취도 평가(PISA, TIMSS), 국가고사(대학수학능력시험, 초중등학교 교사 임용시험 등) 관련 연구를 수행하고 있다. 이 책의 내용 중에는 위의 업무와 관련하여 한국교육과정평가원에서 수행한 연구보고서의 내용이 다수 포함되어 있다.

이 책은 교대 및 사범대의 수학교육과 학생, 교원임용시험을 준비하는 예비 수학 교사는 물론 학교 현장에 있는 교사 등의 평가에 대한 전문성 신장에 도움이 될 수 있도록 구성했다. 이 책은 1부 '수학교육 평가의 이론' 4개의 장과 2부 '수학교육평가의 실제' 3개의 장으로 구성되어 있다. 각 장의 말미에는 '되돌아보기 + 더 나아가기'를 통해 본문에서 학습한 내용을 점검하고 실습할 수 있도록 하였다. 또한 공부에 도움이 될 만한 자료는 부록에 제시하여 독자가 본문의 내용을 이해하는 데 도움을 주고자 하였다. 1부와 2부 내용을 간략하게 정리하면 다음과 같다.

1부의 1장인 '수학교육평가의 이해'에서는 일반적인 교육평가의 의미와 더불어 우리나라 수학교육 평가에 영향을 준 NCTM(1989, 1995, 2000)에서 제시하는 평가 기준 관련 내용을 제시하였다. 2장 '우리나라의 수학교육과정과 평가'에서는 2015 개정 수학과 교육과정에서 다루고 있는 평가 관련 내용과 2015 개정 이전의 수학과 교육과정의 평가 관련 내용을 비교 분석하여 제시하였다. 3장 '수학교육 평가의 동향'에서는 2015 개정 교육과정이 추구하고 있는 역량 기반 평가와 OECD의 2030 프로젝트를 포함한 역량 관련 내용, 미국, 호주, 싱가포르의 역량 교육 등을 제시해 평가 방향의 흐름을 제시하였다. 그리고 과정 중심 평가, 정의적 영역 평가, 테크놀로지 활용 평가, 평가 정책에 따른 수학 평가 관련 내용을 다루었다. 4장 '국내외 대규모 수학교육평가'에서는 우리나라의 대학수학능력시험과 국가수준 학업성취도 평가, 국제 학업성취도 평가인 PISA와 TIMSS 관련 내용을 제시하였다.

2부의 5장 '지필평가'에서는 평가 문항 개발 및 분석 단계, 평가 문항 제작 및 검토의 기초, 평가 문항 유형과 제작 원리, 서술형 문항의 채점 및 채점 기준 작성 방법과 관련된 내용을 제시하였다. 특히 지필평가에서는 2019년 국가수준 학업성취도 평가의 문항 제작과 분석 사례를 제시하였다. 6장 '프로젝트 평가'에서는 프로젝트 학습의 특징 및 설계와 더불어 프로젝트 평가 사례를 제시하였고, 프로젝트 학습과 〈수학과제 탐구〉와 연계하여 평가할 수 있는 사례도 제시하였다. 마지막으로 7장 '관찰, 면담, 구술, 자기, 동료 평가'에서는 관찰 평가, 면담 평가, 구술 평가, 자기 평가, 동료 평가의 정의와 특징, 평가 방법 등에 대한 구체적인 사례를 제시하였다.

이 책을 집필하면서 각 장의 세부 내용에 관한 토의를 하는 과정은 필자들에게도 수학교육 평가의 의미와 방향, 평가 문항 제작의 중요성을 다시금 깨닫게 해 준 귀중한 시간이었다. 이 책의 내용이 장래 교사가 되기를 희망하는 예비교사와 학교 현장에 있는 교사들에게 평가의 중요성에 대한 이해와 더불어 좋은 평가 문항을 제작하는 데 도움이 되기를 바란다.

코로나19로 인한 여러 가지 어려움에도 온라인 화상 회의를 통하여 원고를 거듭 검토하고 수정 보완하느라 수고해주신 집필진, 참고문헌을 꼼꼼하게 검토해주신 공주대학교 대학원의 이지연 선생님과 한현구 선생님께 감사의 말을 전한다. 그리고 이 책이 출판될 수 있도록 애써주신 교우사 임직원 여러분께도 감사드린다.

2021년 1월

저자 일동

목 차

제 1 부 수학교육평가의 이론 ········· 1

Ⅰ. 수학교육평가의 이해 ········· 2

1. NCTM(1989) ········· 3
   가. 일반 평가 ········· 6
   나. 학생 평가 ········· 8
   다. 프로그램 평가 ········· 14
2. NCTM(1995) ········· 16
   가. 수학 평가의 단계 ········· 16
   나. 수학 평가기준 ········· 17
   다. 수학 평가의 목적 ········· 20
3. NCTM(2000) ········· 22
4. 형성평가의 강조 ········· 24

Ⅱ. 우리나라의 수학교육과정과 평가 ········· 36

1. 2015 개정 수학과 교육과정 ········· 36
   가. 교육과정 개정 방향 ········· 36
   나. 교육과정 총론의 평가 방향 ········· 37
   다. 수학과 교육과정 평가 방향 ········· 38
   라. 2015 개정 교육과정에 따른 수학과 평가기준 ········· 46
2. 2015 개정 이전 교육과정에서의 평가 ········· 53
   가. 2007 개정 수학과 교육과정 ········· 53
   나. 2009 개정 수학과 교육과정 ········· 60

Ⅲ. 수학교육평가의 동향 ········· 74

1. 역량 기반 평가 ········· 74
   가. 2015 개정 교육과정의 핵심역량과 수학 교과 역량 ········· 74
   나. OECD의 역량 연구 ········· 86
   다. 미국, 호주, 싱가포르의 역량 교육 ········· 93
2. 과정 중심 평가 ········· 112
   가. 과정 중심 평가의 개념 ········· 112
   나. 과정 중심 평가의 도입 배경 ········· 113
   다. 과정 중심 평가의 특징 ········· 114

라. 과정 중심 평가의 운영 ······ 116

3. 정의적 영역의 평가 ······ 127

가. 국제 학업성취도 평가에서의 정의적 영역 평가 ······ 127

나. 국가수준 학업성취도 평가에서의 정의적 영역 평가 ······ 132

다. 국가수준 학업성취도 평가 수학과 정의적 영역 설문 결과 136

라. 교실에서의 정의적 영역의 평가 ······ 141

4. 테크놀로지 활용 평가 ······ 148

가. 공학적 도구를 활용한 수학 수업에서의 평가 ······ 150

나. 수학교육에서의 컴퓨터 기반 평가 ······ 157

5. 평가 정책에 따른 수학교육평가 ······ 169

가. 성취평가제 ······ 169

나. 고교학점제 ······ 180

Ⅳ. 국내외 대규모 수학교육평가 ······ 190

1. 대학수학능력시험 ······ 190

가. 대학수학능력시험 평가 개요 ······ 191

나. 대학수학능력시험 수학 영역 평가틀 ······ 193

다. 대학수학능력시험 평가결과의 활용:
수능 수학영역의 점수 산출을 중심으로 ······ 195

라. 대학수학능력시험 평가문항 예시:
행동 영역에 따른 문항 예시 ······ 198

2. 국가수준 학업성취도 평가 ······ 204

가. 국가수준 학업성취도 평가의 개요 ······ 204

나. 국가수준 학업성취도 평가의 평가틀 ······ 205

다. 국가수준 학업성취도 평가의 결과 활용 ······ 208

라. 국가수준 학업성취도 평가의 예시 문항 ······ 211

3. 국제 학업성취도 평가: PISA ······ 219

가. PISA 수학 평가 개요 ······ 220

나. PISA 수학 평가틀 ······ 222

다. PISA 평가 결과의 활용 ······ 227

라. PISA 평가 문항 예시 ······ 228

4. 국제 학업성취도 평가: TIMSS ······ 240

가. TIMSS 평가 개요 ······ 241

나. TIMSS 수학 평가틀 ······ 243

다. TIMSS 평가 결과의 활용 ······ 246

라. TIMSS 평가 수학 문항 예시 ······ 248

제 2 부 수학교육평가의 실제 ………………………………… 257

Ⅴ. 지필평가 ………………………………………………………………… 260

1. 평가 문항 개발 및 분석 단계 ………………………………………… 260
   가. 평가틀 설정 ……………………………………………………………… 260
   나. 평가 문항 제작 준비 단계 ……………………………………………… 261
   다. 평가 문항 개발 단계 ……………………………………………………… 262
   라. 평가 시행 및 분석 단계 ………………………………………………… 263
2. 평가 문항 제작 및 검토의 기초 ……………………………………… 265
   가. 문항의 구성 요소 ………………………………………………………… 265
   나. 수학 평가 문항 제작 시 유의사항 ……………………………………… 266
   다. 평가 문항 검토 시 유의사항 …………………………………………… 266
3. 평가 문항 유형 ………………………………………………………… 268
   가. 선다형 ……………………………………………………………………… 268
   나. 서답형 ……………………………………………………………………… 275
4. 서술형 문항의 채점 및 채점 기준 작성 방법 ………………………… 282
   가. 채점 방법 …………………………………………………………………… 282
   나. 채점기준 적용 사례 ……………………………………………………… 284
5. 평가 문항 제작 사례 …………………………………………………… 287
   가. 선다형 문항의 제작 및 수정 과정 ……………………………………… 287
   나. 서답형 문항의 제작 및 수정 과정 ……………………………………… 294
6. 평가 문항 분석 사례 …………………………………………………… 297
   가. 문항난이도 ………………………………………………………………… 297
   나. 문항변별도 ………………………………………………………………… 298
   다. 평가 문항 분석 예시 ……………………………………………………… 299

Ⅵ. 프로젝트 평가 …………………………………………………………… 308

1. 프로젝트 학습의 정의와 특징 ………………………………………… 309
2. 프로젝트 학습의 설계와 실행 ………………………………………… 311
   가. 프로젝트 학습 설계 시 고려 사항 ……………………………………… 311
   나. 프로젝트 학습 과제의 유형 ……………………………………………… 312
   다. 프로젝트 학습 진행하기 ………………………………………………… 314
3. 프로젝트 평가 …………………………………………………………… 316
   가. 평가표 사례 1: 동료 간 협업 및 팀워크에 대한 평가 ………………… 317
   나. 평가표 사례 2: 프로젝트 결과 발표(프레젠테이션)에 대한 평가 ‥ 318
   다. 평가표 사례 3: 프로젝트 산출물에 대한 평가 ………………………… 320

4. 프로젝트 평가 예시: 〈수학과제 탐구〉와 연계하기 ················ 321
가. 수학과제 탐구에서 성취기준과 평가기준 ························ 322
나. 수학과제 탐구의 사례 ··· 324

Ⅶ. 관찰, 면담, 구술, 자기, 동료 평가 ······························ 336

1. 관찰 평가 ·· 336
가. 관찰 평가의 정의와 특징 ·· 336
나. 관찰 평가의 방법 ·· 337
다. 관찰 평가 시 유의점 ··· 342
라. 수학교육평가에서 관찰 평가 사례 ··· 344
2. 면담 평가 ·· 348
가. 면담 평가의 정의와 특징 ·· 348
나. 면담 평가의 방법 ·· 348
다. 면담 평가 시 유의점 ··· 351
라. 수학교육평가에서 면담 평가 사례 ··· 352
3. 구술 평가 ·· 356
가. 구술 평가의 정의와 특징 ·· 356
나. 구술 평가의 방법 ·· 357
다. 구술 평가 시 유의점 ··· 357
라. 수학교육평가에서 구술 평가 사례 ··· 358
4. 자기 평가, 동료 평가 ·· 361
가. 자기 평가, 동료 평가의 정의와 특징 ································ 361
나. 자기 평가, 동료 평가의 방법 ·· 362
다. 자기 평가, 동료 평가 시 유의점 ··· 364
라. 수학교육평가에서 자기 평가, 동료구술 평가 사례 ··········· 365

찾아보기 ·· 370

제 1 부

수학교육평가의 이론

Ⅰ. 수학교육평가의 이해

Ⅱ. 우리나라의 수학교육과정과 평가

Ⅲ. 수학교육평가의 동향

Ⅳ. 국내외 대규모 수학교육평가

Ⅰ. 수학교육평가의 이해

교육평가(educational evaluation)란 가르친 것을 평가하는 것으로, 평가의 결과는 학생의 학업 성취 정도, 교사의 수업 효과, 교육과정 및 교육 시스템의 질을 점검하는 등에 활용된다. 최근의 교육평가는 결과 중심에서 과정 중심으로, 양적 평가에서 질적 평가로 강조점이 변화하고 있다. 즉, 이전의 교육평가가 상대적인 정보 제공을 위해 학생의 학습 결과를 비교하는 '학습 결과에 대한 평가(assessment of learning)' 중심이었다면, 최근의 교육평가는 학생의 학습을 돕고 좋은 교수학습을 설계하기 위한 정보를 제공하는 '학습을 위한 평가(assessment for learning)'로 전환되고 있다(김성숙 외, 2015).

미국의 ETS에 의해 2년간 운영된 고든 위원회(The Gordon Commission)는 미래 학생 평가의 방향을 논의하기 위해 구성되었으며, 2013년 기술 보고서와 다양한 주제에 대한 논문을 발표하였다.

미래 교육평가의 방향에 대한 연구를 수행한 Armour-Thomas와 Gordon(2013)은 [그림 Ⅰ-1-1]의 역동적 교육 모델(dynamic pedagogy model)을 제시하면서, 평가는 교육과정, 수업과 분절적이어서는 안되며, 교육과정, 수업, 평가의 역동적인 상호작용이 일어나는 영역에서 학습이 이루어진다고 강조하였다. 이는 과정 중심 평가의 중요성을 함의하고 있다고 볼 수 있다.

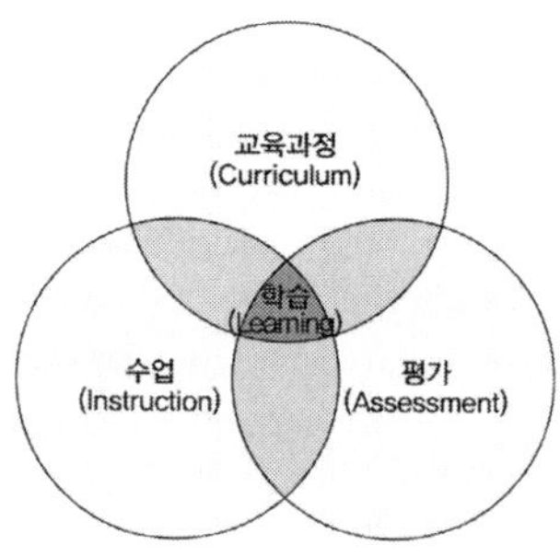

그림 Ⅰ-1-1 역동적 교육 모델

수학교육 분야에서도 이러한 교육평가의 변화를 반영하여 학생들의 수학적 지식과 역량을 평가할 수 있는 평가를 계획, 설계, 실행하기 위한 노력이 활발하게 이루어지고 있다. 수학교육에서 평가의 중요성에 대한 구체적인 논의는 미국수학교사협의회인 NCTM(National Council of Teachers of Mathematics)에서 1989년에 발간한 『Curriculum and Evaluation Standards for School Mathematics』 로부터 시작되었으며, 이후 1995년에 발간한 『Assessment Standards for School Mathematics』와 2000년에 발간한 『Principles and Standards for School Mathematics』를 통해 수학교육평가의 방향이 구체화되었다.

이 장에서는 NCTM의 평가 연구를 중심으로 수학교육평가의 목적과 평가기준 등에 대해 살펴보고, 2011년에 발간된 공통핵심기준(Common Core State Standards)에 부합하는 평가와 관련한 NCTM의 『Using Classroom Assessment to Improve Student Learning』을 중심으로 수학 수업에서 활용할 수 있는 다양한 형성평가 방법에 대해 알아보고자 한다.

1. NCTM(1989)[1)]

NCTM(1989)에서는 K-12 교육과정에서 강조해야할 핵심 과정 기준으로 문제해결, 의사소통, 추론, 수학적 연결성을 제시하였다.

수학교육은 1950년대 말부터 1970년대 초반의 수학교육 현대화 운동, 이에 대한 반성으로 나타난 1970년대의 기본으로 돌아가기 운동(back to basics), 1980년대의 문제해결을 비롯한 고차원적 수학적 사고를 가르쳐야 한다는 문제해결 운동을 통해 변화하였다. 이후 1990년대에는 문제해결을 강조하는 움직임의 연장선 상에서 공학적 도구를 도입하고 가르치는 수학 내용, 교수학습 방법과 평가 개선에 대한 논의가 이루어졌다.

NCTM은 학교수학을 개혁하려면 학교에서 학생들에게 무엇을 가르쳐야 하며 교사는 학생의 지식 향상을 돕기 위해 무엇을 해야 하는지, 학생들의 발달과 성취에 대한 정보를 얻기 위해 어떤 평가를 실시해야 하는지와 같은 교육과정과 평가에 대한 논의가 필요함을 역설하였다. 또한 학교수학의 변화를 위해서는 이상적인 교육과정과 평가에

1) 『Curriculum and Evaluation Standards for School Mathematics(NCTM, 1989)』와 이 책의 번역서인 『수학교육과정과 평가의 새로운 방향(구광조 외, 1997)』을 토대로 작성하였음.

대한 기준(standards)이 구체적으로 제시되어야 한다고 보고, 1989년에 『Curriculum and Evaluation Standards for School Mathematics』를 발간하였다.

NCTM(1989)에 제시된 학교수학의 개혁을 위한 평가의 고려 사항은 다음과 같다.

- 학생 평가는 수업에 통합되어야 한다.
- 다양한 평가 방법이 사용되어야 한다.
- 수학적 지식의 모든 측면과 그 연결성이 평가되어야 한다.
- 프로그램의 질을 판단할 때 수업과 교육과정이 동등하게 고려되어야 한다.

NCTM(1989)에서 제시한 평가기준(Assessment Standards)은 크게는 일반 평가, 학생 평가, 프로그램 평가의 3개의 범주와 이에 포함된 14개의 평가기준으로 구성된다([그림 Ⅰ-1-2] 참조). 먼저 첫 번째 범주인 '일반 평가'는 교육과정 기준과 관련된 일반적인 평가 전략을 다루며, 3개의 평가기준을 포함한다. 두 번째 범주인 '학생 평가'는 교수학적 목적을 위해 교사에게 정보를 제공하는 것에 초점을 맞추고 있으며, 7개의 평가기준을 포함한다. 세 번째 범주인 '프로그램 평가'는 프로그램의 질과 관련된 증거 수집을 다룬다. 교사, 교육 행정가, 수학 프로그램의 질과 수업 효과를 판단하는 정책 입안자에게 정보를 제공하는 데 목적이 있으며, 4개의 평가기준을 포함한다.

[일반 평가(General Assessment)]

평가기준 1. 일관성(Alignment)
평가기준 2. 정보의 다양한 출처(Multiple Sources of Information)
평가기준 3. 적절한 평가 방법의 사용(Appropriate Assessment Methods and Uses)

[학생 평가(Student Assessment)]

평가기준 4. 수학적 힘(Mathematical Power)
평가기준 5. 문제해결(Problem Solving)
평가기준 6. 의사소통(Communication)
평가기준 7. 추론(Reasoning)

평가기준 8. 수학적 개념(Mathematical Concepts)
평가기준 9. 수학적 절차(Mathematical Procedures)
평가기준 10. 수학적 성향(Mathematical Disposition)

[프로그램 평가(Program Evaluation)]
평가기준 11. 프로그램 평가의 지표(Indicators for Program Evaluation)
평가기준 12. 교육과정과 수업 자원(Curriculum and Instructional Resources)
평가기준 13. 수업(Instruction)
평가기준 14. 평가팀(Evaluation Team)

그림 Ⅰ-1-2 NCTM(1989)의 평가 기준

위의 14개의 평가기준과 관련하여 평가에서 관심이 증가하는 영역과 감소하는 영역은 〈표 Ⅰ-1-1〉과 같다.

표 Ⅰ-1-1 평가에서의 관심이 증가/감소하는 영역

증가하는 영역	감소하는 영역
• 학생들이 수학에 대해 무엇을 알고 있으며 어떻게 사고하는 지를 평가하는 것	• 학생들이 무엇을 모르는지를 평가하는 것
• 평가를 수업에 통합하는 것	• 평가를 단지 등급을 매길 목적으로 시험에서 정답의 개수를 세는 것으로 보는 것
• 넓은 범위의 수학적 과제에 초점을 두고 수학의 전체적인(holistic) 관점을 택하는 것	• 내용-행동의 이원분류표에 의해 조직된 특수하고 개별화된 많은 기능(skill)에 초점을 두는 것
• 많은 수학적 개념의 적용을 요구하는 문제 상황을 개발하는 것	• 한 두 가지 기능만을 요구하는 연습문제나 문장제를 사용하는 것
• 지필평가, 구술평가, 시연 등 다양한 평가 기법을 사용하는 것	• 지필평가만 사용하는 것
• 평가에서 계산기, 컴퓨터, 구체적 조작물을 사용하는 것	• 평가에서 계산기, 컴퓨터, 구체적 조작물의 사용을 배제하는 것
• 성취 결과, 교육과정, 수업에 관한 정보를 체계적으로 수집하여 프로그램을 평가하는 것	• 시험 점수에만 근거하여 프로그램을 평가하는 것
• 표준화된 성취도 검사를 프로그램 성과의 지표 중 하나로만 이용하는 것	• 표준화된 성취도 검사를 프로그램 성과의 유일한 지표로 이용하는 것

NCTM(1989)에서 제안한 평가기준을 일반 평가, 학생 평가, 프로그램 평가의 세 범주별로 살펴보면 다음과 같다.

가. 일반 평가

2015 개정 수학과 교육과정에서는 교수학습 원칙 중 하나로 '수학과의 교수·학습은 교육과정에 제시된 내용의 수준과 범위를 준수하고, 교육과정에 제시된 목표, 내용, 평가와 일관성을 가져야 한다.'를 제시하였다.

일반 평가의 기준은 평가 도구를 판단하는 원리를 제시한다. 이 원리는 모든 수준의 평가에 적용되며, 학생 평가와 프로그램 평가에도 적용된다. 일반 평가의 기준은 모든 평가는 교육과정과 일관성이 있어야 하며, 평가의 목적에 맞는 다양한 평가 기법을 사용해야 한다는 점을 가정한다. 적절하게 일관성 있는 평가를 하려면 평가 도구에 포함된 과제들은 목적, 목표, 교육과정에 제시된 내용의 범위 등을 고려해야 한다. 이러한 평가의 일관성은 우리나라의 2015 개정 수학과 교육과정의 평가 원칙에서도 강조하고 있는 부분이다.

수학교육은 새로운 수업 방법을 도입하고 학생들의 성장 과정을 평가해야 한다. 수학에 대한 깊은 이해를 요구하는 수업에서 사용되는 평가 도구는 단 하나의 옳은 답만을 요구하기보다 학생들이 문제를 풀고 추론하고 의사소통하게 하는 수업 프로그램의 범위와 의도를 반영한 것이어야 한다. 또한 평가 도구는 교사가 수학적 개념, 수학적 과정, 수학적 상황에서 학생들의 능력을 파악할 수 있는 정보를 제공할 수 있어야 한다.

수업에서는 선다형, 단답형, 토론, 개방형 문제, 구조화된 개방형 인터뷰, 과제, 프로젝트, 저널, 에세이, 발표 등과 같은 다양한 평가 방법을 도입해야 하며, 전체 수업, 소집단, 개별 활동에 적절한 평가 방법을 활용해야 한다. 이러한 평가 방법들은 교육과정 기준(curriculum standards)이 내포하는 다양한 교수학습 방법을 반영해야 하며, 학생들의 응답과 정보처리에서의 다양성을 허용하고 신뢰롭고 타당한 정보를 제공해야 한다. 수업과 관련된 결정은 주어진 교육적 처치의 필요성을 뒷받침하고 확증하는 다양한 출처로부터 얻어진 정보를 수렴하여 내려야 하며, 단 하나의 평가 도구나 방법에 의존하는 것은 바람직하지 않다.

일반 평가에 포함된 세 가지 평가기준인 일관성, 정보의 다양한 출처, 적절한 평가 방법의 사용의 특징은 〈표 Ⅰ-1-2〉와 같다.

표 Ⅰ-1-2 NCTM(1989) 일반 평가의 평가기준

평가기준		특징
평가기준 1	일관성	학생의 학습을 평가하기 위한 방법과 과제는 교육과정의 다음 사항과 일관성이 있어야 한다. • 목적, 목표, 수학적 내용 • 다양한 내용과 과정 및 이들의 관계에 대한 상대적인 강조 • 계산기, 컴퓨터, 구체적 조작물의 사용을 포함한 수업 방법 및 활동
평가기준 2	정보의 다양한 출처	학생들의 학습에 대한 결정은 다양한 출처로 부터 얻은 정보를 수렴함으로써 이루어져야 하며, 다음과 같은 과제가 포함되어야 한다. • 다른 종류의 수학적 사고를 요구하는 과제 • 동일한 수학적 개념이나 절차를 여러 가지 맥락, 유형, 문제 상황에서 제시하는 과제
평가기준 3	적절한 평가 방법의 사용	평가 방법 및 도구는 다음에 근거하여 선택해야 한다. 의도되지 않은 목적으로 평가 도구를 이용해서는 안 된다. • 얻고자 하는 정보의 유형 • 정보의 사용 • 학생의 발달 단계와 성숙도

이때 평가기준 3인 '적절한 평가 방법의 사용'과 관련하여 평가 목적에 따른 평가 방법은 〈표 Ⅰ-1-3〉과 같다.

표 Ⅰ-1-3 평가의 목적과 평가 방법

목표	목표 관련 질문의 예	평가 방법
진단	• 이 학생은 개념이나 과정에 대해 무엇을 알고 있는가?	관찰, 학생들에게 절차 등을 묻는 구술시험, 지필과제, 직접적인 시험 문항
교수학적 피드백	• 학생들은 제시된 자료에 대해 무엇을 알고 있는가? • 나(교사)는 어떻게 수업을 조절해야 되는가?	다양한 문제해결 방법을 요구하는 문항을 포함한 지필평가, 교실에서 발표하기, 문제해결 프로젝트, 교실 토의 관찰, 저널쓰기, 과제, 그룹 프로젝트
등급 부여	• 이 학생은 다음 학년이나 다음 수준으로 나아가기 위해 얼마나 잘 준비가 되었는가?	문제해결 프로젝트, 수학 내용에 대한 사려 깊은 탐구를 요구하는 논술, 강좌의 기대치에 근거하여 다양한 난이도를 가진 문제를 제시하는 지필평가, 구두 발표
일반화된 수학 성취	• 이 학생의 일반적 수학 능력은 다른 학생 또는 전국 기준에 비추어 얼마나 되는가?	표준화된 성취도 검사
프로그램 평가	• 이 수업 프로그램은 수학 학습 목표를 성취하는데 얼마나 효과적인가?	학생 면담, 성취도 검사, 준거 참조 평가, 교실 토의 관찰, 프로그램을 이수한 학생의 성공 여부

나. 학생 평가

학교 수학 수업은 교사와 학생이 상호주목하는 의사소통의 과정 속에서 효과적으로 이루어질 수 있다. 특히 교사는 학생에게 적절한 질문을 던짐으로써 학생의 이해 정도를 점검할 수 있다. 학생 평가의 범주에 해당하는 평가기준은 학생들이 어떤 수학을 알고 있는지를 확인하기 위해 무엇을 관찰하고 측정해야 하는지를 제시한다. 이때 교사의 역할이 중요하기 때문에 평가기준은 교사와 밀접하게 관련된다.

평가는 시험을 보는 것 이상이어야 한다. 평가는 연속적이고 역동적이며 때로는 비형식적인 과정이어야 한다. 평가는 분명한 결론을 내리는 것을 넘어서서 관찰과 추측, 학생의 이해에 대한 계속적인 판단이 반복되는 과정이다. 평가는 학생의 발달에 대한 판단을 내릴 수 있는 정보를 제공해야 한다.

등급을 정하는 시험이 가장 흔한 평가이지만, 평가는 학생들이 무엇을 알고 수학에 대해 어떻게 사고하는지를 결정하기 위해 고안된 보다 넓고 기본적인 과제여야 한다. 또한 수업의 질을 개선하기 위해 학생들의 이력(biography)을 산출할 수 있어야 한다.

학생 평가에 포함된 일곱 가지 평가기준인 수학적 힘, 문제해결, 의사소통, 추론, 수학적 개념, 수학적 절차, 수학적 성향의 특징은 〈표 Ⅰ-1-4〉와 같다. 수학 교실에서의 수업은 이 일곱 가지 평가기준 중 하나 이상을 다루어야 하며, 평가기준에서도 이 기준들을 모두 다룰 필요가 있다.

표 Ⅰ-1-4 NCTM(1989) 학생 평가의 평가기준

평가기준		특징
평가 기준 4	수학적 힘	학생들의 수학적 지식에 대한 평가는 다음 정보를 산출할 수 있어야 한다. • 수학 문제나 다른 과목의 문제를 해결하는 데 자신의 지식을 적용하는 능력 • 아이디어를 교환하기 위해 수학적 언어를 사용하는 능력 • 추론하고 분석하는 능력 • 개념과 과정에 대한 지식과 이해 • 수학에 대한 성향 • 수학의 본질에 대한 이해 • 위에서 제시한 수학적 지식의 측면들을 통합

평가기준		특징
평가 기준 5	문제해결	문제해결에서 수학을 사용하는 능력에 대한 평가는 학생들이 다음과 같은 것을 할 수 있다는 증거를 제시할 수 있어야 한다. • 문제를 구성할 수 있다. • 문제해결에서 다양한 전략을 적용할 수 있다. • 문제를 풀 수 있다. • 결과를 입증하고 해석할 수 있다. • 해를 일반화할 수 있다.
평가 기준 6	의사소통	수학에 대한 의사소통 능력의 평가는 학생들이 다음과 같은 것을 할 수 있다는 증거를 제시할 수 있어야 한다. • 수학적 아이디어를 말하고, 쓰고, 설명하고, 시각적으로 표현할 수 있다. • 지필, 구술 또는 시각적 표현으로 제시된 수학적 아이디어를 이해, 해석, 평가할 수 있다. • 수학적 용어, 기호, 구조를 사용하여 아이디어를 표현하고 관계를 기술하고 상황을 모델링할 수 있다.
평가 기준 7	추론	수학적 추론 능력에 대한 평가는 학생들이 다음과 같은 것을 할 수 있다는 증거를 제시할 수 있어야 한다. • 규칙성을 인식하고 추측할 때 귀납적 추론을 할 수 있다. • 수학적 명제에 대한 개연적 논증을 전개하기 위해 추론을 할 수 있다. • 비례추론과 공간추론을 사용하여 문제를 해결할 수 있다. • 결론을 내리고, 논증의 타당성을 판단하며, 타당한 논증을 구성하는데 연역추론을 사용할 수 있다. • 공통 성질과 구조를 결정하기 위해 상황을 분석할 수 있다. • 수학의 공리적 성질을 이해할 수 있다.
평가 기준 8	수학적 개념	수학적 개념에 대한 이해와 지식의 평가는 학생들이 다음과 같은 것을 할 수 있다는 증거를 제시할 수 있어야 한다. • 개념을 정의하고, 말로 표현하고, 분류할 수 있다. • 개념을 표현하기 위해 기호와 도식, 모델을 사용할 수 있다. • 한 가지 표현 방식을 다른 표현 방식으로 변환할 수 있다. • 개념의 다양한 의미나 해석을 인식할 수 있다. • 주어진 개념의 성질을 밝히고, 특정 개념을 결정짓는 조건을 인식할 수 있다. • 개념을 비교하고 대조할 수 있다.
평가 기준 9	수학적 절차	수학적 절차에 대한 평가는 학생들이 다음과 같은 것을 할 수 있다는 증거를 제시할 수 있어야 한다. • 어떤 절차가 언제 적절한지 인식할 수 있다. • 절차의 각 단계에서 이유를 제시할 수 있다. • 절차를 확실하고 효율적으로 실행할 수 있다. • 절차의 결과를 경험적, 분석적으로 입증할 수 있다. • 옳고 그른 절차들을 인식할 수 있다. • 새로운 절차를 만들고 기존 절차를 확장 또는 수정할 수 있다. • 수학에서의 절차의 성질과 역할을 음미할 수 있다.

평가기준		특징
평가 기준 10	수학적 성향	수학적 성향에 대한 평가는 학생들이 다음과 같은 것을 할 수 있다는 증거를 제시할 수 있어야 한다. • 문제를 풀고, 아이디어를 교환하고, 추론하기 위해 수학을 사용하는 것에 대한 자신감 • 수학적 아이디어를 탐구하고, 다른 문제해결 방법을 찾는 데 있어서의 유연성 • 수학적 과제를 지속적으로 수행하려는 자세 • 수학을 할 때의 흥미, 호기심, 창의성 • 자신의 생각과 수행 결과를 모니터링하고 반성하려는 경향 • 다른 과목과 일상의 경험에서 발생하는 상황에 수학을 적용하는 것의 가치를 아는 것 • 문화에 있어서 수학의 역할과 도구와 언어로서의 수학적 가치를 이해하는 것

위의 일곱 가지 평가기준을 통해 우리나라의 2015 개정 수학과 교육과정에서 강조하고 있는 교과 역량 평가에 대한 정보를 찾을 수 있다. 수학 교과 역량과 관련하여 NCTM(1989)에 제시된 문제해결, 의사소통, 추론 평가기준에 대한 평가 문항 예시를 살펴보면 다음과 같다.

문제해결

문제해결에 대한 평가는 문제해결의 모든 측면을 수행하는 학생의 능력을 평가하는 것이어야 한다. 주어진 정보를 사용하고 가설을 설정하는 능력에 대한 증거는 학생들이 문제를 형식화할 수 있는지를 판단하는 데 필수적이다. 문제해결 평가 문항은 학생들이 문제해결 전략과 기법을 사용하고 결과를 해석하고 입증하는 능력에 대한 증거를 제공할 수 있어야 한다.

문제해결을 평가하려면 개인, 소집단, 전체 교실의 토론 상황에서 문제해결 과정을 관찰해야 한다. 문제해결 과정에 대한 대화와 논의를 듣고, 평가 문항, 과제, 저널, 에세이 등을 분석하는 것 등을 통해 문제해결력을 평가할 수 있다. 이에 대한 피드백은 지필이나 구두의 코멘트, 구체적인 연습문제에 대한 점수 등 여러 가지 형태로 제공할 수 있다. 이때 다양한 항목에 대한 평가를 할 수 있는 평가틀, 문제해결 과정을 등급으로 제시한 채점기준을 활용할 수 있으며, 문제해결

과정에 대한 학생별 프로파일을 작성하는 것도 좋은 방법이 될 수 있다. 프로파일에는 문제해결에 참여하는 학생의 의지, 전략의 다양한 사용, 해답을 찾는 능력, 해답의 적절성 등이 포함될 수 있다.

다음은 9-12학년 대상의 문제해결 예시 문항이다.

문제를 제기하시오.

상점에서 10개의 물건을 구입하려고 한다. 6명이 급행계산대(10개 항목 이하)에서 기다리고 있다. 1번 계산대에는 1명, 3번 계산대에는 3명이 기다리고 있고, 다른 계산대는 닫혀 있다. 어떤 계산대에 줄을 서겠는가?

이때 문제를 제기하는 한 가지 측면은 추가적인 정보가 필요한지 확인하는 것이다. 위의 문제에서는 필요한 정보가 충분히 제공되어 있지 않기 때문에, 학생들은 누락된 정보가 무엇인지 찾고 누락된 수치들이 무엇인지를 추정할 수 있어야 한다. 학생들은 각각의 사람들이 가지고 있는 물건의 수와 계산하는 사람의 계산 속도 등을 고려해야 한다. 주어진 문제를 해결하기 위한 질문을 다양하게 만들고 어떤 추가적인 정보를 가정하는지에 대해 소집단 활동 등을 할 수 있다.

다음 명제를 증명하시오.

연속하는 두 범자연수의 합은 2로 나누어떨어지지 않는다.

위의 문제는 평가에 이용될 수 있으며 과제로 부과할 수도 있다. 이 문제를 통해 일반화된 명제를 증명하거나 반증하는 학생의 능력을 평가할 수 있으며, 문제해결 과정의 각 부분에 점수를 부여할 수 있다. 예를 들어 주어진 명제를 $\frac{n+(n+1)}{2}$이 정수인지 표현한 경우는 1점, 두 연속하는 범자연수에 대해 잘 알고 있는 경우는 1점, 일반적인 경우를 언급한 경우는 2점, 적당한 증명을 하면 2점, 자신이 사용한 전략을 설명하면 2점 등으로 점수를 부여할 수 있다.

의사소통

의사소통은 수학을 배우고 이해하는데 있어서 매우 중요하지만, 학생들은 수학적으로 의사소통하는 것을 어렵게 느낄 수 있다. 이는 수학이 기호의 사용에 의존하고, 수학적 언어가 일상어보다 특수하고 때로는 일상어와 다른 의미를 갖기 때문이다. 의사소통은 다양한 상황에서 이루어지는 사회적 활동이기 때문에 다양한 상황에서 평가될 필요가 있으며, 교사는 학생이 수업에서 수학적 아이디어를 어떻게 표현하고 수학적 표현을 어떻게 해석하는지에 관심을 기울여야 한다. 또한 학생이 사용하는 언어의 명료성, 정확성, 적합성에 주의를 기울일 필요가 있다.

수학적 의사소통에 대한 평가는 수학적 개념과 절차의 의미, 수학적으로 표현된 아이디어에 대해 이야기하고 이해하고 평가하는 데 있어서의 능숙함을 평가해야 한다. 수학적 의사소통 능력은 학생에게 수학에 대한 글을 써보게 하여 평가할 수 있는데, 다음은 하나의 예시이다.

학급의 친구에게 전화 통화를 통해 도형을 그리게 한다고 하자. 그 학생은 도형을 볼 수 없다. 다음 그림과 그래프를 정확히 그릴 수 있게 하기 위한 지시 내용을 적으시오.

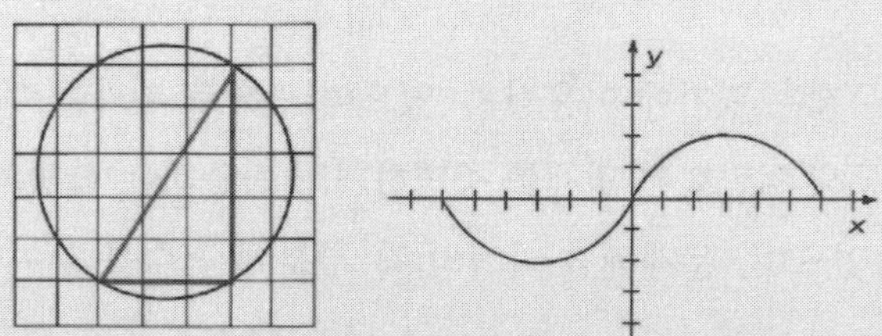

(a) (b)

한편 과학 기술이 발달함에 따라 사람 사이의 의사소통뿐만 아니라 공학적 도구를 사용한 의사소통도 강조될 필요가 있으며 이에 대한 평가도 이루어져야 한다. 예를 들어 학생이 스프레드시트 프로그램을 이용하여 주어진 상황을 시뮬레이션하고 결론에 대한 증거를 제시할 수 있는지를 평가할 수 있다.

추론

추론은 수학을 행하는 데 기본이 되지만, 구술 평가나 지필 평가를 통해 항상 관찰할 수 있는 것은 아니다. 학생들은 자신이 알고 있거나 다루어 본 예를 근거로 가설을 세우고 참인 것으로 알고 있는 것을 근거로 논증을 전개한다. 또한 학생들은 비례추론과 공간관계에 대한 직관적 개념을 사용하기도 한다. 따라서 학생들의 추론 역량을 평가하려면 학생들이 수행하는 다양한 유형의 추론에 대한 증거를 수집할 수 있는 평가 방법을 사용해야 한다.

다음은 귀납추론을 평가하기 위한 문항으로, 학생들은 가설을 세우기 위해 3개 이상의 사례를 조사해야 한다. 이 문제는 구체적인 경우로부터 일반화할 수 있는 능력에 초점을 두고 있다. 이때 구체적인 경우는 답을 할 수 있으나 일반화를 하지 못하는 경우는 귀납추론 능력이 부족하다고 볼 수 있다.

귀납추론

다섯 명의 학생의 점수는 62점, 75점, 80점, 86점, 92점이다. 평균을 구하여라. 만약 모든 학생의 점수가 다음 점수만큼 증가한다면 평균은 얼마인가?

(a) 1점 (b) 2점 (c) 3점 (d) x점

만약 모든 학생의 점수가 x점만큼 증가하면, 평균이 얼마나 증가하는지에 대한 명제를 적으시오. 그 명제가 참임을 다른 학생에게 설득하기 위한 논증을 하시오.

다음은 연역추론 및 개연추론과 관련된 평가 문항이다. 원의 넓이를 구하는 공식을 찾기 위해 평행사변형의 넓이 공식을 활용하는 학생은 연역추론과 개연추론을 하였다고 볼 수 있다. 논증이 상식적이고 수학적으로 틀리지 않다면 개연적이라고 판단할 수 있다.

연역추론과 개연추론

학생들에게 모둠별로 그림과 같은 모델을 구성하도록 하시오.
이 모델을 보고 원의 넓이를 구하는 공식을 찾거나, 이 모델과 $A = \pi r^2$이 개연성을 갖는 이유를 설명하게 하시오.

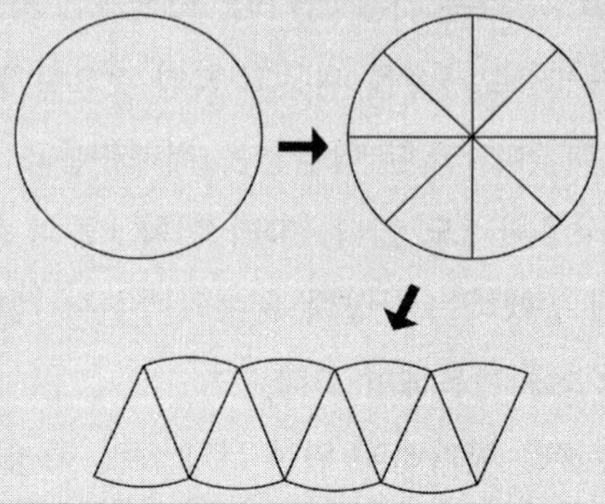

다음은 공간추론에 대한 평가 문항이다. 이 문항에 대한 평가는 세 단계를 거쳐야 한다. 첫째, 학생들은 주어진 점들을 포함하는 평면을 시각화해야 한다. 둘째, 단면의 모양을 기술할 수 있어야 한다. 셋째, 목표로 하는 넓이 공식을 찾아야 한다.

공간추론

그림에 표시된 점들을 포함하는 정육면체의 각 단면의 넓이를 구하는 공식은 무엇인가?

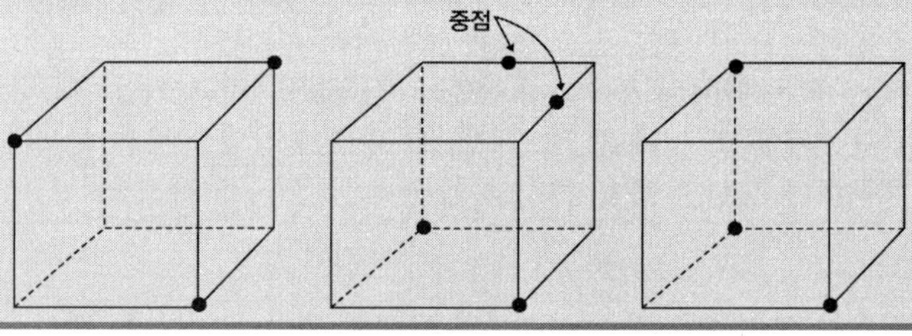

다. 프로그램 평가

프로그램 평가의 목적은 교육과정과 수업에 대한 결정을 내리기 위해 적절하고 유용한 정보를 얻는 것이다. 이때의 프로그램이란 교육과정을 구현하기 위해 설계한 강좌 등을 의미한다. 프로그램 평가에 포함된 네 가지 평가기준인 프로그램 평가의 지표, 교육과정과 수업 자원, 수업, 평가팀에 대한 평가기준의 특징은 〈표 Ⅰ-1-5〉와 같다.

표 Ⅰ-1-5 NCTM(1989) 프로그램 평가의 평가기준

평가기준		특징
평가기준 11	프로그램 평가의 지표	수학 프로그램과 기준집의 일관성을 나타내는 지표는 다음을 포함해야 한다. • 학생 성취 결과 • 프로그램에 대한 기대와 지원 • 모든 학생들에 대한 형평성 • 교육과정 검토와 변화
평가기준 12	교육과정과 수업 자원	수학 프로그램이 교육과정과 일관성이 있는지를 알아보는 평가에서 교육과정과 수업 자원에 대한 조사는 다음에 초점을 맞추어야 한다. • 목적, 목표 및 수학 내용 • 다양한 내용과 과정 및 이들 사이의 관계에 대한 강조 • 수업 방법과 활동 • 학년 수준에 따른 명료성 • 평가 방법과 도구 • 공학적 도구와 자원 자료의 유용성
평가기준 13	수업	수학 프로그램과 교육과정 기준의 일관성을 평가할 때에는 다음에 주의하면서 수업과 수업 환경을 조사해야 한다. • 수학적 내용과 이를 다루는 방법 • 다양한 주제와 과정, 그 사이의 관계에 대한 강조 • 학습 기회 • 수업 자원과 학습 분위기 • 평가 방법과 도구 • 학년 간 수업의 연결성
평가기준 14	평가팀	프로그램 평가는 다음과 같은 사람들에 의해 계획되고 수행되어야 한다. • 수학교육에 전문적 지식을 갖추고 훈련을 받은 사람 • 프로그램 평가에 대해 전문적 지식을 갖추고 훈련을 받은 사람 • 수학 프로그램에 관해 의사결정을 하는 사람 • 평가로부터 얻어진 정보를 이용하는 사람

2. NCTM(1995)[2)]

1992년에 NCTM은 이전의 기준 문서에서 평가와 관련된 부분을 보완하기 위한 연구에 착수하여 1995년에 『Assessment Standards for School Mathematics』를 완성하였다. 여기서는 수학 평가의 단계, 수학 평가기준, 수학 평가의 목적에 대해 살펴보고자 한다.

가. 수학 평가의 단계

수학 평가의 과정은 중요한 결정을 필요로 하는 상호 관련된 네 단계로 나누어 볼 수 있다([그림 Ⅰ-2-1] 참고). 수학 평가는 평가 계획, 증거 수집, 증거 해석, 결과 사용의 네 단계로 볼 수 있지만, 반드시 이 네 단계가 순서대로 이루어지지 않을 수도 있다. 각 단계의 특징은 다음과 같다.

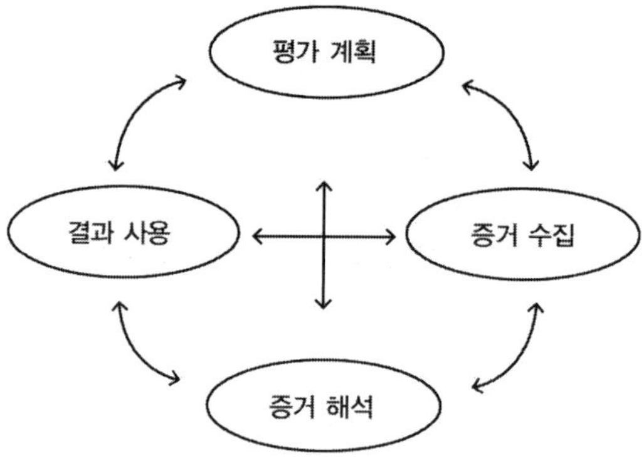

그림 Ⅰ-2-1 수학 평가의 단계

평가 계획(Plan Assessment)

- 평가의 목적은 무엇인가?
- 활동에서 강조점과 균형을 위해 어떤 평가틀을 사용할 것인가?
- 증거를 수집하고 해석하기 위해 어떤 방법을 사용할 것인가?
- 활동에 대한 수행을 판단하기 위해 어떤 준거를 사용할 것인가?
- 판단을 요약하고 결과를 보고하기 위해 어떤 양식을 사용할 것인가?

2) 『Assessment Standards for School Mathematics(NCTM, 1995)』를 토대로 작성하였음.

증거 수집(Gather Evidence)

- 활동과 과제는 어떻게 만들거나 선택할 것인가?
- 학생들을 활동에 참여시키기 위해서 어떤 절차를 선택할 것인가?
- 판단해야 할 수행의 증거를 만들고 보존하기 위해 어떤 방법을 사용할 것인가?

증거 해석(Interpret Evidence)

- 증거의 질은 어떻게 결정되는가?
- 수행에 대한 이해는 증거로부터 어떻게 추론되는가?
- 수행을 판단하기 위해 어떤 구체적인 준거가 적용되는가?
- 준거는 적절하게 적용되는가?
- 판단들은 결과로 어떻게 요약할 것인가?

결과 사용(Use Results)

- 결과를 어떻게 보고할 것인가?
- 결과로부터 어떻게 추론할 것인가?
- 추론에 근거하여 어떤 행동을 할 것인가?
- 이러한 결과가 후속 수업과 평가에 통합될지 어떻게 확신할 수 있는가?

나. 수학 평가기준

NCTM(1995)에서는 수학 평가의 질을 판단하기 위한 여섯 가지 평가기준으로 수학, 학습, 평등, 개방성, 추론, 일관성 기준을 제시하였다. 각 평가기준의 특징은 다음과 같다.

평가기준 1: 수학 기준(The Mathematics Standard)

평가는 모든 학생들이 알아야 할 필요가 있고 할 수 있는 수학을 반영해야 한다. 사회에서 수학의 사용과 중요성이 점차 증가하고 있으며 학교에서의 수학도 이를 반영할 필요가 있다. 수학에 대한 절차적 기술은 학생들이 학교 밖의 사회생활을 준비하기에는 충분하지 않기 때문에, 학교수학에서는 수학적 사고와 문제해결에 대한 비중을 높여야 하고 교육과정과 평가에도 반영될 필요가 있다.

학교수학에서의 활동은 문제를 만들고, 수학적으로 추론하며, 수학적 아이디어를 연결하고, 수학적으로 의사소통하는 것이어야 한다. 학생은 실생활에서 사용 가능한 공학적 도구와 정보를 사용하여 실제적인 문제를 해결하는 경험을 해야 한다. 또한 기술적, 절차적 지식도 수학의 한 부분으로 평가되어야 한다.

평가기준 2: 학습 기준(The Learning Standard)

평가는 수학 학습을 향상시켜야 한다. 평가는 수학 수업의 핵심적인 부분으로서 모든 학생들의 학습에 도움이 되어야 한다. 학생들은 평가를 받으면서 수학을 배우기 때문에, 평가는 학습 기회이자 학생들이 무엇을 알고 있고 할 수 있는지를 나타낼 수 있는 기회가 된다.

평가는 수업과 구분하여 시행하거나 학기 말에 단순히 등급을 매기기 위해 시행하는 것이 아니라, 수업의 과정에서 일상적으로 이루어져야 하며 학습을 촉진하고 지원할 수 있어야 한다. 평가는 수업시간에 학생들을 관찰하고 학생들이 말하는 것을 이해하기 위해 비형식적인 방식으로 이루어질 수 있으며, 교사는 수업을 계획할 때 어떤 질문을 하고 어떤 평가를 할 것인지를 미리 고려해야 한다.

수업시간에 개인, 모둠으로 이루어지는 다양한 활동의 결과들, 예를 들어 학생들이 한 이야기, 작성된 활동지, 저널 목록, 컴퓨터로 작업한 결과물 등은 학생들의 수학 학습의 증거가 되며, 평가에 활용될 수 있다. 이러한 평가의 결과를 통해 수집한 정보를 바탕으로 형식적인 평가를 고안하고 이후에 이루어질 평가의 방향을 수립할 수 있다.

평가기준 3: 평등 기준(The Equity Standard)

평가는 모든 학생들에게 평등해야 하며, 모든 학생들은 자신의 수학적 힘을 표현할 수 있는 기회를 가져야 한다. 학생들마다 자신이 이해한 것을 표현하는 방식이 다를 수 있기 때문에 평가도 다양한 접근 방식으로 이루어져야 한다. 또한 평가에서는 학생들의 경험, 신체 조건, 성별 등이 고려되어야 한다. 평가자는 학생들이 각자의 조건에 따라 다르게 표현할 수 있음을 고려하여 대안적인 답을 가지고 있어야 한다. 또한 평가는 교실, 학교, 지역, 시 수준에서 학생들의 수학 학습을 모니터링하여 학생들에게 교육적으로 평등한 기회가 주어지도록 해야 한다. 전통적인 평가에서는 이러한 차이를 고려하지 않았기 때문에 일부 학생들은 수학을 학습할 수 있는 기회에서 배제되었으나 앞으로의 평가는 모든 학생을 위한 평가가 되어야만 한다.

평가기준 4: 개방성 기준(The Openness Standard)

평가의 과정은 투명하게 공개되어야 한다. 학생들은 자신이 무엇을 알아야 하고 지식을 어떻게 표현해야 하며 평가의 결과가 어떻게 될지 알 수 있어야 한다. 학생들은 사전에 자신이 제출한 과제를 평가하는 기준과 적절하거나 부적절한 응답의 예를 알고 있어야 한다. 평가가 개방성을 갖는지를 판단하려면, 학생들이 평가의 과정, 평가의 목적, 수행 기준, 평가의 결과에 대해 잘 알고 있는지, 교사와 학생이 과제를 선택하고 기준을 수립하며 결과를 해석하는 데 어떻게 참여하는지, 평가의 과정에 공적인 개입이 있는지 등을 살펴보면 된다.

평가기준 5: 추론 기준(The Inferences Standard)

평가를 통해 학생들의 수학 학습에 대한 타당한 추론을 할 수 있어야 한다. 이를 위해서는 학생들의 학습의 증거로부터 타당한 추론을 하기 위한 절차가 정의되어야 한다. 학습에 대한 추론은 직접적으로 관찰할 수 없는 학생들의 인지적 과정에 대해 판단을 내리는 것이다. 수학 평가는 관찰, 면담, 개방형 과제, 열린 문제 상황, 포트폴리오뿐만 아니라 선다형이나 단답형과 같은 전통적인 평가 도구를 통해 증거를 수집할 수 있다. 다양한 증거를 토대로 한 평가는 여러 평가 방법의 단점을 보완하면서 추론의 타당성을 높여준다. 평가를 통해 타당한 추론을 하려면, 평가를 통해 학습에 대한 어떤 증거가 제공되었는지, 학습에 대한 추론을 하는 과정에서 어떤 전문적인 판단이 이루어졌는지, 학습에 대한 추론을 할 때 편견을 최소화했는지, 사용된 증거는 얼마나 가치가 있는지 등을 살펴보아야 한다.

평가기준 6: 일관성 기준(The Coherence Standard)

평가의 과정은 일관성을 가져야 한다. 평가에서의 일관성은 다음의 세 가지가 충족되어야 한다. 첫째, 평가의 과정은 전체적으로 일관되게 이루어져야 한다. 둘째, 평가는 수행 중인 목적과 일치해야 한다. 평가 계획, 증거 수집, 증거 해석, 결과 사용 단계는 서로 일관되고 평가의 목적과도 일관성을 가져야 한다. 셋째, 평가는 교육과정 및 수업과 일관되어야 하며 학생들의 학습은 평가 경험과 연계되어야 한다. 평가가 일관성이 있는지 판단하려면, 평가 과정의 다양한 부분이 전체적으로 일관성을 갖도록 어떤 전문적인 판단을 하였는지, 학생들은 수업과 평가가 연계되어있다고 생각하는지, 평가가 평가 목적, 교육과정, 교수학적 실제에 부합하는지 등을 살펴보아야 한다.

다. 수학 평가의 목적

수학 평가는 [그림 Ⅰ-2-2]와 같이 학생의 성장을 모니터링하고, 교수학적 결정을 하며, 학생의 성취를 평가하고, 프로그램을 평가하는 네 가지 목적을 갖는다. [그림 Ⅰ-2-2]에서 타원 안은 평가의 목적이며, 타원 밖은 평가의 결과를 나타낸다. 네 가지 목적을 세부적으로 살펴보면 다음과 같다.

첫째, 평가의 목적은 학습목표에 대한 학생의 성장을 모니터링하는 것이다. 높은 기대치를 설정한 후, 증거는 모든 학생들과 교사에게 학습 목표 도달에 대한 피드백을 제공하기 위해 수집되어야 한다.피드백은 학생의 수학적 힘을 증진시키는 데 도움을 준다. 모니터링은 연속적인 과정으로 간주된다. 증거의 수집은 때로는 비형식적이고 즉흥적이며 때로는 형식적으로 이루어진다. 학생들의 성장에 대해 답해야 할 기본적인 질문은 '학생들이 우리가 정하고 동의한 목표와 관련하여 어떻게 성장하고 있는가?'이다.

둘째, 평가의 목적은 교수학적 결정을 위한 것이다. 교사는 학생들의 수학적인 이해의 증거와 함께 수업 과정의 다른 증거들을 사용하여 학습을 향상시킬 수 있다. 교사들이 이러한 목적을 위해 수행된 평가를 사용할 때 고려하는 기본적인 질문은 "어떻게 하면 교육적인 결정을 내리는 데 있어 학생들이 성장했다는 증거를 잘 사용할 수 있을까?"이다.

셋째, 평가의 목적은 특정한 시점에서 학생의 수학 성취를 평가하는 것이다. 일정한 간격을 두고, 다양한 출처의 증거가 각 학생에 대해 공식적으로 요약되고 교사, 학생, 학부모 등에게 보고된다. 선택된 증거의 출처는 신중해야 하며, 결과 보고는 형식적인 방식으로 수행되어 학생들의 성취를 공식적으로 증명하고 특정한 이정표(milestones)에 도달했다는 것을 증명한다. 이와 관련된 질문은 "각 학생이 이해하고 있는 바는 해당 시기에 달성될 것으로 기대되었던 목표와 비교하여 어떠한가?"이다.

넷째, 평가의 목적은 프로그램을 평가하는 것이다. 학생의 성취에 대한 증거는 다른 데이터와 함께 교수학적 프로그램이 모든 학생들에게 수학에 대한 높은 기대치를 충족시키는지에 대한 판단을 내리는 데 사용된다. 이 목표와 관련된 기본적인 질문은 "수학 프로그램이 학생들에 대한 목표와 기대와 관련하여 얼마나 잘 운영되고 있는가?"이다.

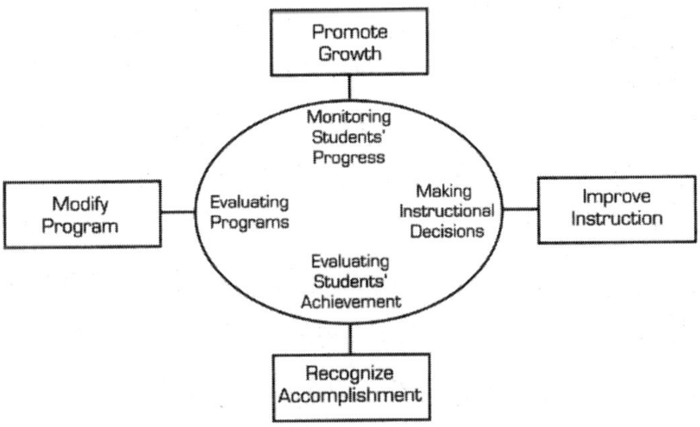

그림 Ⅰ-2-2 평가의 네 가지 목적과 결과

평가의 목적에 따라 중요한 단계는 달라질 수 있으나, 모든 수학 평가는 동일하게 평가 계획, 증거 수집, 증거 해석, 결과 사용의 네 단계를 포함한다. [그림 Ⅰ-2-3]은 평가 단계가 평가 목적과 어떻게 관련되는지를 보여준다.

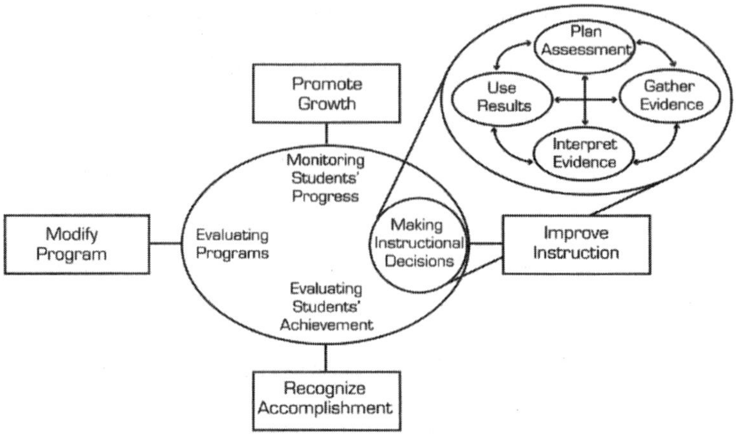

그림 Ⅰ-2-3 평가의 목적과 평가 단계의 관계

3. NCTM (2000)[3]

NCTM(2000)에서는 내용 기준으로 수와 연산, 대수, 기하, 측정, 자료분석과 확률을 제시했으며, 과정 기준으로 문제해결, 추론과 증명, 의사소통, 연결성, 표현을 제시하였다.

NCTM에서 2000년에 발간한 『Principles and Standards for School Mathematics』에서는 학교수학의 원리를 평등의 원리, 교육과정 원리, 교수 원리, 학습 원리, 평가 원리, 테크놀로지 원리의 여섯 가지로 제시하였다. 이 가운데 평가 원리(assessment principle)에 대해 살펴보면 다음과 같다.

평가는 수학 학습을 돕고 교사와 학생 모두에게 유용한 정보를 제공해야 한다. 평가가 수학 수업의 필수적인 부분이 될 때, 모든 학생의 수학 학습에 도움을 줄 수 있다. 평가는 내용 기준 및 과정 기준과 연계하여 이루어져야 하며, 단지 수업의 마지막 부분에 이루어지는 시험을 넘어서 수업의 한 부분이 되어야 한다. 평가는 학생에게 행해지는 것을 넘어서서 학습을 증진시키고 안내할 수 있는 학생을 위한 평가가 되어야 한다. 또한 평가는 교수학적 결정을 내리는 가치 있는 도구로서의 역할을 해야 한다. 평가는 수업과 별개로 이루어지는 것이 아니라 수업의 과정 중에 일상적으로 이루어질 필요가 있다.

좋은 평가는 다양한 방식으로 학생들의 학습을 향상시킬 수 있다. 평가에 사용된 과제는 어떤 종류의 수학적 지식과 수행이 가치가 있

3) 『Principles and Standards for School Mathematics(NCTM, 2000)』와 이 책의 번역서인 『학교수학을 위한 원리와 규준(류희찬 외, 2007)』을 토대로 작성하였음.

는지에 대한 메시지를 학생들에게 전달하기 때문에, 평가 과제는 학생들이 시간과 주의를 기울일만한 가치가 있는 것이어야 한다. 또한 교수학습에서 이루어지는 활동과 일관된 평가 활동이 이루어져야 한다. 교사가 관찰, 학생과의 대화와 면담, 일지 등과 같은 평가 방법을 사용하면 학생들은 자신의 생각을 명료화하고 교사의 질문에 대답하는 과정을 통해 학습할 가능성이 있다.

평가 과제로부터의 피드백은 학생들이 목표를 세우고 자신의 학습에 대한 책임감을 가지며 독립적인 학습자가 되도록 도와준다. 예를 들어 채점 기준 및 평가표(rubrics)는 교사가 복잡한 과제에 대한 학생의 응답을 분석하고 기술하며 학생의 성취수준을 결정하는 데 도움을 주고, 학생들이 정확한 응답의 특징을 이해할 수 있도록 도움을 준다. 학생들이 복잡한 과제를 해결하는데 다른 접근법을 제시하고 평가하는 토론 수업은 훌륭한 응답과 평범한 응답 사이의 차이를 잘 이해할 수 있도록 한다. 교사가 좋은 과제와 공적 토론에서의 좋은 응답에 대한 평가 기준을 제시할 때 학생들은 다른 사람이 제안한 아이디어와 자신의 생각에 대해 스스로 평가하고 반성하는 성향과 능력을 개발할 수 있으며, 이러한 자기 평가와 동료 평가는 학생들의 학업에 긍정적인 영향을 줄 수 있다.

심도 있는 양질의 학습을 위해서 평가와 수업은 통합되어야 하며, 평가는 교실 활동의 일부가 되어 일상적으로 이루어져야 한다. 이러한 평가는 적절한 교수학적 결정을 내리는데 필요한 정보를 제공한다. 교사는 시험과 퀴즈 같은 형식적인 평가뿐만 아니라 비형식적인 방법, 예를 들어 수업시간 중 질문하기, 개별 학생과 면담하기 등을 통해 학생의 성장에 대한 정보를 계속해서 수집해야 한다. 이때 학생에 대한 정보는 학생이 중요한 수학적 목표를 향해 나아갈 수 있도록 교사가 교수학적 결정을 내리는 데 도움을 준다. 평가는 모든 학생들이 알 필요가 있고 할 수 있는 수학을 대상으로 해야 하며 학생들의 절차적 기능뿐만 아니라 이해에 초점을 두어야 한다.

교사는 효율적인 결정을 위해 여러 가지 자료로부터 증거를 모아야 한다. 특정 상황에서 학생이 무엇을 할 수 있는지에 대한 평가, 예를 들어 제한된 시간 내에 과제를 완성하는 지필 과제와 같은 평가는 한 가지 관점에서의 결과만을 제공한다. 따라서 이러한 평가를 지나치게 강조하기보다 학생들이 알고 있는 것과 할 수 있는 것을 다각적으로 평가할 수 있는 다양한 평가 방법을 도입할 필요가 있다. 예를 들어 수학교사는 개방형 질문, 구성형 과제, 선택형 문항, 수행형 과제, 관찰, 대화, 일지, 포트폴리오 등의 평가 기법을 목적에 맞게 사용할 수 있어야 한다. 구성형 과제이나 선택형 문항을 사용한 퀴즈는 학생들이 절차를 적용할 수 있는지를 보여줄 수 있다. 구성형 과제나 수행형 과제는 복잡하거나 새로운 상황에서 수학을 적용하는 학생들의 능력을 더 잘 드러낼 수 있다. 교실에서의 관찰과 대화는 학생들의 사고에 대한 통찰을 제공할 수 있다. 일지와 포트폴리오는 학생의 사고와 추론 과정에서 일어나는 변화를 모니터링할 수 있다.

교사는 맞고 틀린 것, 오류나 오개념에 집중하는 데에서 벗어나서 학생들이 그 과제에 대해 어떻게 생각하고 앞으로의 발전에 도움이 될 수 있는 학생들의 통찰력을 확인하는 데 노력을 기울여야 한다. 교사가 수업을 안내하는 데 목적을 둔 형성평가에 초점을 두거나 학생의 성장을 보기 위한 총괄평가에 초점을 두는 지의 여부에 관계 없이, 교사의 지식은 유용한 정보를 수집하고 타당한 추론을 이끌어 내는 데 있어서 매우 중요하다. 교사는 수학적 목표를 깊이 있게 이해해야 하며, 학생이 수학에 대해 어떻게 생각하는지에 대해 이해하고, 학생의 지식을 평가할 수 있는 가능한 방법을 파악하고 있어야 하며, 다양한 출처로부터 파악한 정보를 해석할 수 있어야 한다. 이러한 평가에 대한 지식은 교직을 준비하고 교사의 전문성을 신장시키는 데 있어서 중요한 부분으로 다루어져야 한다.

4. 형성평가의 강조[4)]

NCTM(2000)에서는 내용 기준과 과정 기준을 제시했는데, 특히 과

4) 『Using Classroom Assessment to Improve Student Learning(NCTM, 2011)』을 토대로 작성하였음.

정 기준은 학생들이 수학적 사고를 논하고 검증하고, 수학 내의 연관성을 밝힐 수 있는 다양한 표현을 만들어 분석하고, 문제를 해결하고, 주장을 판단하고 결정을 내리는 데 그들이 배우고 있는 수학을 응용할 것을 강조하였다. 이후 NCTM은 『Curriculum Focal Points for Prekindergarten through Grade 8(NCTM, 2006)』에서도 과정 기준(문제해결, 추론, 의사소통, 연결성, 표현 설계 및 분석)을 강조한 바 있다. 이후 『Common Core State Standards for Mathematics(CCSSI, 2008)』에서는 수학적 실천(mathematical practice)을 강조하였다.

CCSSM의 수학적 실천은 이 책의 〈표 Ⅲ-1-11〉을 참고하시오.

이처럼 수학적 내용뿐만 아니라 수학적 사고 및 역량이 강조되고 있으며, 이를 평가하기 위해서는 과정에 대한 평가 즉, 교실에서의 형성평가가 확대될 필요가 있다. 평가의 목적에 따른 형성평가 전략과 도구는 〈표 Ⅰ-4-1〉과 같다.

표 Ⅰ-4-1 평가 목표와 전략 연계

평가의 목적	형성평가	전략 및 도구
수업 전에 개념들 중에서 이해의 범위 판단하기	사전 지식 평가하기	범위 질문 (range questions)
학생들의 학업에 대한 성실성, 기질과 문제해결, 연산, 의사소통에 능숙하다는 증거 기록하기	학생의 수행 평가하기	관찰 프로토콜 (observation protocols)
학생들의 사고방식을 가시화하기		갤러리 워크 (gallery walks)
		라운드 로빈 활동 (round-robin activities)
학생의 사고를 교사와 동료에게 유용하게 하고, 학생의 생각이나 전략에 대응하기	학생의 사고를 조사하기	수학적 담화 (mathematical discourse)
		집중 질문 (focused questions)
개별 학생의 사고를 판단하기		면담(interviews)
학생들에게 중립적이거나 서술적인 정보를 제공하기	수업 계획을 세우기 위해 평가를 사용하기	피드백 (feedback)
다음 수업을 계획하기 전에 학생들이 수업에서 배운 것을 평가하기		출구 카드 (exit cards/exit slips)

사전 지식 평가하기: 범위 질문

범위 질문(range questions)은 학생의 이해의 범위를 판단하기 위해 수업의 초기에 시행하는 것으로, 예시는 다음과 같다. 이 질문들은 하나 이상의 답을 허용하며 자신의 생각을 공유하도록 요구한다.

- $\frac{2}{7}$보다 큰 값을 갖는 분수를 두 개만 말하시오.
- $y=-3x+4$에 대해 알고 있는 것을 모둠원에게 말하시오.
- 6의 배수에 대해 알고 있는 것을 말하시오.

학생의 수행 평가하기: 관찰 프로토콜

교실에서 이루어지는 학생들의 다양한 학습 활동을 평가하려면 교사는 학생들이 학습을 하면서 나누는 대화에 귀를 기울이고 관찰 프로토콜(observation protocols)을 이용하여 학생들에 대한 다양한 정보를 수집해야 한다. 〈표 Ⅰ-4-2〉는 학생의 수행을 평가하기 위한 관찰 프로토콜의 한 예이다. 교사는 자신의 수업에 맞게 적절한 관찰 프로토콜을 만들어 활용할 수 있다.

표 Ⅰ-4-2 관찰 프로토콜의 예

구분		평가
행동과 노력	과제	
	주제별 질문하기	
	질문에 답하기	
	노트 필기하기	
모둠 활동	적극적 참여	
	다른 사람의 것을 베낌	
	다른 사람을 도와줌	
	도움을 받아들임	
학습과 이해	정확하게 개념을 적용함	
	다양한 표현	
	다양한 전략	
	과정을 설명함	
	이전에 학습한 개념을 적용함	
	연산의 정확성	
	절차의 정확성	
	문제해결 전략	
코멘트		

학생의 수행 평가하기: 갤러리 워크

학생들이 학습한 과정이나 결과를 공유하는 것은 학습 공동체에서 중요한 요소이다. 갤러리 워크(gallery walks)는 학생들에게 다양한 스테이션을 돌아다니면서 해설, 전략, 질문 또는 해를 게시하도록 하는 것이다. 예를 들어, 학생들이 기하학 어휘를 이해해야 하는 기하학 단원을 배우는 중이라면, 교사는 8개 또는 10개의 스테이션이 있는 갤러리 워크를 설계할 수 있다. 각 스테이션에는 큰 포스터 종이가 배치되어 학생들이 기하학 용어를 직접 쓰거나 부착할 수 있게 되어 있다. 학생들은 모둠을 구성하여 각 용어의 정의를 게시하면서 스테이션을 순환한다. 이후 정의를 비교하고 학생들이 정확한 수학적인 정의에 동의하도록 하는 교실 토론이 이루어진다. [그림 Ⅰ-4-1]은 갤러리 워크에서 학생들이 활동한 예시이며, 〈표 Ⅰ-4-3〉은 갤러리 워크에 대한 학생들의 자기평가표이다.

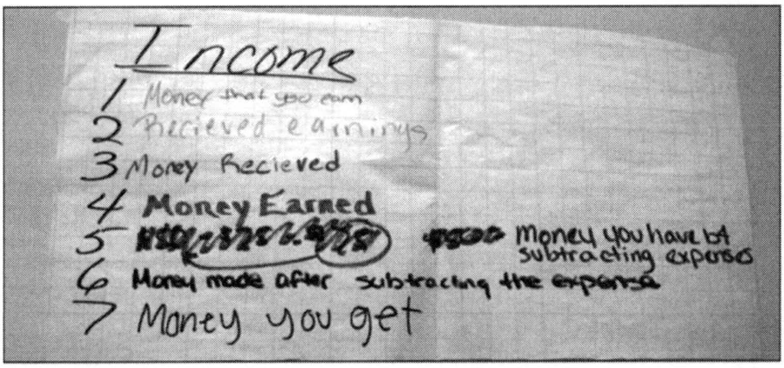

그림 Ⅰ-4-1 갤러리 워크에서 '수입(income)'에 대한 학생들의 정의

표 Ⅰ-4-3 갤러리 워크에 대한 학생들의 자기평가표

	항목	매우 그렇지 않다	그렇지 않다	보통	그렇다	매우 그렇다
1	갤러리 워크의 방향은 명확했다. 나는 갤러리 워크를 성공적으로 마치기 위해 무엇을 해야 하는지 알고 있었다.	1	2	3	4	5
2	갤러리 워크의 주제들은 나에게 흥미로웠다.	1	2	3	4	5

	항목	매우 그렇지 않다	그렇지 않다	보통	그렇다	매우 그렇다
3	우리는 평소 수업 토론보다 갤러리 워크에서 더 협력적으로 임했다.	1	2	3	4	5
4	갤러리 워크를 하는 동안, 모든 모둠원들이 참여했고 서로를 존중했다.	1	2	3	4	5
5	강의를 통해 주제를 배우면 주제를 더 잘 이해할 수 있다고 느꼈다.	1	2	3	4	5
6	갤러리 워크 질문의 표현은 명확했다.	1	2	3	4	5
7	각 학습 스테이션에서 토론할 시간이 충분하다고 느꼈다.	1	2	3	4	5
8	갤러리 워크에 참여하는 것에 어려움이 없었다.	1	2	3	4	5
9	평가 준거가 명확했다.	1	2	3	4	5
10	나의 갤러리 워크에서의 활동은 만족스러웠다.	1	2	3	4	5
11	나는 또 다른 갤러리 워크에도 참여하고 싶다.	1	2	3	4	5

학생의 수행 평가하기: 라운드 로빈 활동

라운드 로빈 또는 이어서 풀기 활동(round-robin activities)은 모둠원이 순서대로 돌아가면서 문제를 한 단계씩 해결하는 것을 말한다. 이 활동의 예시는 [그림 Ⅰ-4-2]와 같다.

1번을 배정받은 학생이 칠판에 나가서 문제를 쓴다.	$16-3(17-4\times3)+5$
학생 1은 한 단계를 수행한다.	$16-3(17-12)+5$
학생 2가 순서를 이어서 다음 단계를 수행한다.	$16-3(5)+5$
학생 3이 순서를 이어서 다음 단계를 수행한다.	$16-15+5$
학생 1로 돌아와서 다시 다음 단계를 수행한다.	$1+5$
학생 2가 연산을 마무리한다.	6

그림 Ⅰ-4-2 라운드 로빈 활동 예시

라운드 로빈 활동은 다음과 같은 장점이 있다.

- 학생들이 다양한 의사결정 지점에서 얼마나 문제에 잘 진입 할 수 있는지를 보여 준다.
- 문제해결 과정에 모든 학생들이 적극적으로 참여하도록 한다.
- 동료 간의 협력을 공고히 한다.

- 많은 다양한 문제들을 짧은 시간에 다룰 수 있는 기회가 된다.
- 불안감을 조성하지 않는 환경에서 학생들의 능력을 강화한다.

학생의 사고를 조사하기: 수학적 담화

학생 중심의 수학 교실은 모둠, 학생과 교사, 학생과 학생 사이의 대화 또는 담화(mathematical discourse)를 촉진한다. 수학적 아이디어와 활동에 대한 대화는 학습의 근본이 된다. 한편, 학습을 촉진하는 수업에서의 대화는 다음과 같은 특성을 가져야 한다.

- 학생들은 모둠원이 말한 것에 진지하게 반응하고 더 발전시킨다.
- 학생들은 논의 중인 사항에 대해 정확하고 적절한 지식을 제시하고 요구할 수 있다.
- 학생들은 증명을 포함하여, 수학적으로 적합한 방법의 증거를 사용한다.

한편, 효과적인 교실 담화를 촉진하기 위해 수학교사는 다음과 같은 방법으로 담화를 이끌어야 한다.

- 각 학생의 생각을 유도하고, 참여하고, 도전할 만한 질문과 과제를 제기한다.
- 학생의 아이디어를 주의 깊게 청취한다.
- 학생들에게 구술 및 지필로 자신의 생각을 명확히 하고 정당화하도록 요청한다.
- 학생이 토론 중에 꺼내는 아이디어 중에서 심층적으로 끌어갈 것을 결정한다.
- 언제 어떻게 학생들의 아이디어를 수학적 기호와 언어로 표현하게 할 것인지 결정한다.
- 정보를 제공할 시기, 문제를 명확히 할 시기, 모델링할 시기, 학생들을 이끌어갈 시기, 학생들에게 곤란을 겪도록 할 시기 등을 결정한다.
- 토론에 대한 학생들의 참여를 모니터링하고 각 학생의 참여를 장려하는 시기와 방법을 결정한다.

학생의 사고를 조사하기: 집중 질문

수업시간에 이루어지는 질문은 주로 교사가 질문을 던지고 한 학생을 불러서 질문에 답하도록 하는 방식으로 이루어진다. 이러한 전형적인 질문 방법은 사실 교사와 대답한 학생 사이의 대화일 뿐이며, 대화에 참여하지 않은 학생들은 생각을 하지 않게 된다.

만약 교사가 한 학생에게 질문을 하고 그 학생들이 자신의 모둠의 짝에게 가서 그 질문에 대해 논의하도록 한 뒤, 모둠원 중 한 명이 답을 하게 한다면 모든 학생들이 질문에 대해 생각하고, 동료들과 그 질문에 대해 토론하고, 마침내 자신들의 응답을 발표하게 된다. 이처럼 많은 학생들의 사고를 알아보기 위해서는 집중적인 질문(Focused questions) 방법이 효과적이다.

학생의 사고를 조사하기: 면담

교사들은 학생들이 문제해결에 대해 어떻게 생각하는지 정확히 이해하기 위해 개별 학생과 면담(interviews)을 할 수 있다. 면담은 수학 수업 시간 외에 학생들이 편안하게 느낄 수 있는 조용한 장소에서 이루어져야 한다. 면담 환경을 설정하는 것은 면담이 징벌적이지 않고 오히려 학생들의 학습 욕구를 보다 충족시키기 위해 선생님이 학생의 사고를 이해하는 과정임을 알리는 측면에서 중요하다.

수업 계획을 세우기 위해 평가를 사용하기: 피드백

대부분의 학생들은 자신이 수행한 과제물을 돌려받는 즉시 학점을 확인한다. 이때 성적과 지필 피드백을 받게 되면 대부분의 학생들은 성적만 확인하고 필기 피드백은 무시하는 경우가 많다. 그러나 지필 피드백이 결과표에 적힌 유일한 정보인 경우, 학생들은 그 피드백을 진지하게 살펴본다.

피드백은 대체로 '판단적인 것'과 '정보적인 것'의 두 가지 범주로 분류된다. 만약 학생의 성취에 긍정적인 영향을 주려면 판단적인 피드백은 줄이고 정보를 주는 피드백을 더 늘려야 한다. 〈표 Ⅰ-4-4〉는 총괄적 피드백과 형성적 피드백을 비교한 것이다.

표 Ⅰ-4-4 총괄적 피드백과 형성적 피드백

	총괄적 피드백	형성적 피드백
피드백 유형	판단적 피드백 평가적 피드백	정보적 피드백 서술적/기술적 피드백
특징	교사가 성적(등급)을 결정함	교사는 학생이 목표에 도착했는 지에 중점을 둠. 피드백은 목표에 도달할 수 있도록 돕기 위한 것임
학생의 존중에 미치는 영향	좋은 성적을 받은 학생은 좋은 느낌을 받지만, 그렇지 않은 학생들은 자신의 능력에 의문을 가짐	모든 학생들은 자신의 노력이 인정받는다고 느낌
학생의 학습에 미치는 영향	학생들은 공식을 외우고, "트릭"을 찾고, 이해가 아니라 등급에 집중함	학생들은 명시된 학습 목표를 향해 나아감; 학생들은 이해와 개선을 목표로 하는 높은 수준의 학습을 보여줌
학생의 인식	실수는 나쁘다; 수학 유전자가 있어야 한다; 나는 더 많은 암기를 해야 한다; 암기할 수 있는 많은 트릭들이 있다.	노력이 성공의 열쇠다; 실수를 통해 더 많은 노력을 필요로 하는 분야를 알 수 있게 된다; 배우는 것은 재미있다.

피드백은 동기부여 피드백, 평가적 피드백, 서술적/기술적 피드백, 효과적 피드백의 네 가지로 구분할 수 있는데, 각각에 대해 살펴보면 다음과 같다.

- **동기부여 피드백**(motivational feedback)

동기부여 피드백은 학생들이 자신의 학습(학습 결과물)이 인정받고 있으며 성장했음을 느끼게 하는 것은 물론, 학생들을 격려하고 지원하기 위한 것이다. 동기부여 피드백은 학생들의 추론 역량을 향상시키거나 학습 과정에서의 진전을 위한 지침을 제공하기 위해 설계된 것은 아니다.

- **평가적 피드백**(evaluative feedback)

평가적 피드백은 점수 또는 등급으로 학생의 성취를 측정하고 학생 성취를 요약하기 위해 고안된 것이다. 평가적 피드백은 학생들의 이해를 증진시키기 위해 고안된 것이 아니기 때문에, 학생들의 추론 역량을 향상시키는 방법에 대한 지침을 제공하거나 형성평가에 제공되도록 설계된 것은 아니다.

- **서술적/기술적 피드백**(descriptive feedback)

서술적/기술적 피드백은 다음과 같은 특성을 갖도록 설계된다.

- 학습에 대한 피드백, 형성평가
- 학생에 대한 것이 아니라, 학습에 대한 것
- 중립적
- 적시에 제공
- 사용자 친화적 접근
- 수행결과에 대해 기술적이고 구체적
- 일관적
- 전문가적
- 구체적인 성취기준으로부터 도출된 것

- **효과적 피드백**(effective feedback)

효과적인 피드백은 다음을 할 수 있도록 설계된다.

- 학생의 이해도를 향상시킨다.
- 학생이 피드백을 내면화하고 이후의 학습에 스스로 제안된 전략을 사용할 수 있도록 지원한다.
- 학생이 자신의 추론 역량을 다음 단계로 나아갈 수 있도록 하기 위해 사용한다.
- 준거 기반 문구를 사용하여 학생의 학습에 대한 장단점을 설명한다.
- 자아성찰을 독려한다.

서술적/기술적 피드백이나 효과적 피드백을 정기적으로 받는 학생들은 단순히 성적이나 동기부여 피드백과 성적을 함께 받는 경우보다 학습 진전에 대해 더 많이 반성하고 성찰할 가능성이 있다.

수업 계획을 세우기 위해 평가를 사용하기: 출구 카드

수업이 끝날 때, 학생들이 수업에서 무엇을 배웠는지, 다음 수업을 어떻게 계획할 것인지 등을 확인하기 위해 수업이 끝날 때 학생들에게 다음과 같은 "3-2-1" 출구 카드(exit cards / exit slips)를 작성하도록 한다.

3. 오늘 배운 것은 무엇인가?
2. 더 배우고 싶은 것은 무엇인가?
1. 오늘 학습한 것 중 질문이 있는가?

이밖에도 학생들이 계산을 얼마나 잘 할 수 있는지를 지속적으로 확인하기 위해 출구 카드를 사용할 수 있다. 이 출구 카드는 수학적 내용과 관련되며, 평가표 예시는 〈표 Ⅰ-4-5〉와 같다.

표 Ⅰ-4-5 출구 카드 평가표 예시

점수	평가 준거
2점	과제에 도움이 되는 정확한 계산
1점	계산은 정확하지만 과제를 수행하기에는 부족함 또는 부정확한 계산 그러나 질문에 답하기 위한 시도의 증거가 됨
0점	과제에 도움이 되기 어려운 부정확한 계산 또는 무응답

되돌아보기 + 더 나아가기

1. NCTM(1989)에서 평가기준은 크게는 일반 평가, 학생 평가, 프로그램 평가의 3개의 범주와 14개의 평가기준으로 구성된다. 각 범주별로 평가기준을 정리하시오.

2. NCTM(1995)에 제시된 6개의 평가기준을 쓰고 각각의 특징을 정리하시오.

3. NCTM(2000)에 제시된 '평가 원리'를 참고하여 학교수학에서의 평가의 방향에 대해 서술하시오.

4. 학생의 수행을 평가하기 위한 형성평가인 관찰 프로토콜, 갤러리 워크, 라운드 로빈 활동의 특징을 정리하고, 각각에 대해 실제 수업에 적용할 수 있는 문항의 예를 제시하시오.

참고문헌

구광조, 오병승, 류희찬 역(1997). **수학교육과정과 평가의 새로운 방향.** 서울: 경문사.

김성숙, 김희경, 서민희, 성태제(2015). **교수·학습과 하나되는 형성평가.** 서울: 학지사.

류희찬, 조완영, 이경화 역(2007). **학교수학을 위한 원리와 규준.** 서울: 경문사.

Armour-Thomas, E., & Gordon, E. W. (2013). Toward an understanding of assessment as a dynamic component of pedagogy. In *Gordon Commission on the future* (Eds.), To Assess, To Teach, To Learn: A Vision for the Future of Assessment Technical Report.

Common Core State Standards Initiative (2008). *Common Core State Standards for Mathematics.*

National Council of Teachers of Mathematics (1989). *Curriculum and evaluation standards for school mathematics.* Reston, VA: NCTM.

National Council of Teachers of Mathematics (1995). *Assessment Standards for School Mathematics.* Reston, VA: NCTM.

National Council of Teachers of Mathematics (2000). *Principles and Standards for School Mathematics.* Reston, VA: NCTM.

National Council of Teachers of Mathematics (2006). *Curriculum Focal Points for Prekindergarten through Grade 8 Mathematics: A Quest for Coherence.* Reston, VA: NCTM.

National Council of Teachers of Mathematics (2011). *Using Classroom Assessment to Improve Student Learning.* Reston, VA: NCTM.

Ⅱ. 우리나라의 수학교육과정과 평가

1. 2015 개정 수학과 교육과정

가. 교육과정 개정 방향

우리나라의 교육과정은 해방 이후 교수요목기를 시작으로 현재의 2015 개정 교육과정까지 이르게 되었다. 국가 교육과정은 국가의 전반적인 교육의 방향에 대한 가이드라인을 제시하고 학교 현장에서는 이를 기초로 교수·학습 및 평가를 구체적으로 실행하게 한다는 측면에서 중요한 역할을 한다고 볼 수 있다.

2015 개정 교육과정은 미래 사회가 요구하는 핵심역량을 구현하고, 배움을 즐기는 행복교육이 가능하도록 학습내용을 적정화하며, 교수·학습 및 평가 방법을 개선하여 교실수업을 혁신하고자 하였다(교육부, 2015a). 이를 위해 수학과 교육과정에서는 창의융합형 인재의 양성, 교과 역량의 강조, 학습량의 적정화, 문·이과 통합과 다양한 선택의 가능성 확보, 수학교육의 국제적인 동향을 반영하여 개정하였다(박경미 외, 2015).

2015 개정 수학과 교육과정의 개정 방향은 크게 '수학 교과 역량의 구현', '학습 부담 경감 추구', '학습자의 정의적 측면 강조', '실생활 중심의 통계 내용 재구성', '공학적 도구의 활용 강조'의 다섯 가지로 선정하였다(박경미 외, 2015). 수학과에서 강조하는 교과 역량은 학생들이 창의적 역량을 갖춘 융합 인재로 성장할 수 있는 기반을 제공하기 위해 문제해결, 추론, 창의·융합, 의사소통, 정보 처리, 태도 및 실천의 여섯 가지로, 이에 대한 설명은 〈표 Ⅱ-1-1〉과 같다(교육부, 2015b).

'국가교육과정정보센터(http://ncic.re.kr)는 우리나라에서 실시하고 있는 교육과정과 각 나라에서 실시하고 있는 교육과정뿐만 아니라 지역 교육과정 및 우수학교 교육과정 등에 대한 다양한 정보를 제공하고 있다.

표 II-1-1 2015 개정 수학과 교육과정의 교과 역량

역량	의미
문제해결	• 해결 방법을 알고 있지 않은 문제 상황에서 수학의 지식과 기능을 활용하여 해결 전략을 탐색하고 최적의 해결 방안을 선택하여 주어진 문제를 해결하는 능력
추론	• 수학적 사실을 추측하고 논리적으로 분석하고 정당화하며 그 과정을 반성하는 능력
창의·융합	• 수학의 지식과 기능을 토대로 새롭고 의미 있는 아이디어를 다양하고 풍부하게 산출하고 정교화하며, 여러 수학적 지식, 기능, 경험을 생성하고 문제를 해결하는 능력
의사소통	• 수학 지식이나 아이디어, 수학적 활동의 결과, 문제해결 과정, 신념과 태도 등을 말이나 글, 그림, 기호로 표현하고 다른 사람의 아이디어를 이해하는 능력
정보 처리	• 다양한 자료와 정보를 수집, 정리, 분석, 활용하고 적절한 공학적 도구나 교구를 선택, 이용하여 자료와 정보를 효과적으로 처리하는 능력
태도 및 실천	• 수학의 가치를 인식하고 자주적 수학 학습 태도와 민주 시민 의식을 갖추어 실천하는 능력

위와 같은 6개의 교과 역량 중 '창의·융합', '정보 처리', '태도 및 실천' 역량은 2015 개정 수학과 교육과정에서 새롭게 추가된 역량이다. '창의·융합' 역량은 창의성(독창성/유창성/융통성/정교성)에 수학 내적 문제해결과 수학 외적 연결 및 융합을 통합하여 구성한 역량이고, 정보 처리 역량은 자료와 정보 수집, 자료와 정보 정리 및 분석, 정보 해석 및 활용, 공학적 도구 및 교구 활용을 포괄하는 역량이다. 또한 '태도 및 실천' 역량은 수학에 대한 가치 인식, 자주적 학습 태도, 시민의식을 포괄하는 역량이다(박경미 외, 2015).

나. 교육과정 총론의 평가 방향

2015 개정 초·중등학교 교육과정 총론에서 평가 방향은 학교 교육과정 편성·운영과 관련하여 기술하고 있다. 평가와 관련된 내용은 크게 평가의 목적, 평가 활동, 평가 방법 순으로 분류하여 제시하고 있다. 다음은 평가의 목적과 평가 활동에 관련된 내용이다.

2015 개정 초·중등학교 교육과정 총론 문서는 '교육과정 구성의 방향', '학교 급별 교육과정 편성·운영의 기준', ' 학교 교육과정 편성·운영', '학교 교육과정 지원' 순으로 구성되었다.

가. 평가는 학생의 교육 목표 도달도를 확인하고 교수·학습의 질을 개선하는 데에 주안점을 둔다.

1) 학교는 학생에게 평가 결과에 대한 적절한 정보 제공과 추수 지도를 통해 학생이 자신의 학습을 지속적으로 성찰하고 개선할 수 있도록 지도한다.

2) 학생 평가 결과를 활용하여 수업의 질을 지속적으로 개선한다.

나. 학교와 교사는 성취기준에 근거하여 학교에서 중요하게 지도한 내용과 기능을 평가하며 교수·학습과 평가 활동이 일관성 있게 이루어지도록 한다.

1) 학생에게 배울 기회를 주지 않는 내용과 기능은 평가하지 않도록 한다.

2) 학습의 결과뿐만 아니라 학습의 과정을 평가하여 모든 학생이 교육 목표에 성공적으로 도달할 수 있도록 한다.

3) 학교는 학생의 인지적 능력과 정의적 능력에 대한 평가가 균형 있게 이루어질 수 있도록 한다.

* 출처: 교육부(2015a, p.34)

2009 개정 교육과정의 총론에서 제시한 평가 활동과 비교하면 교수·학습과 평가 활동의 일관성, 학습 과정의 평가 활동, 정의적 능력에 대한 평가를 강조한 것이 차이점이라 할 수 있다.

평가 방법과 관련해서는 교과의 성격과 특성에 적합한 평가 방법을 활용하면서 서술형과 논술형 평가 및 수행평가의 비중을 확대하도록 권고하고 있다. 또한 정의적, 기능적, 창의적인 면이 중시되는 교과는 타당한 평정 기준과 척도에 따라 평가를 실시하도록 권고하고 있다.

다. 수학과 교육과정 평가 방향

(1) 수학과 교육과정 구성

2009 개정 교육과정에서 초등학교의 경우는 '수와 연산', '도형', '측정', '규칙성', '확률과 통계'로, 중학교의 경우는 '수와 연산', '문자와 식', '함수', '확률과 통계', '기하'로 내용 영역이 구성되었다. 반면에 2015 개정 교육과정에서 초등학교의 경우는 '확률과 통계', 영역명이 '자료와 가능성'으로 수정되었고, 중학교 〈수학〉과 고등학교 1학년에 배우는 공통과목인 〈수학〉의 경우는 학교급간 내용 영역의 연결성 제고를 위해 '수와 연산', '문자와 식', '함수', '기하', '확률과 통계' 영역명을 통일하였다.

수학과 교육과정 문서는 크게 성격, 목표, 내용 체계 및 성취기준, 교수·학습 및 평가의 방향 순으로 구성되어 있다. 또한 학년별로 다루는 학습 내용은 대영역, 중영역, 성취기준, 학습 요소, 교수·학습 방법 및 유의 사항, 평가 방법 및 유의 사항 순으로 제시하고 있다. 다음은 2015 개정 수학과 교육과정에서 제시한 교육과정 문서의 '일러두기' 내용으로 교육과정 문서에 제시된 목차의 의미를 참고하여 학교 교육활동에 활용할 수 있도록 안내한 것이다.

목차	설명
1. 성격	· 교과가 갖는 고유한 특성에 대한 개괄적인 소개 · 교과교육의 필요성 및 역할(본질, 의의 등), 교과 역량 제시
2. 목표	· 교과 교육과정이 지향해야 할 방향과 학생이 달성해야 할 학습의 도달점 · 교과의 총괄목표, 세부목표, 학교급 및 학년군별 목표 등을 진술
3. 내용 체계 및 성취기준	
가. 내용 체계	· 내용 체계 – 영역, 핵심개념, 일반화된 지식, 내용요소, 기능으로 구성 – 영역: 교과의 성격을 가장 잘 나타내주는 최상위의 교과 내용 범주 – 핵심개념: 교과의 기초 개념이나 원리 – 일반화된 지식: 학생들이 해당 영역에서 알아야 할 보편적인 지식 – 내용요소: 학년(군)에서 배워야 할 필수학습내용 – 기능: 수업 후 학생들이 할 수 있거나 할 수 있기를 기대하는 능력으로 교과 고유의 탐구과정 및 사고 기능 등을 포함
나. 성취기준	· 성취기준 – 학생들이 교과를 통해 배워야 할 내용과 이를 통해 수업 후 할 수 있거나 할 수 있기를 기대하는 능력을 결합하여 나타낸 수업 활동의 기준
(1) 영역명	
(가) 학습 요소	· 성취기준에서 학생들이 배워야할 학습 내용을 핵심어로 제시한 것임
(나) 성취기준 해설	· 제시한 성취기준 중 자세한 해설이 필요한 성취기준에 대한 부연 설명으로, 특별히 강조되어야 할 성취기준을 의미하는 것은 아님
(다) 교수·학습 방법 및 유의 사항	· 해당 영역의 교수·학습을 위해 제안한 방법과 유의사항 · 학생 참여 중심의 수업 및 유의미한 학습 경험 제공 등을 유도하는 내용 제시
(라) 평가 방법 및 유의 사항	· 해당 영역의 평가를 할 수 있도록 제안한 방법과 유의사항 · 해당 영역의 교수학습 방법에 따른 다양한 평가, 특히 과정 중심 평가가 이루어질 수 있도록 관련 내용 제시
4. 교수·학습 및 평가의 방향	
가. 교수·학습 방향	· 교과의 성격이나 특성에 비추어 포괄적 측면에서 교수학습의 철학 및 방향, 교수·학습의 방법 및 유의 사항을 제시함
나. 평가 방향	· 교과의 성격이나 특성에 비추어 포괄적 측면에서 교과의 평가 철학 및 방향, 평가 방법, 유의 사항을 제시함

* 출처: 교육부(2015b)

특히 평가 방법 및 유의 사항은 2015 개정 교육과정에서 신설된 것으로 수학 교과의 내용 영역별로 구체적으로 제시하고 있다. 학교 현장에서 학습 과정이나 학습 결과에 대한 평가를 할 때 해당 학교급에서 다루지 않는 내용이나 복잡한 계산 문제와 활용 문제 등과 관련된 평가를 지양하고 교육과정 내에서 학습한 내용을 중심으로 평가하는 것을 강조하고 있다. 〈표 Ⅱ-1-2〉는 수학과 교육과정에서 초등학교 〈수학〉의 내용 영역별로 제시된 평가 방법 및 유의 사항이다.

표 II-1-2 2015 개정 수학과 교육과정에서 초등학교 〈수학〉 내용 영역별 평가 방법 및 유의 사항

영역	평가 방법 및 유의 사항
수와 연산	• 덧셈과 뺄셈을 여러 가지 방법으로 계산하는 활동을 평가할 때에는 학생들이 자유롭게 계산하도록 하는 데 초점을 두고 이를 지나치게 형식화하지 않도록 관찰, 면담 등의 다양한 방법을 이용한다. • 다섯 자리 이상의 수에 대해 평가를 할 때에는 수를 읽고 쓰는 것뿐만 아니라 수에 대한 양감과 필요성을 인식하게 할 수 있는 문제를 다룬다. • 나눗셈에 대한 검산에서는 나눗셈식을 보고 곱셈식으로 나타내는 것보다 검산의 목적과 필요성을 이해하는지에 초점을 두고 평가를 한다. • 최대공약수와 최소공배수에 대한 평가에서 소인수의 곱으로 나타내어 구하는 방법은 다루지 않는다. • 분수의 사칙계산에서 기약분수로 나타낼 것을 요구하지 않을 경우, 계산 결과를 기약분수가 아닌 분수로 나타내는 것도 허용한다. • 분수의 통분을 이용한 문제에서 공통분모로 최소공배수뿐만 아니라 분모의 곱과 같은 공배수도 이용할 수 있게 한다.
도형	• 여러 가지 모양 만들기, 꾸미기, 채우기 활동을 평가할 때에는 과정 중심 평가를 한다. • 직선, 선분, 반직선에 대한 평가에서는 정확한 정의나 표현보다 직선, 선분, 반직선을 서로 구별할 수 있는지에 중점을 둔다. • 평면도형의 이동을 활용하여 모양의 변화나 무늬를 설명하게 할 때 설명 방법이 다양할 수 있음에 유의하여 평가한다. • 선대칭도형과 점대칭도형 그리기를 평가할 때 점판이나 격자를 이용하여 쉽게 그릴 수 있게 한다. • 입체도형의 전개도에 대한 평가는 전개도가 될 수 있는 것과 될 수 없는 것을 구별하는 데 중점을 둔다. • 쌓기나무로 만든 입체도형의 위, 앞, 옆에서 본 모양에 대한 평가를 할 때에는 간단한 모양을 이용한다.
측정	• '몇 시 몇 분 전'의 시각 읽기를 평가할 때, '5분 전', '10분 전', '15분 전' 등과 같이 실생활에서 자주 사용되는 경우를 다루고, '2시 48분'을 '3시 12분 전'으로 나타내는 것과 같이 복잡한 경우는 다루지 않는다. • 1일, 1주일, 1개월, 1년 사이의 관계를 평가할 때에는 달력을 이용하여 그 관계를 이해하는지 파악하는 데 중점을 둔다. • 무게 단위 사이의 관계에 대해 평가할 때 1g과 1t 사이의 단위 환산은 다루지 않는다. • 원주율과 관련하여 계산이 지나치게 복잡한 문제는 다루지 않는다. • 넓이 단위 사이의 관계에 대해 평가할 때 1㎠와 1㎢ 사이의 단위 환산은 다루지 않는다.
규칙성	• 규칙 찾기를 평가할 때 학생이 자신의 규칙이나 다른 학생의 규칙에 대해 의사소통하는 과정을 평가한다. • 규칙을 식으로 나타낼 때 혼합 계산식, 일반항을 나타낸 식 등을 이용해야 하는 복잡한 문제는 다루지 않는다. • 규칙적인 계산식의 배열에 대한 평가에서는 계산 결과의 규칙을 추측하고 확인하는 데 중점을 둔다. • 비율을 평가할 때 속력, 인구밀도, 축척, 농도 등을 구하는 문제는 다루지 않는다.

영역	평가 방법 및 유의 사항
자료와 가능성	• 분류하기를 평가할 때 학생들의 수준에 비해 어려운 분류 대상이나 분류 기준을 사용하지 않는다. • 꺾은선그래프에서는 변화의 경향을 파악하는지에 중점을 두어 평가한다. • 평균을 구하는 것뿐만 아니라 평균이 사용된 상황에서 그 의미를 파악하는지 평가한다.

* 출처: 교육부(2015b, pp.10-28)

초등학교 수학의 각 영역별로 평가 방법 및 유의 사항을 살펴보면 우선 학교 현장에서 성취기준의 숙달 여부를 평가할 때 다루어야 될 평가 내용과 다루지 않아야 될 평가 내용을 구체적으로 기술하고 있다. 예를 들면, 도형 영역의 "입체도형의 전개도에 대한 평가는 전개도가 될 수 있는 것과 될 수 없는 것을 구별하는 데 중점을 둔다."의 내용은 입체도형의 전개도를 직접 그리게 하는 평가보다는 직관적으로 전개도의 의미를 이해할 수 있는 정도에 대한 평가를 권고하고 있다. 또한 규칙성 영역의 "비율을 평가할 때 속력, 인구밀도, 축척, 농도 등을 구하는 문제는 다루지 않는다."의 내용은 초등학교 학습 능력 수준을 벗어나는 문제의 내용을 평가에서 다루지 않도록 권고하고 있다.

다음으로 학생의 활동 중심의 학습 내용을 평가할 때는 과정 중심 평가를 하도록 권장하고 있다. 예를 들면, 도형 영역의 "여러 가지 모양 만들기, 꾸미기, 채우기 활동을 평가할 때에는 과정 중심 평가를 한다."와 규칙성 영역의 "규칙 찾기를 평가할 때 학생이 자신의 규칙이나 다른 학생의 규칙에 대해 의사소통하는 과정을 평가한다."가 있다. 즉, 과정 중심 평가를 통하여 학생이 학습 과정에서 어떤 사고나 역할 등을 하였는지에 대한 다양한 자료를 수집하고, 이를 이용하여 학생 자신의 학습을 성찰하는 것은 물론 교수학습 개선의 필요성을 강조한 것이다.

〈표 Ⅱ-1-3〉과 〈표 Ⅱ-1-4〉는 수학과 교육과정에서 중학교 〈수학〉과 고등학교 〈수학〉의 내용 영역별로 제시된 평가 방법 및 유의 사항이다.

표 II-1-3 2015 개정 수학과 교육과정에서 중학교 〈수학〉 내용 영역별 평가 방법 및 유의 사항

영역	평가 방법 및 유의 사항
수와 연산	• 최대공약수와 최소공배수를 활용하는 복잡한 문제는 다루지 않는다. • 정수, 유리수와 관련하여 지나치게 복잡한 계산을 포함하는 문제는 다루지 않는다. • 사칙계산 이외의 이항연산 문제는 다루지 않는다.
문자와 식	• 방정식과 부등식에 대한 지나치게 복잡한 활용 문제는 다루지 않는다. • 이차방정식의 근과 계수와의 관계는 다루지 않는다.
함수	• 함수와 관련하여 지나치게 복잡한 활용 문제는 다루지 않는다.
기하	• 복잡하게 변형된 평면도형의 넓이와 둘레의 길이, 입체도형의 겉넓이와 부피를 구하는 문제는 다루지 않는다. • 정확한 용어와 기호의 사용, 복잡한 형식 논리 규칙의 이용을 요구하는 연역적 정당화 문제는 다루지 않는다.
확률과 통계	• 경우의 수는 두 경우의 수를 합하거나 곱하는 경우 정도로만 다루고, 순열과 조합을 이용하면 쉽게 해결되는 등의 복잡한 경우의 수를 구하는 문제는 다루지 않는다. • 자료의 수집, 정리, 해석을 평가할 때에는 과정 중심 평가를 할 수 있다.

* 출처: 교육부(2015b, pp.28-37)

표 II-1-4 2015 개정 수학과 교육과정에서 고등학교 〈수학〉 내용 영역별 평가 방법 및 유의 사항

영역	평가 방법 및 유의 사항
문자와 식	• 복잡한 인수분해 문제는 다루지 않는다. • 항등식의 성질, 나머지정리와 인수정리를 활용하는 복잡한 문제는 다루지 않는다. • 판별식을 활용하는 복잡한 방정식과 부등식 문제는 다루지 않는다. • 이차방정식의 근과 계수의 관계를 활용하는 복잡한 문제는 다루지 않는다.
기하	• 도형의 방정식은 도형을 좌표평면에서 다룰 수 있음을 이해하는 수준에서 다루고, 계산이 복잡한 문제는 다루지 않는다. • 기하 영역의 주요 개념에 대한 이해를 평가할 때에는 과정 중심 평가를 할 수 있다.
수와 연산	• 집합의 개념이나 집합의 포함관계는 개념을 이해하는 수준에서 간단히 평가한다. • 증명 능력을 평가할 때에는 과정 중심 평가를 할 수 있다.
함수	• 함수의 그래프와 그 성질에 대한 이해를 평가할 때 지나치게 복잡한 문제는 다루지 않는다. • 유리함수와 무리함수는 $y=\frac{ax+b}{cx+d}$ 및 $y=\sqrt{ax+b}+c$의 기본적인 형태를 중심으로 간단한 문제만 다룬다.
확률과 통계	• 경우의 수, 순열과 조합과 관련하여 지나치게 복잡한 문제는 다루지 않는다.

* 출처: 교육부(2015b, pp.49-54)

중학교와 고등학교 수학의 각 영역별로 평가 방법 및 유의 사항을 살펴보면 각 영역의 평가 내용에서 다루어야 될 평가 내용보다는 다루지 않아야 될 평가 내용을 중심으로 기술하고 있다. 예를 들면, 함수 영역에서 중학교의 경우 "함수와 관련하여 지나치게 복잡한 활용 문제는 다루지 않는다."와 고등학교의 경우 "함수의 그래프와 그 성질에 대한 이해를 평가할 때 지나치게 복잡한 문제는 다루지 않는다."가 있다. 중학교 학생의 경우 함수와 관련된 복잡한 활용 문제는 일반적으로 어려워하는 경향이 있어, 중학교 수준에 적합한 활용 문제를 출제할 수 있도록 권고하고 있다. 그리고 고등학교에서의 유리함수와 무리함수의 그래프를 그리고 그 성질을 이해하는 지를 평가하는 문제의 경우에도 기본적인 그래프의 형태를 중심으로 함수의 성질에 관련된 문제를 다룰 수 있도록 권고하고 있다.

다음으로 초등학교와 마찬가지로 내용 영역과 관련된 평가에서 필요할 경우 과정 중심 평가를 하도록 권장하고 있다. 예를 들면, 중학교 확률과 통계 영역의 "자료의 수집, 정리, 해석을 평가할 때에는 과정 중심 평가를 할 수 있다."와 고등학교 수와 연산 영역의 "증명 능력을 평가할 때에는 과정 중심 평가를 할 수 있다."가 있다. 즉 자료의 수집, 정리, 해석과 관련된 평가와 증명 능력에 대한 평가에서는 학생의 학습 과정을 면밀하게 살펴보고 적절한 피드백을 제시할 필요성이 있기 때문에 과정 중심 평가를 권장하고 있는 것으로 보인다.

(2) 교수·학습 방향

교수·학습 방향은 크게 교수·학습 원칙과 교수·학습 방법을 제시하고 있다. 우선 교수·학습 원칙에서는 수학과의 교수·학습의 목적과 평가와의 일관성, 수학 교과 역량을 함양하기 위한 적합한 교수·학습 운영, 학년군별 내용의 배열 순서 재구성 가능 등과 관련된 내용을 제시하고 있다. 다음은 2015 개정 수학과 교육과정에서 제시한 다섯 가지 교수·학습 원칙 내용이다.

(가) 수학과의 교수·학습은 학생이 수학과 교육과정에 제시된 목표를 달성하고 전인적으로 성장하도록 돕는 것을 목적으로 한다.

(나) 수학과의 교수·학습은 교육과정에 제시된 내용의 수준과 범위를 준수하고, 교육과정에 제시된 목표, 내용, 평가와 일관성을 가져야 한다.

(다) 문제해결, 추론, 창의·융합, 의사소통, 정보 처리, 태도 및 실천과 같은 수학 교과 역량을 함양하기 위한 교육 환경을 조성하고, 이에 적합한 교수·학습을 운영한다.

(라) 학년군별 내용의 배열 순서가 반드시 교수·학습의 순서를 의미하는 것은 아니므로, 교수·학습 계획을 수립하거나 학습 자료를 개발할 때에는 내용의 특성과 난이도, 학교 여건, 학생의 수준 등을 고려하여 내용, 순서 등을 재구성할 수 있다.

(마) 교육과정에 제시된 내용을 지도한 후 학습 결손이 있는 학생에게는 보충 학습, 우수 학생에게는 심화 학습의 기회를 추가로 제공할 수 있다.

* 출처: 교육부(2015b, p.37)

교수·학습 방법에서는 학생의 능력과 수준 등을 고려하여 설명식 교수, 탐구 학습, 프로젝트 학습, 토의·토론 학습, 협력 학습, 매체 및 도구 활용 학습 등을 적절히 선택하여 적용하도록 권고하고 있다. 그리고 수학과의 교과 역량인 문제해결 능력, 추론 능력, 창의·융합 능력, 의사소통 능력, 정보 처리 능력을 함양하기 위해 교수·학습에서 강조해야 될 내용을 제시하고 있다. 또한 의미 있는 발문과 수준별 수업을 할 경우 교수·학습에서 유의해야 할 사항을 제시하고 있다.

(3) 평가 방향

평가 방향은 평가 원칙과 평가 방법 두 가지로 분류하여 제시하고 있다. 평가 원칙에서는 수학과의 평가의 목적과 교육과정 내용을 준수하는 일관성 있는 평가, 교과 역량을 균형 있게 평가, 다양한 평가 방법의 활용 등의 내용을 제시하고 있다. 교육과정에서 제시한 구체적인 내용은 다음과 같다.

(가) 수학과의 평가는 학생의 인지적 영역과 정의적 영역에 대한 유용한 정보를 수집·활용하여 학생의 수학 학습과 전인적 성장을 돕고 교사의 수업 방법을 개선하는 것을 목적으로 한다.

(나) 수학과의 평가는 교육과정에 제시된 내용의 수준과 범위를 준수하고, 교육과정에 제시된 목표, 내용, 교수·학습과 일관성을 가져야 한다.

(다) 수학과의 평가에서는 수학의 개념, 원리, 법칙, 기능뿐만 아니라 문제해결, 추론,

창의·융합, 의사소통, 정보 처리, 태도 및 실천과 같은 수학 교과 역량을 균형 있게 평가한다.

(라) 수학과의 평가는 학습자의 수준을 고려하고 평가 목적과 내용에 따라 다양한 평가 방법을 활용한다.

(마) 평가 결과는 학생, 학부모, 교사 등에게 환류하여 수학 학습 개선을 도울 수 있게 한다.

* 출처: 교육부(2015b, pp.40-41)

그리고 평가 방법에서는 총론에서 제시한 평가 방향에 따라 학습 결과 평가와 과정 중심 평가를 병행하도록 권장하고 있고, 수업의 전개 국면에 따라 다양한 평가 방법을 사용하여 교과 역량을 효과적으로 평가하도록 권장하고 있다.

다음은 수학 학습 과정과 결과를 평가하는 지필 평가, 프로젝트 평가, 포트폴리오 평가, 관찰 평가, 면담 평가, 구술 평가, 자기 평가, 동료 평가 등의 다양한 평가 방법을 사용하여 교과 역량을 평가할 때 활용할 수 있도록 제시한 내용이다.

(가) 수학과의 평가는 학습 결과 평가뿐만 아니라 과정 중심 평가도 실시하여 종합적인 수학 학습 평가가 될 수 있게 한다.

(나) 수업의 전개 국면에 따라 진단평가, 형성평가, 총괄평가를 적절히 실시하되, 지속적인 평가를 통해 다양한 정보를 수집하고 수업에 활용한다.

(다) 학생의 수학 학습 과정과 결과는 지필 평가, 프로젝트 평가, 포트폴리오 평가, 관찰 평가, 면담 평가, 구술 평가, 자기 평가, 동료 평가 등의 다양한 평가 방법을 사용하여 양적 또는 질적으로 평가한다.

① 지필 평가는 수학의 개념, 원리, 법칙을 이해하고 적용하는 능력과 문제해결, 추론, 창의·융합, 의사소통 능력 등을 평가하는 데 활용할 수 있고, 선택형, 단답형, 서·논술형 등의 다양한 문항 형태를 활용한다.

② 프로젝트 평가는 수학 학습을 토대로 특정한 주제나 과제에 대해서 자료를 수집하고 분석, 종합, 해결하는 과정과 결과를 평가하는 방법으로, 문제해결, 창의·융합, 정보 처리 능력 등을 평가할 때 활용할 수 있다.

③ 포트폴리오 평가는 일정 기간 동안 수학 학습 수행과 그 결과물을 평가하는 방법으로, 학생의 학습 내용 이해와 수학 교과 역량을 종합적으로 판단하고 학생의 성장에 대한 정보를 얻는 데 활용할 수 있다.

④ 관찰 평가, 면담 평가, 구술 평가는 학생 개인 및 소집단을 관찰, 학생과의 대화, 학생의 발표를 통해 학생의 이해 정도와 사고 방법, 수행 과정 등을 평가하는 방법으로, 의사소통, 태도 및 실천 능력 등을 평가할 때 활용할 수 있다.

⑤ 자기 평가는 학생 스스로 자신의 이해와 수행을 평가하는 방법으로, 문제해결과 추론

진단평가, 형성평가, 총괄평가의 의미와 시기, 목적 등에 대한 설명은 〈읽기자료〉(p.70)에 제시되어 있다.

과정의 반성, 자신의 생각 표현, 태도 및 실천 능력 등을 평가할 때 활용할 수 있다.

⑥ 동료 평가는 동료 학생들이 상대방을 서로 평가하는 방법으로, 협력 학습 상황에서 학생 개개인의 역할 수행 정도나 집단 활동에 기여한 정도를 평가할 때 활용할 수 있다.

(라) 평가 내용이나 방법에 따라 학생에게 계산기, 교육용 소프트웨어 등의 공학적 도구와 다양한 교구를 이용할 수 있게 한다.

* 출처: 교육부(2015b, p.41)

위에서 제시한 내용 중 학생에게 공학적 도구나 다양한 교구를 평가에 이용할 수 있도록 권고하는 것은 2007 개정 및 2009 개정 교육과정과 유사하지만 2015 개정 교육과정에서는 성취기준에도 이와 관련된 내용을 제시해 강조하고 있다. 다음은 중학교 교육과정의 확률과 통계 영역에서 공학적 도구를 활용하는 성취기준을 제시한 내용이다.

[9수05-03] 공학적 도구를 이용하여 실생활과 관련된 자료를 수집하고 표나 그래프로 정리하고 해석할 수 있다.

* 출처: 교육부(2015b, pp.35-36)

라. 2015 개정 교육과정에 따른 수학과 평가기준

수학과 평가기준을 이해하기 위해서는 교육과정에서 제시하고 있는 성취기준과 학교 현장에서 실제적으로 활용할 수 있는 평가준거 성취기준의 의미에 대한 이해가 필요하다.

우선 교육과정 성취기준은 학생들이 각 과목에서 기본적으로 학습하고 성취해야 할 내용의 기준을 국가 교육과정에서 제시한 것이다. 수학과 교육과정에서는 '성취기준'이라는 항목을 두고 내용 영역별로 제시한다. 그리고 성취기준에는 '학습 요소', '교수·학습 방법 및 유의사항', '평가 방법 및 유의 사항'을 함께 명시하여 학교 현장에서 학생들이 성취기준을 효과적으로 숙달할 수 있도록 안내하고 있다. 다음은 2015 개정 수학과 교육과정의 문서 체계 중 성취기준과 관련된 내용 순서의 흐름을 나타낸 것이다.

3. 내용 체계 및 성취기준

가. 내용 체계

나. 성취기준

[초등학교 1~2학년]

(1) 수와 연산

수는 사물의 개수나 양을 나타내기 위해 발생하였다. …

1 네 자리 이하의 수

[2수01-01] 0과 100까지의 수 개념을 이해하고, 그 수를 세고 쓸 수 있다.

…

(가) 학습 요소

- 덧셈, 뺄셈, 곱셈, 짝수, 홀수, +, −, ×, =, >, <

(나) 교수·학습 방법 및 유의 사항

- 자연수의 개수, 순서, 이름 등을 나타내는 경우가 있음을 알고, 실생활에서 수가 쓰이는 사례를 통하여 수의 필요성을 인식하게 한다.

  …

(다) 평가 방법 및 유의 사항

- 덧셈과 뺄셈을 여러 가지 방법으로 계산하는 활동을 평가할 때에는 학생들이 자유롭게 계산하도록 하는 데 초점을 두고 이를 지나치게 형식화하지 않도록 관찰, 면담 등의 다양한 방법을 이용한다.

  …

[중학교 1~3학년]

…

그리고 평가준거 성취기준은 교육과정 성취기준을 실제 평가의 상황에서 준거로 사용하기에 적합하도록 재구성한 것을 의미한다. 즉 평가준거 성취기준은 학생 입장에서는 무엇을 공부하고 성취해야 하는지, 교사 입장에서는 무엇을 가르치고 평가해야 하는지에 대해 보다 명료한 안내를 제공하기 위해 교육과정 성취기준을 재구성한 것을 의미한다(변희현 외, 2017).

또한 평가기준은 평가 활동에서 학생들이 어느 정도의 수준에서 성취기준에 도달했는지를 판단하기 위한 실질적인 기준 역할을 한다. 평가기준은 각 평가준거 성취기준에 도달한 정도를 상/중/하의 세 단계로 구분하고 각 단계에 속한 학생들이 무엇을 알고 있고, 할 수 있는지를 기술한 것을 의미한다(변희현 외, 2017).

[그림 Ⅱ-1-1]은 위에서 기술한 성취기준, 평가기준, 성취수준의 의미를 정리한 것이다.

교육과정 성취기준	· 각 교과별 국가 교육과정에 제시되어 있는 성취기준 · 수학과 교육과정에서는 내용 영역별로 제시 – 학습 요소, 교수·학습 방법 및 유의사항, 평가 방법 및 유의사항을 함께 명시
평가준거 성취기준	· 교육과정 성취기준을 실제 평가의 상황에서 준거로 사용하기에 적합하도록 재구성한 것 · 2015 개정 교육과정에서 '평가준거 성취기준'의 의미 – 학생들이 학습을 통해 성취해야 할 지식, 기능, 태도의 능력과 특성을 진술한 것으로 평가 활동에서 판단의 기준이 될 수 있도록 교육과정 성취기준을 재구성한 것 – 평가 활동에서 판단의 기준이 될 수 있도록 해야 함
평가기준	· 각 평가준거 성취기준에 도달한 정도를 상/중/하의 세 단계로 구분하고 각 단계에 속한 학생들이 무엇을 알고 있고, 할 수 있는지를 기술한 것

그림 Ⅱ-1-1 2015 개정 교육과정에서 성취기준, 평가준거 성취기준, 평가기준의 의미

한국교육과정평가원에서는 2016년에 '2015 개정 교육과정에 따른 초·중학교 수학과 평가기준 개발 연구'(권점례 외, 2016), 2017년에 '2015 개정 교육과정에 따른 고등학교 수학과 평가기준 개발 연구'(변희현 외, 2017), 2018년에 '2015 개정 교육과정에 따른 고등학교 수학과(진로 선택 과목) 평가기준 개발 연구'(이광상 외, 2018)가 이루어졌다. 위 세 연구에서는 총론의 개발 방향에 따라 수학과 평가준거 성취기준, 평가기준, 예시 평가도구 등을 개발하여 학교 현장에서 2015 개정 교육과정을 효과적으로 운영하고 교수·학습 및 평가에 대한 개선에 도움을 주고자 하였다.

한국교육과정평가원(http://www.kice.re.kr)은 수학과 평가기준 개발 연구 관련 보고서를 포함하여 해마다 수행하고 있는 연구보고서를 홈페이지에 제공하고 있다.

변희현 외(2017)의 연구에서는 평가기준 개발 방향을 크게 네 가지로 제시하였다. 첫째, 교육과정 성취기준 및 평가준거 성취기준에 부합하도록 개발한다. 둘째, 학교급 간의 연계 및 과목 간 위계를 고려하여 평가기준 간의 위계가 나타나도록 진술한다. 셋째, 상/중/하의 일반적 특성을 바탕으로 교과의 특성을 반영하여 평가기준의 상/중/하가 명료하게 구분되도록 진술한다. 넷째, 가능한 한 명확한 행동 동사를 사용하여 진술한다.

〈표 Ⅱ-1-5〉는 교육과정에 제시된 고등학교 공통과목인 〈수학〉의 기하 영역의 성취기준을 토대로 개발한 평가준거 성취기준과 평가기준의 내용이다(변희현 외, 2017, p.110).

표 Ⅱ-1-5 고등학교 〈수학〉의 평가기준 예시

교육과정 성취기준	평가준거 성취기준	평가기준	
[10수학02-02] 선분이 내분과 외분을 이해하고, 내분점과 외분점의 좌표를 구할 수 있다.	[10수학02-02-01] 선분의 내분을 이해하고, 내분점의 좌표를 구할 수 있다.	상	선분의 내분점 좌표를 구하는 과정을 이해하고 이를 이용하여 다양한 문제를 해결할 수 있다.
		중	좌표평면에서 선분의 내분점의 좌표를 구할 수 있다.
		하	수직선에서 선분의 내분점의 좌표를 구할 수 있다.
	[10수학02-02-02] 선분의 외분을 이해하고, 외분점의 좌표를 구할 수 있다.	상	선분의 외분점 좌표를 구하는 과정을 이해하고 이를 이용하여 다양한 문제를 해결할 수 있다.
		중	좌표평면에서 선분의 외분점의 좌표를 구할 수 있다.
		하	수직선에서 선분의 외분점의 좌표를 구할 수 있다.

다음에 제시하는 평가 문항은 기하 영역의 평면좌표와 관련된 내용이다. 교육과정 성취기준 [10수학02-02]에 대하여 평가준거 성취기준 [10수학02-02-02]에 해당하는 문항으로 평가기준은 '중'의 '좌표평면에서 선분의 외분점의 좌표를 구할 수 있다'에 해당한다(변희현 외, 2017, pp.132-133).

[평가 문항]

민아는 승희네 집에서 같이 숙제를 하다가 자료 조사를 하기 위해 도서관으로 출발하였다. 승희는 민아가 찾아야 할 목록을 적은 쪽지를 두고 간 것을 알게 되었다. 민아가 출발한 지 10분이 지났을 때, 승희는 자전거를 타고 민아가 걸어가는 속력의 3배의 속력으로 뒤따르기 시작하였다.(단, 승희네 집과 도서관 사이의 길은 직선 도로이며, 민아와 승희는 일정한 속력으로 움직인다고 한다.)

문제 오른쪽 그림에서 승희네 집의 위치를 원점 O, 승희가 출발할 때 민아의 위치를 점 A(4, 2)라고 할 때, 민아와 승희가 만나게 될 지점을 좌표로 나타내어 보자.

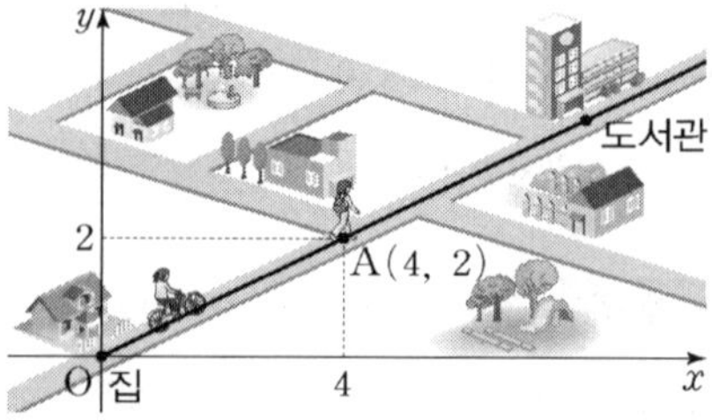

[예시 답안 및 해설]

민아와 승희가 만날 지점을 점 P(x, y)라고 하면 점 P는 선분 OA를 3:1로 외분하는 점이므로

$$x=\frac{3\times4-1\times0}{3-1}=6,\ y=\frac{3\times2-1\times0}{3-1}=3$$

따라서 민아와 승희가 만난 지점을 좌표로 나타내면 (6, 3)이다.

[채점 기준]

평가요소	배점	채점 기준
외분점으로 인식하고 외분점의 좌표를 구할 수 있다.	2	외분점으로 인식하고 외분점을 옳게 구한 경우
	1	외분점으로 인식하였으나 외분점이 옳지 않은 경우
	0	무응답 또는 그 외의 오답

부록

※ 2015 개정 수학과 교육과정 초등학교 〈수학〉 내용 체계

영역	학년군	내용 요소
수와 연산	1~2학년	• 네 자리 이하의 수 • 두 자리 수 범위의 덧셈과 뺄셈, 곱셈
	3~4학년	• 다섯 자리 이상의 수, 분수, 소수 • 세 자리 수의 덧셈과 뺄셈, 자연수의 곱셈과 나눗셈 • 분모가 같은 분수의 덧셈과 뺄셈, 소수의 덧셈과 뺄셈
	5~6학년	• 약수와 배수, 약분과 통분, 분수와 소수의 관계 • 자연수의 혼합 계산, 분모가 다른 분수의 덧셈과 뺄셈 • 분수의 곱셈과 나눗셈, 소수의 곱셈과 나눗셈
도형	1~2학년	• 평면도형의 모양, 평면도형과 그 구성 요소 • 입체도형의 모양

영역	학년군	내용 요소
	3~4학년	• 도형의 기초, 원의 구성 요소, 여러 가지 삼각형 • 여러 가지 사각형, 다각형, 평면도형의 이동
	5~6학년	• 합동, 대칭, 직육면체, 정육면체, 각기둥, 각뿔 • 입체도형의 공간 감각
측정	1~2학년	• 양의 비교, 시각과 시간, 길이(cm, m)
	3~4학년	• 시간, 길이(mm, km), 들이, 무게, 각도
	5~6학년	• 원주율, 평면도형의 둘레와 넓이 • 입체도형의 겉넓이와 부피 • 수의 범위, 어림하기(올림, 버림, 반올림)
규칙성	1~2학년	• 규칙 찾기
	3~4학년	• 규칙을 수나 식으로 나타내기
	5~6학년	• 규칙과 대응, 비와 비율, 비례식과 비례 배분
자료와 가능성	1~2학년	• 분류하기, 표, ○, ×, /를 이용한 그래프
	3~4학년	• 간단한 그림그래프, 막대그래프, 꺾은선그래프
	5~6학년	• 평균, 그림그래프, 띠그래프, 원그래프, 가능성

※ 2015 개정 수학과 교육과정 중학교 〈수학〉 내용 체계

영역	내용 요소
수와 연산	• 소인수분해, 정수와 유리수, 유리수와 순환소수, 제곱근과 실수
문자와 식	• 문자의 사용과 식의 계산, 일차방정식 • 식의 계산, 일차부등식과 연립일차방정식 • 다항식의 곱셈과 인수분해, 이차방정식
함수	• 좌표평면과 그래프 • 일차함수와 그래프, 일차함수와 일차방정식의 관계 • 이차함수와 그래프
기하	• 기본 도형, 작도와 합동, 평면도형의 성질 • 삼각형과 사각형의 성질, 도형의 닮음, 피타고라스정리 • 삼각비, 원의 성질
확률과 통계	• 자료의 정리와 해석, 확률과 그 기본 성질 • 대푯값과 산포도, 상관관계

※ 2015 개정 수학과 교육과정 고등학교 과목 구성 및 내용 체계

과목	영역	내용 요소
기본수학	경우의 수	• 경우의 수, 순열과 조합
	문자와 식	• 다항식의 연산, 인수분해 • 이차방정식과 이차함수, 부등식
	집합과 함수	• 집합, 함수
	도형의 방정식	• 평면좌표, 직선의 방정식 • 원의 방정식, 도형의 이동

〈기본 수학〉, 〈인공지능 수학〉은 2020년에 새로 추가되었음.

과목	영역	내용 요소
수학	문자와 식	• 다항식의 연산, 나머지정리, 인수분해 • 복소수와 이차방정식, 이차방정식과 이차함수 • 여러 가지 방정식과 부등식
	기하	• 평면좌표, 직선의 방정식 • 원의 방정식, 도형의 이동
	수와 연산	• 집합, 명제
	함수	• 함수, 유리함수와 무리함수
	확률과 통계	• 경우의 수, 순열과 조합
수학 Ⅰ	지수함수와 로그함수	• 지수와 로그, 지수함수와 로그함수
	삼각함수	• 삼각함수
	수열	• 등차수열과 등비수열, 수열의 합 • 수학적 귀납법
수학 Ⅱ	함수의 극한과 연속	• 함수의 극한, 함수의 연속
	미분	• 미분계수, 도함수, 도함수의 활용
	적분	• 부정적분, 정적분, 정적분의 활용
미적분	수열의 극한	• 수열의 극한, 급수
	미분법	• 여러 가지 함수의 미분, 여러 가지 미분법 • 도함수의 활용
	적분법	• 여러 가지 적분법, 정적분의 활용
확률과 통계	경우의 수	• 순열과 조합, 이항정리
	확률	• 확률의 뜻과 활용, 조건부확률
	통계	• 확률분포, 통계적 추정
기하	이차곡선	• 이차곡선
	평면벡터	• 벡터의 연산, 평면벡터의 성분과 내적
	공간도형과 공간좌표	• 직선과 평면, 정사영, 공간좌표
실용 수학	규칙	• 식과 규칙, 도형과 규칙
	공간	• 도형의 관찰, 도형의 표현
	자료	• 자료의 정리, 자료의 해석
경제 수학	수와 생활경제	• 경제지표, 환율, 세금
	수열과 금융	• 이자와 원리합계, 연속복리, 연금
	함수와 경제	• 함수와 경제현상, 함수의 활용
	미분과 경제	• 미분, 미분과 경제문제
수학과제 탐구	과제 탐구의 이해	• 수학과제 탐구의 의미와 필요성 • 과제 탐구 방법과 절차, 연구 윤리
	과제 탐구 실행 및 평가	• 탐구 주제 선정, 탐구 계획 수립 • 탐구 수행, 탐구 결과 정리 및 발표 • 반성 및 평가
인공 지능 수학	인공지능과 수학	• 인공지능과 관련된 수학
	자료의 표현	• 텍스트 자료의 표현 • 이미지 자료의 표현
	분류와 예측	• 자료의 분류 • 경향성과 예측
	최적화	• 최적화와 의사 결정

2. 2015 개정 이전 교육과정에서의 평가

가. 2007 개정 수학과 교육과정

(1) 교육과정 개정 방향

2007 개정 교육과정의 개정 기본 방향은 '학교 현장에 적합한 수준별 수업 지원', '학습 내용의 적정화', '수학적 사고력의 신장', '수학의 가치 제고와 정의적 측면의 강조'의 네 가지로 제시할 수 있다(황혜정 외, 2016, p.85).

2007 개정 교육과정은 초등학교 1학년부터 고등학교 1학년까지의 국민 공통 기본 교육과정과 고등학교 2학년부터 신택 중심 교육과정으로 운영한다. 그리고 2007 개정 교육과정은 제7차 교육과정의 단계형 수준별 교육과정의 학교 현장의 적용 과정에서의 문제점을 고려하여 수준별 교육과정을 폐지하고 학교에서 자율적으로 수준별 수업을 운영하도록 권장하고 있다. 또한 단위학교에서 수준별 수업을 운영할 경우, 학습 결손을 보충할 수 있도록 '특별 보충 수업' 운영은 학교가 자율적으로 결정할 수 있도록 안내하고 있다.

(2) 교육과정 총론의 평가 방향

2007 개정 초·중등학교 교육과정 총론에서 평가 방향은 교육과정 편성·운영 지침과 관련하여 기술하고 있다. 2007 개정 교육과정에서 평가 방향과 관련된 내용은 크게 국가수준, 시·도 교육청 수준, 학교 수준으로 나누어 제시하고 있다.

우선 국가 수준에서는 학교에서 교육과정의 정신을 구현한 평가 활동이 원활히 이루어질 수 있도록 다양한 방안을 강구해서 학교 현장에 제공하도록 권고하고 있다. 그리고 시·도 교육청 수준에서는 관내 학교의 교육과정 편성·운영에 대한 질 관리 및 지역 교육청의 교육과정 편성·운영 체제의 적절성과 실효성을 높이기 위하여 학업 성취도 평가, 교육과정 편성·운영 평가 등을 실시할 수 있도록 했다(교육인적자원부, 2007a).

마지막으로 학교 수준에서의 평가 활동은 다음과 같은 사항을 고려해서 이루어질 수 있도록 안내하고 있다.

(1) 평가는 모든 학생들이 교육 목표를 성공적으로 달성하기 위한 교육의 과정으로 실시한다.
(2) 학교는 다양한 평가 도구와 방법으로 성취도를 평가하여 학생의 목표 도달도를 확인하고, 수업의 질 개선을 위한 자료로 활용한다.
(3) 교과의 평가는 선다형 일변도의 지필 검사를 지양하고, 서술형 주관식 평가와 표현 및 태도의 관찰 평가가 조화롭게 이루어지도록 한다.
(4) 실험·실습의 평가는 교과목의 성격을 고려하여 합리적인 세부 평가기준을 마련하여 실시한다.
(5) 정의적, 기능적, 창의적인 면이 특히 중시되는 교과의 평가는 타당한 평정 기준과 척도에 의거하여 실시한다.
(6) 학교와 교사는 학교에서 가르친 내용과 기능을 평가하도록 유의한다. 학생이 학교에서 배울 기회를 마련해 주지 않고, 학교 밖의 교육 수단을 통해서 익힐 수밖에 없는 내용과 기능은 평가하지 않도록 유의한다.
(7) 초등학교의 교과 활동 평가는 학생의 활동 상황과 특징, 진보의 정도 등을 파악하여, 그 결과를 서술적으로 기록하는 것을 원칙으로 한다.
(8) 재량 활동에 대한 평가는 교과 재량 활동과 학생의 특성을 감안하여 평가의 주안점을 학교에서 작성, 활용한다. 다만, 창의적 재량 활동의 평가는 그 결과를 문장으로 기록하도록 한다.

* 출처: 교육인적자원부(2007a, p.25)

특히 학교 수준에서의 평가 활동 중 (6)의 내용과 같이 교사가 가르친 내용을 중심으로 평가하고 학교에서 배우지 않는 내용은 평가하지 않도록 유의하게 한 것은, 2015 개정 교육과정에서 강조하는 교수·학습과 평가가 일관성이 있어야 된다는 것에 부합되는 내용으로 볼 수 있다.

(3) 수학과 교육과정 평가 방향

① 수학과 교육과정 구성

제7차 수학과 교육과정에서는 초등학교 1학년부터 고등학교 1학년까지 공통으로 6개의 내용 영역(수와 연산/도형/측정/확률과 통계/문자와 식/규칙성과 함수)이 적용 되었으나, 2007 개정 수학과 교육과정에서는 학교급 별로 배우는 내용의 특성을 고려하여 초등학교와 중·고등학교의 내용 영역을 다르게 구성하였다.

초등학교의 경우는 '수와 연산', '도형', '측정', '확률과 통계', '규칙성과 문제해결'의 5개 내용 영역으로 분류하였고, 중·고등학교의 경우는 '수와 연산', '문자와 식', '기하', '함수', '확률과 통계'의 5개 내용 영역으로 분류하였다(교육인적자원부, 2007b).

수학과 교육과정 문서는 크게 성격, 목표, 내용, 교수·학습 방법, 평가 순으로 구성되어 있다. 수학과 교육과정에서 제시하는 학년별 내용은 대영역, 중영역, 성취기준, 용어와 기호, 교수·학습상의 유의점 순으로 제시하고 있다. 교수·학습 유의점에서는 실제 학교 수업에서 중점을 두고 다루어야 될 내용 및 수준과 관련해서 유의해야 할 사항을 제시하고 있다. 예를 들면, 중학교 1학년 과정에서 다루는 문자와 식 영역에서는 "일차방정식의 계산에서는 하나의 문자에 관한 일차식만 다룬다."를 제시하여 두 개 이상의 문자를 제시하는 이원일차방정식은 다루지 않도록 권고하고 있다.

② 교수·학습 방향

교수·학습 방향과 관련해서는 발견학습, 탐구 학습, 협동 학습, 개별 학습, 실명식 교수 등의 다양한 교수·학습 방법을 활용하고, 수업에서 학생의 인지 발달과 경험을 고려하여 학생들의 창의적인 답이 도출될 수 있도록 의미 있는 발문을 하도록 권장하고 있다. 그리고 생활 주변 현상, 사회 현상, 자연 현상 등의 여러 가지 현상을 학습 소재로 하여 수학적 개념, 원리, 법칙을 도입하고 구체적 조작 활동과 탐구 활동을 통하여 학생 스스로 개념, 원리, 법칙을 발견할 수 있도록 유의점을 제시하고 있다.

또한 수학적 사고와 추론 능력, 수학적 의사소통 능력, 문제해결력, 수학에 대한 긍정적 태도를 신장시키기 위한 교수·학습 유의점을 제시하고 있다. 그리고 복잡한 계산 수행, 수학적 개념·원리·법칙의 이해, 문제해결력 향상 등을 위하여 공학적 도구와 다양한 교구를 활용하도록 권장하고 있고 수준별 수업을 운영할 때의 유의사항 등을 제시하고 있다.

③ 평가 방향

2007 개정 수학과 교육과정에서 제시하는 평가의 목적은 학생에게 인지적 영역은 물론 정의적 영역에 대한 정보 제공을 통하여 수학 학습과 더불어 전인적인 성장에도 도움을 주고, 이러한 평가 결과를 교사의 교수학습 방법의 개선에 활용하는 것이다. 이러한 평가의 목적을 달성하기 위해 기존의 획일적인 평가 방법을 지양하고 지필평가, 관찰, 면담, 자기 평가 등의 다양한 평가 방법을 적용하는 것을 권고하고, 이를 통하여 수학 교수학습을 향상시킬 수 있도록 하였다.

다음은 2007 개정 수학과 교육과정의 평가의 목적과 평가의 방법에 관련된 내용이다.

가. 수학 학습의 평가는 학생의 인지적 영역과 정의적 영역에 대한 유용한 정보를 제공하여 학생 개개인의 수학 학습과 전인적인 성장을 돕고 교사의 교수 활동과 수업 방법에 활용한다.

나. 수학 학습의 평가에서는 학생의 인지 발달 수준을 고려하고, 교육과정에 제시된 내용의 수준과 범위를 준수한다.

다. 수학 학습의 평가는 수업의 전개 과정에 따라 진단 평가, 형성 평가, 총괄 평가 등의 적절한 평가 방식을 택하여 지속적인 평가를 통하여 다양한 정보를 수집하고 수업에 활용한다.

라. 수학 학습의 평가에서는 획일적인 방법을 지양하고 지필 평가, 관찰, 면담, 자기 평가 등의 다양한 평가 방법을 통해 수학 교수학습을 향상시킬 수 있게 한다.

* 출처: 교육인적자원부(2007b, p.47)

2007 개정 수학과 교육과정에서는 평가 영역을 크게 인지적 영역과 정의적 영역 두 가지로 나누고 있다. 우선 인지적 영역에 대한 평가에서는 학생의 수학적 사고력 신장을 위하여 평가 결과뿐만 아니라 과정도 중요하다는 것을 강조하면서, 수학의 기본적인 개념, 원리, 법칙에 대한 이해를 기초로 실제 적용하는 능력과 추론 능력, 문제 해결 능력, 의사소통 능력 등에 대한 평가를 하도록 권장하고 있다. 또한 정의적 영역에 대한 평가에서는 학생의 수학에 대한 긍정적 태도를 신장시키기 위하여 수학 학습에 대한 흥미, 자신감 등의 파악이 필요하다는 것을 안내하고 있다.

다음은 2007 개정 수학과 교육과정에서 제시하고 있는 인지적 영역의 평가 및 정의적 영역의 평가와 관련된 내용이다.

마. 인지적 영역에 대한 평가에서는 학생의 수학적 사고력 신장을 위하여 결과뿐만 아니라 과정도 중시하여 평가하되, 수학의 교수·학습에서 전반적으로 요구되는 다음 사항을 강조한다.

(1) 수학의 기본적인 개념, 원리, 법칙을 이해하고 적용하는 능력

(2) 수학적 표현의 의미를 이해하고 정확하게 사용하는 능력

(3) 수학적 지식과 기능을 활용하여 타당하게 추론하는 능력

(4) 다양한 상황에서 발생하는 여러 가지 문제를 수학적으로 사고하여 해결하는 능력

(5) 생활 주변 현상, 사회 현상, 자연 현상 등의 여러 가지 현상을 수학적으로 관찰, 분석, 조직하는 능력

(6) 수학적 사고 과정과 결과를 합리적으로 의사소통하는 능력

바. 정의적 영역에 대한 평가에서는 학생의 수학에 대한 긍정적 태도를 신장시키기 위하여 학생의 수학에 대한 바람직한 가치관이나 수학 학습에 대한 관심, 흥미, 자신감 등의 정도를 파악한다.

* 출처: 교육인적자원부(2007b, p.47)

또한 수학 학습을 평가할 때 학습하는 내용에 따라 학생에게 계산기, 컴퓨터와 같은 공학적 도구와 다양한 교구를 이용할 수 있는 기회를 제공하도록 권고하고 있다.

부록

※ 2007 개정 수학과 교육과정 초등학교 내용 체계

영역	초등학교	내용 요소
수와 연산	1학년	• 100까지의 수, 간단한 수의 덧셈과 뺄셈 • 두 자리 수의 덧셈과 뺄셈
	2학년	• 1000까지의 수, 두 자리 수의 덧셈과 뺄셈 • 세 자리 수의 덧셈과 뺄셈, 곱셈, 분수의 이해
	3학년	• 10000까지의 수, 네 자리 수의 덧셈과 뺄셈, 곱셈 • 나눗셈, 분수, 소수의 이해
	4학년	• 다섯 자리 이상의 수, 자연수의 사칙계산 • 여러 가지 분수, 분모가 같은 분수의 덧셈과 뺄셈 • 소수, 소수의 덧셈과 뺄셈
	5학년	• 약수와 배수, 약분과 통분, 소수와 분수 • 분모가 다른 분수의 덧셈과 뺄셈, 분수의 곱셈과 나눗셈 • 소수의 곱셈과 나눗셈
	6학년	• 분수의 나눗셈, 소수의 나눗셈, 분수와 소수의 혼합 계산

영역	초등학교	내용 요소
도형	1학년	• 입체도형의 모양, 평면도형의 모양
	2학년	• 기본적인 평면도형, 입체도형의 구성
	3학년	• 각과 평면도형, 평면도형의 이동, 원의 구성 요소
	4학년	• 각과 여러 가지 삼각형, 다각형의 이해
	5학년	• 직육면체와 정육면체의 성질, 합동, 대칭
	6학년	• 각기둥과 각뿔의 성질, 원기둥과 원뿔의 성질 • 여러 가지 입체도형
측정	1학년	• 양의 비교, 시각 읽기
	2학년	• 시각과 시간, 길이, 측정값 나타내기
	3학년	• 시간, 길이, 들이, 무게
	4학년	• 각도, 평면도형의 둘레, 직사각형과 정사각형의 넓이 • 어림하기
	5학년	• 평면도형의 넓이, 여러 가지 단위
	6학년	• 원주율과 원의 넓이, 겉넓이와 부피, 원기둥의 겉넓이와 부피
확률과 통계	1학년	• 분류하기
	2학년	• 표와 그래프 만들기
	3학년	• 자료의 정리
	4학년	• 꺾은선그래프
	5학년	• 자료의 표현과 해석
	6학년	• 비율 그래프, 경우의 수와 확률
규칙성과 문제해결	1학년	• 규칙찾기, □를 사용한 식, 문제해결 방법
	2학년	• 규칙 찾기, 미지수 구하기, 식 만들기, 문제해결 방법
	3학년	• 규칙 찾기, 문제해결 방법
	4학년	• 규칙 찾기, 규칙적인 무늬 만들기, 규칙과 대응, 문제해결 방법
	5학년	• 비와 비율, 문제해결 방법
	6학년	• 방정식, 비례식, 연비와 비례배분, 정비례와 반비례 • 문제해결 방법

※ 2007 개정 수학과 교육과정 중학교 내용 체계

영역	학년	내용 요소
수와 연산	1학년	• 집합, 자연수의 성질, 정수, 유리수
	2학년	• 유리수와 순환소수, 근삿값,
	3학년	• 제곱근과 실수, 근호를 포함한 식의 계산
문자와 식	1학년	• 문자의 사용과 식의 계산, 일차방정식, 일차방정식의 활용
	2학년	• 식의 계산, 미지수가 2개인 연립일차방정식 • 연립일차방정식의 활용, 일차부등식과 연립일차부등식 • 일차부등식과 연립일차부등식의 활용
	3학년	• 다항식의 인수분해, 이차방정식, 이차방정식의 활용

영역	학년	내용 요소
함수	1학년	• 함수와 그래프, 함수의 활용
	2학년	• 일차함수와 그래프, 일차함수의 활용
	3학년	• 이차함수와 그래프
확률과 통계	1학년	• 도수분포와 그래프, 상대도수의 분포와 누적도수의 분포
	2학년	• 확률과 그 기본 성질
	3학년	• 대푯값과 산포도
기하	1학년	• 기본 도형, 작도와 합동, 평면도형의 성질, 입체도형의 성질
	2학년	• 삼각형과 사각형의 성질, 도형의 닮음, 닮음의 활용
	3학년	• 피타고라스의 정리, 삼각비, 원과 직선, 원주각

※ 2007 개정 수학과 교육과정 고등학교 과목 구성 및 내용 체계

영역	영역	내용 요소
수학	수와 연산	• 집합의 연산 법칙, 명제, 실수, 복소수
	문자와 식	• 다항식과 그 연산, 나머지정리, 인수분해 • 약수와 배수, 유리식과 무리식 • 이차방정식, 고차방정식과 연립방정식 • 이차부등식과 절대부등식
	기하	• 평면좌표, 직선의 방정식, 원의 방정식 • 도형의 이동, 부등식의 영역
	함수	• 함수, 이차함수의 활용 • 유리함수와 무리함수, 삼각함수 • 삼각형에의 응용
	확률과 통계	• 경우의 수, 순열과 조합
수학의 활용	명제와 논리	• 명제의 합성, 합성명제와 논리
	지수와 로그	• 지수와 로그, 지수함수와 그 그래프 • 로그함수와 그 그래프
	수열	• 등차수열과 등비수열, 수열의 합
	확률과 통계	• 확률과 그 활용, 통계와 그 활용
	도형과 그래프	• 연결 상태가 같은 도형, 평면그래프와 정다면체 • 함수, 그래프를 이용한 의사 결정의 최적화
수학 I	행렬과 그래프	• 행렬과 그 연산, 연립일차방정식과 행렬 • 그래프와 행렬
	지수함수와 로그함수	• 지수, 지수함수와 그 그래프 • 지수방정식과 지수 부등식 • 로그, 로그함수와 그 그래프 • 로그방정식과 로그부등식
	수열	• 등차수열과 등비수열, 여러 가지 수열 • 수학적 귀납법, 알고리즘과 순서도
	수열의 극한	• 무한수열의 극한, 무한급수

영역	영역	내용 요소
미적분과 통계 기본	함수의 극한과 연속	• 함수의 극한, 함수의 연속
	다항함수의 미분법	• 미분 계수, 도함수, 도함수의 활용
	다항함수의 적분법	• 부정적분, 정적분, 정적분의 활용
	확률	• 조합, 확률의 뜻과 활용, 조건부확률
	통계	• 확률분포, 통계적 추정
수학 II	방정식	• 분수방정식, 무리방정식
	부등식	• 삼차부등식과 사차부등식, 분수부등식
	삼각함수	• 삼각함수의 덧셈정리, 삼각방정식
	함수의 극한과 연속	• 함수의 극한, 함수의 연속
	미분법	• 미분계수, 도함수, 여러 가지 함수의 미분법 • 도함수의 활용
적분과 통계	적분법	• 부정적분, 정적분, 정적분의 활용
	순열과 조합	• 순열과 조합, 이항정리
	확률	• 확률의 뜻과 활용, 조건부확률
	통계	• 확률분포, 통계적 추정
기하와 벡터	일차변환과 행렬	• 일차변환과 행렬 • 일차변환의 합성과 역변환
	이차곡선	• 포물선, 타원, 쌍곡선
	공간도형과 공간좌표	• 공간도형, 공간좌표
	벡터	• 벡터와 그 연산, 벡터의 내적 • 직선과 평면의 방정식

나. 2009 개정 수학과 교육과정

(1) 2009 개정 교육과정 방향

신이섭 외(2011)의 연구에 의하면 2009 개정에 따른 수학과 교육과정의 방향은 다음과 같다. 첫째, 수학 교과 내용 양의 20%를 경감하는 것이다. 둘째, 수학적 과정을 통한 수학적 창의성을 강조한 것이다. 이에 수학과 교육과정에 문제해결, 의사소통, 추론을 '수학적 과정(mathematical process)'의 주요 요소로 포함시켜 수학적 사고 과정과 활동을 강조하여 다루기로 하였다. 셋째, 교육과정 운영의 유연성 확보를 위한 학년군제를 반영한 것이다. 이에 2009 개정 교육과정에서는 학생들이 배워야 할 내용을 학년별이 아니라 몇 개 학년을 묶어서 제시하는 학년군제를 취하고 있다.

2009 개정 교육과정은 초등학교 1학년부터 중학교 3학년까지의 공통 교육과정과 고등학교 1학년부터 3학년까지의 선택 교육과정으로 운영한다. 2007 개정 교육과정에서 제시했던 학년별 교육과정은 폐지되고, 학년군별 교육과정이 도입되었다. 초등학교의 경우에는 1~2학년군, 3~4학년군, 5~6학년군으로 나뉘고, 중학교의 경우에는 1~3학년군의 교과 내용이 통합하여 다루어지게 된다. 또한 2007 개정 교육과정과 마찬가지로 국어, 사회, 수학, 과학, 영어 교과에서는 수준별 수업을 권장한다. 수준별 수업 운영시 학습 결손을 보충할 수 있도록 '특별보충수업'을 운영할 수 있도록 안내하고 있다.

(2) 교육과정 총론의 평가 방향

평가 활동과 관련하여 2007 개정 교육과정의 총론에서는 국가 수준과 시·도 교육청 수준, 학교 수준의 세 가지로 구분하여 제시했지만, 2009 개정 교육과정에서의 평가 활동은 학교에서 실시하는 평가 활동 중심으로 제시하고 있다. 또한 2009 개정 교육과정에서는 기존의 재량활동과 특별활동을 통합하여 '창의적 체험활동'을 신설했기 때문에 이와 관련된 평가 활동이 추가되었다(교육부, 2013).

(사) 창의적 체험활동에 대한 평가는 창의적 체험활동의 내용과 특성을 감안하여 평가의 주안점을 학교에서 작성, 활용한다.

* 출처: 교육부(2013, p.21)

학교의 평가 활동에서는 선택형 평가보다는 학생들의 사고 과정을 파악할 수 있는 서·논술형과 수행 평가의 비중을 확대하여 실시하도록 권장하고 있다. 〈표 Ⅱ-2-1〉은 2007 개정/2009 개정/2015 개정 교육과정의 총론에서 제시하는 학교의 평가 활동과 관련된 내용을 비교한 것이다.

표 II-2-1 교육과정 시기별 학교의 평가 활동 비교

교육과정	학교의 평가 활동
2007 개정	• 교과의 평가는 선다형 일변도의 지필 검사를 지양하고, 서술형 주관식 평가와 표현 및 태도의 관찰 평가가 조화롭게 이루어지도록 한다.
2009 개정	• 교과의 평가는 선택형 평가보다는, 서술형이나 논술형 평가 그리고 수행평가의 비중을 늘려서 교과별 특성에 적합한 평가를 실시하도록 한다.
2015 개정	• 서술형과 논술형 평가 및 수행평가의 비중을 확대한다.

정리하면 2007 개정/2009 개정/2015 개정 교육과정의 총론에서의 학교의 평가 활동에 대한 표현은 다르지만 공통적으로 선다형 또는 선택형 문항보다는 서·논술형과 수행평가의 비중을 확대해야 한다는 것을 강조하고 있다.

(3) 수학과 교육과정 평가 방향

① 수학과 교육과정 구성

2009 개정 수학과 교육과정의 내용 영역의 변화는 초등학교 수학에서 '규칙성과 문제해결' 영역이 '규칙성'으로 바뀌었고, 중학교 수학의 경우에는 내용 영역의 변동은 없었다. 즉, 초등학교 수학의 내용 영역은 '수와 연산', '도형', '측정', '규칙성', '확률과 통계'로 구성되고 중학교 수학의 내용 영역은 '수와 연산', '문자와 식', '함수', '확률과 통계', '기하'로 구성된다(교육과학기술부, 2011).

수학과 교육과정 문서는 크게 추구하는 인간상, 학교급별 교육목표, 목표, 내용의 영역과 기준, 교수·학습 방법, 평가 순으로 구성되어 있다. 2007 개정 교육과정에서는 학년별로 학습해야 될 내용을 제시했지만 2009 개정 교육과정에서는 학년군별로 학습해야 될 내용을 제시하고 있다. 학년군별 내용은 2007 개정 교육과정과 마찬가지로 대영역, 중영역, 성취기준, 용어와 기호, 교수·학습상의 유의점 순으로 제시하고 있다.

교수·학습 유의점은 2007 개정 교육과정에서 학년별로 제시하던 것을 학년군별로 제시하고 있고, 일부 내용은 삭제하거나 수정·보완되었다. 삭제된 예를 들면, 2007 개정 교육과정의 중학교 1학년 과정에서 다루는 문자와 식 영역에서는 "일차방정식의 계산에서는 하나

의 문자에 관한 일차식만 다룬다."를 제시하였지만 2009 개정 교육과정에서는 이와 관련된 내용이 삭제되었다.

그리고 2009 개정 수학과 교육과정에서 학년군별 교육과정이 도입됨에 따라 학년별 성취 기준은 학년군(학교급)별 성취 기준, 영역 성취 기준, 학습내용 성취 기준으로 세분화하여 제시하였다.

다음은 중학교 1~3학년군에 속하는 학년군(학교급)별 성취 기준, 수와 연산 성취 기준, 수와 연산 학습 내용 성취 기준을 제시한 것이다.

[중학교 1~3학년군 성취 기준]

(1) 자연수, 정수, 유리수, 무리수, 실수를 이해하고 사칙계산을 할 수 있다.

(2) 다항식의 사칙계산을 하고 일차방정식, 일차부등식, 연립일차방정식, 연립일차부등식, 이차방정식을 풀 수 있다.

(3) 함수의 개념을 이해하고, 일차함수와 그 그래프의 성질, 이차함수와 그 그래프의 성질을 이해한다.

(4) 줄기와 잎 그림, 도수분포표, 히스토그램, 도수분포다각형, 상대도수를 이해하고, 확률을 계산하며, 대푯값과 산포도를 구할 수 있다.

(5) 기본도형, 다각형, 다면체, 회전체의 성질을 이해하고, 삼각형과 사각형의 성질을 이해하고 설명하며, 피타고라스 정리, 삼각비, 원의 성질을 이해한다.

[수와 연산 성취 기준]

(가) 수와 연산

① 자연수를 소인수분해하고, 이를 이용하여 최대공약수와 최소공배수의 성질을 이해하고 활용할 수 있다.

② 정수와 유리수의 개념, 대소 관계, 사칙계산의 원리를 이해하고 그 계산을 할 수 있다.

③ 유리수와 순환소수의 관계를 이해한다.

④ 무리수의 개념, 실수의 대소 관계를 이해하고, 근호를 포함한 식의 사칙계산을 할 수 있다.

[수와 연산 학습 내용 성취 기준]

(가) 수와 연산

1 소인수분해

① 거듭제곱의 뜻을 안다.

② 소인수분해의 뜻을 알고, 자연수를 소인수분해할 수 있다.

③ 최대공약수와 최소공배수의 성질을 이해하고, 이를 구할 수 있다.

④ 최대공약수와 최소공배수를 활용하여 여러 가지 문제를 해결할 수 있다.

* 출처: 교육과학기술부(2011, pp.9-27)

위에서 제시한 내용을 살펴보면, 우선 [중학교 1~3학년군 성취 기준]에서는 '수와 연산', '문자와 식', '함수', '확률과 통계', '기하'의 5개 영역에서 학생들이 기본적으로 성취해야 할 기준을 제시하였다. 다음으로 수와 연산 영역의 내용 요소인 '소인수분해', '정수와 유리수', '유리수와 순환소수', '제곱근과 실수', '근호를 포함한 식의 계산'과 관련된 성취기준을 제시하고, 이어서 수와 연산 영역의 소인수분해를 중심으로 성취기준을 제시하는 순서로 구성되었다.

② 교수·학습 방향

교수·학습 방법과 관련해서는 2007 개정 수학과 교육과정과 마찬가지로 발견 학습, 탐구 학습, 협동 학습, 개별 학습, 설명식 교수 등의 다양한 교수·학습 방법을 활용하도록 권장하고 있고, 수업에서 의미 있는 발문을 할 때 유의해야 할 사항을 제시하고 있다. 그리고 수학적 창의력, 수학적 문제해결력, 수학적 추론 능력, 수학적 의사소통 능력을 신장시키기 위한 교수·학습 유의점을 제시하고 있다.

그리고 수학 학습 시 학생 스스로 학습 목표를 설정하고 학습을 수행하며 학습 결과를 스스로 평가하는 자기주도적 학습 내용을 신장시키는 내용이 새롭게 추가되었다. 또한 2007 개정 수학과 교육과정과 마찬가지로 복잡한 계산 수행, 수학적 개념·원리·법칙의 이해, 문제해결력 향상 등을 위하여 공학적 도구와 다양한 교구를 활용하도록 권장하고 있고 수준별 수업을 운영할 때의 유의사항 등을 제시하고 있다.

다음은 2009 개정 수학과 교육과정의 교수·학습 방법에 새롭게 추가된 것으로, 수학적 창의력을 신장시키고 학생들의 인성을 함양시키기 위한 교수·학습 유의 사항이다.

> 사. 수학적 창의력을 함양시키기 위하여 교수·학습에서 다음 사항에 유의한다.
> (1) 수학적 창의력의 신장이 이루어지도록 수학적 문제해결력, 추론 능력, 의사소통 능력을 강조한다.
> (2) 다양한 아이디어를 산출할 수 있는 수학적 과제를 통해 학생들의 확산적 사고를 촉진시킨다.

(3) 하나의 수학 문제를 여러 가지 방법으로 해결한 후 그 해결 방법을 비교해보고, 더 높은 차원으로 확장해서 사고할 수 있게 한다.

(4) 수학 개념이나 용어의 정의를 직접적으로 제시하기보다 학생 스스로 개념과 용어의 필요성을 인식하고 정의해 보게 한다.

아. 학생들의 인성을 함양시키기 위하여 교수·학습에서 다음 사항에 유의한다.

(1) 다른 학습자의 풀이 방법과 의견을 존중하며, 이를 통해 타인을 배려하는 성품을 기르게 한다.

(2) 자신의 수학적 아이디어를 설득력 있게 논리적으로 표현하여 그 타당성을 입증하고 이에 기초하여 합리적으로 결론을 내리는 과정을 통해 민주 시민의 소양을 기르게 한다.

(3) 수학 문제를 해결함에 있어 결과에 이르는 과정이 중요함을 인식하게 한다.

* 출처: 교육과학기술(2011, pp.35-36)

③ 수학과에서의 평가 방향

수학과 교육과정에서 제시하는 평가의 목적, 인지적 영역의 평가, 정의적 평가의 내용은 유사하지만 〈표 Ⅱ-2-2〉에서 제시하는 바와 같이 교육과정의 개정 시기에 따라 평가 방법에 관련된 내용은 다소 수정·보완되었다.

표 Ⅱ-2-2 교육과정 시기별 평가 방법 비교

교육과정	평가 방법
2007 개정	• 수학 학습의 평가에서는 획일적인 방법을 지양하고 지필 평가, 관찰, 면담, 자기 평가 등의 다양한 평가 방법을 통해 수학 교수·학습을 향상시킬 수 있게 한다.
2009 개정	• 수학 학습의 평가에서는 선택형 위주의 평가를 지양하고 서술형 평가, 관찰, 면담, 자기평가 등의 다양한 평가 방법을 활용하여 수학 학습에 대한 종합적인 평가가 이루어질 수 있게 한다.
2015 개정	• 학생의 수학 학습 과정과 결과는 지필 평가, 프로젝트 평가, 포트폴리오 평가, 관찰 평가, 면담 평가, 구술 평가, 자기 평가, 동료 평가 등의 다양한 평가 방법을 사용하여 양적 또는 질적으로 평가한다.

2007 개정/2009 개정 교육과정의 평가 방법에서는 평가 유형으로 지필 평가, 관찰, 면담, 자기 평가에 관련된 내용을 제시했지만 2015 개정 교육과정의 평가 방법에서는 프로젝트 평가, 포트폴리오 평가, 구술 평가, 동료 평가에 관련된 내용이 추가되었다. 그리고 인지적 영역에 대한 평가 내용은 2007 개정 교육과정에서 제시되었던 여섯 가지 이외에 다음과 같이 창의적 사고에 관련된 내용이 추가 되었다.

(1) 수학의 기본적인 개념, 원리, 법칙을 이해하고 적용하는 능력
(2) 수학적 표현의 의미를 이해하고 정확하게 사용하는 능력
(3) 수학적 지식과 기능을 활용하여 타당하게 추론하는 능력
(4) 다양한 상황에서 발생하는 여러 가지 문제를 수학적으로 사고하여 해결하는 능력
(5) 생활 주변 현상, 사회 현상, 자연 현상 등의 여러 가지 현상을 수학적으로 관찰, 분석, 조직하는 능력
(6) 수학적 사고 과정과 결과를 합리적으로 의사소통하는 능력
(7) 수학적 지식과 기능을 바탕으로 창의적으로 사고하는 능력

* 출처: 교육과학기술부(2011, p.38)

부록

※ 2009 개정 수학과 교육과정 초등학교 학년군별 내용 체계

영역	학년군	내용 요소
수와 연산	1~2학년	• 네 자리 이하의 수 • 두 자리 수의 덧셈과 뺄셈, 곱셈
	3~4학년	• 다섯 자리 이상의 수, 분수, 소수 • 세 자리 수의 덧셈과 뺄셈, 곱셈, 나눗셈, 자연수의 혼합계산 • 분수, 소수, 분수와 소수의 덧셈과 뺄셈
	5~6학년	• 약수와 배수, 분수의 덧셈과 뺄셈, 분수의 곱셈과 나눗셈 • 소수의 곱셈과 나눗셈, 분수와 소수
도형	1~2학년	• 평면도형의 모양, 평면도형과 그 구성 요소 • 입체도형의 모양
	3~4학년	• 도형의 기초, 원의 구성 요소, 여러 가지 삼각형 • 여러 가지 사각형, 다각형, 평면도형의 이동
	5~6학년	• 합동과 대칭, 직육면체와 정육면체, 각기둥과 각뿔 • 원기둥과 원뿔, 입체도형의 공간감각
측정	1~2학년	• 양의 비교, 시각 읽기, 시각과 시간, 길이
	3~4학년	• 시간, 길이, 들이, 무게, 각도, 어림하기, 수의 범위
	5~6학년	• 평면도형의 둘레와 넓이, 무게와 넓이의 여러 가지 단위 • 원주율과 원의 넓이, 겉넓이와 부피
규칙성	1~2학년	• 규칙 찾기
	3~4학년	• 규칙 찾기, 규칙과 대응
	5~6학년	• 비와 비율, 비례식과 비례 배분, 정비례와 반비례
확률과 통계	1~2학년	• 분류하기, 표 만들기, 그래프 그리기
	3~4학년	• 자료의 정리, 막대그래프와 꺾은선그래프
	5~6학년	• 가능성과 평균, 자료의 표현, 비율그래프(띠그래프, 원그래프)

※ 2009 개정 수학과 교육과정 중학교 1~3학년군 내용 체계

과목	내용 요소
수와 연산	• 소인수분해, 정수와 유리수, 유리수와 순환소수, 제곱근과 실수, 근호를 포함한 식의 계산
문자와 식	• 문자의 사용과 식의 계산, 일차방정식 • 식의 계산, 미지수가 2개인 연립일차방정식, 일차부등식과 연립일차부등식 • 다항식의 인수분해, 이차방정식
함수	• 함수와 그래프, 일차함수와 그래프, 일차함수와 일차방정식의 관계 • 이차함수와 그래프
확률과 통계	• 도수분포와 그래프, 확률과 그 기본 성질 • 대푯값과 산포도
기하	• 기본 도형, 작도와 합동, 평면도형의 성질, 입체도형의 성질 • 삼각형과 사각형의 성질, 도형의 닮음, 닮음의 활용 • 피타고라스 정리, 삼각비, 원의 성질

※ 2009 개정 수학과 교육과정 고등학교 과목 구성 및 내용 체계

과목	영역	내용 요소
수학 Ⅰ	다항식	• 다항식의 연산, 나머지 정리, 인수분해
	방정식과 부등식	• 복소수와 이차방정식, 이차방정식과 이차함수 • 여러 가지 방정식, 여러 가지 부등식
	도형의 방정식	• 평면좌표, 직선의 방정식, 원의 방정식 • 도형의 이동, 부등식의 영역
수학 Ⅱ	집합과 명제	• 집합, 명제
	함수	• 함수, 유리함수와 무리함수
	수열	• 등차수열과 등비수열, 수열의 합 • 수학적 귀납법
	지수와 로그	• 지수, 로그
미적분 Ⅰ	수열의 극한	• 수열의 극한, 급수
	함수의 극한과 연속	• 함수의 극한, 함수의 연속
	다항함수의 미분법	• 미분계수, 도함수 • 도함수의 활용
	다항함수의 적분법	• 부정적분, 정적분 • 정적분의 활용
확률과 통계	순열과 조합	• 경우의 수, 순열과 조합 • 분할, 이항정리
	확률	• 확률의 뜻과 활용, 조건부확률
	통계	• 확률분포, 통계적 추정
미적분 Ⅱ	지수함수와 로그함수	• 지수함수와 로그함수의 뜻과 그래프 • 지수함수와 로그함수의 미분
	삼각함수	• 삼각함수의 뜻과 그래프, 삼각함수의 미분
	미분법	• 여러 가지 미분법, 도함수의 활용
	적분법	• 여러 가지 적분법, 정적분의 활용
기하와 벡터	평면곡선	• 이차곡선, 평면곡선의 접선
	평면벡터	• 벡터의 연산, 평면벡터의 성분과 내적, 평면운동
	공간도형과 공간벡터	• 공간도형, 공간좌표, 공간벡터

되돌아보기 + 더 나아가기

1. 2015 개정 수학과 교육과정의 평가 방향에서는 평가 원칙 5가지를 제시하고 있다. 평가 원칙 5가지 중 수학 교과 역량과 관련 있는 평가 원칙을 쓰시오.

2. 2015 개정 수학과 교육과정의 평가 방향에서는 평가 원칙과 함께 평가 방법을 제시하고 있다. 다음 빈칸에 들어갈 내용을 쓰시오.

   (가) 수학과의 평가는 학습 결과 평가뿐만 아니라 (　　　　　) 평가도 실시하여 종합적인 수학 학습 평가가 될 수 있게 한다.

   (나) 수업의 전개 국면에 따라 진단평가, (　　　　　), 총괄평가를 적절히 실시하되, 지속적인 평가를 통해 다양한 정보를 수집하고 수업에 활용한다.

   (다) (　　　　　)는 수학의 개념, 원리, 법칙을 이해하고 적용하는 능력과 문제해결, 추론, 창의·융합, 의사소통 능력 등을 평가하는 데 활용할 수 있고, 선택형, 단답형, (　　　　　) 등의 다양한 문항 형태를 활용한다.

   (라) (　　　　　)는 수학 학습을 토대로 특정한 주제나 과제에 대해서 자료를 수집하고 분석, 종합, 해결하는 과정과 결과를 평가하는 방법으로, 문제해결, 창의·융합, 정보 처리 능력 등을 평가할 때 활용할 수 있다.

3. 2015 개정 수학과 교육과정에서는 학습자의 수학 학습 부담을 경감하고 교육과정에서 심화된 내용을 평가하지 않도록 '평가 방법 및 유의 사항'을 추가하였다. 고등학교 〈수학〉의 '문자와 식'과 관련된 평가 방법 및 유의 사항을 쓰시오.

4. 다음은 〈수학 Ⅰ〉 과목의 '수열' 영역의 성취기준과 관련된 평가기준을 제시한 것이다. 평가준거 성취기준을 토대로 평가기준 상, 중, 하에 해당하는 문항을 각각 제작하시오.

교육과정 성취기준	평가준거 성취기준	평가기준	
[12수학Ⅰ03-02] 등차수열의 뜻을 알고, 일반항, 첫째항부터 제n항까지의 합을 구할 수 있다.	[12수학Ⅰ03-02-01] 등차수열의 뜻을 알고, 일반항을 구할 수 있다.	상	주어진 조건을 만족하는 등차수열의 일반항을 구하고, 그 과정을 설명할 수 있다.
		중	등차수열의 첫째항과 공차를 이용하여 일반항을 구할 수 있다.
		하	등차수열인 것을 찾고, 공차를 구할 수 있다.

읽기자료

교육이란 지속적이고 종합적인 특징을 가지고 있기 때문에 교육이란 활동을 위해서는 교육이 시작되기 전과 교육이 진행되는 과정, 그리고 교육이 끝난 후에 평가가 이루어져야 한다(김성숙 외, 2017).

그림은 교육계획 수립에서 교육결과에 이르기까지의 평가의 흐름을 나타낸 것이다.

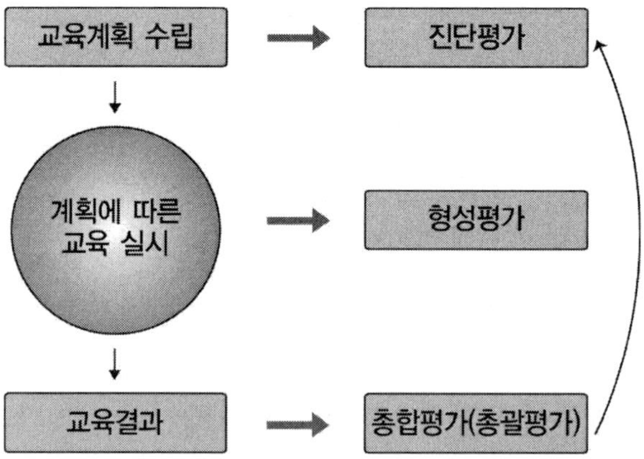

* 출처: 김성숙 외(2017, p.37)

그림 Ⅱ-1-2 진단, 형성, 총합평가

진단평가, 형성평가, 총괄평가는 교육의 전체 과정에서 진행순서에 의하여 실시되는 평가이며 비형식적이거나 형식적 형태로 이루어진다. 다음은 진단평가, 형성평가, 총괄평가 각각에 대한 정의, 특징과 관련된 내용을 정리한 것이다(김성숙 외, 2017, pp.38-44).

진단평가

- 학습이 시작되기 전에 학생이 소유하고 있는 특성을 체계적으로 관찰, 측정하여 진단하는 평가
- 진단 평가의 특징

> - 학습목표의 선수요건이 되는 출발행동 및 기능의 소유 여부 파악
> - 학습단위 목표 혹은 교과목표의 사전 달성 여부 파악
> - 적절한 교수법이나 대안을 제공하기 위하여 학생의 특성 파악

형성평가

- 교수·학습이 진행되고 있는 도중에 학생에게 송환효과(feedback)를 주고 교육과정 및 수업방법을 개선하기 위한 평가
- 형성평가의 특징

> - 개인별 학습능력에 맞추어 개인학습을 진행하도록 도움 제공
> - 형성 평가 결과를 학생에게 알려 주어 자신의 장점과 문제점 파악
> - 학습을 하는데 쉽고 어려운 부분 파악
> - 학습동기 유발

총괄평가

- 교수·학습의 효과와 관련해서 학습이 끝난 다음에 교육목표의 달성 여부를 종합적으로 판정하는 평가
- 총괄평가의 특징

> - 교수학습이 끝난 뒤에 의사결정을 위한 평가
> - 평가전문가에 의해서 제작된 검사도구를 사용
> - 준거참조검사와 규준참조검사를 혼용

표 II-2-3 **진단평가, 형성평가, 총괄평가의 비교**

내용 \ 구분	진단평가	형성평가	총괄평가
시기	교수·학습 시작 전	교수·학습 진행도중	교수·학습 완료 후
목적	적절한 교수 투입	교수·학습 진행의 적절성	교육목표 달성, 교육 프로그램 선택 결정, 책무성
평가방법	비형식, 형식적 평가	수시평가 비형식, 형식적 평가	형식적 평가
평가주체	교사, 교육내용전문가	교사, 학생	교육내용전문가, 평가전문가
평가기준	준거참조	준거참조	규준 혹은 준거참조
평가문항	준거에 부합하는 문항	준거에 부합하는 문항	규준참조: 다양한 난이도, 준거참조: 준거에 부합하는 문항

* 참조: 김성숙 외(2017, p.45)

참고문헌

교육과학기술부(2011). **수학과 교육과정**. 교육과학기술부 고시 제 2011-361호 [별책 8].

교육부(2013). **초·중등학교 교육과정 총론**. 교육부 제 2013-7호 [별책 1].

교육부(2015a). **초·중등학교 교육과정 총론**. 교육부 고시 제2015-80호 [별책 1].

교육부(2015b). **수학과 교육과정**. 교육부 고시 제2015-74호 [별책 8].

교육인적자원부(2007a). **초·중등학교 교육과정**. 교육인적자원부 고시 제 2007-79호 [별책 1].

교육인적자원부(2007b). **수학과 교육과정**. 교육인적자원부 고시 제 2007-79호 [별책 8].

권점례, 변희현, 임해미, 장혜원, 김수미, 강태석, 임미인, 신혜진, 장수진, 권미신, 곽정훈, 강소영, 권영기, 윤상혁, 여미수(2016). **2015 개정 교육과정에 따른 초·중학교 수학과 평가기준 개발 연구**. 한국교육과정평가원 연구보고 CRC 2016-2-6.

김성숙, 김희경, 서민희, 성태제(2017). **교수·학습과 하나되는 형성평가**. 서울: 학지사.

박경미, 이환철, 박선화, 강은주, 김선희, 임해미, 김성여, 장혜원, 강태석, 권점례, 김민정, 방정숙, 이화영, 임미인, 이만근, 김화경, 윤상혁, 이광상, 이경은, 조혜정, 권영기, 권오남, 신동관, 강현영, 김재영, 도종훈, 박정숙, 서보억, 안현정, 오택근, 이경진, 이광연, 이문호, 이승훈, 이은정, 이지윤, 진인태, 최지선, 한준철, 황선미, 박문환, 김완일, 강성권, 여미주(2015). **2015 개정 수학과 교육과정 시안 개발 연구Ⅱ**. 한국과학창의재단 연구보고서 BD151 20005.

변희현, 조성민, 임해미, 최인선, 오택근, 강은주, 김은미, 김철호, 박민규, 박정숙, 박찬호, 서보억, 전영주, 조성철, 최영란, 여미주 (2017). 2015 개정 교육과정에 따른 고등학교 수학과 평가기준 개발 연구. 한국교육과정평가원 연구보고 CRC 2017- 5-6.

신이섭, 권기석, 장미숙, 황혜정, 김동원, 이동환, 송민호, 신항균, 장혜원, 김상미, 고호경, 김선희, 이환철, 방승진, 박혜숙, 이재학, 김영록, 도종훈, 김화경, 전철, 최홍원(2011). **2009 개정 교육과정에 따른 수학과 교육과정 연구. 한국과학창의재단**. 정책연구 2011-11.

이광상, 최인선, 김성경, 박정숙, 강성권, 이광연, 강일선, 김세진, 이경진, 김은미, 최인선 (2018). **2015 개정 교육과정에 따른 고등학교 수학과(진로 선택과목) 평가기준 개발 연구**. 한국교육과정평가원 연구보고 CRC 2018-11.

황혜정, 나귀수, 최승현, 박경미, 임재훈, 서동엽(2016). **수학교육학신론**. 서울: 문음사.

Ⅲ. 수학교육평가의 동향

1. 역량 기반 평가

가. 2015 개정 교육과정의 핵심역량과 수학 교과 역량

OECD(Organization for Economic Cooperation and Development)는 성공적인 삶을 영위하는 데 필요한 핵심역량을 규명하기 위해 1997~2003년 DeSeCo(Definition and Selection of Competencies) 프로젝트를 수행하였다.

OECD의 DeSeCo 프로젝트 이후 세계 여러 나라에서는 핵심역량을 표방하는 교육 개혁이 일어났다. 우리나라의 2015 개정 교육과정도 이러한 개혁과 궤를 같이 한다. 역량은 인지·정의·행동 영역을 아우르는 지식, 기능, 가치·태도가 통합된 능력으로 성공적으로 살아가기 위해서 필요한 능력이다(백남진, 온정덕, 2018). 2015 개정 교육과정에서는 이러한 역량의 특성을 반영하여 여섯 가지 핵심역량을 설정하였다(한혜정 외, 2016, p.14). 이때 핵심역량은 〈표 Ⅲ-1-1〉에 제시된 바와 같이 자기관리 역량, 지식정보처리 역량, 창의적 사고 역량, 심미적 감성 역량, 의사소통 역량, 공동체 역량이다(교육부, 2015a, p.2).

표 Ⅲ-1-1 2015 개정 교육과정에서의 핵심역량

핵심역량	정의
자기관리 역량	• 자아정체성과 자신감을 가지고 자신의 삶과 진로에 필요한 기초 능력과 자질을 갖추어 자기주도적으로 살아갈 수 있는 역량
지식정보처리 역량	• 문제를 합리적으로 해결하기 위하여 다양한 영역의 지식과 정보를 처리하고 활용할 수 있는 역량
창의적 사고 역량	• 폭넓은 기초 지식을 바탕으로 다양한 전문 분야의 지식, 기술, 경험을 융합적으로 활용하여 새로운 것을 창출하는 역량
심미적 감성 역량	• 인간에 대한 공감적 이해와 문화적 감수성을 바탕으로 삶의 의미와 가치를 발견하고 향유하는 역량
의사소통 역량	• 다양한 상황에서 자신의 생각과 감정을 효과적으로 표현하고 다른 사람의 의견을 경청하며 존중하는 역량
공동체 역량	• 지역·국가·세계 공동체의 구성원에게 요구되는 가치와 태도를 가지고 공동체 발전에 적극적으로 참여하는 역량

* 출처: 교육부(2015a, p.2)

교과 교육과정에서는 총론의 여섯 가지 핵심역량을 기반으로 교과 학습을 통해 학생이 궁극적으로 갖추어야 하는 능력인 교과 역량을 설정하였다(김경자 외, 2015). 수학과의 경우 '문제 해결', '추론', '창의·융합', '의사소통', '정보 처리', '태도 및 실천'의 여섯 가지 교과 역량을 제시하였다(교육부, 2015b). 여기에서는 수학과의 교과 역량별로 의미, 하위 요소, 교과 역량을 평가하는 문항 등에 대해 살펴보고자 한다. 이때 평가 문항 사례는 2015 개정 수학과 교육과정을 적용한 국가수준 학업성취도 평가 문항을 중심으로 제시하였다.

국가수준 학업성취도 평가의 문제지, 정답, 문항정보는 한국교육과정평가원 홈페이지(http://www.kice.re.kr)의 '자료마당-기출문제'에서 다운로드받을 수 있다.

(1) 문제 해결

문제 해결은 해결 방법을 알고 있지 않은 문제 상황에서 수학의 지식과 기능을 활용하여 해결 전략을 탐색하고 최적의 해결 방안을 선택하여 주어진 문제를 해결하는 능력이다. 문제 해결 능력의 하위 요소는 '문제 이해 및 전략 탐색', '계획 실행 및 반성', '협력적 문제 해결', '수학적 모델링', '문제 만들기'이고, 그 의미는 〈표 Ⅲ-1-2〉에 제시된 바와 같다.

표 Ⅲ-1-2 문제 해결 능력의 하위 요소

하위 요소	의미
문제 이해 및 전략 탐색	• 문제에서 구하고자 하는 것과 주어진 조건 및 정보를 파악하고, 적절한 해결 전략을 탐색하여 풀이 계획을 수립하는 능력
계획 실행 및 반성	• 계획한 풀이 과정을 수행하고 검증 및 반성을 통하여 해결 방법과 해답을 평가하는 능력
협력적 문제 해결	• 균형 있는 책임 분담과 상호작용을 통해 집단적으로 문제 해결을 수행하는 능력
수학적 모델링	• 실생활 문제 상황을 수학적으로 나타내고 분석하여 결론을 도출하고 이를 상황에 맞게 해석하는 능력
문제 만들기	• 주어진 문제를 변형하거나 새로운 문제를 만들어 해결하는 능력

* 출처: 박경미 외(2015, pp.39-40)

교과 역량의 하위 요소는 수학과 교육과정의 '교수·학습 방법'에 포괄적으로 담겨있다. 문제 해결 능력을 함양하기 위해 교수·학습에서 강조할 사항으로 다음 네 가지가 제시되어 있다. 예를 들어 첫 번째의 "문제를 해결할 때에는 문제를 이해하고 해결 전략을 탐색하며 해결

과정을 실행하고 검증 및 반성하는 단계를 거치도록 한다."(교육부, 2015b, p.38)는 내용은 문제 해결의 두 하위 요소 '문제 이해 및 전략 탐색', '계획 실행 및 반성'과 관련된다.

① 문제를 해결할 때에는 문제를 이해하고 해결 전략을 탐색하며 해결 과정을 실행하고 검증 및 반성하는 단계를 거치도록 한다.
② 협력적 문제 해결 과제에서는 균형 있는 책임 분담과 상호작용을 통해 동료들과 협력하여 문제를 해결하게 한다.
③ 수학적 모델링 능력을 신장하기 위해 생활 주변이나 사회 및 자연 현상 등 다양한 맥락에서 파악된 문제를 해결하면서 수학적 개념, 원리, 법칙을 탐구하고 이를 일반화하게 한다.
④ 문제 해결력을 높이기 위해 주어진 문제를 변형하거나 새로운 문제를 만들어 해결하고 그 과정을 검증하는 문제 만들기 활동을 장려한다.

* 출처: 교육부(2015b, p.38)

[그림 Ⅲ-1-1]은 평행이동의 의미를 이해하고 원의 접선의 방정식을 구할 수 있는지 평가하는 문항이다. 이 문항은 평행이동, 접선 등의 수학 지식을 토대로 주어진 원의 접선의 방정식을 구하기 위한 최적의 해결 방안을 선택하고 풀이 계획을 수립하여 그 과정을 수행해야 하므로 교과 역량 중 문제 해결과 관련된다.

[서답형 5] 그림과 같이 양수 a에 대하여 좌표평면에서 중심이 O_1인 원 $C_1 : (x+1)^2+(y+a)^2=1$을 x축의 방향으로 1만큼, y축의 방향으로 a만큼 평행이동하였더니 원 $C_2 : x^2+y^2=1$이 되었다. $\overline{OO_1}=\sqrt{10}$일 때, 직선 OO_1과 원 C_2가 만나는 점 중에서 제1사분면 위의 점을 P라 하고, 원 C_2 위의 점 P에서의 접선을 l이라 하자. (단, O는 원점이다.)

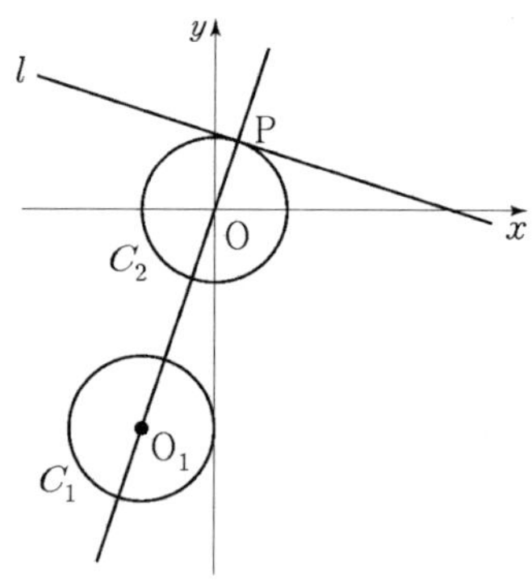

(1) a의 값을 구하시오.
(2) 접선 l의 방정식을 구하는 풀이 과정과 답을 쓰시오.

* 출처: 2019년 국가수준 학업성취도 평가 고등학교 수학 서답형 5번 문항

그림 Ⅲ-1-1 문제 해결 능력을 평가하는 문항

(2) 추론

추론은 수학적 사실을 추측하고 논리적으로 분석하고 정당화하며 그 과정을 반성하는 능력이다. 〈표 Ⅲ-1-3〉과 같이 추론 능력의 하위 요소에는 '관찰과 추측', '논리적 절차 수행', '수학적 사실 분석', '정당화', '추론 과정의 반성'이 포함된다(박경미 외, 2015, p.40).

표 Ⅲ-1-3 추론 능력의 하위 요소

하위 요소	의미
관찰과 추측	• 관찰과 탐구 상황에서 귀납, 유추 등의 개연적 추론을 사용하여 수학적 사실을 추측하는 능력
논리적 절차 수행	• 수학적 절차와 수학적 사실 도출 과정을 논리적으로 수행하는 능력
수학적 사실 분석	• 수학적 개념, 원리, 법칙을 분석하는 능력
정당화	• 수학적 사실이 참임을 보이기 위해 증거를 제시하고 이유를 설명하는 능력
추론 과정의 반성	• 자신의 추론 과정이 옳은지 비판적으로 평가하고 되돌아보는 능력

* 출처: 박경미 외(2015, p.40)

교사는 학생 스스로 수학적 사실을 추측하고 이를 정당화할 수 있는 기회를 제공하는 등 다음과 같은 사항을 교수·학습에서 강조함으로써 학생들의 추론 능력을 함양시킬 수 있다.

① 관찰과 탐구 상황에서 귀납, 유추 등의 개연적 추론을 사용하여 학생 스스로 수학적 사실을 추측하고 적절한 근거에 기초하여 이를 정당화할 수 있게 한다.
② 수학의 개념, 원리, 법칙을 도출하는 과정과 수학적 절차를 논리적으로 수행하게 한다.
③ 추론 과정이 옳은지 비판적으로 평가하고 반성하도록 한다.

* 출처: 교육부(2015b, pp.38-39)

[그림 Ⅲ-1-2]는 대우를 이용한 증명법을 이해할 수 있는지를 평가하는 문항이다. 이 문항은 대우를 이용하여 주어진 명제가 참임을 설명하는 능력을 평가하므로 교과 역량 중 추론과 관련된다.

14. 다음은 두 자연수 a, b에 대하여 명제

'a^2+b^2이 홀수이면 $a+b$는 홀수이다.'

를 대우를 이용하여 증명한 것이다.

주어진 명제의 대우는

'$a+b$가 짝수이면 a^2+b^2은 [(가)] 이다.'

이다.

$a+b$가 짝수이면 a, b가 모두 홀수이거나, a, b가 모두 짝수이다.

(i) a, b가 모두 홀수일 때

$a=2m-1$, $b=2n-1$(m, n은 자연수)로 나타내면

$a^2+b^2=(2m-1)^2+(2n-1)^2$

$=$ [(나)] $\times(2m^2-2m+2n^2-2n+1)$

이다.

따라서 a^2+b^2은 [(가)] 이다.

(ii) a, b가 모두 짝수일 때

$a=2m$, $b=2n$(m, n은 자연수)로 나타내면

$a^2+b^2=(2m)^2+(2n)^2$

$=$ [(나)] $\times(2m^2+2n^2)$

이다.

따라서 a^2+b^2은 [(가)] 이다.

(i), (ii)에 의해 명제의 대우가 [(다)] 이므로 주어진 명제가 참이다.

위의 과정에서 (가), (나), (다)에 알맞은 것은?

	(가)	(나)	(다)		(가)	(나)	(다)
①	짝수	2	참	②	짝수	2	거짓
③	짝수	4	참	④	홀수	2	참
⑤	홀수	4	거짓				

* 출처: 2019년 국가수준 학업성취도 평가 고등학교 수학 선다형 14번 문항

그림 Ⅲ-1-2 추론 능력을 평가하는 문항

(3) 창의·융합

창의·융합은 수학 지식과 기능을 토대로 새롭고 의미 있는 아이디어를 다양하고 풍부하게 산출하고 정교화하며, 여러 수학적 지식, 기능, 경험을 연결하거나 타 교과나 실생활의 지식, 기능, 경험을 수학과 연결·융합하여 새로운 지식, 기능, 경험을 생성하고 문제를 해결하는 능력이다. 창의·융합 능력의 하위 요소에는 '독창성', '유창성',

'융통성', '정교성', '수학 내적 연결', '수학 외적 연결 및 융합'이 포함된다(박경미 외, 2015, p.41).

독창성, 유창성, 융통성, 정교성은 창의적 사고와 관련되고, 수학 내적 연결, 수학 외적 연결 및 융합은 융합적 사고와 관련된다.

표 Ⅲ-1-4 창의·융합 능력의 하위 요소

하위 요소	의미
독창성	• 문제 상황에서 새로운 아이디어, 해결전략, 해결 방법을 찾아내거나 새로운 관점에서 문제를 제기하는 능력
유창성	• 문제 상황에서 많은 아이디어나 해결 방법, 해답을 산출하는 능력
융통성	• 고정된 사고방식에서 벗어나 다양한 관점에서 해결 방법이나 전략, 아이디어를 찾아내거나 문제를 제기하는 능력
정교성	• 기존의 수학적 아이디어에 세부사항을 추가하거나 변형하여 더욱 가치 있는 것으로 발전시키는 능력
수학 내적 연결	• 여러 수학적 지식, 기능, 경험 등을 연결하여 새로운 수학적 지식, 기능, 경험 등을 생성하고 수학 문제를 해결하는 능력
수학 외적 연결 및 융합	• 수학과 타 교과나 실생활의 지식, 기능, 경험 등을 연결·융합하여 새로운 지식, 기능, 경험 등을 생성하고 문제를 해결하는 능력

* 출처: 박경미 외(2015, p.41)

학생들의 창의·융합 능력을 함양하기 위해서 교사는 창의적 사고를 촉진시킬 수 있는 수학적 과제를 제공하는 등 다음과 같은 사항을 교수·학습에서 강조할 필요가 있다.

① 새롭고 의미 있는 아이디어를 다양하고 풍부하게 산출할 수 있는 수학적 과제를 제공하여 학생의 창의적 사고를 촉진시킨다.
② 하나의 문제를 여러 가지 방법으로 해결하게 하고, 해결 방법을 비교하여 더 효율적인 방법을 찾거나 정교화하게 한다.
③ 여러 수학적 지식, 기능, 경험을 연결하거나 수학과 타 교과나 실생활의 지식, 기능, 경험을 연결·융합하여 새로운 지식, 기능, 경험을 생성하고 문제를 해결하게 한다.

* 출처: 교육부(2015b, p.39)

[그림 Ⅲ-1-3]은 이차함수의 최댓값을 구할 수 있는지를 평가하는 문항이다. 이 문항은 수학과 실생활의 지식, 기능, 경험 등을 연결하여 문제를 해결하는 능력을 평가하므로 창의·융합과 관련된다.

13. 그림과 같이 담장 아래의 빈 공간에 길이가 12m인 밧줄로 'ㄷ'자 모양의 테두리를 둘러서 직사각형 모양의 꽃밭을 만들려고 한다. 이 꽃밭의 넓이의 최댓값은? (단, 담장의 길이는 12m 이상이고, 밧줄의 양 끝은 담장에 닿아 있으며 밧줄의 두께는 무시한다.)

① $14m^2$ ② $16m^2$ ③ $18m^2$
④ $20m^2$ ⑤ $22m^2$

* 출처: 2019년 국가수준 학업성취도 평가 고등학교 수학 선다형 13번 문항

그림 Ⅲ-1-3 창의·융합 능력을 평가하는 문항

(4) 의사소통

의사소통은 수학 지식이나 아이디어, 수학적 활동의 결과, 문제 해결 과정, 신념과 태도 등을 말이나 글, 그림, 기호로 표현하고 다른 사람의 아이디어를 이해하는 능력이다. '수학적 표현의 이해', '수학적 표현의 개발 및 변환', '자신의 생각 표현', '타인의 생각 이해'가 의사소통 능력의 하위 요소에 포함된다(박경미 외, 2015, p.42).

표 Ⅲ-1-5 의사소통 능력의 하위 요소

하위 요소	의미
수학적 표현의 이해	• 수학적 표현의 의미를 이해하고 정확하게 사용하는 능력
수학적 표현의 개발 및 변환	• 자신의 아이디어를 나타내는 표현을 만들고 수학적 표현들끼리 변환하는 능력
자신의 생각 표현	• 수학 학습 활동 과정과 결과를 다른 사람에게 표현하는 능력
타인의 생각 이해	• 다른 사람의 생각을 이해하고 평가하는 능력

* 출처: 박경미 외(2015, p.42)

의사소통 능력을 함양하기 위해서 교사는 다양한 수학적 표현을 이해하고 변환하는 활동을 하는 등 교수·학습에서 다음 사항을 강조할 필요가 있다.

① 수학 용어, 기호, 표, 그래프 등의 수학적 표현을 이해하고 정확하게 사용하며, 수학적 표현을 만들거나 변환하는 활동을 하게 한다.

② 수학적 아이디어 또는 수학 학습 과정과 결과를 말, 글, 그림, 기호, 표, 그래프 등을

사용하여 다른 사람과 효율적으로 의사소통할 수 있게 한다.

③ 다양한 관점을 존중하면서 다른 사람의 생각을 이해하고 수학적 아이디어를 표현하며 토론하게 한다.

* 출처: 교육부(2015b, p.39)

[그림 Ⅲ-1-4]는 함수의 그래프의 개형을 그릴 수 있는지를 평가하는 문항이다. 이 문항은 도함수의 증가, 감소에 대한 표를 이해하고 이를 토대로 함수의 그래프의 개형을 그리는 문항으로써 수학적 표현을 이해하고 변환하는 능력인 의사소통 능력을 평가한다.

문제 1 삼차함수 $f(x)$의 도함수 $f'(x)$의 부호를 조사하여 다음과 같이 증가, 감소를 표로 나타내었다. 그래프의 개형을 아래의 좌표평면에 그리시오.

x	$\cdots$	0	$\cdots$	2	$\cdots$
$f'(x)$	$+$	0	$-$	0	$+$
$f(x)$	↗	0	↘	-4	↗

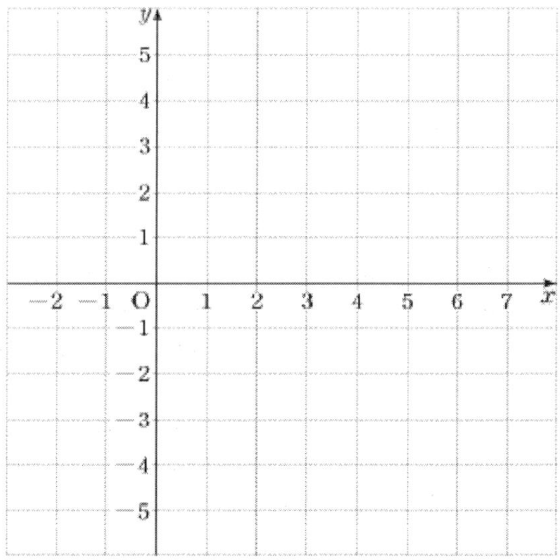

* 출처: 변희현 외(2017, p.182)

그림 Ⅲ-1-4 의사소통 능력을 평가하는 문항

(5) 정보 처리

정보 처리는 다양한 자료와 정보를 수집, 정리, 분석, 활용하고 적절한 공학적 도구나 교구를 선택, 이용하여 자료와 정보를 효과적으로 처리하는 능력이다. '자료와 정보의 수집', '자료와 정보 정리 및 분석', '정보 해석 및 활용', '공학적 도구 및 교구 활용'이 정보 처리 능력의 하위 요소에 포함된다(박경미 외, 2015, p.42).

표 Ⅲ-1-6 정보 처리 능력의 하위 요소

하위 요소	의미
자료와 정보 수집	• 실생활 및 수학적 문제 상황에서 적절한 자료와 정보를 탐색 및 생성하여 수집하는 능력
자료와 정보 정리 및 분석	• 수집한 자료와 정보를 목적에 맞게 분류, 정리, 분석, 평가하는 능력
정보 해석 및 활용	• 분석한 정보에 내재된 의미를 올바르게 파악하여 해석, 종합, 활용하는 능력
공학적 도구 및 교구 활용	• 수학적 아이디어와 개념을 탐구하고 문제를 해결하는 데 적합한 공학적 도구 및 교구를 선택하고 이용하는 능력

* 출처: 박경미 외(2015, p.42)

학생들의 정보 처리 능력을 함양하기 위해서는 실생활의 자료를 탐색하여 수집하고 이를 분석하여 활용하는 등 다음과 같은 사항을 교수·학습에서 강조할 필요가 있다.

① 실생활 및 수학적 문제 상황에서 적절한 자료를 탐색하여 수집하고, 목적에 맞게 정리, 분석, 평가하며, 분석한 정보를 문제 상황에 적합하게 활용할 수 있게 한다.
② 교수·학습 과정에서 적절한 교구를 활용한 조작 및 탐구 활동을 통해 수학의 개념과 원리를 이해하도록 한다.
③ 계산 능력 배양을 목표로 하지 않는 교수·학습 상황에서의 복잡한 계산 수행, 수학의 개념, 원리, 법칙의 이해, 문제 해결력 향상 등을 위하여 계산기, 컴퓨터, 교육용 소프트웨어 등의 공학적 도구를 이용할 수 있게 한다.

* 출처: 교육부(2015b, p.39)

[그림 Ⅲ-1-5]는 좌표평면 위의 두 점 사이의 거리를 구할 수 있는지를 평가하는 문항이다. 이 문항은 로봇의 이동과 관련하여 주어

진 자료와 정보를 정리, 분석, 활용하는 능력을 평가하므로 정보 처리 역량과 관련된다.

4. 어느 학교의 로봇동아리에서는 원격조종 로봇을 제작하여 좌표평면이 그려진 평평한 바닥 위에 로봇을 올려놓고 조종하고 있다. 다음은 명령어에 따른 로봇의 이동을 설명한 것이다.

명령어	로봇의 이동
[초기화]	로봇이 원점 O에 위치한다.
[우 3]	x축의 방향으로 3만큼 이동한다.
[상 5]	y축의 방향으로 5만큼 이동한다.
[좌 1, 하 6]	x축의 방향으로 -1만큼 이동한 후, y축의 방향으로 -6만큼 이동한다.

'[초기화]', '[우 3]', '[상 5]' 명령어를 이 순서대로 입력하였을 때 로봇이 이동하여 위치한 점을 A라 하고, '[초기화]', '[상 5]', '[좌 1, 하 6]' 명령어를 이 순서대로 입력하였을 때 로봇이 이동하여 위치한 점을 B라 하자. 선분 AB의 길이는? (단, 로봇의 크기는 무시한다.)

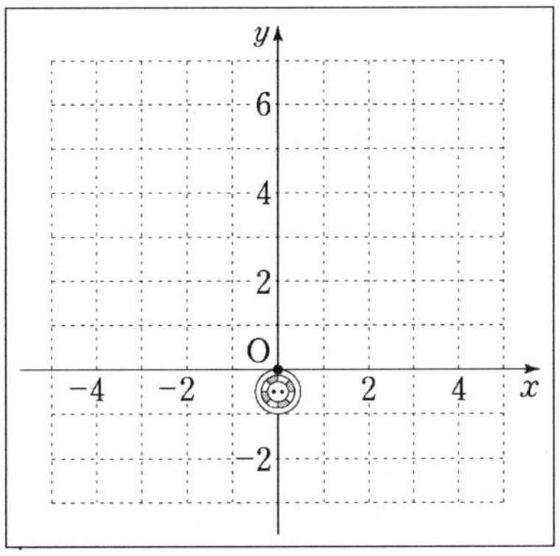

① $2\sqrt{10}$ ② $2\sqrt{11}$ ③ $4\sqrt{3}$
④ $2\sqrt{13}$ ⑤ $2\sqrt{14}$

* 출처: 2019년 국가수준 학업성취도 평가 고등학교 수학 선다형 4번 문항

그림 Ⅲ-1-5 정보 처리 능력을 평가하는 문항

(6) 태도 및 실천

마지막으로 태도 및 실천은 수학의 가치를 인식하고 자주적 수학 학습 태도와 민주 시민 의식을 갖추어 실천하는 능력으로 '가치 인식', '자주적 학습 태도', '시민의식'을 하위 요소로 한다(박경미 외, 2015, pp.42-43).

표 Ⅲ-1-7 태도 및 실천의 하위 요소

하위 요소	의미
가치 인식	• 수학에 대해 관심과 흥미를 갖고, 수학의 실용적, 도야적, 심미적, 문화적 가치를 인식하는 능력
자주적 학습 태도	• 수학 학습 의지와 자신감, 끈기를 갖고 자신 스스로 목표를 설정하여 자율적으로 학습을 수행하며 학습 결과를 평가하는 태도
시민의식	• 수학적 활동을 통하여 정직하고 공정하며 책임감 있게 행동하고 어려움을 극복하기 위해 도전하는 용기 있는 태도, 타인을 배려하고 존중하며 협력하는 태도, 논리적 근거를 토대로 의견을 제시하고 합리적으로 의사결정하는 태도를 갖고 이를 실천하는 능력

* 출처: 박경미 외(2015, p.43)

학생들의 태도 및 실천 능력을 함양하기 위해서 교사는 수학을 실생활이나 사회 및 자연 현상과 관련지어 지도하는 등 다음과 같은 사항을 교수·학습에서 강조할 필요가 있다.

① 수학을 생활 주변과 사회 및 자연 현상과 관련지어 지도하여 수학의 필요성과 유용성을 알게 하고, 수학의 역할과 가치를 인식할 수 있게 한다.

② 수학에 대한 관심과 흥미, 호기심과 자신감을 갖고 수학 학습에 적극적으로 참여하게 하며, 끈기 있게 도전하도록 격려하고 학습 동기와 의욕을 유발한다.

③ 학생 스스로 목표를 설정하고 학습을 수행하며 학습 결과를 평가하는 자주적 학습 습관과 태도를 갖게 한다.

④ 수학적 활동을 통하여 정직하고 공정하며 책임감 있게 행동하고 어려움을 극복하기 위해 도전하는 용기 있는 태도, 타인을 배려하고 존중하며 협력하는 태도, 논리적 근거를 토대로 의견을 제시하고 합리적으로 의사 결정하는 태도를 갖고 이를 실천하게 한다.

* 출처: 교육부(2015b, pp.39-40)

지금까지 수학과 교과 역량의 의미와 하위 요소, 교과 역량을 평가하는 문항을 살펴보았다. 앞서 소개한 문항은 하나의 교과 역량을 중점적으로 평가하도록 고안된 문항이다. 이와 달리 한 문항이 여러 개의 교과 역량을 평가할 수 있도록 문항을 구성할 수도 있다. [그림 Ⅲ-1-6]은 이명애 외(2017)에서 개발한 중학교 수학의 확률과 통계 단원의 문항이다. 이 문항은 주어진 자료를 도수분포표로 나타내고 해석할 수 있는지 평가하는 문항으로 문제 해결, 창의·융합, 정보 처리 역량과 관련된다. 이 문항은 일상생활과 관련된 소재를 활용하여 문제 상황을 설정하였다. 또한 각 하위 문항을 해결하기 위해서는 실생활 문제 상황을 수학적으로 나타내고 분석하여 결론을 도출하고 이를 상황에 맞게 해석하는 능력이 요구되므로 문제 해결 및 창의·융합 능력을 평가하는 문항으로 볼 수 있다. 또한 첫 번째 하위 문항에서는 실생활 문제 상황에서 제시된 자료를 탐색하여 목적에 맞게 분류, 정리하는 능력이 요구되고, 두 번째 하위 문항에서는 실생활 문제 상황에서 제시된 자료나 정보를 분석하고 분석한 정보에 내재된 의미를 올바르게 파악함으로써 이를 해석하고 활용하는 능력이 요구되므로 이 문항은 정보 처리 능력도 평가하고 있다.

[1~2] 다음을 읽고 물음에 답하시오.

최근 미세먼지가 자주 발생하여 사회적 문제가 되고 있다. 다음은 서울 ○○구의 2017년 3월과 5월의 날짜별 일평균 미세먼지 농도(㎛)이다.

3월의 미세먼지 농도

(단위 : μm)

71	38	52	63	77	39
28	50	54	54	75	101
64	56	45	71	81	71
78	103	113	61	85	58
69	65	75	82	66	80
46					

5월의 미세먼지 농도

(단위 : μm)

98	106	83	73	62	233
110	191	142	40	78	84
59	68	51	39	43	55
53	45	33	51	41	29
43	27	39	53	76	55
45					

1. 다음은 3월과 5월의 미세먼지 농도를 도수분포표로 나타낸 것이다. 도수분포표를 완성하시오.

3월의 미세먼지 농도

미세먼지 농도(㎛)	도수(일)
$0^{이상} \sim 30^{미만}$	
30 ~ 60	
$60 \sim 90^{미만}$	
90 ~ 120	
합계	31

5월의 미세먼지 농도

미세먼지 농도(㎛)	도수(일)
$0^{이상} \sim 30^{미만}$	
30 ~ 60	
60 ~ 90	
90 ~ 120	
120 ~ 150	
150 ~ 180	
180 ~ 210	
210 ~ 240	
합계	31

2. ○○구청에서는 미세먼지 등급을 미세먼지 농도에 따라 '좋음', '보통', '나쁨', '매우 나쁨'으로 구분하여 구민들에게 공지하고 있다.

미세먼지 농도

(단위: ㎛)

미세먼지 등급	좋음	보통	나쁨	매우 나쁨
미세먼지 농도	$0^{이상} \sim 30^{미만}$	$30^{이상} \sim 90^{미만}$	$90^{이상} \sim 150^{미만}$	$150^{이상} \sim$

미세먼지만 고려할 때 3월과 5월 중 실외활동을 하기에 더 적절한 달을 쓰고, 그 이유를 미세먼지 등급을 이용하여 설명하시오.

* 출처: 이명애 외(2017, p.183)

그림 Ⅲ-1-6 여러 교과 역량을 평가하는 문항

나. OECD의 역량 연구

미래 교육의 담론에서 '역량'은 주요 화두 중 하나이다. 이는 변화의 속도가 빠르고 그 방향을 예측하기 어려운 시대를 살아가는 현대인들에게는 지식과 기술 이상의 능력이 필요하기 때문이다. 역량은 지식, 기능, 가치 및 태도를 포함하는 총체적인 개념이다(백남진, 온정덕, 2018, p.55). 특정한 직무를 성공적으로 수행하는 데 필요한 능력이라는 의미로 직업사회에서 사용되기 시작한 역량 개념이 OECD의 DeSeCo 프로젝트에서 핵심역량을 규명하면서 일반적인 삶의 질과 관련된 논의로 발전되었다(소경희, 2007). DeSeCo 프로젝트는 세계 여러 나라에서 역량 기반의 교육 개혁이 일어나는 도화선이 되었다.

2015년에 OECD는 역량을 재개념화하고 학습 프레임워크를 제시하기 위해 OECD Education 2030 프로젝트를 시작하였다. 이 프로젝트는 DeSeCo 프로젝트처럼 세계 각국의 교육 정책 결정에 중요한 역할을 할 것으로 전망된다. 역량과 관련된 OECD의 두 가지 프로젝트에 대해 구체적으로 살펴보고자 한다.

OECD Education 2030 프로젝트(Future of Education and Skills: The OECD Education 2030)는 DeSeCo 프로젝트의 2.0 버전이라 불린다.

(1) DeSeCo 프로젝트

현대 사회를 살아가는 개인은 변화하는 기술을 익혀야 하고 많은 양의 정보를 이해해야 할 뿐 아니라, 경제성장과 지속가능한 발전, 사회적 평등과 같은 사회적 문제에도 직면하게 된다(OECD, 2005). 이러한 사회에서 개인이 잘 살아가기 위해서 어떤 능력이 필요할까? DeSeCo 프로젝트는 성공적인 삶을 영위하는 데 필요한 능력을 규명하려고 하였다. 여기서 성공적인 개인이란 직장과 소득이 있고, 건강하고 안전하며, 정치활동에 참여하고, 사회적 네트워크를 가진 사람을 의미한다. 또한 성공적인 사회란 경제적 생산성이 있고, 민주적인 절차를 따르며, 사회 통합·평등·인권이 보장되고, 생태계를 보존하는 사회이다(OECD, 2005).

DeSeCo 프로젝트에서는 〈표 Ⅲ-1-8〉과 같이 '도구를 상호적으로 활용하기', '사회적 이질집단에서 상호작용하기', '자율적으로 행동하기'의 세 가지 범주로 구분하여 핵심역량을 제시하였다. '도구를 상호적으로 활용하기'는 개인이 다양한 사회적, 물리적 환경에서 효과적으로 상호작용하기 위해 도구를 활용하는 능력을 의미한다. '사회적 이질집단에서 상호작용하기'는 상호의존성이 높은 사회에서 다양한 배경을 가진 사람들과 상호작용할 수 있는 능력이다(OECD, 2005). 또한 '자율적으로 행동하기'는 자신의 삶을 관리하는 데 책임감을 갖고, 넓은 사회적 맥락에서 자신의 삶을 배치하고 자율적으로 행동하는 능력이다(OECD, 2005).

표 Ⅲ-1-8 DeSeCo 프로젝트에서 제시한 핵심역량

범주	핵심역량
도구를 상호적으로 활용하기 (use tools interactively)	• 언어, 상징, 텍스트를 상호 활용하는 능력 • 지식과 정보를 상호 활용하는 능력 • 기술을 상호적으로 사용하는 능력
사회적 이질집단에서 상호작용하기 (interact in heterogeneous groups)	• 다른 사람들과 관계를 잘 맺는 능력 • 협동하는 능력 • 갈등을 관리하고 해결하는 능력
자율적으로 행동하기 (act autonomously)	• 넓은 시각에서 행동하는 능력 • 인생의 계획과 개인적인 과제를 설정하고 실행하는 능력 • 자신의 권리, 관심, 한계, 욕구를 옹호하고 주장하는 능력

* 출처: OECD(2005, pp.10-15)

PISA는 OECD에서 주관하는 국제 학업성취도 평가로, 미래를 살아갈 학생들의 소양을 평가한다.

DeSeCo 프로젝트의 연구 결과가 반영된 평가의 대표적인 사례는 PISA(Programme for International Student Assessment)이다. PISA의 주요 평가 영역은 읽기, 수학, 과학이고, 주기별로 특정 영역을 추가하여 평가를 시행하고 있다. PISA의 수학 평가에 대해서는 이 책의 Ⅳ장 3절에서 상세히 다루고 있으므로, 여기서는 PISA 2015에서 시행한 협력적 문제해결력(Collaborative Problem Solving competency) 평가에 대해서 살펴보고자 한다.

협력적 문제해결력은 둘 이상의 주체가 해결책을 찾는 데 필요한 이해와 노력을 공유하고, 해결책에 도달하기 위한 지식, 기능, 노력을 모아 문제를 해결하려고 시도하는 과정에 효과적으로 참여할 수 있는 개인의 역량이다(조성민 외, 2018, p.59; OECD, 2017, p.47). 협력적 문제해결력 평가에서의 문제란 단순하고 직관적인 해법이 존재하는 것이 아니며, 문제해결자가 문제를 능동적으로 해결하고자 하는 의지가 있을 때 여러 단계의 사고 과정 및 협의를 통해 해결 가능한 복잡성이 요구된다(송미영 외, 2013; OECD, 2013).

PISA 2015 협력적 문제해결력 평가틀에서는 〈표 Ⅲ-1-9〉와 같이 세 가지 협력적 문제해결력(1~3)이 4단계의 문제해결과정(A~D)에 따라 12개의 협력적 문제해결기술(A1~D3)로 세분화된다(송미영 외, 2013; OECD, 2013).

표 Ⅲ-1-9 PISA 2015 협력적 문제해결력 평가틀

* 출처: 송미영 외(2013), OECD(2013)

PISA 2015의 협력적 문제해결력 평가는 대규모로 시행되므로 다음과 같은 특성을 지닌다(박혜영, 임해미, 2014). 첫째, 컴퓨터 기반 평가로 시행된다. 학생의 행동, 선택 경로 등을 저장하고 자동으로 평가하는 시스템이다. 이는 문제해결 과정에서 일어나는 학생의 협력과 문제해결 역량을 정확하게 포착하기 위함이다. 둘째, 평가에 참여하는 학생 이외에 가상의 인물을 포함시킨다. 대규모 평가이므로 여러 사람이 협력하는 상황에서 특정 개인의 역량만 포착하기 어렵기 때문이다. 셋째, 메신저나 이메일 등으로 의사소통의 결과가 저장되고, 가상의 인물과 상호작용하는 채팅기반으로 평가가 진행된다. 학생이 컴퓨터와 상호작용하면서 문제 상황에 적합한 선택지를 고르는 방식이다.

[그림 Ⅲ-1-7]과 [그림 Ⅲ-1-8]은 PISA 2015 협력적 문제해결력 평가 문항이다. 그림과 같이 컴퓨터 화면은 대화 공간(왼쪽)과 과제 공간(오른쪽)으로 구분되고, 학생은 가상 인물과의 대화를 토대로 결정한 행동을 과제 공간에서 실행하는 방식이다(임해미, 2015; OECD, 2015b).

이 '방문' 과제는 학교에 방문 예정인 외국 학생을 위한 탐방 프로그램을 계획하는 상황에서 협력적으로 문제를 해결할 수 있는지 평가한다. 첫 번째 과제는 [그림 Ⅲ-1-7]에 제시된 바와 같이 탐방 가능한 장소에 대한 정보와 팀원들과의 대화를 종합하여 결정한 장소를

팀원들에게 이메일로 알리는 것이다. 이 문항의 평가 요소는 평가틀의 '(C2) 계획 실행하기'와 '(C3) 참여 규칙 따르기'이다(임해미, 2015; OECD, 2015b, p.66).

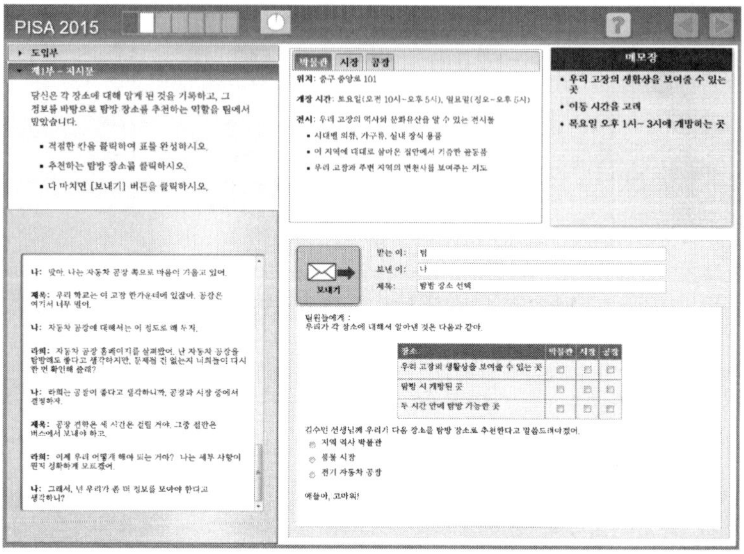

그림 Ⅲ-1-7 PISA 2015 협력적 문제해결력 평가 예시 문항: '방문' 과제(1)

이어지는 두 번째 과제는 [그림 Ⅲ-1-8]에 제시된 바와 같이 팀원들의 상황과 방문할 외국 학생들의 배경을 고려하여 안내자를 정하는 것이다. 이 과제의 평가 요소는 '(D1) 공유된 이해에 대한 모니터링 및 수정'이다(임해미, 2015; OECD, 2015b, p.72).

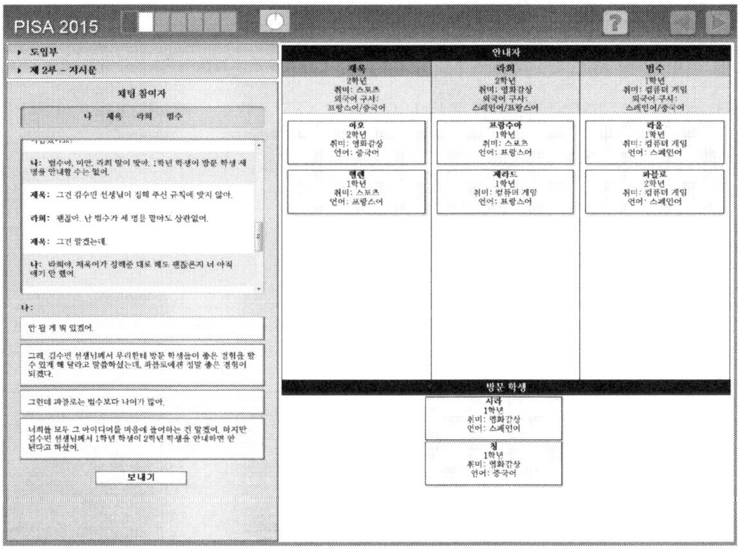

그림 Ⅲ-1-8 PISA 2015 협력적 문제해결력 평가 예시 문항: '방문' 과제(2)

(2) OECD Education 2030 프로젝트

앞서 언급한 바와 같이 최근 OECD는 DeSeCo 프로젝트 결과를 점검하고 국제적 수준에서 교육과정 프레임워크를 개발하기 위해 'OECD Education 2030 프로젝트'를 수행하고 있다(OECD, 2015a). 이 프로젝트는 2030년을 살아가기 위해 필요한 역량을 규명하고 이러한 역량을 기르기 위해 교육이 나아가야 하는 방향을 찾는 데 목적이 있다(이근호 외, 2017). DeSeCo 프로젝트가 역량의 개념을 밝히는 데 주력하였다면, 이 프로젝트는 역량을 교육 체제 전반에 적용할 수 있는 미래 학습의 비전을 제시하는 데 초점을 두고 있다(이상은 외, 2018, p.57).

OECD Education 2030에서는 2030년에 성인이 될 학생들이 갖추어야할 역량을 규명하기 위해 [그림 Ⅲ-1-9]와 같이 미래 교육의 비전을 담은 학습 프레임워크(learning framework)로서 '학습 나침반(OECD Learning Compass 2030)'을 제시하였다. 학습 나침반에서는 학생 주도성(student agency)을 강조하는데, 학생들이 단순히 교사의 지시를 따르기보다 익숙하지 않은 상황에서 스스로 탐색하고 책임감을 갖고

'학생 주도성'은 변화를 이루기 위해 목표를 정하고, 반성하고 책임감을 갖고 행동할 수 있는 능력을 말한다.

선택하고 결정하는 것이 중요하기 때문이다.[5] DeSeCo 프로젝트에서 성공적인 삶을 강조했다면 OECD Education 2030에서는 웰빙(well-being)을 교육 목표로 삼고 있다. '성공'에서 '웰빙'으로 지향하는 바가 달라졌음을 알 수 있다. 학습 나침반의 구성 요소를 살펴보면, 핵심 기초, 지식, 기능, 태도 및 가치, 변혁적 역량, 예측, 실행, 반성 등이 포함된다.

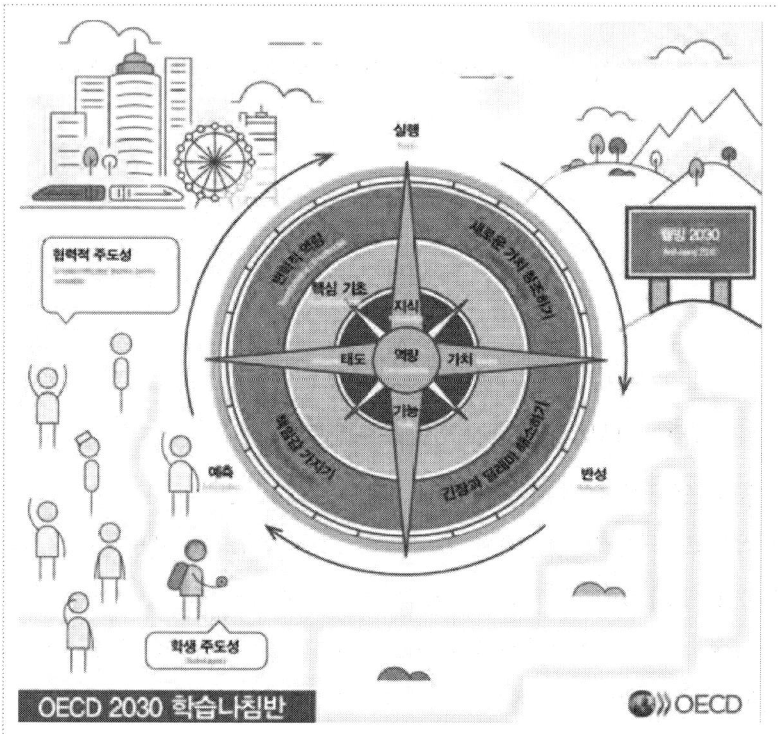

* 출처: https://www.oecd.org/education/2030-project/teaching-and-learning/learning/, 김종윤(2020, p.27)

그림 Ⅲ-1-9 OECD Education 2030의 학습 나침반

OECD Education 2030에서는 교과 교육과정에 역량이 반영될 수 있는 방법을 탐색하고 미래를 대비한 교육과정을 개발하고자 교육과정 내용 매핑(Curriculum Content Mapping: CCM)을 진행하고 있다. 매핑을 위한 프레임워크에 포함된 28개의 역량을 정리하면 〈표 Ⅲ-1

5) https://www.oecd.org/education/2030-project/teaching-and-learning/learning/learning-compass-2030/in_brief_Learning_Compass.pdf

−10〉과 같다. 이 역량들은 '기초 소양', '기능, 태도, 가치 구인', '주요 개념', '변혁적 역량 및 역량 개발', '복합 소양'의 5개의 범주로 구분된다(이미경 외, 2018, p.17).

표 Ⅲ-1-10 OECD CCM 프레임워크에서의 역량

범주	역량
기초소양 (foundational literacies)	• 문식성(literacy), 수리력(numeracy) • ICT 리터러시 / 디지털 리터러시(ICT literacy/digital literacy) • 데이터 리터러시(data literacy) • 체육/건강 리터리시(physical/health literacy)
기능, 태도, 가치 (skills, attitudes & values constructs)	• 협동/협력(cooperation/collaboration) • 비판적 사고(critical thinking) • 문제해결력(problem solving) • 자기 관리(self-regulation/self-control) • 공감(empathy), 존중(respect) • 끈기/회복력(persistence/resilience), 신뢰(trust) • 학습에 대한 학습(learning to learn)
주요 개념 (key concepts)	• 학생 주도성(student agency) • 협력적 주도성(co-agency)
변혁적 역량 및 역량 개발 (transformative competencies and competency development)	• 새로운 가치 창조하기(creating new value) • 책임감 가지기(taking responsibility) • 긴장과 딜레마 해소하기(reconciling tensions and dilemmas) • 예측(anticipation), 실행(action), 반성(reflection)
복합 소양 (compound competencies)	• 글로벌 역량(global competency) • 미디어 리터러시(media literacy) • 지속 가능한 발전을 위한 소양 (literacy for sustainable development) • 컴퓨팅 사고력/프로그래밍/코딩 (computational thinking/programming/coding) • 금융 소양(financial literacy) • 기업가 정신(entrepreneurship/enterprising)

* 출처: 이미경 외(2018, pp.17-22), OECD(2018)

'새로운 가치 창조하기', '책임감 가지기', '긴장과 딜레마 해소하기'가 변혁적 역량에 해당한다.

다. 미국, 호주, 싱가포르의 역량 교육

(1) 미국

미국은 앞서 I장에서 살펴본 NCTM Standards(NCTM, 1989; 2000)

CCSSM 문서는 'http://www.corestandards.org/assets/CCSSI_Math%20Standards.pdf'에서 확인할 수 있다.

에 이어 2010년에는 수학과 공통핵심기준(Common Core State Standards for Mathematics, 이하 CCSSM)을 발표하였다. CCSSM은 수학적 내용 기준과 함께 수학적 실천(mathematical practice) 기준을 제시하고 있다. 이 수학적 실천은 NCTM(2000)의 과정 규준에 대응된다(장혜원, 2012). 수학적으로 능력 있는 학생들에게 기대되는 행동 특성으로 제시된 수학적 실천은 우리나라 2015 개정 교육과정의 수학 교과 역량과도 유사하다(권점례 외, 2018). CCSSM에 제시된 수학적 실천을 정리하면 〈표 Ⅲ-1-11〉과 같다.

수학적 실천은 수학적 모델링, 적절한 도구를 사용하여 문제해결, 추론, 주장과 비판, 구조 발견, 규칙성 발견, 정확성에 기초한 의사소통 등으로 수학을 하는 방법이면서 동시에 수학을 배우는 학생들에게 기대되는 학습 습관이다(장혜원, 2012, p.565).

표 Ⅲ-1-11 CCSSM의 수학적 실천

수학적 실천		행동 특성
MP1	문제를 이해하고 끈기 있게 풀기	• 문제의 의미를 스스로에게 설명 • 주어진 것, 제약조건, 관계, 목표 분석 • 해법의 형식과 의미에 대한 추측 • 해결 경로 계획 • 유사 문제 참조하고 특수한 경우나 간단한 형태 시도 • 자신의 풀이를 감독, 평가, 필요시 방향 전환
MP2	추상적으로, 정량적으로 추론하기	• 문제 상황에서 양과 그 관계를 이해 • 탈문맥화 능력과 문맥화 능력 • 관련 단위를 고려, 계산 방법뿐만 아니라 양의 의미 다루기, 연산과 대상의 다른 성질을 알고 유연하게 활용
MP3	실행 가능한 주장을 구성하고 다른 사람의 추론을 비판하기	• 가정, 정의, 증명된 결과를 이해하고 이용하여 논증 구성 • 추측하고, 그것이 참인지 탐구하기 위해 명제를 논리적으로 전개 • 상황 분석, 반례 이용 • 자신의 결론을 정당화하고, 그 결론을 다른 사람과 의사소통하고, 다른 사람의 논증에 반응 • 데이터가 비롯된 문맥을 고려하여 논증을 만들면서 귀납적 추론 • 두 논증의 효과 비교 • 추론의 시비 구별, 오류 설명

수학적 실천		행동 특성
MP4	수학으로 모델링하기	• 일상의 문제해결을 위해 수학 적용
MP5	적절한 도구를 전략적으로 사용하기	• 문제해결에 도구 사용 • 도구의 장단점을 인식하여 사용 적절한 시기를 결정
MP6	정확성에 주의를 기울이기	• 정확한 의사소통 • 토론이나 추론 시 명확한 정의 사용
MP7	구조를 찾고 활용하기	• 패턴이나 구조를 식별하기 위한 관찰
MP8	반복된 추론에서 규칙성을 찾고 나타내기	• 계산의 반복 파악 • 일반 해법과 약식 해법 찾기

* 출처: 장혜원(2012, p.563)

CCSSM을 기반으로 한 평가로는 Smarter Balanced Assessment (이하 SBA)가 대표적이다. SBA는 대학 및 직업에 대한 준비도를 평가하는 미국의 주단위 학업성취도 평가이다. SBA에서 수학 평가의 목표(claim)는 〈표 Ⅲ-1-12〉에 제시된 것과 같이 개념과 절차, 문제해결, 추론 의사소통하기, 모델링과 자료 분석의 네 개 영역으로 구분된다. 이 네 개의 목표는 CCSSM의 수학적 실천과 궤를 같이 한다.

표 Ⅲ-1-12 SBA에서 수학과 평가의 목표

평가의 목표	내용
개념과 절차 (concepts and procedures)	• 수학적 개념을 설명하고 적용할 수 있으며 수학적 절차를 정확하고 유창하게 해석하고 수행할 수 있는 능력
문제해결 (problem solving)	• 지식과 전략을 사용하여 복잡한 수학 문제를 해결할 수 있는 능력
추론 의사소통하기 (communicating reasoning)	• 학생이 자신의 추론을 방어하고 다른 사람의 추론을 비판하기 위해 명확하고 정확하게 논거를 구성할 수 있는 능력
모델링과 자료 분석 (modeling & data analysis)	• 학생이 복잡한 실생활 상황을 분석하고 문제를 해결하기 위하여 수학적 모델을 구성하고 사용할 수 있는 능력

* 출처: https://portal.smarterbalanced.org/library/en/claims-for-the-mathematics-summative-assessments.pdf

[그림 Ⅲ-1-10]은 SBA의 8학년 수행 과제 중 하나인 '컵 쌓기 (stacks of cups)' 문항이다. 컴퓨터 화면의 왼쪽에는 문제 상황을 설명하

SBA의 문항은 http://sampleitems.smarterbalanced.org/에서 확인할 수 있다.

는 제시문이 있고, 이 제시문과 관련된 하위 문항이 오른쪽에 배치되어 있다. 이 문항은 5개의 하위 문항으로 구성되어 있으며 스크롤을 움직여서 모든 문항을 확인할 수 있다. 수행 과제는 학생들의 비판적 사고와 문제해결 능력을 평가하기 위해 단일 주제나 시나리오와 관련된 일련의 문제나 활동으로 구성된다.

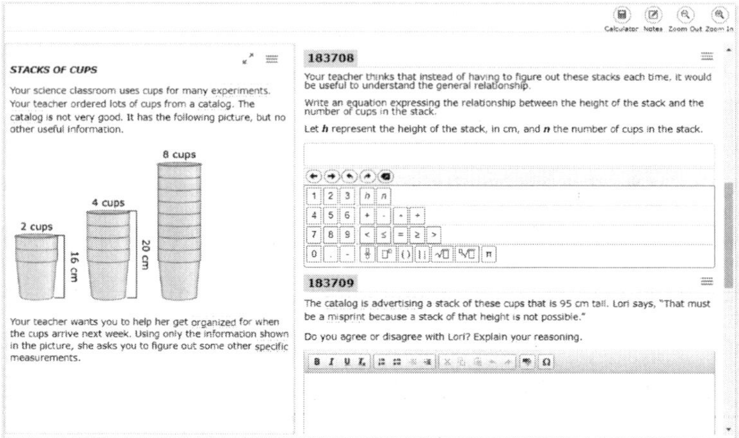

그림 Ⅲ-1-10 SBA 문항 예시: 8학년 수학 '컵 쌓기' 문항

[그림 Ⅲ-1-11]은 수행 과제의 제시문으로서 학생들은 이를 통해 컵의 높이를 구해야 하는 상황을 파악할 수 있다.

과학 수업의 여러 실험에서 많은 양의 컵을 사용한다. 선생님은 카탈로그를 보고 많은 양의 컵을 주문했다. 카탈로그에는 다음과 같은 그림이 제시되어 있지만, 다른 정보는 없었다. 선생님은 학생들에게 컵이 도착하면 함께 정리해 줄 것을 요청하였다. 그림에 제시된 정보만을 이용하여 컵의 높이를 확인해달라고 하였다.

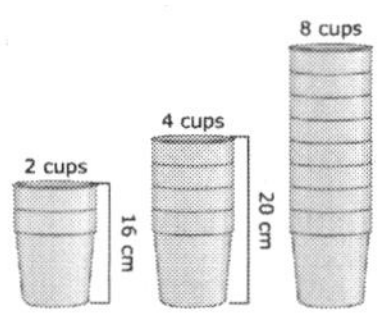

그림 Ⅲ-1-11 SBA 문항 예시: 8학년 수학 '컵 쌓기' 문항의 제시문

'컵 쌓기' 문항의 5개 하위 문항 중 3개를 살펴보자. 처음 두 개의 하위 문항은 [그림 Ⅲ-1-12]와 같다. 첫 번째 하위 문항(183706)은 컵 8개를 포개어 쌓았을 때의 높이를 계산기를 활용하여 구하는 문항

이다. 두 번째 하위 문항(183707)은 컵 한 개의 높이가 얼마인지 묻는 문항으로 그렇게 판단한 근거도 함께 기술해야 한다. 이 문항은 모델링과 자료 분석 능력을 평가하는 단답형 문항이다.

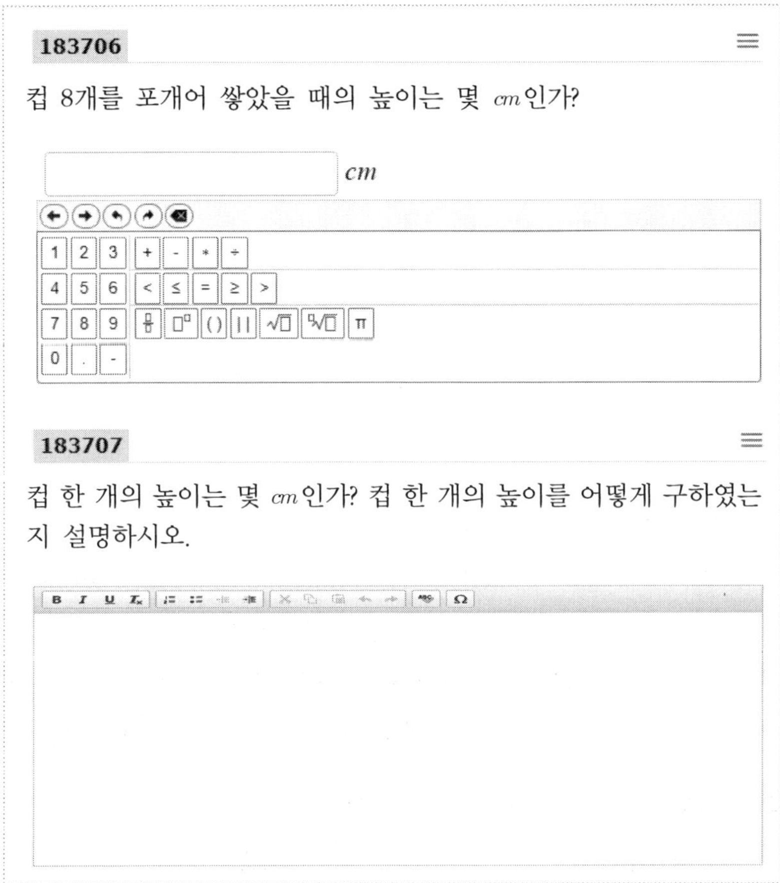

그림 Ⅲ-1-12 SBA 문항 예시: 8학년 수학 '컵 쌓기' 문항의 하위 문항 (1)

세 번째 하위 문항(183708)은 앞서 주어진 제시문을 활용하여 포개어 쌓은 컵의 높이와 컵의 개수 사이의 관계식을 찾는 문제이다([그림 Ⅲ-1-13] 참조). 이 문항은 실제 상황에서 중요한 양을 발견하고 그 사이의 관계를 찾을 수 있는지를 평가하는 문항으로 평가 목표 중 문제해결과 관련 있다. 학생들은 주어진 수식 입력기를 이용하여 관계식을 입력할 수 있다.

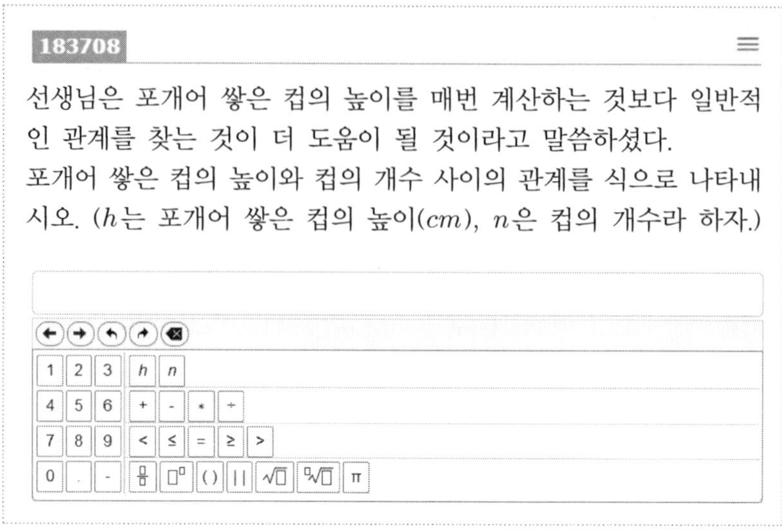

그림 Ⅲ-1-13 SBA 문항 예시: 8학년 수학 '컵 쌓기' 문항의 하위 문항 (2)

(2) 호주

호주의 수학과 교육과정에는 총론 차원의 일반 역량(general capabilities)과 수학 교과 차원의 교과 역량(proficiency strands)이 구분되어 있다. 우선 일반 역량은 '문해력', '수리력', '정보통신기술(ICT) 능력', '비판적·창의적 사고', '개인적·사회적 능력', '윤리적 이해', '타문화 이해'의 일곱 가지이고, 각 역량의 의미는 〈표 Ⅲ-1-13〉과 같다.

표 Ⅲ-1-13 호주의 교육과정에 포함된 일반 역량

핵심역량		내용
	문해력 (literacy)	• 듣기, 읽기, 보기를 통한 텍스트에 대한 이해 • 말하기, 쓰기, 창작을 통한 텍스트에 대한 이해 • 텍스트 지식, 문법 지식, 단어 지식, 시각 지식
	수리력 (numeracy)	• 정수로 추정하고 계산하기 • 패턴과 관계를 인식하고 사용하기 • 분수, 소수, 백분율, 비율, 비 사용하기 • 공간적 추론 능력 사용하기 • 통계 정보 해석하기 • 측정하기

핵심역량		내용
	정보통신기술(ICT) 능력 (information and communication technology (ICT) capability)	• ICT 사용 시 사회적, 윤리적 규약 및 관행 적용하기 • ICT로 조사하기 • ICT로 만들기 • ICT로 의사소통하기 • ICT를 관리하고 운영하기
	비판적·창의적 사고 (critical and creative thinking)	• 정보와 아이디어를 탐구하고 조직하기 • 아이디어, 가능성, 행동 생성하기 • 사고와 과정을 반성하기 • 추론과 절차를 분석, 종합, 평가하기
	개인적·사회적 능력 (personal and social capability)	• 개인에 대한 자각 • 개인적 관리 • 사회에 대한 자각 • 사회적 관리
	윤리적 이해 (ethical understanding)	• 윤리적 개념과 이슈 이해하기 • 의사결정과 행동 추론하기 • 가치, 권리, 책임 탐구하기
	타문화 이해 (intercultural understanding)	• 문화를 이해하고 존중감 갖기 • 다른 사람과 상호작용하고 공감하기 • 다른 문화의 경험을 통한 반성하기 및 책임감 가지기

* 출처: 백남진, 온정덕(2018)

호주는 수학과 교육과정에서 각 성취기준과 일반 역량의 관련성을 구체적으로 안내한다. [그림 Ⅲ-1-14]는 8학년의 수와 대수 영역에 해당하는 성취기준 예시이다. “지수가 0 또는 양의 정수인 경우, 지수표기법을 사용하여 지수법칙을 이해한다.”는 성취기준은 일반 역량 중 수리력()과 관련 있음을 명시하고 있다. 또한 이 성취기준에 대한 상세 설명인 “양의 정수의 거듭제곱으로 표현된 수를 계산한다.”는 일반 역량 중 비판적 사고() 및 수리력()과 관련됨을 안내한다. 우리나라의 2015 개정 교육과정은 교과의 성취기준과 핵심역량의 직접적인 관계를 드러내지 않는다는 점에서 호주 교육과정과 차이가 있다.

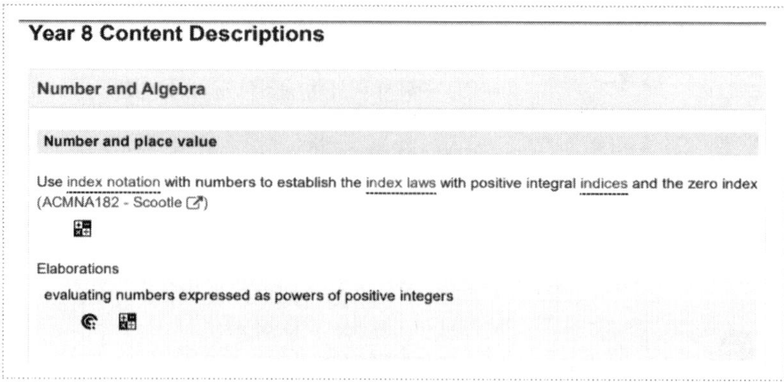

Year 8 Content Descriptions

Number and Algebra

Number and place value

Use index notation with numbers to establish the index laws with positive integral indices and the zero index (ACMNA182 - Scootle)

Elaborations

evaluating numbers expressed as powers of positive integers

* 출처: https://www.australiancurriculum.edu.au/f-10-curriculum/mathematics/?year

그림 Ⅲ-1-14 호주 8학년 수와 대수 영역의 성취기준 예시

한편, 호주 교육과정에서는 '이해', '유창성', '문제해결', '추론'의 수학 교과 역량(proficiency strands)을 강조한다. 〈표 Ⅲ-1-14〉와 같이 수학을 배우고 활용하는 데 참여하는 학생의 행동을 설명하는 방식으로 교과 역량의 의미를 안내한다. 이와 더불어 학년별로 도달해야하는 교과 역량의 수준도 제시한다.

표 Ⅲ-1-14 호주의 교육과정에 포함된 수학 교과 역량

수학 교과 역량	내용
이해 (understanding)	학생은 적용 및 전이 가능한 수학적 개념에 대한 지식을 쌓는다. 학생은 관련된 개념을 서로 연결하고, 새로운 아이디어를 개발하는 데 익숙하게 적용한다. 학생은 수학에서 '왜'와 '어떻게'의 관계를 이해하게 된다. 학생은 관련 아이디어를 연결할 때, 다른 방법으로 개념을 표현할 때, 자신의 수학적 사고를 설명할 때, 그리고 수학적 정보를 해석할 때 이해를 쌓게 된다.
유창성 (fluency)	학생은 적절한 절차를 선택하는 기능, 유연하고 정확하며 효율적이고 적절하게 절차를 수행하는 기능, 그리고 지식과 개념을 쉽게 기억하는 기능을 개발한다. 학생은 답을 효율적으로 계산할 때, 질문에 대한 확실한 답을 알아차릴 때, 적절한 방법과 근사치를 선택할 때, 그리고 해를 찾기 위해 식을 조작할 때 유창성을 발휘한다.
문제해결 (problem-solving)	학생은 문제 상황을 선택하고, 해석하고, 식으로 표현하고, 모델링하고, 조사할 수 있는 능력과 효율적으로 의사소통할 수 있는 능력을 개발한다. 학생은 익숙하지 않거나 의미 있는 상황을 해석하기 위해 수학을 활용할 때, 조사를 설계하고 접근 방법을 계획할 때, 기존의 전략을 활용하여 해를 찾거나, 자신의 답이 합리적임을 확인할 때 문제를 식으로 표현하고 해결한다.

수학 교과 역량	내용
추론 (reasoning)	학생은 분석, 증명, 평가, 설명, 추론, 정당화 및 일반화와 같은 논리적 사고와 행동에서 보다 정교해지는 능력을 개발한다. 학생은 자신의 생각을 설명할 때, 사용한 전략이나 도출한 결론을 연역적으로 추론하거나 정당화할 때, 모르는 것에 알고 있는 것을 적용할 때, 다른 상황으로 배운 것을 전이할 때, 관련된 아이디어를 비교 및 대조하거나 자신의 선택을 설명할 때 수학적으로 추론한다.

* 출처: https://www.australiancurriculum.edu.au/resources/mathematics-proficiencies/

[그림 Ⅲ-1-15]는 호주 교육과정 홈페이지에 탑재된 8학년 수학 학습 자료 예시이다.6) "연 모양의 사각형과 사다리꼴의 넓이가 같아지기 위해 어떤 조건을 만족해야 하는가? 그 이유를 설명하시오."라는 제목의 과제이다.

문제를 해결하기 위해서는 각 단계에서 수학 교과 역량을 발휘해야 한다. '단계 ①'에서는 연 모양의 사각형과 사다리꼴의 넓이 공식을 기억하고 주어진 도형에서 관계를 식으로 표현해야 하는데, 이는 '유창성'과 관련 있다. '단계 ②'에서는 '추론'을 통해 넓이 공식의 성분을 비교하여 두 사각형의 넓이가 같아지는 조건을 찾아야 한다. '단계 ③'은 연의 한 대각선 길이가 사다리꼴의 높이와 같고, 다른 대각선 길이가 사다리꼴의 아랫변과 윗변을 더한 값과 같으면 두 사각형의 넓이가 같아짐을 찾는 과정이며, 이는 '문제해결'과 관련된다. '단계 ④'는 앞 단계에서 찾은 조건이 맞는지 확인하기 위해 특정한 숫자를 대입하여 확인하는 과정으로 '이해'에 해당한다. '단계 ⑤'는 두 사각형의 넓이가 같아지는 조건을 설명하고 일반화하는 과정으로 '추론'과 관련된다. 이 자료는 하나의 문제를 해결하는 데 다양한 수학 교과 역량이 요구됨을 보여준다. 호주는 문제해결의 각 단계에 필요한 역량을 잘 발휘할 수 있도록 지도할 것을 강조한다.

6) 출처: https://www.australiancurriculum.edu.au/resources/mathematics-proficiencies/samples/measurement-and-geometry-equal-areas-ws8/

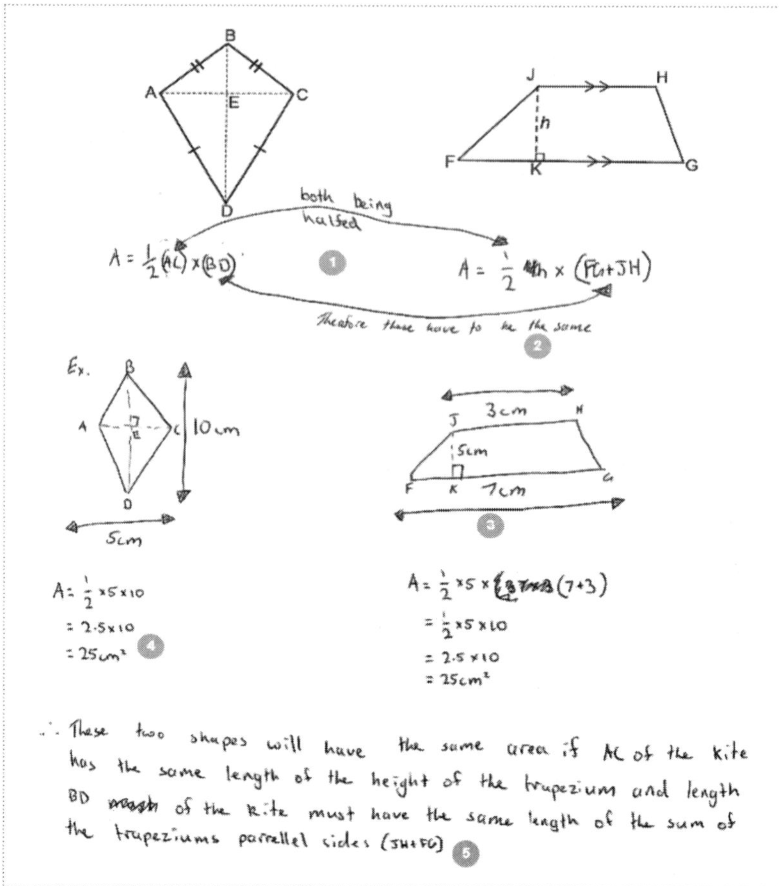

그림 Ⅲ-1-15 호주 8학년 수학 학습 자료 예시

(3) 싱가포르

싱가포르는 미래 사회를 살아갈 학생들이 갖추어야 할 역량을 '21세기 역량(21century competencies)'으로 명명하고 [그림 Ⅲ-1-16]과 같은 '핵심 가치', '사회·정서적 역량', '21세기 역량'의 3차원 모델을 상정하였다. 가장 가운데 원에 위치한 핵심 가치는 개인의 신념, 태도, 행동을 형성하는 특성으로, '존중', '책임', '성실', '배려', '회복탄력성', '조화'를 포함한다. 두 번째 원은 사회·정서적 역량으로 '자기 인식', '자기 관리', '사회 인식', '관계 관리', '책임감 있는 의사 결정'이 하위 요소이다. 마지막 원에 해당하는 21세기 역량은 '시민 의식, 글로벌 인식, 다문화 역량', '비판적·창의적 사고', '의사소통, 협업, 정보 기술'이다. 이 모델을 통해 싱가포르의 21세기 역량 함양은 결국 교육과정이 추구하는 인간상을 지향한다는 것을 알 수 있다.

싱가포르 교육과정이 추구하는 인간상은 '자신감 있는 사람', '자기 주도적인 사람', '적극적으로 기여하는 사람', '사려 깊은 사람'이다.

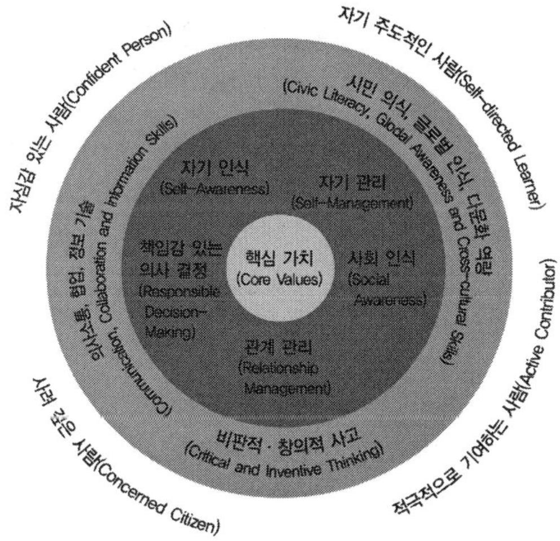

* 출처: https://www.moe.gov.sg/education/education-system/21st-century-competencies

그림 Ⅲ-1-16 싱가포르의 21세기 역량

한편 싱가포르의 수학과 교육과정은 '수학적 문제해결' 능력의 향상을 목적으로 한다. [그림 Ⅲ-1-17]에 제시된 바와 같이 '개념', '기능', '과정', '메타인지', '태도'의 5가지 요소를 통해 수학적 문제해결 능력을 기르는 것을 강조한다. 특히, 수학적 과정(processes)은 학생들의 21세기 역량 함양에 중요한 역할을 한다(Ministry of Education, Singapore, 2019). 싱가포르의 수학적 과정은 2015 개정 수학과 교육과정에 제시된 수학과 교과 역량과 유사하다.

2019년에 발표된 새로운 중등 수학과 교육과정(Ministry of Education, Singapore, 2019)을 살펴보면, 추상화, 추론, 표현과 의사소통, 적용과 모델링을 수학적 과정의 하위 요소로 제시하고 있다. 이전 중등 수학과 교육과정(Ministry of Education, Singapore, 2012)에서 수학적 과정의 하위 요소가 추론, 의사소통, 연결, 적용과 모델링, 사고기능과 발견술이었던 것과 비교하면, 새 교육과정에서는 연결, 사고 기능 및 발견술이 빠지고 추상화, 표현이 추가되었음을 알 수 있다.

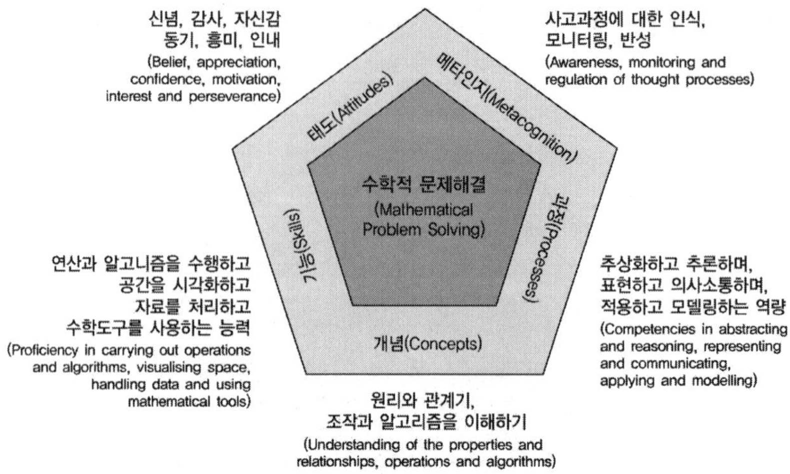

* 출처: Ministry of Education, Singapore(2019, p.9)

그림 Ⅲ-1-17 싱가포르 수학과 교육과정의 틀

되돌아보기 + 더 나아가기

1. 최근 평가의 주요 변화 방향을 제시한 표이다. 빈 칸에 알맞은 용어를 쓰시오.

과거의 평가		최근의 평가
지식 중심 평가	→	지 식 + ( ) 중심 평가
결과 중심 평가	→	결 과 + ( ) 중심 평가
인지적 영역 평가	→	인지적 + ( ) 영역 평가
지필 평가	→	지 필 + ( ) 평가

2. 2015 개정 수학과 교육과정에서 수학 교과 역량 여섯 가지의 각 교과 역량의 의미를 쓰시오.

3. OECD Education 2030에서 학생 주도성(student agency)을 강조한 이유를 설명하고, 변혁적 역량(transformative competencies)의 하위 요소를 쓰시오.

임용기출문제

4. 다음 문제를 해결하시오.

(1) 2009 개정 교육과정 고등학교 〈확률과 통계〉의 '순열과 조합' 단원 수업에서 학생의 추론 능력을 평가하기 위하여 서술형 평가를 실시하였다. 다음은 박 교사가 실시한 평가 문항과 채점 기준표, 그리고 이 평가 문항에 대한 한 학생의 답안이다.

(가) 평가 문항과 채점 기준표

- 평가 문항

다음 등식의 참, 거짓을 판단하고 그 이유를 설명하시오. (4점)

$$ {}_nC_0 + {}_nC_1 + {}_nC_2 + \cdots + {}_nC_n = 2^n $$

• 채점 기준표

점수	채점 기준
4	- 일반성을 보장하는 추론 유형을 사용하여 참이라고 판단한 경우
2	- 일반성을 보장하는 추론 유형을 사용하였으나 사소한 오류로 인해 거짓이라고 판단한 경우 - 일반성을 보장할 수 없는 추론 유형을 사용하여 참이라고 판단한 경우
1	- 추론 과정에 대한 서술 없이 참이라고 판단한 경우
0	- 그 외의 경우

(나) 학생의 답안

$n=1$일 때, ${}_1C_0+{}_1C_1=2$

$n=2$일 때, ${}_2C_0+{}_2C_1+{}_2C_2=4=2^2$

$n=3$일 때, ${}_3C_0+{}_3C_1+{}_3C_2+{}_3C_3=8=2^3$이 된다.

따라서 이 등식은 참이다.

위 (나) 학생의 답안에 나타난 추론의 유형을 쓰고, 그 유형의 특성을 설명하시오. 그리고 (가)의 채점 기준표에 근거하여 위 학생의 답안을 채점한 점수를 쓰고, 학생의 추론적 사고가 가진 제한점을 보완할 수 있는 지도 방안을 1가지 서술하시오.

(2017학년도 중등교사임용시험 전공A 10번)

(2) 〈자료 1〉은 절대부등식을 증명하는 수업 과정에서 학생이 새로운 추측을 제기하는 상황이다. 〈자료 2〉는 김 교사가 〈자료 1〉의 수업 과정에서 제기된 추측의 증명을 지도하기 위해 작성한 교수·학습 계획서 중 평가 계획 일부이다. 2015 개정 수학과 교육과정의 '교수·학습 방법'에서 의사소통 능력, 태도 및 실천 능력 함양을 위해 강조한 사항을 근거로 하여 〈자료 2〉의 ㉠과 ㉡에 들어가는 항목 각각 1가지씩 쓰시오.

〈자료 1〉

… (상략) …

김 교사: 지금까지 두 실수 x, y에 대하여 절대부등식 $x^2+y^2 \ge xy$가 성립함을 증명해 보았습니다.

학생 1: 선생님, 오늘 배운 절대부등식을 보면 세 실수 x, y, z에 대하여 부등식 $x^2+y^2+z^2 \ge xyz$도 성립할 것 같습니다.

학생 2: 저는 부등식 $x^2+y^2+z^2 \ge xy+yz+zx$가 성립할 것 같습니다.

김 교사: 모두 좋은 추측입니다. 두 추측은 모두 참일까요? 여러분은 어떻게 생각합니까?

학생들 : (서로 다른 반응을 보이며 호기심을 가진다.)

김 교사: 그럼 다음 시간에 확인해 봅시다.

〈자료 2〉

(나) 평가 계획

○ 교수·학습 과정에서 학생의 의사소통 능력과 태도 및 실천 능력을 평가한다.

○ 관찰 평가 도구

관찰 항목		이름			
		S1	S2	…	S21
의사소통	㉠				
	다양한 관점을 존중하며 다른 사람의 아이디어를 이해한다.				

○ 자기 평가 도구

점검 항목		그렇다	보통이다	그렇지 않다
태도 및 실천	㉡			
	다른 사람의 의견을 존중하며 협력하였다.			

(2019학년도 중등교사임용시험 전공B 8번 일부 수정)

(3) 다음은 원주각의 성질을 활용하는 수업 계획서의 일부이다. 이 수업에서 문제 해결 역량이 강조되는 이유를 2015 개정 교육과정에 따른 수학과 교육과정의 '교수·학습 방법' 중 문제 해결 능력의 함양을 위해 제시된 사항에 근거하여 쓰시오.

○ 도입: 교사는 선수 학습 내용을 확인하고, 실세계 현상을 기초로 하는 비수학적 문제 상황을 제시한다. 학생은 제시된 문제가 현실과 결부되어 있음을 이해하고 탐색한다.

문제 그림과 같이 도로 한쪽 편에 스크린이 설치되어 있다. 스크린이 있는 반대편에서 도로를 따라 이동하면서 스크린을 촬영하려고 한다. 스크린 좌우 양 끝점과 카메라가 이루는 각의 크기가 최대가 되는 카메라의 위치를 결정하시오.

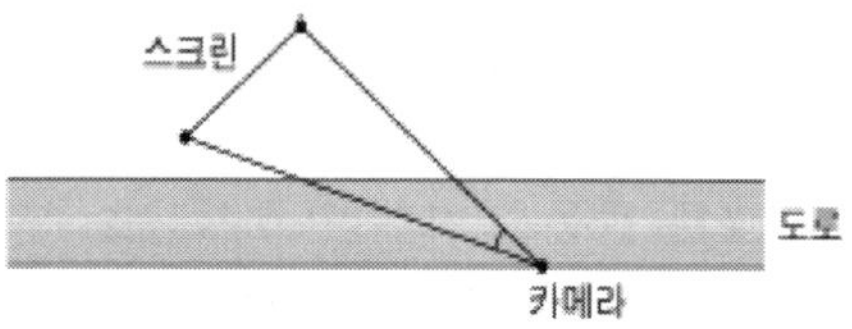

○ 전개

- 1단계: 주어진 실세계 문제에서 수학적 측면을 알아내고 규칙성을 발견하도록 한다.
- 2단계: 현실과 결부된 문제 상황을 다음과 같이 변환한다. 선분 AB와 직선 l이 주어져 있다. 점 P가 직선 l 위를 움직일 때, $\angle$APB의 크기가 최대가 되는 점 P의 위치는?

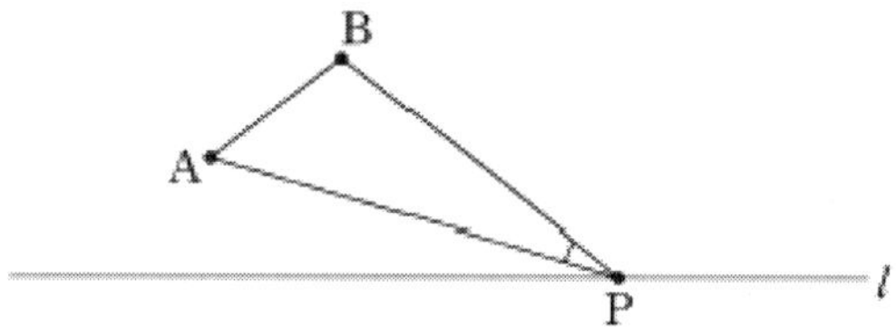

- 3단계: 문제를 다음과 같이 수학적으로 해결한다.
  두 점 A, B를 지나는 다양한 크기의 원을 작도하고, 호 AB에 대한 원주각의 크기를 이용하여 문제를 해결한다.

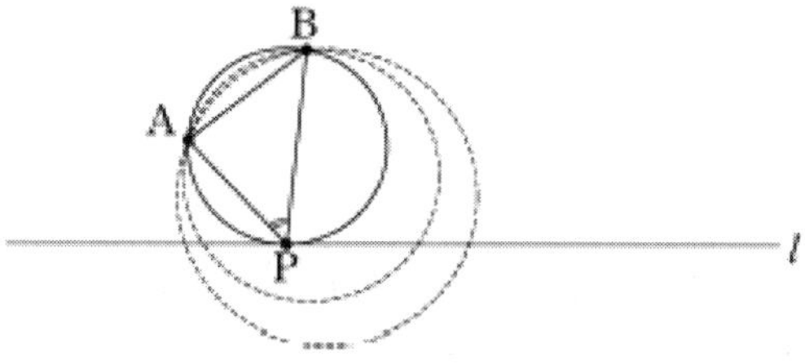

… (하략) …

(2018학년도 중등교사임용시험 전공B 8번 일부 수정)

참고문헌

교육부(2015a). **초·중등학교 교육과정 총론**. 교육부 고시 제2015-74호[별책 1].

교육부(2015b). **수학과 교육과정**. 교육부 고시 제2015-74호[별책 8].

권점례, 김성경, 김현미, 김현정, 배화순, 안유민·유은정, 이동욱, 정연준, 최인선, 이광상, 이해영, 이정우, 정은영, 조철기(2018). **교과 교육과정 국제 비교 연구: 수학, 과학, 사회 교과를 중심으로**. 한국교육과정평가원 연구보고 CRC 2018-24.

김경자, 곽상훈, 백남진, 송호현, 온정덕, 이승미, 한혜정, 허병훈, 홍은숙, 황규호(2015). **2015 개정 교육과정 총론 시안(최종안) 개발 연구**. 교육부·국가교육과정개정연구위원회.

김종윤(2020). OECD Education 2030 프로젝트 1단계 연구 성과. **교육광장, 73**(1), 26-33.

박경미, 이환철, 박선화, 강은주, 김선희, 임해미, 김성여, 장혜원, 강태석, 권점례, 김민정, 방정숙, 이화영, 임미인, 이만근, 김화경, 윤상혁, 이광상, 이경은, 조혜정, 권영기, 권오남, 신동관, 강현영, 김재영, 도종훈, 박정숙, 서보억, 안현정, 오택근, 이경진, 이광연, 이문호, 이승훈, 이은정, 이지윤, 전인태, 최지선, 한준철, 황선미, 박문환, 김완일, 강성권, 여미주(2015). **2015 개정 수학과 교육과정 시안 개발 연구Ⅱ**. 한국과학창의재단 연구보고서 BD151 20005.

박혜영, 임해미(2014). 협력적 문제해결력 교수·학습 및 평가를 위한 PISA와 ATC21S의 특징 비교 분석. **학습자중심교과교육학회지, 14**(9), 439-462.

백남진, 온정덕(2018). **역량기반 교육과정의 이해와 설계**. 서울: 교육아카데미.

변희현, 조성민, 임해미, 최인선, 오택근, 강은주, 김은미, 김철호, 박민규, 박정숙, 박찬호, 서보억, 전영주, 조성철, 최영란(2017). **2015 개정 교육과정 따른 고등학교 수학과 평가기준 개발 연구**. 한국교육과정평가원 연구보고 CRC 2017-5-6.

소경희(2007). 학교교육의 맥락에서 본 "역량(competency)" 의 의미와 교육과정적 함의. **교육과정연구, 25**(3), pp.1-21.

송미영, 최혁준, 임해미, 박혜영, 손수경(2013). **OECD 국제 학업성취도 평가 연구: PISA 2015 예비검사 시행 기반 구축**. 한국교육과정평가원 RRE 2013-6-2.

이근호, 이미경, 서지영, 변희현, 김기철, 유창완, 이주연, 김종윤, 윤기준(2017). **OECD Education 2030 교육과정 조사에 따른 역량 중심 교육과정 비교 연구**. 한국교육과정평가원 연구보고 CRC 2017-8.

이명애, 동효관, 박인용, 김완수, 서민희, 정혜경, 김경주, 강민경, 장의선, 성경희, 임해미, 김성경, 배주경, 김소연, 이재봉, 박지현, 양길석, 강태훈, 신영준(2017). **2015 개정 교육과정에 적용에 따른 국가수준 학업성취도 평가 체제 발전 방안 연구**. 한국교육과정평가원 연구보고 CRE 2017-8.

이미경, 서지영, 이근호, 조성민, 김기철, 유창완, 김종윤, 이재근, 윤기준(2018). **OECD Education 2030 교육과정 내용 맵핑 참여 연구.** 한국교육과정평가원 연구보고 RRC-2018-12.

이상은, 김은영, 김소아, 유예림, 최수진, 소경희, 신연재(2018). **OECD 교육 2030 참여 연구: 역량의 교육정책적 적용 과제 탐색.** 한국교육개발원 연구보고 RR 2018-08.

임해미(2015). **대규모 평가에서의 컴퓨터 기반 수학 평가.** in 수학교육에서 공학적 도구: 대한수학교육학회 2015 연보(고상숙 외). 서울: 경문사.

장혜원(2012). 미국의 수학교육과정 규준 CCSSM의 수학적 실천에 대한 고찰. **수학교육학 연구, 22**(4), 557-580.

조성민, 김현정, 이소연, 구남욱, 이인화(2018). **OECD 국제 학업성취도 평가 문항 자료집: PISA 2015 과학, 협력적 문제해결력.** 한국교육과정평가원 연구자료 ORM-2018-14.

한혜정, 김영은, 이주연, 관상훈, 김정윤, 한충희(2016). 2015 **개정 교육과정에 따른 초·중등학교 교육과정 편성·운영 방안.** 한국교육과정평가원 연구보고 RRC 2016-4.

Ministry of Education, Singapore (2012). *Mathematics Syllabus Secondary one-to-four, Express Course and Normal(Academic) Course.*

Ministry of Education, Singapore (2019). *Mathematics Syllabus Secondary one-to-four, Express Course and Normal(Academic) Course.* Retrieved from https://www.moe.gov.sg/education/syllabuses/ sciences.

National Council of Teachers of Mathematics (1989). *Curriculum and evaluation standards for school mathematics.* Reston. VA: NCTM.

National Council of Teachers of Mathematics (2000). *Principles and Standards for School Mathematics.* Reston. VA: NCTM.

OECD (2005). The Definition and selection of key competencies, Executive Summary.

OECD (2013). PISA 2015 Draft collaborative problem solving framework, March 2013. OECD: Paris.

OECD (2015a). Education 2030 project proposal. OECD education 2030 1st Informal Working Group meeting. EDU/EDPC(2015)7/REV2.

OECD (2015b). PISA 2015 Released Field Trial Cognitive Items. OECD: Paris. http://www.oecd.org/pisa/pisap roducts/PISA2015-Released-FT-Cognitive-Items.pdf

OECD (2017). PISA 2015 Results: Collaborative Problem Solving (Vol. Ⅴ). OECD Publishing.

OECD (2018). CCM Draft Competencies Framework for Main Study. Unpublished manuscript.

참조 웹사이트

https://www.oecd.org/education/2030-project/teaching-and-learning/learning/learning-compass-2030/in_brief_Learning_Compass.pdf
https://www.oecd.org/education/2030-project/teaching-and-learning/learning/
http://www.corestandards.org/assets/CCSSI_Math%20Standards.pdf
https://portal.smarterbalanced.org/library/en/claims-for-the-mathematics-summative-assessments.pdf
http://sampleitems.smarterbalanced.org/Item/187-3709?&isaap=TDS_SCNotepad;TDS_WL_Glossary;TDS_Highlight1;TDS_CalcSciInv;TDS_ExpandablePassages1;TDS_GN1;TDS_ST1;TDS_PS_L0;TDS_CC0;TDS_Masking0;DISABLED;ENU;TDS_ASL0;TDS_BT0;TDS_SLM0;TDS_TTS0;&isaap=TDS_SCNotepad;TDS_WL_Glossary;TDS_Highlight1;TDS_CalcSciInv;TDS_ExpandablePassages1;TDS_GN1;TDS_ST1;TDS_PS_L0;TDS_CC0;TDS_Masking0;DISABLED;ENU;TDS_ASL0;TDS_BT0;TDS_SLM0;TDS_TTS0;
https://www.australiancurriculum.edu.au/f-10-curriculum/general-capabilities/
https://www.australiancurriculum.edu.au/f-10-curriculum/mathematics/?year
https://www.australiancurriculum.edu.au/resources/mathematics-proficiencies/
https://www.australiancurriculum.edu.au/resources/mathematics-proficiencies/samples/measurement-and-geometry-equal-areas-ws8/
https://www.moe.gov.sg/education/education-system/21st-century-competencies

2. 과정 중심 평가

가. 과정 중심 평가의 개념

'과정 중심 평가'는 교육 정책이나 학교 현장 등에서 먼저 사용된 용어로서 이후 연구자들에 의해 개념 정리가 이루어졌다. 교육부, 한국교육과정평가원(2017)에서는 과정 중심 평가를 다음과 같이 정의했는데, 이는 과정 중심 평가가 수행평가와 밀접한 관련이 있음을 보여준다.

> 과정 중심 평가는 교육과정의 성취기준에 기반한 평가 계획에 따라 교수·학습과정에서 학생의 변화와 성장에 대한 자료를 다각도로 수집하여 적절한 피드백을 제공하는 평가이다 (교육부, 한국교육과정평가원, 2017).

이후 박지현 외(2018b, p.56)는 과정 중심 평가를 "교육과정의 성취기준을 기반으로 수업과 평가를 연계한 평가 계획에 따라, 교수·학습 과정에서 보이는 학생의 특성과 변화에 대한 자료를 다각도로 수집하여, 학생의 성장과 발달을 지원하기 위한 적절한 피드백을 제공하는 평가"로 정의하였다. 두 연구 모두 과정 중심 평가는 교육과정에 기반해야 하고, 수업과 연계된 자료를 다각도로 수집하여 이를 근거로 학생들에게 피드백을 제공하는 평가로 보고 있다.

수학과에 초점을 맞추어 과정 중심 평가의 실행 방향을 탐색한 이경화 외(2016, p.826)는 '수업과 연동된 평가를 실행하고 그 결과를 교수·학습에 반영함으로써 학생의 수학 학습을 돕는 평가'를 과정 중심 평가라고 보았다. 이 연구는 수업 후에 일회적으로 이루어지는 평가가 아닌 수업 중에 지속적으로 이루어지는 평가를 과정 중심 평가로 상정하였다. 김정민(2018, p.849)은 평가 문제에 대해 학습자가 결론을 도출하는 과정과 결론을 평가하되, 과정을 보다 중점으로 평가하는 것을 과정 중심 평가라고 개념을 정리하였다. 이 연구는 이경화 외(2016)와 달리 수업 후에 이루어지는 총괄평가도 과정 중심 평가에 포함시킬 수 있다는 입장이다. 이상의 연구들은 과정 중심 평가를 정의하는 데 다소 차이를 보이지만, 결과 중심으로 치중되어 있던 평가 패러다임의 변화를 꾀하는 데 공통점이 있다.

나. 과정 중심 평가의 도입 배경

과정 중심 평가는 특정한 평가의 유형이 아니라 학생평가에 대한 패러다임의 변화에 따라 도입된 정책적 용어이다(박지현 외, 2018a; 신혜진 외, 2017). 교육 정책에서 과정 중심 평가를 강조하는 현상은 대표적으로 '2015 개정 교육과정'과 '자유학기제' 관련 교육부 문서에서 확인할 수 있다.

우선 2015 개정 교육과정에서는 과정 중심 평가를 명시하고 있다. 총론에서는 "학습의 결과뿐만 아니라 학습의 과정을 평가하여 모든 학생이 교육 목표에 성공적으로 도달할 수 있도록 한다."(교육부, 2015a, p.33)고 기술하여 과정의 평가를 강조하고 있다. 또한 수학과 교육과정에서도 "학습 결과 평가뿐만 아니라 과정 중심 평가도 실시하여 종합적인 수학 학습 평가가 될 수 있게 한다."(교육부, 2015b, p.70)고 제시하고 있다.

자유학기제는 학생들이 시험 부담에서 벗어나 자신의 꿈과 끼를 찾고, 창의성·인성·자기주도 학습 능력 등 핵심역량 함양을 목적으로 2016년부터 중학교에 전면 시행되었다(교육부, 2017.09.12.). 교육부(2015.08.06.)의 자유학기제 시행 계획을 살펴보면, 자유학기제에는 '지필식 총괄평가는 실시하지 않으며, 자기주도학습, 협력학습을 촉진하는 과정 중심 평가'를 통해 학생들을 평가하고, 이를 위해 학생의 학습과 성장을 지원하는 형성평가나 수행평가를 강조하고 있다.

이처럼 과정 중심 평가가 정부의 여러 정책에 사용된 배경은 세 가지로 요약될 수 있다(박지현 외, 2018a, pp.11-12). 첫째는 학습의 결과뿐만 아니라 학습 및 수행하는 과정을 학생 평가의 대상으로 포함함으로써 평가를 학습의 도구로 활용하기 위함이다. 둘째는 학습이 이루어진 이후 학생이 알고 있는 지식에 관심을 두는 결과 중심 평가가 아니라 학습하는 동안 일어나는 학생의 사고 과정, 수행 과정 등을 강조하기 위함이다. 셋째, 교육과정 성취기준을 기반으로 교수·학습을 진행하고 그 과정을 평가함으로써 교육과정, 교수·학습, 평가를 연계하기 위함이다.

다. 과정 중심 평가의 특징

과정 중심 평가의 특징을 정리하면 〈표 Ⅲ-2-1〉과 같다. 과정 중심 평가는 성취기준에 기반을 두고 다양한 평가 방법을 활용하여 수행 과정을 평가하며 평가 결과를 학습자의 발달을 위해 활용하는 등의 특징을 갖는다.

표 Ⅲ-2-1 과정 중심 평가의 특징

특징	설명
성취기준에 기반을 둔 평가	• 과정 중심 평가는 교과 성취기준에 기반을 둔 평가임
수업 중에 이루어지는 평가	• 과정 중심 평가는 수업 중에 이루어지는 평가로서, 교수·학습과 연계된 평가를 지향함
수행 과정의 평가	• 과정 중심 평가에서는 지식, 기능, 태도가 학습자에게서 어떻게 발달하고 있는 지를 파악하기 위해 학습자의 수행 과정을 평가 대상으로 함
지식, 기능, 태도를 아우르는 종합적인 평가	• 과정 중심 평가는 지식, 기능, 태도의 인지적·정의적 영역까지 포함하여 종합적으로 평가하는 것이 중요함
다양한 평가 방법의 활용	• 과정 중심 평가는 평가의 목적이나 내용을 고려하고 다양한 평가 방법을 활용하여 학생에 대한 다양한 측면을 파악하는 것이 중요함
학습자의 발달을 위한 평가 결과의 활용	• 과정 중심 평가는 학습자의 성장과 발달 과정을 관찰함으로써 학습자의 부족한 점을 채워 주고, 우수한 점을 심화·발전시킬 수 있도록 돕는 데 기여함

* 출처: 교육부, 한국교육과정평가원(2017, p.5)

'평가 패러다임의 확장', '교육과정, 교수·학습, 평가의 연계', '결과 중심 평가와의 대비'라는 과정 중심 평가의 방향성을 실현할 수 있는 대표적인 평가로 수행평가를 들 수 있다(교육부, 한국교육과정평가원, 2017). 이에 수행평가의 유형과 특징을 간단히 소개하면 〈표 Ⅲ-2-2〉와 같다.

표 Ⅲ-2-2 수행평가의 유형 및 특징

유형	정의	특징
논술	• 한 편의 완성된 글로 답을 작성하는 방법 • 자신의 생각이나 주장을 논리적으로 작성해야 하므로 학생이 제시한 아이디어뿐만 아니라 조직이나 표현의 적절성 등을 함께 평가함	• 학생이 답을 선택하는 것이 아니라 학생의 생각이나 의견을 직접 기술하기 때문에, 창의성, 문제해결력, 비판력, 통합력, 정보 수집 및 분석력 등의 고등 사고 능력을 평가하기에 적합함
구술	• 특정 내용이나 주제에 대해서 자신의 의견이나 생각을 발표하도록 하여, 학생의 준비도, 이해력, 표현력, 판단력, 의사소통 능력 등을 직접 평가하기 위해 활용하는 방법	• 특정 주제에 대하여 학생들에게 발표 준비를 하도록 한 후, 발표에 대하여 평가함 • 또는 평가 범위만 미리 제시하고 구술 평가를 시행할 때 교사가 관련된 주제나 질문을 제시하고 학생이 답변하게 하여 평가함
토의·토론	• 특정 주제에 대해 학생들이 서로 토의하고 토론하는 것을 관찰하여 평가하는 방법	• 서로 다른 의견을 제시할 수 있는 주제에 대해서 개인별 혹은 소집단별로 토의·토론을 하도록 한 다음, 학생들이 사전에 준비한 자료의 다양성이나 적절성, 내용의 논리성, 상대방의 의견을 존중하는 태도, 진행 방법 등을 종합적으로 평가하는 방법
프로젝트	• 특정한 연구 과제나 산출물 개발 과제 등을 수행하도록 한 다음, 프로젝트의 전 과정과 결과물(연구보고서나 산출물)을 종합적으로 평가하는 방법	• 결과물과 함께 계획서 작성 단계에서부터 결과물 완성 단계에 이르는 전 과정도 함께 중시하여 평가함
실험·실습	• 학생들이 직접 실험·실습을 하고 그에 대한 과정이나 결과에 대한 보고서를 쓰게 하고, 제출된 보고서와 함께 교사가 관찰한 실험·실습 과정을 종합적으로 평가하는 방법	• 실험·실습을 위한 기자재의 조작 능력이나 태도, 지식을 적용하는 능력, 협력적 문제해결 능력 등에 대해서 포괄적이면서도 종합적으로 평가함
포트폴리오	• 학생이 산출한 작품을 체계적으로 누적하여 수집한 작품집 혹은 서류철을 이용한 평가 방법	• 학생의 강점이나 약점, 성실성, 잠재 가능성 등을 종합적으로 파악할 수 있고, 학생의 성장 과정을 한눈에 볼 수 있어서 학생에게 유용한 피드백을 제공할 수 있음 • 일회적인 평가가 아니라, 학생 개개인의 변화와 발전 과정을 종합적으로 평가하기 위해 전체적이면서도 지속적으로 평가하는 것을 강조함

2015 개정 수학과 교육과정에서는 지필 평가뿐 아니라 프로젝트 평가, 포트폴리오 평가, 관찰 평가, 면담 평가, 구술 평가, 자기 평가, 동료 평가 등의 다양한 평가 방법을 사용할 것을 권고하고 있다.

유형	정의	특징
관찰법	• 관찰을 통해 일련의 정보를 수집하는 측정 방법	• 어느 특정한 장면이나 상황에서 발생하는 행동 체계를 가능한 한 상세하고 정밀하게 탐구하기 위해 모든 신체적 기능과 측정도구를 이용할 필요가 있음 • 일화기록법, 체크리스트, 평정 척도, 비디오 녹화 후 분석 등
자기평가 · 동료평가	• 수행 과정이나 학습 과정에 대하여 학생이 스스로 평가하거나, 동료 학생들이 상대방을 서로 평가하는 방법	• 학생들이 자신의 학습 준비도, 학습 동기, 성실성, 만족도, 다른 학습자들과의 관계, 성취 수준 등에 대해 스스로 생각하고 반성할 수 있는 기회 제공 • 교사가 학생을 관찰하고 기록한 내용과 수시로 시행한 평가가 타당하였는지를 비교·분석 해 볼 수 있는 기회 제공 • 특히 학생 수가 많아서 담당 교사 혼자의 힘으로 모든 학생들을 제대로 평가하기 어렵다고 판단될 때, 동료평가 결과와 합하여 학생의 최종 성적으로 사용한다면 교사의 주관성을 배제할 수 있을 뿐만 아니라 성적처리 방식에 대한 공정성도 높일 수 있음

* 출처: 교육부, 한국교육과정평가원(2017, pp.10-11)

라. 과정 중심 평가의 운영[7)]

과정 중심 평가는 [그림 Ⅲ-2-1]에 제시된 절차에 따라 실행할 수 있다. 첫째, 성취기준을 분석하여 성취기준과 연계할 수 있는 적절한 평가 내용과 방법을 찾는다. 둘째, 수업과 연계한 평가가 이루어질 수 있도록 학기단위 수업 및 평가 계획을 수립한다. 셋째, 평가 계획에 근거하여 수업과 연계한 평가 도구를 개발하고 실행한다. 학생의 성장을 지원하기 위해 학생의 특성과 변화를 포착할 수 있는 다양한 자료가 평가 과정에서 수집되어야 한다. 마지막으로 평가 결과에 기반한 피드백을 지속적으로 제공한다.

7) '중학교 교사별 과정 중심 평가 이렇게 하세요.'(교육부, 한국교육과정평가원, 2018)에 제시된 내용을 요약하여 제시하였음.

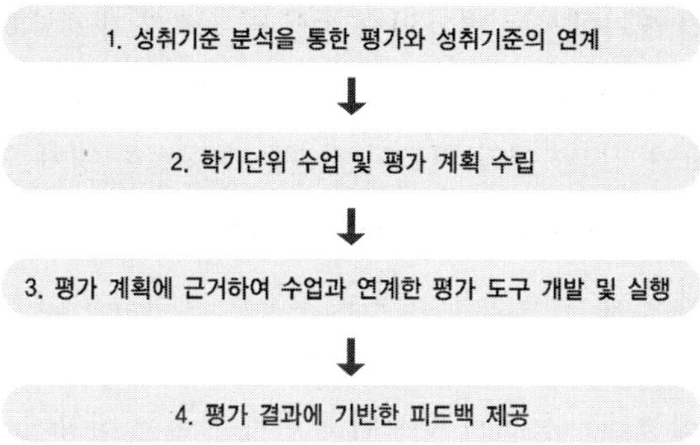

* 출처: 교육부, 한국교육과정평가원(2018, p.6)

그림 Ⅲ-2-1 과정 중심 평가의 운영 절차

단위학교에서 과정 중심 평가를 운영하기 위한 절차는 [그림 Ⅲ-2-2]와 같이 '교육과정 운영 계획', '교수·학습 및 평가', '평정 및 기록'의 세 단계로 구분할 수 있다. 교육과정 운영 계획 단계에서는 성취기준을 분석하고 교과(학년)협의회를 통해 교수·학습 및 평가 계획을 수립한다. 교수·학습 및 평가 단계에서는 교사가 평가 과제를 개발하고 수업과 연계하여 평가를 시행한다. 마지막으로 평정 및 기록 단계에서는 학생의 학습 과정과 결과에 대한 누적된 기록을 토대로 성적을 평정하고 학생의 특성을 종합적으로 기록한다.

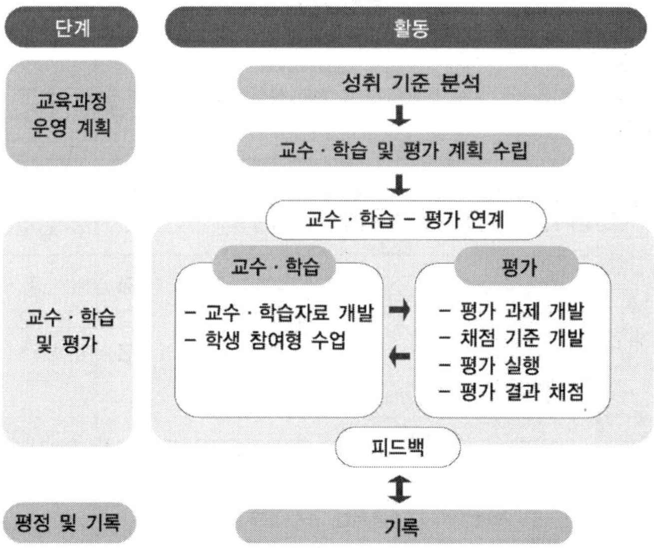

* 출처: 교육부, 한국교육과정평가원(2018, p.7)

그림 Ⅲ-2-2 단위학교에서의 과정 중심 평가의 운영 절차

과정 중심 평가에서는 평가의 공정성 및 신뢰도가 중요하므로 교과(학년) 협의회를 통해 동료 교사들과 평가 계획과 과제 등의 타당성을 검토할 필요가 있다. 이와 더불어 신뢰롭고 공정한 평가를 위해 학생과 학부모에게 구체적인 평가 계획을 사전에 공지해야 한다.

다음은 과정 중심 평가의 사례로 '실험을 통해 구한 상대도수와 경우의 수의 비율로 구한 가능성 비교하기' 과제이다([그림 Ⅲ-2-3]~[그림 Ⅲ-2-6] 참조). 학생들은 동전과 주사위를 던지는 실험 상황에서 시행횟수가 30번이 될 때까지 특정 사건의 상대도수를 구하고, 시행횟수가 충분히 커졌을 때의 상대도수를 예측한다.

[그림 Ⅲ-2-3]의 평가 정보표를 살펴보면, 중학교 2학년에서 다루는 성취기준 "확률의 개념과 그 기본 성질을 이해하고, 확률을 구할 수 있다."에 기반하고 있음을 알 수 있다. 또한 토의·토론, 실험·실습, 동료평가의 다양한 평가 방법을 활용하고 있다. 이 과제에는 "확률은 실험이나 관찰을 통해 구한 상대도수로서의 의미와 경우의 수의 비율로서의 의미를 연결하여 이해"(교육부, 2015b, p.36)할 수 있도록 지도하려는 의도가 담겨 있다.

<table>
<tr><td>학년/학기</td><td>2학년/2학기</td><td>단원/차시</td><td colspan="2">학률과 그 기본 성질/1차시</td></tr>
<tr><td>성취기준
(평가준거
성취기준)</td><td colspan="4">[9수05-05] 확률의 개념과 그 기본 성질을 이해하고, 확률을 구할 수 있다.</td></tr>
<tr><td>교과 역량</td><td colspan="4">□ 문제 해결 ☑ 추론 ☑ 의사소통
□ 창의·융합 □ 정보 처리 □ 태도 및 실천</td></tr>
<tr><td>평가 방법</td><td colspan="4">□ 서술·논술 □ 구술·발표 ☑ 토의·토론
□ 프로젝트 ☑ 실험·실습 □ 포트폴리오
□ 기타 □ 자기평가 ☑ 동료평가
□ 관찰평가</td></tr>
<tr><td>출제 의도</td><td colspan="4">• 이 과제는 동전과 주사위를 던지는 실험을 통해 구한 주어진 사건의 상대도수는 시행횟수가 커질수록 그 사건이 일어날 경우의 수의 비율로 구한 가능성에 가까워짐을 유추하는 것이다.
• 과제를 수행하는 과정에서 수학적 추론 능력과 자신의 생각을 표현하거나 다른 학생의 생각을 듣고 이해하는 의사소통 역량을 파악하고자 한다.</td></tr>
</table>

<table>
<tr><td rowspan="6">과제 내용 및 평가 계획</td><td colspan="3">동전과 주사위를 던지는 실험을 통해 주어진 사건이 일어난 횟수를 세어 상대도수를 구하고, 그 사건이 일어날 가능성을 경우의 수의 비율로 구한 후 두 값을 비교하게 한다. 그리고 다른 모둠의 결과와 합하여 그 횟수를 늘려 구한 상대도수와 경우의 수의 비율로 구한 가능성 사이의 관계를 생각해보고 작성하게 한다. 이렇게 작성한 활동지를 평가자료로 활용하고 모둠 내 동료평가를 병행하여 실시한다.</td></tr>
<tr><td>평가(채점) 영역</td><td>평가 요소</td><td>평가 척도</td></tr>
<tr><td rowspan="2">확률</td><td>실험을 통해 상대도수 구하기</td><td>3단계(2, 1, 0)</td></tr>
<tr><td>사건이 일어날 가능성을 경우의 수의 비율로 구하기</td><td>3단계(2, 1, 0)</td></tr>
<tr><td>추론</td><td>실험을 통해 구한 상대도수와 경우의 수의 비율로 구한 가능성 사이의 관계 유추하기</td><td>2단계(우수, 미흡)</td></tr>
<tr><td>의사소통</td><td>자신의 생각 표현, 타인의 생각 이해하기</td><td>3단계(우수, 보통, 미흡)</td></tr>
<tr><td>평가 시 유의점</td><td colspan="3">• 학생들의 실험 결과는 다양하게 나올 수 있으므로 그에 따라 적절히 해석할 수 있게 한다. 또 실험 결과는 정답이 없으므로 실험 결과를 조작하지 않도록 지도하며 모둠 내의 모든 학생이 각자의 역할을 맡아 참여할 수 있게 유도한다.
• 성취기준뿐만 아니라 교과 역량을 측정할 수 있게 채점 기준을 구성하였으므로 이를 숙지하고 채점할 수 있도록 한다.</td></tr>
</table>

출처: 교육부, 한국교육과정평가원(2018, p.27)

그림 Ⅲ-2-3 과정 중심 평가 과제 예시: 과제의 평가 정보표

[그림 Ⅲ-2-4]와 [그림 Ⅲ-2-5]는 평가 과제와 예시 답안이다. 우선 동전을 던지는 실험에서 앞면이 나오는 횟수를 세어 상대도수를 구하고, 다음은 주사위를 던지는 실험을 진행한다. 실험의 특성상 그 결과는 다양할 수 있으므로 학생들이 결과에 근거하여 해석할 수 있도록 지도해야 한다. 또한 모둠 내의 모든 학생이 각자의 역할을 맡아 참여할 수 있게 유도해야 한다.

▸ **우리 모둠을 소개합니다.**

모둠명: 큐브			
모둠원 이름	**담당 역할**	**모둠원 이름**	**담당 역할**
권유리	동전 던지기	김태연	주사위 던지기
김윤아	동전 던진 결과 기록	이수영	주사위 던진 결과 기록

▶ **동전 한 개를 던질 때, 앞면이 나오면 ○, 뒷면이 나오면 ×라고 표시하여 다음 표를 완성해 보자.**

회	1	2	3	4	5	6	7	8	9	10
결과	○	○	×	×	○	○	×	×	○	×
회	11	12	13	14	15	16	17	18	19	20
결과	×	○	○	×	○	○	○	○	×	○
회	21	22	23	24	25	26	27	28	29	30
결과	×	○	×	○	×	×	○	○	×	○

▶ **위의 표에서 동전 한 개를 30번 던져 앞면이 나온 횟수를 말하고 상대도수를 구해 보자.**

동전 한 개를 30번 던져 앞면이 17번 나왔으므로 그 상대도수는 $\frac{17}{30}$이다.

▶ **동전 한 개를 던질 때 앞면이 나올 가능성을 경우의 수의 비율로 구하고, 위에서 구한 상대도수와 비교해 보자.**

동전 한 개를 던질 때 나오는 경우는 앞면과 뒷면이므로 모든 경우의 수는 2이다. 이때 각 면이 나올 가능성은 모두 같으므로 앞면이 나올 가능성은 $\frac{1}{2}$이다. 그런데 실험을 통해 구한 상대도수는 $\frac{17}{30}$이므로 앞면이 나올 가능성에 비해 $\frac{2}{30}=\frac{1}{15}$만큼 크다.

▶ **다른 모둠의 실험결과를 합하여 앞면이 나온 횟수를 말하고 상대도수를 구해 보자. 또 이 상대도수를 동전 한 개를 던질 때 앞면이 나올 가능성과 비교해 보자.**

모둠 6개의 실험결과를 합했더니 동전 한 개를 180번 던져 앞면이 93번 나왔으므로 그 상대도수는 $\frac{93}{180}=\frac{31}{60}$이다. 그런데 앞면이 나올 가능성을 $\frac{1}{2}$이므로 실험을 통해 구한 상대도수가 $\frac{1}{60}$만큼 크다.

출처: 교육부, 한국교육과정평가원(2018, p.28)

그림 Ⅲ-2-4 과정 중심 평가 과제 예시: 과제 및 예시 답안 (1)

▸ **주사위 한 개를 던질 때, 나오는 눈의 수를 적고 다음 표를 완성해 보자.**

회	1	2	3	4	5	6	7	8	9	10
결과	3	2	5	3	2	4	1	6	1	6
회	11	12	13	14	15	16	17	18	19	20
결과	6	5	2	1	1	4	5	3	3	1
회	21	22	23	24	25	26	27	28	29	30
결과	6	3	5	2	4	1	3	4	5	1

▸ **위의 표에서 주사위 한 개를 30번 던져 3의 눈이 나온 횟수를 말하고 상대도수를 구해 보자.**

주사위 한 개를 30번 던져 3의 눈이 6번 나왔으므로 그 상대도수는 $\frac{6}{30}=\frac{1}{5}$ 이다.

▸ **주사위 한 개를 던질 때 3의 눈이 나올 가능성을 경우의 수의 비율로 구하고, 위에서 구한 상대도수와 비교해 보자.**

주사위 한 개를 던질 때 나오는 눈의 수는 1, 2, 3, 4, 5, 6이므로 모든 경우의 수는 6이다. 이때 각 눈의 수가 나올 가능성은 모두 같으므로 3이 나올 가능성은 $\frac{1}{6}$ 이다. 그런데 실험을 통해 구한 상대도수는 $\frac{1}{5}$ 이므로 3의 눈이 나올 가능성에 비해 $\frac{1}{30}$ 만큼 크다.

▸ **다른 모둠의 실험결과를 합하여 3의 눈이 나온 횟수를 말하고 상대도수를 구해 보자. 또 이 상대도수를 주사위 한 개를 던질 때 3의 눈이 나올 가능성과 비교해 보자.**

모둠 6개의 실험결과를 합했더니 주사위 한 개를 180번 던져 3의 눈이 32번 나왔으므로 그 상대도수 $\frac{32}{180}=\frac{16}{90}$ 이다. 그런데 3의 눈이 나올 가능성은 $\frac{1}{6}$ 이므로 실험을 통해 구한 상대도수가 $\frac{1}{90}$ 만큼 크다.

▸ **이제 동전과 주사위를 매우 많이 던졌을 때의 상대도수를 예측해 보고, 이 상대도수과 경우의 수의 비율로 구한 가능성 사이에는 어떤 관계가 있을지 자신의 생각을 작성한 후 모둠원과 토의해 보자.**

두 실험 모두 실험을 통해 구한 상대도수와 경우의 수의 비율로 구한 가능성은 서로 달랐지만, 다른 모둠의 실험결과를 합하여 상대도수를 구했을 때가 경우의 수의 비율로 구한 가능성에 더 가까워졌다.
따라서 동전이나 주사위를 던진 횟수가 많아질수록 상대도수는 경우의 수로 구한 가능성에 가까워질 것이라고 예측할 수 있다.

출처: 교육부, 한국교육과정평가원(2018, p.29)

그림 Ⅲ-2-5 과정 중심 평가 과제 예시: 과제 및 예시 답안 (2)

[그림 Ⅲ-2-6]은 '실험을 통해 구한 상대도수와 경우의 수의 비율로 구한 가능성 비교하기' 과제의 채점 기준이다. 교사는 학생들이 작성한 활동지를 평가 자료로 활용하고 모둠 내 동료평가를 병행하여 실시한다. 성취기준뿐만 아니라 교과 역량을 측정할 수 있도록 채점 기준이 구성되어 있다.

평가 영역	평가 항목	평가 척도	채점 기준
확률	실험을 통해 상대도수 구하기	2	동전과 주사위를 던지는 실험에서 얻은 결과로 상대도수를 모두 옳게 구한 경우
		1	동전을 던지는 실험에서 얻은 결과와 주사위를 던지는 실험에서 얻은 결과로 구한 상대도수 중 하나만 옳게 구한 경우
		0	동전과 주사위를 던지는 실험에서 얻은 결과로 상대도수를 구하지 못한 경우
	사건이 일어날 가능성을 경우의 수의 비율로 구하기	2	동전과 주사위를 던지는 사건에서 일어날 가능성을 경우의 수의 비율로 모두 옳게 구한 경우
		1	동전을 던지는 사건과 주사위를 던지는 사건에서 일어날 가능성 중 하나만 경우의 수의 비율로 옳게 구한 경우
		0	동전과 주사위를 던지는 사건에서 일어날 가능성을 경우의 수의 비율로 구하지 못한 경우
추론	실험을 통해 구한 상대도수와 경우의 수의 비율로 구한 가능성 사이의 관계 유추하기	우수	동전이나 주사위를 던진 횟수가 많아질수록 상대도수는 경우의 수의 비율로 구한 가능성에 가까워질 것이라고 예측한 경우
		미흡	동전이나 주사위를 던진 횟수가 많아질수록 상대도수는 경우의 수의 비율로 구한 가능성에 가까워질 것이라고 예측하지 못한 경우

평가 영역	평가 항목	평가 척도	채점 기준
의사소통	자신의 생각 표현, 타인의 생각 이해하기	우수	자신이 예측한 사실을 논리적으로 설명하고 다른 조원의 의견을 경청한 경우
		보통	자신이 예측한 사실을 논리적으로 설명했으나 다른 조원의 의견을 경청하지 못한 경우 또는 다른 조원의 의견을 경청했으나, 자신이 예측한 사실을 논리적으로 설명하지 못한 경우
		미흡	자신이 예측한 사실을 논리적으로 설명하지 못하고, 다른 조원의 의견도 경청하지 않은 경우

모둠 구성원 간 의사소통 평가지

평가자: (　　)번　　이름:

평가 내용 / 학생 이름	설명하기			경청하기			기타 의견
	이 학생은 예측한 사실을 논리적으로 설명하였나요?			이 학생은 다른 조원이 의견을 얘기할 때 주의 깊게 들었나요?			이 학생의 활동에 대하여 자유롭게 적으시오.
	상	중	하	상	중	하	
서○○							
오○○							
정○○							

출처: 교육부, 한국교육과정평가원(2018, p.30)

그림 Ⅲ-2-6 과정 중심 평가 과제 예시: 채점 기준

과정 중심 평가는 학생의 학습과 성장을 지원하는 데 목적이 있으므로 피드백이 중요하다. 피드백을 통해 학생이 현재 어떤 수준이고 부족한 부분이 무엇인지 등에 대한 안내가 이루어져야 한다. [그림 Ⅲ-2-7]은 앞에 제시한 과제에 대한 학생 피드백 예시이다. [그림 Ⅲ-2-6]의 채점 기준에 제시된 바와 같이 평가 영역과 항목이 구분되어 있으므로 항목별로 학생의 성취 정도를 파악한 후, 이에 따라 피드백을 해야 한다. 교사는 학생의 수행 정도를 파악할 수 있는 자료를 수집하여 개별 학생의 특성을 파악하고 이를 근거로 학생의 성장을 지원하는 맞춤형 피드백을 제공할 수 있어야 한다.

▶ 수업 중 관찰된 학생의 특성

	개별 학생의 특성
학생 1	• 동전과 주사위를 던지는 실험에서 얻은 결과로 상대도수를 모두 옳게 구함 • 동전과 주사위를 던지는 사건에서 일어날 가능성을 경우의 수의 비율로 모두 옳게 구함 • 동전이나 주사위를 던진 횟수를 모둠 6개의 결과로 늘렸더니 상대도수는 경우의 수의 비율로 구한 가능성에 가까워졌다는 것을 발견했고, 던진 횟수가 많아질수록 그 사건의 상대도수가 경우의 수의 비율로 구한 가능성에 가까워질 것이라고 예측함 • 자신이 예측한 사실을 논리적으로 설명하였으나, 다른 조원의 의견을 경청하지 않음
학생 2	• 동전과 주사위를 던지는 실험에서 얻은 결과로 상대도수를 모두 옳게 구함 • 동전과 주사위를 던지는 사건에서 일어날 가능성을 경우의 수의 비율로 옳게 구하지 못함 • 동전이나 주사위를 던진 횟수가 많아져도 실험을 통해 구한 상대도수와 경우의 수의 비율로 구한 가능성은 서로 다를 뿐 상대도수가 가능성에 가까워질 것이라고 예측하지 못함 • 다른 조원의 의견을 경청하였으나, 자신이 예측한 사실을 제대로 설명하지 못함

▶ 학생 개별 피드백

	학생 피드백 예시
학생 1	'실험을 통해 구한 상대도수와 경우의 수의 비율로 구한 가능성 비교하기' 과제에서 실험을 통해 얻은 결과로 상대도수와 경우의 수의 비율로 가능성을 모두 잘 구했고 실험의 횟수가 많아질수록 상대도수는 경우의 수의 비율로 구한 가능성에 가까워질 것이라고 예측하고 설명도 잘했어요. 그런데 모둠 토의할 때 다른 조원의 의견을 주의 깊게 듣지 않는 것 같아 아쉬움이 남아요. 내 의견이 중요하듯 다른 사람의 의견 또한 중요하겠지요.
학생 2	'실험을 통해 구한 상대도수와 경우의 수의 비율로 구한 가능성 비교하기' 과제에서 실험을 통해 얻은 결과로 상대도수는 잘 구했어요. 그런데 가능성을 경우의 수의 비율로 구하는 것은 잘 모르는 것 같아요. 동전 한 개를 던질 때 나오는 경우의 수가 2라는 것이 이해가 잘 안된다면 지난 시간까지 배운 경우의 수를 다시 공부해야 합니다.

출처: 교육부, 한국교육과정평가원(2018, p.40)

그림 Ⅲ-2-7 과정 중심 평가의 결과 활용 사례

되돌아보기 + 더 나아가기

1. 과정 중심 평가의 개념과 도입 배경에 대해 서술하시오.

2. 과정 중심 평가의 특징을 제시하시오.

3. 과정 중심 평가 운영을 위한 평가 과제를 제작하려고 한다. 다음에 제시된 평가 정보표를 작성한 후, 정보표에 따라 구체적인 과제와 예시 답안, 채점 기준을 만드시오.

<table>
<tr><td>학교급</td><td>중학교</td><td>학년</td><td>2학년</td></tr>
<tr><td>교과(과목)</td><td>수학</td><td>교육과정
내용 영역</td><td>기하</td></tr>
<tr><td>단원명</td><td colspan="3">피타고라스 정리</td></tr>
<tr><td rowspan="3">성취기준
(평가준거 성취기준)
및 평가기준</td><td rowspan="3">[9수04-16] 피타고라스 정리를 이해하고 설명할 수 있다.</td><td>상</td><td></td></tr>
<tr><td>중</td><td></td></tr>
<tr><td>하</td><td></td></tr>
<tr><td>교과 역량</td><td colspan="3">☐ 문제 해결 ☐ 추론 ☐ 의사소통
☐ 창의·융합 ☐ 정보 처리 ☐ 태도 및 실천</td></tr>
<tr><td>평가방법</td><td colspan="3">☐ 서술·논술 ☐ 구술·발표 ☐ 토의·토론
☐ 프로젝트 ☐ 실험·실습 ☐ 포트폴리오
☐ 기타 ☐ 자기평가 ☐ 동료평가
☐ 관찰평가</td></tr>
<tr><td>과정 중심 평가의
방향(의도)</td><td colspan="3"></td></tr>
</table>

참고문헌

교육부(2015a). **2015 개정 교육과정 총론**. 교육부 고시 제2015-74호[별책 1].

교육부(2015b). **수학과 교육과정**. 교육부 고시 제2015-74호[별책 8].

교육부(2015.08.06.). **중학교 자유학기제 시행 계획(시안)**. 교육부.

교육부(2017.09.12.). **내년부터 희망하는 학교에서 자유학년제를 시작한다.-중학교 자유학기제 확대·발전 계획 시안 발표-**. 교육부 보도자료.

교육부, 한국교육과정평가원(2017). **과정을 중시하는 수행평가 어떻게 할까요?: 중등**. 연구자료 ORM 2017-19-2.

교육부, 한국교육과정평가원(2018). **중학교 교사별 과정 중심 평가 이렇게 하세요.:수학과**. 연구자료 ORM 2018-56-2.

김정민(2018). 과정중심평가의 개념과 교육적 의의 탐색. **학습자중심교과교육연구, 18**(20), 839-859.

박지현, 조지민, 진경애, 김수진, 이재봉, 배주경, 김현정, 박종임, 이상아, 배화순, 이소연, 이동욱(2018a). **초·중학교 교사별 과정 중심 평가 연수 프로그램 개발 및 강사 연수**. 한국교육과정평가원 연구보고 CRE 2018-4.

박지현, 진경애, 김수진, 이상아(2018b). **과정 중심 평가 내실화를 위한 교사의 평가 전문성 신장 방안 연구**. 한국교육과정평가원 연구보고 RRE 2018-5.

신혜진, 안소연, 김유원(2017). 과정 중심 평가 활용의 정책적 분석. **교육과정평가연구, 20**(2), 135-162.

이경화, 강현영, 고은성, 이동환, 신보미, 이환철, 김선희(2016). 과정 중심 평가의 실행을 위한 방향 탐색. **수학교육학연구, 26**(4), 819-834.

3. 정의적 영역의 평가

최근 PISA와 TIMSS 등의 국제 학업성취도 평가에서 우리나라 학생들의 인지적 영역에서의 성취는 최상위 수준이지만 정의적 성취는 매우 낮은 것으로 평가되어(김수진 외, 2012; 최승현 외, 2013; 상경아 외, 2016), 학생들의 정의적 성취의 변화 추이를 체계적으로 분석하고 관리할 필요성이 제기되었다.

관련하여 2015 개정 교육과정에서는 수학에 대한 흥미와 자신감, 수학의 가치를 인식하며 수학 학습자로서 바람직한 태도와 실천 능력을 기르는 것을 수학과 목표로 삼고 있다(교육부, 2015). 평가의 경우에는 구체적으로 '관찰 평가, 면담 평가, 구술 평가'와 '자기 평가'를 통하여 정의적 영역에 해당하는 태도 및 실천 능력을 평가할 수 있도록 안내하고 있다(교육부, 2015). 2009 개정 교육과정에서도 "수학에 대하여 관심과 흥미를 가지고, 수학의 가치를 이해하며, 수학 학습자로서 바람직한 인성과 태도를 기른다."라는 교육 목표를 제시하고, 정의적 영역에 대한 평가에서도 "학생의 수학에 대한 긍정적 태도를 신장시키기 위하여 수학 및 수학 학습에 대한 관심, 흥미, 자신감, 가치 인식 등의 정도를 파악한다."로 제시한 바 있다(교육과학기술부, 2011).

가. 국제 학업성취도 평가에서의 정의적 영역 평가

여기서는 국제 학업성취도 평가인 PISA와 TIMSS에서 다루고 있는 정의적 영역의 설문 문항과 결과를 간략히 소개하고자 한다. 우선 PISA는 만 15세 학생을 대상으로 수학에 대한 인지적 성취와 더불어 설문조사를 통해 수학에 대한 정의적 성취도를 조사하고 있다. 이때 수학에 대한 정의적 성취로는 내적 동기, 도구적 동기, 자아 효능감, 자아개념, 수학 불안감, 수학 관련 활동 참여, 수학 학습 계획, 주관적 규범 등이 있다. 〈표 Ⅲ-3-1〉은 PISA 2012 수학 영역의 정의적 성취 관련 설문 조사 항목이다.

표 Ⅲ-3-1 PISA 2012 수학 영역의 정의적 성취 관련 설문 조사 항목

항목 구분		설명	문항수
수학 학습 동기	내적 동기	수학에 대한 흥미와 즐거움에 의한 동기	4
	도구적 동기	수학이 미래의 학습, 직업에 유용할 것이라는 인식에 의한 동기	4
자아 신념	자아 효능감	주어진 과제를 성공적으로 수행할 수 있는 자신의 능력에 대한 믿음	8
	자아 개념	자신의 수학적 능력에 대한 믿음	5
	수학 불안감	수학과 관련된 감정적 스트레스	5
	수학 관련 활동 참여	학교 안팎의 수학 관련 활동에 참여하는 빈도	8
	수학 학습 계획	자신의 미래의 학습과 직업에 수학을 사용하는 것과 관련된 계획	5
	주관적 규범	중요한 사람들(부모, 친구)의 수학에 대한 견해	6
수학 학습 전략	암기 전략	사실의 기억이나 회상을 통한 학습 전략	4
	정교화 전략	새로운 정보를 사전 지식에 통합할 때 사용하는 학습 전략	4
	통제 전략	학습을 점검, 조절, 관리할 때 사용하는 학습 전략	4

* 출처: 송미영 외(2013, p.209)

PISA에서는 각 항목과 관련하여 지수를 산출하는데, 이는 OECD 평균을 0, 표준편차를 1로 하는 표준화 지표로 지수가 양수이면 OECD 평균에 비해 높음을 의미하고, 음수이면 낮음을 의미한다. 이 지수는 OECD 평균에 대한 상대적인 위치이며 음수가 부정의 의미를 갖지는 않는다(송미영 외, 2013). PISA 2012에서 우리나라 학생과 OECD 국가별 정의적 특성 지수는 〈표 Ⅲ-3-2〉와 같다. 결과를 통해서 알 수 있듯이 우리나라 학생들은 대부분의 영역에서 지수가 음수로 나타났다. 예를 들어, 우리나라 학생들의 내적 동기 지수는 -.20으로 OECD 평균인 0보다 낮았으며, 우리나라 남학생(-.12)의 내적 동기는 여학생(-.30)보다 유의하게 높았다. 우리나라 학생들의 자아 효능감 지수는 -.36으로 OECD 평균인 0보다 낮았으며, 우리나라 남학생(-.22)의 자아 효능감이 여학생(-.52)보다 유의하게 높게 나타났다(송미영 외, 2013).

표 Ⅲ-3-2 PISA 2012 수학 학습에 대한 정의적 특성 지수

구분		대한민국			OECD 국가별 평균		
		전체	남학생	여학생	전체	남학생	여학생
수학 학습 동기	내적 동기	-0.20	-0.12	-0.30	0.00	0.10	-0.11
	도구적 동기	-0.39	-0.31	-0.48	0.00	0.09	-0.10
자아 신념	자아 효능감	-0.36	-0.22	-0.52	0.00	0.17	-0.16
	자아 개념	-0.38	-0.25	-0.54	0.00	0.17	-0.17
	수학 불안감*	0.31	0.20	0.42	0.00	-0.15	0.14
	수학 관련 활동 참여	0.17	0.28	0.05	0.00	0.13	-0.13
	수학 학습 계획	-0.21	-0.16	-0.28	0.00	0.17	-0.16
	중요한 사람들의 수학적 견해 인식	-0.21	-0.13	-0.29	0.00	0.06	-0.06

※ 각 지수는 표준점수(평균 0, 표준편차 1)임
* 지수가 높을수록 수학 불안감이 높음을 나타냄

TIMSS는 4년마다 학생들의 수학과 과학 성취도와 더불어 학생들의 수학·과학에 대한 정의적 태도를 국제적인 수준에서 비교 분석하고 있다. TIMSS는 수학에 대한 정의적 태도를 자신감, 흥미, 가치인식의 세 가지로 분류하여 분석하고 있다(〈표 Ⅲ-3-3〉 참조).

표 Ⅲ-3-3 TIMSS 2015 수학 영역의 정의적 태도 관련 설문 조사 항목

항목 구분		설명	문항수
자신감	자기 효능감	수학을 잘한다는 자신의 능력에 대한 믿음	3
	수학 불안감	수학과 관련된 감정적 스트레스	3
	외적 비교	친구와의 상대적 비교, 교사의 평가, 다른 과목과의 비교	3
흥미	내적 동기	수학에 대한 흥미와 즐거움에 의한 동기	4
	학습 내용	수학 수업에서 다루는 과제, 문제해결에 대한 기대	3
	수학 거부감	수학은 지루하고 배울 필요가 없다는 인식	2
가치 인식	도구적 동기	수학이 일상생활, 대학 진학, 직업 등에 유용할 것이라는 기대	6
	학문적 가치	수학을 배우는 것은 세계에서 앞서는 데 중요하다는 인식	2
	부모의 기대	수학을 잘하는 것을 중요하게 생각하는 부모의 기대	1

TIMS 2015에서는 수학·과학에 대한 학생의 태도를 조사하고 성취도와의 관계를 분석하였다. 초등학교 4학년의 경우 교과에 대한 자신감과 흥미를 조사하였고, 중학교 2학년은 교과에 대한 자신감, 흥미, 가치인식을 조사하였다(상경아 외, 2016, p.149). 〈표 Ⅲ-3-4〉는 중

학교 2학년 수학 성취도 상위국 학생들의 수학에 대한 자신감과 성취도의 관계를 나타낸 표이다.

표 Ⅲ-3-4 수학에 대한 자신감과 수학 성취도(중2)

국가	매우 자신있음		자신있음		자신없음		평균척도 점수	평균척도 점수차이 (T15-T11)
	학생비율 (%)	평균	학생비율 (%)	평균	학생비율 (%)	평균		
캐나다	26	579	41	535	33	482	10.6	◇
노르웨이(9학년)	23	576	41	515	36	468	10.4	◇
미국	21	573	40	530	39	480	10.3	-0.2▽
헝가리	19	597	39	528	42	465	10.2	0.4▲
아일랜드	16	583	42	534	43	492	10.0	◇
영국	15	578	50	530	35	479	10.3	0.0
리투아니아	15	589	45	525	40	468	10.2	0.3▲
카자흐스탄	15	571	57	533	28	496	10.5	0.2▲
싱가포르	13	675	41	642	46	588	9.7	-0.2▽
러시아 연방	12	602	42	558	46	503	9.8	-0.1
슬로베니아	12	586	44	535	44	479	9.9	-0.1
홍콩	10	660	36	611	54	571	9.4	0.2▲
대만	9	688	30	647	60	562	9.1	0.5▲
대한민국	8	687	38	643	55	569	9.4	0.4▲
일본	5	676	32	625	63	561	9.0	0.4▲
국제평균	14	554	43	494	43	449		

※ 자료출처: Mullis, Martin, Foy et al., 2016

▲: TIMSS 2015가 유의하게 높음, ▽: TIMSS 2015가 유의하게 낮음, ◇: TIMSS 2011에 참여하지 않음

* 출처: 상경아 외(2016, p.155)

평균척도점수를 살펴보면 우리나라의 경우에는 9.4로 낮은 편에 속하였으나 TIMSS 2011에 비해서 척도점수가 0.4점 유의하게 상승하였다. 척도별 응답 비율의 경우 '매우 자신있음'은 캐나다가 26%로 가장 높았고, 우리나라는 8%로 낮았다. '자신없음'의 경우 우리나라는 55%로 절반 이상의 학생들이 수학에 자신이 없는 것으로 응답하였다. 수학 성취도와의 관계를 살펴보면 국제적으로 수학에 대한 자신감이 높을수록 수학 성취도가 높았으며, 우리나라도 동일한 경향을 보였다(상경아 외, 2016).

이와 같이 정의적 태도가 다른 나라들에 비해 지속적으로 낮게 나타나고 있고, 학생들의 정의적 태도가 수학 성취도에 영향을 주는 만큼 우리나라 학생들의 수학에 대한 정의적 태도를 개선하기 위한 노력이 요구된다.

PISA와 TIMSS에서 공통적으로 조사하는 정의적 영역에 대한 구인 및 설문 문항은 〈표 Ⅲ-3-5〉와 같다.

표 Ⅲ-3-5 국제 학업성취도 평가의 구인별 설문 문항

구인	평가	설문 문항
자신감	PISA (자아개념)	• 나는 그냥 수학을 잘하지 못한다. • 나는 수학에서 좋은 성적을 얻는다. • 나는 수학을 빨리 배운다. • 나는 수학이 내가 가장 잘하는 과목 중의 하나라고 믿어왔다. • 수학 수업 시간에 나는 가장 어려운 내용까지도 이해한다.
	TIMSS	• 나는 대체로 수학을 잘한다. • 나는 반 친구들에 비해 수학을 더 어렵게 느낀다. • 수학은 내가 잘하는 과목이 아니다. • 나는 수학 내용을 빨리 배운다.
흥미	PISA (내적 동기)	• 수학과 관련된 것을 읽는 것을 좋아한다. • 수학 수업시간이 기다려진다. • 나는 수학을 좋아하기 때문에 한다. • 수학에서 배우는 것들에 대하여 흥미가 있다.
	TIMSS	• 나는 수학 공부하는 것이 즐겁다. • 수학은 지루하다. • 나는 수학을 좋아한다.
가치	PISA (도구적 동기)	• 수학을 열심히 하는 것은 내가 장래에 하고자 하는 일을 도울 수 있기 때문에 가치가 있다. • 수학을 배우는 것은 내가 나중에 공부하려는 것들을 위해 필요하므로 중요한 과목이다. • 수학은 내가 나중에 공부하고 싶은 것들을 위해 필요하므로 중요한 과목이다. • 내가 직업을 얻는 데 도움이 되는 많은 것들을 수학에서 배울 수 있을 것이다.
	TIMSS	• 나는 수학을 배우는 것이 일상생활을 하는 데 도움이 된다고 생각한다. • 나는 다른 과목은 배우는 데 수학이 필요하다고 생각한다. • 원하는 대학을 들어가기 위해 나는 수학을 잘해야 할 필요가 있다. • 원하는 직업을 얻기 위해서 나는 수학을 잘해야 할 필요가 있다.

* 출처: 이광상 외(2016, p.11)

나. 국가수준 학업성취도 평가에서의 정의적 영역 평가[8)]

이광상 외(2016)는 우리나라 학생들의 수학에 대한 정의적 성취 현황 파악, 추이 분석 및 지표 개발의 기초 자료로 활용할 수 있는 국가수준 학업성취도 평가에서 정의적 영역 평가를 위한 설문 문항을 개발하였다. 설문 문항은 최근의 국내외 수학의 정의적 영역에 대한 연구 동향과 수학과 교육과정을 반영하여 수학의 정의적 영역을 '자신감', '흥미', '가치', '학습의욕'의 네 가지 구인으로 개발하였다. 수학의 정의적 영역의 네 가지 구인에 대한 정의는 다음과 같다.

(1) 자신감

자신감은 과제를 성공적으로 수행할 경우 그보다 어려운 과제도 잘 해결할 수 있다는 심리적 구인이다. Bandura(1997) 등의 사회인지이론에서는 자신감을 학업에 있어서 구체적인 목표를 성취하기 위한 행동을 계획하고 수행하는 자신의 능력에 대한 긍정적인 판단으로 정의하는데, 이는 Bandura(1997)의 자기효능감(self-efficacy) 즉, '목표를 달성하기 위해 필요한 행동과정을 구성하고 성공적으로 실행할 수 있는 자기의 능력에 대한 신념'과 관련된다. 박선화 외(2010)는 자기효능감을 목표달성에 필요한 행동 과정을 조직하고 행하는 자신의 능력에 대한 믿음으로, 특정한 시간에 주어진 특정 과제를 잘 수행할 수 있는지에 대한 인식으로 정의한 바 있다.

박도영(2005), 박선화 외(2010), 고호경 외(2015) 등에 의하면, 자기효능감이 높을수록, 즉 어떤 결과를 초래하는 특정 행동을 성공적으로 수행할 자신감이 높을수록 그 행동을 시도하고 지속할 가능성이 크며, 낮은 자기효능감은 불안을 유발할 수 있다. 따라서 수학 학습에서의 자신감은 학생의 문제해결 신념과 밀접한 관련이 있다(Callejo & Vila, 2009: Kloosterman, 1996). 학생들이 가지는 신념체계와 수학 문제해결 행동과의 관계를 조사한 결과, 자신감이 노력 여하를 결정하는 신

8) 정의적 영역 평가 관련 내용은 이광상 외(2016)의 '국가수준 학업성취도 평가의 수학과 정의적 영역 설문 문항 개선 방안'에서 제시한 내용 중 일부를 수정·보완한 것임.

념체계를 지닌 학생은 사고력 측정 문제에서 문제를 해결할지 안 할지, 문제해결 수행을 어떻게 조절할 것인지, 상황을 확인할 것인지 등을 자신감에 따라 결정해 나가는 행동을 한다고 보았다(Callejo & Vila, 2009).

이상의 연구를 토대로 자신감은 '수학 과제를 성공적으로 수행하거나 성취할 수 있는 자신의 능력에 대한 긍정적인 판단'으로 정의하였다. 〈표 Ⅲ-3-6〉은 국가수준 학업성취도 평가에서 정의적 영역의 설문 내용 중 자신감에 해당하는 문항이다.

「2018년 국가수준 학업성취도 평가의 수학과 정의적 영역 표집 설문 문항」 전체는 부록에 제시하였음.

표 Ⅲ-3-6 자신감 구인에 해당하는 설문 문항

구인	문항
자신감	나는 대체로 수학을 잘한다.
	나는 수학이 내가 잘하는 과목 중 하나라고 생각한다.
	나는 수학 내용을 빨리 배운다.
	나는 수학 수업 시간에 어려운 내용도 이해한다.
	나는 수학에 자신이 있다.

(2) 흥미

흥미란 '(흥을 느끼는) 재미', '(대상에 이끌려) 관심을 가지는 감정'으로, 이때, '재미'는 정서적인 측면을, '관심'은 인지적이고 동기적인 측면을 강조하는 것으로 볼 수 있다(두산동아 사서편집국, 2004). Wigfield & Eccles(1992)는 내재적 흥미(내재적 가치)를 사람들이 교과나 과제를 수행할 때 경험하는 즐거움이나 과제 내용에 대한 주관적인 흥미로 정의했으며, 박선화 외(2010)는 교과나 학습주제 등에 대해 주관적으로 느끼는 선호도 및 학습활동에 참여함으로써 발생하는 즉각적인 재미를 흥미로 정의하였다. 그리고 김선희 외(2014)는 수학에 대한 관심과 선호 및 수학 학습 활동에 대하여 느끼는 재미를 흥미로 정의한 바 있다.

흥미는 개인적 흥미와 상황적 흥미로 구분할 수 있다(김성일, 윤미선, 2004; Bergin, 1999; Hidi, 1990; Krapp, Hidi, & Renninger, 1992). 개인적 흥미

(individual interest)는 특정 주제나 영역 혹은 활동 등에 대해 느끼는 비교적 지속적인 선호도이다. 또한 개인적 흥미는 개인의 지식이나 가치 후속 행동의 선택 및 지속성 등에 많은 영향을 준다. 그리고 상황적 흥미(situational interest)는 대상의 속성이나 특성에 따라 지각되는 흥미로, 환경이나 자극 특성에 의해 즉각적으로 야기되어 단기적으로 효과가 나타나며 개인마다 다르게 나타나는 흥미가 아니라 여러 사람들에게 공통적으로 나타나는 특징이 있다. 그리고 상황적 흥미는 개인적 흥미로 발전하는 데 매우 중요한 역할을 하는데, 어떤 자극을 지각하거나 특정 행위에 참여하거나 교사의 강의를 듣거나 글을 읽음으로써 유발되므로 실제 학습상황에서 발생하는 흥미와 밀접한 관계가 있다.

이상의 연구를 토대로 흥미는 '수학 과제와 수학 학습 활동에 대한 관심과 선호도 및 수학 학습 활동을 행하면서 경험하는 즐거움(재미)'으로 정의하였다. 〈표 Ⅲ-3-7〉은 국가수준 학업성취도 평가에서 정의적 영역의 설문 내용 중 흥미에 해당하는 문항이다.

표 Ⅲ-3-7 흥미 구인에 해당하는 설문 문항

구인	문항
흥미	나는 수학을 좋아한다.
	나는 수학 공부하는 것이 즐겁다.
	나는 수학 공부에 흥미가 있다.
	나는 수학이 재미있는 과목이라 생각한다.

(3) 가치

가치는 모든 개인과 사회가 열망하는 것들의 핵심 개념(Rokeach, 1979)으로, 가치는 어떤 행동이 바람직하고 접근해야 하며, 반대로 어떤 행동은 바람직하지 않고 회피해야 하는 지에 대한 신념과 판단 기준을 말한다. 박선화 외(2010)는 가치를 사회적 맥락이나 학습자 자신의 삶의 맥락과의 관계 속에서 수학의 기능과 유용성에 대한 평가로 정의했으며, 김선희 외(2014)는 가치를 학문적, 직업적, 사회적 맥락이나 학생의 삶의 맥락에서 수학의 기능과 유용성, 중요성에 대한 판단이며 수학이 현재와 장래에 얼마나 유용하고 중요한지를 인식하고 있는가를 판단하는 것으로 정의하였다.

학생들은 학교에서 수학을 배울 때 교과로서의 가치와 유용성과 관련시켜 수학을 중요하다고 믿게 되면서 수학의 가치를 형성한다. 수학의 가치는 본질적 가치, 유용성 가치, 도달 가치(attainment)로 구분한다(Pokey, 1996). 본질적 수학 가치는 수학에 내재하는 즐거움 또는 흥미를 위해 수학을 평가하는 것이다. 유용성 수학 가치는 학생 입장에서 미래 직업에서의 유용성을 언급하는 것이고 도달 수학 가치는 수학을 잘하는 것을 수학을 중요하게 생각할 때 최우선시하는 것이다.

이상의 연구를 토대로 가치는 '학문적, 직업적, 사회적 맥락이나 학생의 삶의 맥락에서 수학의 기능과 유용성, 중요성에 대한 판단'으로 정의할 수 있다. 〈표 Ⅲ-3-8〉은 국가수준 학업성취도 평가에서 정의적 영역의 설문 내용 중 가치에 해당하는 문항이다.

표 Ⅲ-3-8 가치 구인에 해당하는 설문 문항

구인	문항
가치	나는 수학이 논리적으로 사고하는 데 도움이 된다고 생각한다.
	나는 다른 교과를 배우는 데 수학이 도움이 된다고 생각한다.
	나는 수학이 일상생활을 하는 데 도움이 된다고 생각한다.
	수학 공부는 내가 나중에 하고 싶은 일을 하는 데 도움이 될 것이다.
	내가 직업을 얻는 데 도움이 되는 것들을 수학에서 배울 수 있다.

(4) 학습의욕

학습 의욕이란 학습에 방해되는 유혹이나 경쟁적인 행동 경향을 물리치고 학습활동을 지속하는 능력으로서, 결의, 노력, 인내 및 주의 집중을 포함하며, 이때 결의는 다른 욕구나 유혹에도 불구하고 자신이 의도한 바를 조절하면서 실행해 나가는 것을 말한다(박도영, 2005; Corno, 1989; Kuhl & Kraska, 1989; Snow, Corno, & Jakson, 1996). 김선희, 김부미, 이종희(2014)는 학습 지향성을 수학 학습 상황에서 쉽지 않고 낮선 문제나 과제에 적극적으로 도전하려는 자세로, 수학을 학습하고자 하는 의지라고 할 수 있다고 보았는데, 어려운 과제나 낯선 문제해결을 수행할 때 얼마나 스스로 열성적으로 헌신할 수 있게 만드는 정도, 노력의 양, 끈기를 보이는 자세와 관련이 깊다고 보았다.

학습의욕은 학생들이 처음에 의도한 행동에 집중하고 이를 지속하게 하는 학습의지와 동시에 자신이 다룰 수 있다고 생각하는 도전적인 수학 학습 과제를 선택하고 이를 해결하기 위해 지속적인 노력을 기울이며, 어려운 상황에 직면하더라도 끈기를 갖는 자세를 반영한 것이다. 인내는 장기간 동안 학습 과정에 초점을 맞추는 것을 말하며 과제를 추구하는 지속성, 중단되거나 실패한 과제의 재개, 전체 목표에 대한 장기적인 추구와 관련되며, 인내는 경쟁적인 목표나 다른 흥미와 같은 요인의 영향을 받지 않는다(박도영, 2005; Heckhausen, 1991).

이상의 연구를 토대로 학습 의욕은 '수학을 학습하려는 인내와 노력 및 수학 학습 상황에서 어렵고 낯선 문제나 과제에 도전하려는 자세'로 정의하였다. 〈표 Ⅲ-3-9〉는 국가수준 학업성취도 평가에서 정의적 영역의 설문 내용 중 학습의욕에 해당하는 문항이다.

표 Ⅲ-3-9 학습의욕 구인에 해당하는 설문 문항

구인	문항
학습의욕	나는 수학 수업 시간에 열심히 수업을 듣는다.
	나는 수학 공부가 어려워도 포기하지 않는다.
	나는 수학 문제가 풀릴 때까지 계속해서 시도한다.
	나는 수학 공부를 할 때에 최선의 노력을 기울인다.

다. 국가수준 학업성취도 평가 수학과 정의적 영역 설문 결과

박인용 외(2016)의 연구에서는 국가수준 학업성취도 평가의 수학과 정의적 특성에 대한 결과 해석과 활용의 유용성, 관리의 체계성과 지속성을 극대화하기 위해 규준(norms)과 지표를 개발하였다.

학업성취도 평가에서 수학과 정의적 영역을 측정하는 것은 국가수준에서 우리나라 학생들의 정의적 영역을 진단하고 변화를 확인하여 이를 기반으로 수학과 정의적 영역에 대한 체계적인 점검 및 관리 체제를 구축하는 데 목적이 있다(박인용 외, 2016, p.50). 박인용 외(2016)는 학생들의 상대적인 위치를 파악할 수 있도록 수학과 정의적 영역 지표의 수준을 '높음', '보통', '낮음'의 세 수준으로 구분하고 지표에 의미를 부여하기 위한 두 가지의 산출 방안을 제시하였다.

먼저, 각 학교급별 규준표를 기반으로 한 규준참조 지표 산출 방안을 제시하였으며, 두 번째로 리커트 척도를 기반으로 한 준거참조 지표의 산출 방안을 제시하였다. 규준표 기반의 규준참조 지표의 경우 규준표를 기반으로 수학과 정의적 영역 및 각 하위 구인별 원점수, T점수의 분포와 각 점수대별 분포, 변별도 등을 고려하여 상위 25%에 포함된 점수대는 '높음', 하위 25%에 포함된 점수대는 '낮음', 중간에 위치한 점수대는 '보통'으로 최종 지표를 산출하였으며, 지표를 산출하기 위한 구분점수는 〈표 Ⅲ-3-10〉과 같다. 정의적 영역은 4점 척도(0, 1, 2, 3점)의 총 18문항으로 구성되어 원점수의 경우 0점에서 54점까지 산출된다.

표 Ⅲ-3-10 수학과 정의적 영역의 규준참조 지표

구인	문항 수 (총점)	중학교 규준참조 지표			고등학교 규준참조 지표		
		낮음	보통	높음	낮음	보통	높음
정의적 영역	18(54)	0~21점	22~36점	37~54점	0~17점	18~33점	34~54점
자신감	5(15)	0~4점	5~10점	11~15점	0~3점	4~8점	9~15점
가치	5(15)	0~5점	6~10점	11~15점	0~4점	5~9점	10~15점
흥미	4(12)	0~3점	4~8점	9~12점	0~3점	4~7점	8~12점
학습의욕	4(12)	0~5점	6~8점	9~12점	0~4점	5~8점	9~12점

* 출처: 박인용 외(2016, p.51)

또한 준거참조 지표는 리커트 척도를 활용하여 지표를 개발하는 방안으로 리커트 척도의 의미를 지표에 반영할 수 있다. 준거참조 지표는 정의적 영역 및 하위영역별로 리커트 척도(0~3점)에서 1점 미만은 낮음, 1점 이상 2점 미만은 보통, 2점 이상은 높음으로 구분할 수 있으며, 이를 반영하여 박인용 외(2016)연구에서는 수학과 정의적 영역의 준거참조 지표를 〈표 Ⅲ-3-11〉과 같이 개발하였다.

표 Ⅲ-3-11 수학과 정의적 영역의 준거참조 지표

구인	문항 수 (총점)	중·고등학교 준거참조 지표		
		낮음	보통	높음
정의적 영역	18(54)	0~17점	18~35점	36점 이상
자신감	5(15)	0~4점	5~9점	10점 이상
가치	5(15)	0~4점	5~9점	10점 이상
흥미	4(12)	0~3점	4~7점	8점 이상
학습의욕	4(12)	0~3점	4~7점	8점 이상

* 출처: 박인용 외(2016, p.52)

이러한 지표를 토대로 한 중학교와 고등학교에서의 지표에 대한 내용은 〈표 Ⅲ-3-12〉와 같다.

표 Ⅲ-3-12 중·고등학교 수학과 정의적 영역 지표 내용

수학과 정의적 영역 지표	내용
높음	수학 학습에 대한 자신감과 흥미가 높고 수학의 가치를 알며 수학 학습에 대한 의욕이 높은 편임
보통	수학 학습에 대한 자신감과 흥미가 있고 수학의 가치를 어느 정도 알며 수학 학습에 대한 의욕이 보통인 편임
낮음	수학 학습에 대한 자신감과 흥미가 부족하고 수학의 가치를 잘 알지 못하며 수학 학습에 대한 의욕이 낮은 편임

* 출처: 박인용 외(2016, p.53)

〈표 Ⅲ-3-12〉에서 제시한 정의적 영역의 지표 내용은 정의적 영역의 구인으로 설정한 자신감, 흥미, 가치, 학습의욕과 관련된 내용을 통합해 진술한 것이다.

다음에서 기술하는 2018년 중고등학교의 수학과 교과태도와 학업성취 특성은 이광상 외(2016)에서 개발한 정의적 영역의 4가지 구인에 대한 설문 결과를 박인용 외(2016)에서 개발한 지표를 토대로 최근에 분석한 내용이다.

(1) 2018년 중학교 수학과 교과태도와 학업성취 특성[9)]

2018년 학업성취도 평가에서 중학교 3학년 학생의 수학과 교과태도에 따른 학업성취 특성은 〈표 Ⅲ-3-13〉과 같다.

표 Ⅲ-3-13 2018년 중학교 수학과 교과태도 구인별 학업성취 특성

구인	척도 평균 (표준편차)	상관 계수	높음		보통		낮음	
			응답 비율	성취도 평균 (표준편차)	응답 비율	성취도 평균 (표준편차)	응답 비율	성취도 평균 (표준편차)
자신감	1.52 (0.88)	0.520**	38.9%	220 (43.84)	40.4%	188 (41.20)	20.7%	162 (42.90)
흥미	1.52 (0.91)	0.422**	42.5%	214 (44.13)	37.1%	188 (43.64)	20.4%	168 (46.43)
가치	1.68 (0.80)	0.405**	45.3%	211 (45.35)	40.0%	187 (43.53)	14.7%	166 (47.53)
학습 의욕	1.79 (0.79)	0.492**	54.1%	212 (42.78)	34.9%	182 (42.91)	11.0%	151 (45.46)

† 교과태도의 리커트 척도(0~3점)에서 1점 미만은 '낮음', 1점 이상 2점 미만은 '보통', 2점 이상은 '높음'으로 구분함.

* p<.05, ** p<.01, *** p<.001

* 출처: 구자옥 외(2019, p.187)

우선 4개 구인의 척도 평균을 살펴보면 학습의욕과 가치 구인의 척도 평균이 높고 자신감과 흥미 구인의 척도 평균이 낮은 것으로 나타났다. 이는 학생들이 수학을 학습하려는 의욕에 비해 수학에 대한 흥미나 자신감이 낮다는 것을 의미한다. 또한 수학 성취도 평균과의 상관관계를 살펴보면, 4개 구인 모두 상관 계수가 0.4 이상으로 수학 성취도와 상관이 있는 것으로 나타났으며, 특히 자신감은 상관 계수가 0.520, 학습의욕은 0.492로 높게 나타났다. 즉 자신감과 학습의욕이 흥미나 가치 구인보다 수학 성취도와 높은 상관관계를 보이는 것으로 나타났다.

다음으로 교과태도 척도별 응답 비율과 성취도 평균 간의 경향성을

9) '2016-2018년 중학교 수학과 교과태도와 학업성취 특성'의 내용은 구자옥 외(2019, pp.187-188)의 내용을 수정·보완한 것임.

살펴보면, 흥미, 가치, 학습 의욕 구인은 '높음'에 해당하는 비율이 가장 높고, 자신감 구인은 '보통'에 해당하는 비율이 가장 높은 것으로 나타났다. 4개 구인 모두 교과 태도가 높으면 성취도 평균도 높은 경향을 보였다. 자신감은 '낮음'에 해당하는 비율이 20.7%로 4개 구인 중 가장 높았는데, 자신감이 성취도 평균과 상관이 높다는 분석 결과를 고려할 때, 중학교 학생들의 수학에 대한 자신감 향상을 위한 노력이 필요할 것으로 보인다(구자옥 외, 2019, p.187).

(2) 2018년 고등학교 수학과 교과태도와 학업성취 특성

2018년 학업성취도 평가에서 고등학교 2학년 학생의 수학과 교과태도에 따른 학업성취 특성은 〈표 Ⅲ-3-14〉와 같다.

표 Ⅲ-3-14 2018년 고등학교 수학과 교과태도 구인별 학업성취 특성

구인	척도 평균 (표준편차)	상관 계수	높음		보통		낮음	
			응답 비율	성취도 평균 (표준편차)	응답 비율	성취도 평균 (표준편차)	응답 비율	성취도 평균 (표준편차)
자신감	1.23 (0.81)	0.524**	23.9%	226 (48.49)	46.6%	193 (42.59)	29.5%	162 (43.53)
흥미	1.43 (0.89)	0.472**	39.8%	216 (44.96)	37.0%	186 (44.89)	23.3%	160 (45.01)
가치	1.53 (0.81)	0.446**	36.6%	214 (46.29)	43.4%	187 (45.54)	20.0%	161 (46.11)
학습 의욕	1.71 (0.80)	0.539**	50.1%	213 (44.25)	36.3%	180 (42.89)	13.7%	144 (43.08)

† 교과태도의 리커트 척도(0~3점)에서 1점 미만은 '낮음', 1점 이상 2점 미만은 '보통', 2점 이상은 '높음'으로 구분함.

* p<.05, ** p<.01, *** p<.001

* 출처: 구자옥 외(2019, p.188)

우선 4개 구인의 척도 평균을 살펴보면 중학교 3학년 학생과 마찬가지로 학습의욕과 가치 구인의 척도 평균이 높고 자신감과 흥미 구인의 척도 평균이 낮은 것으로 나타났다. 중학교 3학년에 비해 고등

학교 2학년에서의 4개 구인에 대한 척도 평균이 모두 낮아진 것이 중요한 특징이다. 특히 자신감의 척도 평균이 중학교 3학년에 비해 많이 낮아진 것으로 보아 고등학생들의 수학에 대한 자신감이 많이 부족하다는 사실을 알 수 있다. 또한 수학 성취도 평균과의 상관관계를 살펴보면, 중학교 3학년과 마찬가지로 4개 구인 중 자신감과 학습의욕이 흥미나 가치 구인보다 높은 상관관계를 보이는 것으로 나타났다.

다음으로 고등학교 수학과에서 교과태도 척도별 응답 비율과 성취도 평균 간의 경향성을 살펴보면, 4개 구인 중 '높음'의 응답 비율은 학습의욕, 흥미, 가치, 자신감 순으로 나타났다. 구인별로는 자신감, 가치 구인의 경우는 '보통'에 해당하는 비율이 높고, 흥미와 학습의욕 구인의 경우는 '높음'에 해당하는 비율이 높은 것으로 나타났다. 중학교 3학년과 비교하여 자신감과 가치에 대한 높음에 대한 응답 비율이 낮게 나타났다. 중학교와 마찬가지로 4개 구인 모두 교과 태도가 높으면 성취도 평균도 높은 경향을 보였다.(구자옥 외, 2019, p.188).

고등학교 2학년 학생의 경우는 수학에 대한 흥미와 학습의욕은 양호하지만 자신감과 수학에 대한 가치 인식은 중학교에 비해 많이 낮아진 것을 고려하면, 학생들에게 수학에 대한 자신감을 함양하고 수학에 대한 긍정적인 가치관을 형성할 수 있도록 교수·학습 방법의 개선이 요구된다.

라. 교실에서의 정의적 영역의 평가

2015 개정 수학과 교육과정의 '교수·학습 및 평가의 방향'에서 정의적 영역과 관련된 태도 및 실천 능력을 함양하기 위한 교수·학습으로 다음과 같이 네 가지 사항을 강조하고 있다.

- 수학을 생활 주변과 사회 및 자연 현상과 관련지어 지도하여 수학의 필요성과 유용성을 알게 하고, 수학의 역할과 가치를 인식할 수 있게 한다.
- 수학에 대한 관심과 흥미, 호기심과 자신감을 갖고 수학 학습에 적극적으로 참여하게 하며, 끈기 있게 도전하도록 격려하고 학습 동기와 의욕을 유발한다.

- 학생 스스로 목표를 설정하고 학습을 수행하며 학습 결과를 평가하는 자주적 학습 습관과 태도를 갖게 한다.
- 수학적 활동을 통하여 정직하고 공정하며 책임감 있게 행동하고 어려움을 극복하기 위해 도전하는 용기 있는 태도, 타인을 배려하고 존중하여 협력하는 태도, 논리적 근거를 토대로 의견을 제시하고 합리적으로 의사 결정하는 태도를 갖고 이를 실천하게 한다.

* 출처: 교육부(2015, p.69)

그리고 위와 같이 강조된 교수·학습 내용을 평가하기 위한 방법으로 관찰 평가, 면담 평가, 구술평가, 자기평가 방법 등을 평가 방향에서 제시하고 있다. 관찰 평가, 면담 평가, 구술 평가는 학생 개인 및 소집단을 관찰, 학생과의 대화, 학생의 발표를 통해 학생의 이해 정도와 사고 방법, 수행 과정 등을 평가하는 방법으로 의사소통, 태도 및 실천 능력 등을 평가할 때 활용할 수 있다. 자기 평가는 학생 스스로 자신의 이해와 수행을 평가하는 방법으로, 협력 학습 상황에서 학생 개인의 역할 수행 정도나 집단 활동에 기여한 정도를 평가할 때 활용할 수 있다.

학교 현장에서 실제적으로 활용할 수 있는 정의적 영역의 평가도구에 관련된 상세한 내용은 Ⅶ장에 제시하였다.

되돌아보기 + 더 나아가기

1. 정의적 영역의 구인 중 자신감, 흥미, 가치, 학습의욕의 의미에 대해 각각 쓰시오.

2. 다음은 2015 개정 교육과정에 제시된 '태도 및 실천'과 관련된 교수·학습 방법의 내용 중 일부이다. 빈칸에 알맞은 용어를 쓰시오.

- 수학을 생활 주변과 사회 및 자연 현상과 관련지어 지도하여 수학의 필요성과 유용성을 알게 하고, 수학의 역할과 (　　　　)를 인식할 수 있게 한다.
- 수학에 대한 관심과 (　　　　), 호기심과 (　　　　)을 갖고 수학 학습에 적극적으로 참여하게 하며, 끈기 있게 도전하도록 격려하고 학습 동기와 (　　　　)을 유발한다.

3. 다음은 정의적 영역을 평가하기 위한 체크리스트다. 네 가지 정의적 구인별로 설문 문항을 2개씩 만들어 체크리스트를 완성하시오.

구인	문항	전혀 그렇지 않다	그렇지 않다	그렇다	매우 그렇다
자신감		①	②	③	④
		①	②	③	④
흥미		①	②	③	④
		①	②	③	④
가치		①	②	③	④
		①	②	③	④
학습 의욕		①	②	③	④
		①	②	③	④

4. 교과 태도가 좋을수록 학업성취도가 높아지는 경향이 있으므로 학생들의 교과태도를 제고하는 것은 중요하다. 2018년 국가수준 학업성취도 평가의 설문 결과에서 수학에 대한 자신감과 가치에 대한 인식은 중학생보다 고등학생이 낮은 것으로 나타났다. 이처럼 학교급이 올라갈수록 수학에 대한 자신감과 가치 인식이 낮아진 이유와 수학에 대한 자신감과 가치를 제고할 수 있는 교수·학습 방안을 논하시오.

참고문헌

고호경, 이환철, 이현숙, 이은정, 백승근, 김형식, 윤경란, 김윤정, 정시훈, 이선재, 이지혜(2015). **수학학습 실태 조사 및 개선 방안 연구**. 한국과학창의재단 연구보고서.

교육과학기술부(2011). **수학과 교육과정**. 교육과학기술부 고시 제 2011-361호 [별책8].

교육부(2015). **수학과 교육과정**. 교육부 고시 제2015-74호 [별책 8].

구자옥, 김경주, 김준식, 박상복, 박지현, 성경희, 이광상, 이소라, 이재봉, 장의선, 강종훈, 신명경, 심규철, 최원호(2019). **국가수준 학업성취도 평가 결과에 기반한 2009 개정 교육과정의 학업성취 특성 및 추이 분석**. 한국교육과정평가원 연구보고 RRE 2019-7.

김선희, 김부미, 이종희(2014). **수학교육과 정의적 영역**. 서울: 경문사.

김성일, 윤미선(2004). 학습에 대한 흥미와 내재동기 증진을 위한 학습환경 디자인. **교육방법연구, 16**(1), 39-66.

김수진, 박지현, 김현경, 진의남, 이명진, 김지영, 안윤경, 서지희(2012). **수학·과학 성취도 추이변화 국제비교 연구: TMSS 2011 결과보고서**. 한국교육과정평가원 연구보고 RRE 2012- 4-3.

두산동아 사서편집국(2004). **동아 새국어 사전**. 서울: 두산동아.

박도영(2005). 학습동기, 학습의지와 몰입감 통합모형의 탐색. **학습자중심교과교육연구**, 10, 81-100.

박선화, 김명화, 주미경(2010). **수학에 대한 정의적 특성 개선 방안 탐색 세미나**. 한국교육과정평가원 연구자료 ORM 2010- 58.

박인용, 이광상, 임해미, 서민희, 김부미, 전경희(2016). **국가수준 학업성취도 평가의 수학과 정의적 영역 규준 및 지표 산출 방안**. 한국교육과정평가원 연구보고 RRE 2016-14.

상경아, 곽영순, 박지현, 박상욱(2016). **수학·과학 성취도 추이변화 국제비교연구: TIMSS 2015 결과 분석**. 한국교육과정평가원 연구보고 RRE 2016-15-1

송미영, 임해미, 최혁준, 박혜영, 손수경(2013). **OECD 국제 학업성취도 평가 연구: PISA 2012 결과 보고서**. 한국교육과정평가원 연구보고 RRE 2013-6-1.

이광상, 임해미, 박인용, 서민희, 김부미(2016). **국가수준 학업성취도 평가의 수학과 정의적 영역 설문 문항 개선 방안**. 한국교육과정평가원 연구자료 ORM 2016-26-1.

최승현, 구자옥, 김주훈, 박상욱, 오은순, 김재우, 백현아(2013). **PISA와 TIMSS 결과에 기반한 우리나라 학생의 정의적 특성 함양 방안**. 한국교육과정평가원 연구보고 PRE 2013-18.

Bandura, A. (1997). *Self-efficacy: The exercise of control*. New York:

Freeman.

Bergin, D. A. (1999). Self-efficacy mechanism in human agency. *American Psychologist*, 37(2), 122-147.

Corno, L. (1989). Self-regulated learning: A volitional analysis. In B. J. Zimmerman & D. H. Schunk (Eds.), *Self-regulated learning and academic achievement: Theory, research, and practice* (pp.111-142). New York: Springer-Verlag.

Callejo, M. L., & Vila, A. (2009). Approach to mathematical problem solving and students' belief systems: two case studies. E*ducational Studies in Mathematics, 72(2)*, 111-126.

Heckhausen, H. (1991). *Motivation and action*. Berlin: Springer-Verlag.

Hidi, S.(1990). Interest and its contribution as a mental resource for learning. *Review of Educational Research*, 60(4), 549-571.

Kloosterman, P. (1996). Students' belief about knowing and learning mathematics: Implications for motivation. In M. Carr (Ed), *Motivation in mathematics* (pp.131-156).

Krapp, A., Hidi, S., & Renninger, K. A. (1992). Interest, Learning and Development. In K. A. Renninger, S. Hidi, & A. Krapp(Eds.), *The role of interest in learning and development* (pp.3-25). Hillsdale, NJ: Lawrence Erlbaum Associates.

Kuhl, J., & Kraska, K. (1989). Self-regulation and metamotivation: Computational mechanism, development, and assesment. In R. Kanfer, P. L. Ackerman, & R. Cudeck(Eds.), *Abilities, motivation and methodology* (pp.343-374). Hillsdale, NJ: Lawrence Erlbaum.

Pokey, P. A. (1996). Strategy use, motivation, and math achivement in high school students. In M. Carr(Ed.), *Motivation in mathematics* (pp.157-169). Cresskill, NJ; Hampton Press.

Rokeach, M. (1979). *Understanding human values*. New York: Free Press.

Snow, R. E., Corno, L., & Jakson, D. (1996). Individual difference in affective and conative functions. In D. C. Berliner, & R. C. Calfee (Eds.), *Handbook of educational psychology* (pp.243-310). New York: Macmillan.

Wigfield, A., & Eccles, J. S. (1992). The development of achievement task values: A theoretical analysis. *Developmental Review, 12*(3), 265-310.

2018년 국가수준 학업성취도 평가의 수학과 정의적 영역 표집 설문 문항

문 항	전혀 그렇지 않다	그렇지 않다	그렇다	매우 그렇다
1) 수학 공부는 내가 나중에 하고 싶은 일을 하는 데 도움이 될 것이다.	①	②	③	④
2) 나는 대체로 수학을 잘한다.	①	②	③	④
3) 나는 수학 공부하는 것이 즐겁다.	①	②	③	④
4) 나는 수학 수업 시간에 열심히 수업을 듣는다.	①	②	③	④
5) 내가 직업을 얻는 데 도움이 되는 것들을 수학에서 배울 수 있다.	①	②	③	④
6) 나는 수학이 내가 잘하는 과목 중 하나라고 생각한다.	①	②	③	④
7) 나는 수학을 좋아한다.	①	②	③	④
8) 나는 수학 공부를 할 때에 최선의 노력을 기울인다.	①	②	③	④
9) 나는 수학 수업 시간에 어려운 내용도 이해한다.	①	②	③	④
10) 나는 수학이 재미있는 과목이라 생각한다.	①	②	③	④
11) 나는 수학 문제가 풀릴 때까지 계속해서 시도한다.	①	②	③	④
12) 나는 수학이 일상생활을 하는 데 도움이 된다고 생각한다.	①	②	③	④
13) 나는 수학 내용을 빨리 배운다.	①	②	③	④
14) 나는 수학 공부가 어려워도 포기하지 않는다.	①	②	③	④
15) 나는 수학에 자신이 있다.	①	②	③	④
16) 나는 수학이 논리적으로 사고하는 데 도움이 된다고 생각한다.	①	②	③	④
17) 나는 수학 공부에 흥미가 있다.	①	②	③	④
18) 나는 다른 교과를 배우는 데 수학이 도움이 된다고 생각한다.	①	②	③	④

4. 테크놀로지 활용 평가

우리나라의 2015 개정 수학과 교육과정에서는 실제적인 맥락을 강조하는 수학 내용을 전개하기 위해 복잡한 계산을 공학적 도구에 위임하는 것이 필요하며 공학적 도구의 활용에 대한 국제적인 추세 역시 개방적인 방향으로 나아가고 있다는 점을 고려하여, 정보처리 역량의 하위 요소로 '수학적 아이디어와 개념을 탐구하고 문제를 해결하는 데 적합한 공학적 도구를 선택하고 이용하는 능력'을 제시하였다(박경미 외, 2015).

관련하여 교수·학습 방법에서는 "복잡한 계산 수행, 수학의 개념, 원리, 법칙의 이해, 문제해결력 향상 등을 위하여 계산기, 컴퓨터, 교육용 소프트웨어 등의 공학적 도구를 이용할 수 있게 한다."고 강조했으며, 평가 방법에서도 "평가 내용이나 방법에 따라 학생에게 계산기, 컴퓨터, 교육용 소프트웨어 등의 공학적 도구와 다양한 교구를 이용할 수 있게 한다."고 명시하고 있다(교육부, 2015). 즉, 수학과 교육과정에서는 수학 교수학습 상황에서 공학적 도구를 활용하고 평가 상황에서도 공학적 도구의 사용을 고려할 것을 강조하고 있다.

공학적 도구를 수학 수업에 효과적으로 활용하고 평가하려면 교사의 테크놀로지 내용교수지식 즉, TPACK(Technological Pedagogical Content Knowledge)이 요구된다. 이는 내용 지식(CK), 교수학적 지식(PK), 테크놀로지 지식(TK)의 교집합 부분에 해당하는 지식으로, 테크놀로지를 활용하여 학생들이 교과 내용을 효과적으로 학습할 수 있도록 교수학적으로 수업을 설계하고 실행하는 교사의 종합적인 지식을 말한다(임해미, 2009; Mishra & Koehler, 2006).

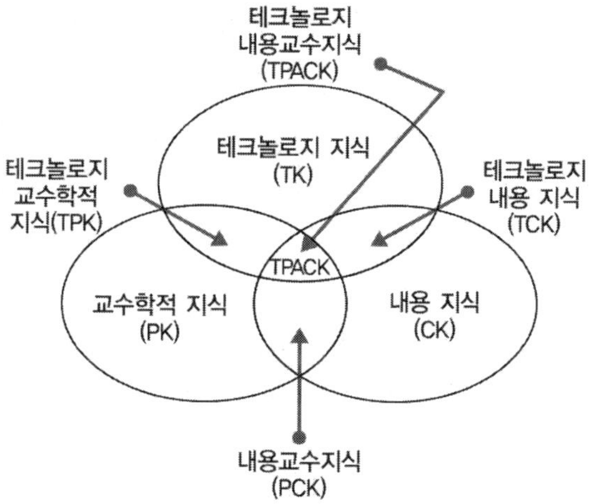

그림 Ⅲ-4-1 TPACK 모형

관련하여 Chai et al.(2013)은 교사의 역량에 비중을 두고 있는 TPACK 연구가 학생의 학습에 대한 이해로 폭을 넓힐 필요가 있다고 보고 [그림 Ⅲ-4-2]와 같이 PCK, TPK, TPACK에 대응되는 LCK, TLK, TLCK를 포함한 새로운 틀을 제시했는데, 이는 테크놀로지를 활용한 수업에서 교사와 학생의 지식이 종합적으로 고려되어야 함을 보여준다.

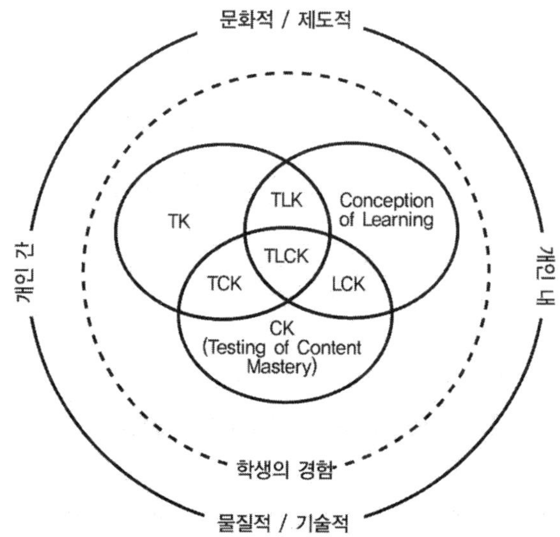

* 출처: Chai et al.(2013, p.45)

그림 Ⅲ-4-2 TLCK 모형

한편 수학교육에서의 테크놀로지 활용 평가는 공학적 도구를 활용한 수학 수업에서의 평가와 컴퓨터 기반 환경에서의 수학 평가로 크게 구분할 수 있다. 여기에서는 수학 수업에서 활용할 수 있는 공학적 도구들과 수업에서의 평가 도구 예시, 컴퓨터 기반 수학 평가에 대해 살펴보고자 한다.

가. 공학적 도구를 활용한 수학 수업에서의 평가

수학교육에서 사용되는 공학적 도구는 매우 다양하다. 학교 수학에서 활용되는 탐구형 소프트웨어로는 MIT 대학의 Seymour Papert 교수팀이 개발한 LOGO 프로그램을 비롯하여 GeoGebra, GSP, CABRI Geometry, Desmos 등이 있으며, 최근 우리나라에서는 수학과 코딩 교육이 가능한 알지오매스(AlgeoMath)가 개발되었다. 그리고 2015 개정 수학과 교육과정에서 강조하고 있는 통계 교육과 관련하여 통계청에서 개발한 통그라미, EBS의 Easy 통계 프로그램 등도 교과서에 소개되고 있다. 이러한 소프트웨어는 컴퓨터, 태블릿 PC, 휴대폰 등으로 접근할 수 있다.

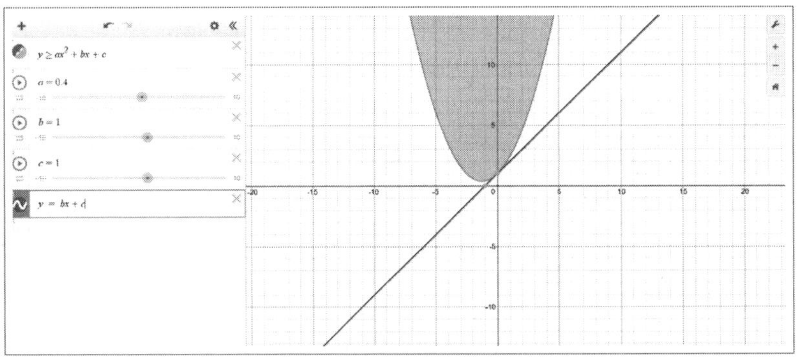

* 출처: DESMOS 웹사이트(https://www.desmos.com/)

그림 Ⅲ-4-3 DESMOS 화면

이밖에 그래픽 계산기를 사용하면 대수, 해석, 기하, 통계 전반을 다룰 수 있으며, 외장 디바이스(예: Computer Based Ranger: CBR)와 연결하여 실세계 데이터를 수집하고 분석할 수 있다. 최근에는 그래픽 계산기가 앱으로 개발되어 별도의 기기 구입 없이도 기존의 컴퓨터, 태블릿 PC, 핸드폰에 다운로드받아 사용할 수 있게 되었다. 그래픽 계산기는 독립적인 기기로 SAT, 국제 학업성취도 평가 등에서도 사용되고 있다.

SAT: Scholastic Aptitude Test, 미국의 대학입학 자격시험

그림 Ⅲ-4-4 그래픽 계산기와 CBR

공학적 도구는 수학을 탐구할 수 있는 교수학습 환경을 제공하기 때문에 학생들이 지필 환경에서보다 효과적으로 수학적 모델링 활동을 할 수 있다. 또한 공학적 도구가 제공하는 계산 기능은 학생들이 소모적인 계산을 벗어나 문제해결 자체에 집중할 수 있도록 도와주고, 추상적인 수학 개념을 시각화하여 제시함으로써 개념의 이해를 돕고 변화하는 다양한 상황을 관찰할 수 있도록 해준다.

한편, 4차 산업혁명 시대의 변화는 학교 수업에서 활용 가능한 테크놀로지의 범주를 확대하였다. 4차 산업혁명은 인공지능, 로봇, 사물인터넷, 3D 프린터 등의 테크놀로지가 견인하고 있다고 해도 과언이 아니며, 이와 같은 미래 테크놀로지를 학교 수업에도 활용하는 방안이 논의되기 시작하였다.

저명한 수학자이자 수학교육에 큰 영향을 준 클라인(F. Klein)은 수학 교수학습을 위해서는 추상화와 시각화 사이의 상호작용, 함수적 사고가 필요하다고 했다. Halverscheid(2019)는 이러한 클라인의 아이디어를 구현하는 데 3D 프린터가 주요한 역할을 할 수 있으며, 학생들뿐만 아니라 예비교사 교육에도 도움을 줄 수 있다고 하였다. [그림 Ⅲ-4-5]는 Klein의 곡면을 3D 프린터로 구현한 예시이다. 이처럼 수학교육에서 3D 프린터는 식으로 표현된 곡면을 소프트웨어를 통해

시각화하는 것을 넘어서 구체적인 모델로 구현할 수 있게 한다는 점에서 의미가 있다. 또한 3D 프린터는 수학, 과학 등이 융합된 STEAM 교육 등에서 폭넓게 활용될 수 있는 데, 추상적인 생각과 문제해결 과정을 구체물로 만들어준다는 점에서 메이킹을 통한 학습(learning by making)을 가능하게 한다(박혜영 외, 2018).

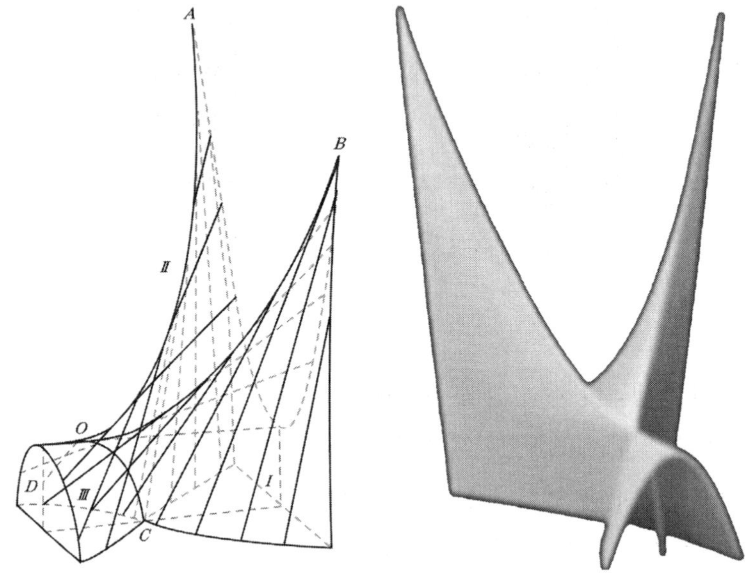

* 출처: Halverscheid(2019, p.139)

그림 Ⅲ-4-5 3D 프린터를 활용한 3D 모델링

AI 기반의 소프트웨어는 채점을 지원할 수도 있다. 코넬 학교에서는 정답에 도달한 과정을 반대로 추적하는 역설계(reverse engineering)를 기반으로 한 알고리즘을 토대로 단순 채점을 넘어서 수학 교사들의 채점 작업을 지원해주는 AI 기반의 소프트웨어를 개발하였다. 이러한 소프트웨어는 학생들이 오답을 도출했을 때의 사고 과정을 교사가 이해할 수 있도록 도와주며, 교사들이 손쉽게 채점을 수행하고 학생들에게 추가지원이 필요한 부분들을 확인하고 지원할 수 있도록 한다(박혜영 외, 2018).

ITS: Intelligent Tutorial System, 지능형 개별지도 시스템

또한 최근에는 개별 학습을 지원하기 위한 AI 기반 지능형 학습 체제(Intelligent Tutoring System, 이하 ITS)도 활용되고 있다(김현진 외, 2020). 수

학 학습에 사용되는 ITS의 사례로는 '클래스팅 AI'와 'KnowRe math'를 들 수 있다. '클래스팅 AI'는 기개발된 문항을 문항반응이론(Item Response Theory: IRT), 컴퓨터 적응형 검사(Computer Adaptive Test: CAT) 등을 활용하여 학생의 수준을 실시간 진단하고, 이에 따른 학습 콘텐츠를 제공한다([그림 Ⅲ-4-6] 참조). 이와 함께 학습 이력, 학습 시간 및 정답률 등을 시각화하여 제시하고, 평가에 게이미피케이션(gamification) 요소를 도입하고 있다.

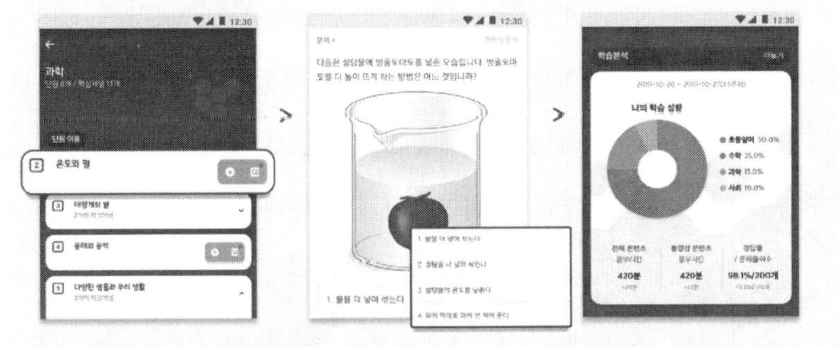

그림 Ⅲ-4-6 클래스팅 AI 사용 화면[10)]

미국의 'KnowRe math'[11)]는 수학에 특화된 AI 기반 학습 모델을 도입하였다([그림 Ⅲ-4-7] 참조). 하나의 수학 문항을 해결하는 데 관여하는 여러 개의 수학 개념들을 세분화하여 최소 단위의 개념을 '단위 지식'으로 명명하고, 학생이 해당 수학 문항을 해결하는 과정에서 어떤 단위 지식에 대한 학습이 부족한가를 판단하여 이에 대한 학습을 제공하는 방식으로 교사의 개별 지도 과정을 컴퓨터 기반 교수체제로 구현하였다.

이때 제공되는 수학 학습 콘텐츠는 기본적으로 미국의 공통핵심기준(Common Core State Standards)에 연계되어 있기 때문에 학교에서 활용하기에 적합하다. 학교에서 학생들이 KnowRe math

10) https://support.classting.com/hc/ko/articles/900000233843-%ED%81%B4%EB%9E%98%EC%8A%A4%ED%8C%85-AI-

11) KnowRe math는 한국에서 개발된 소프트웨어이나, 컴퓨터 기반의 수업이 보다 보편화된 미국에서 활발하게 활용되어 현재 미국의 공립·사립·차터 학교들을 중심으로 스마트 스쿨 제품을 서비스하고 있음.

로 학습하는 동안에 교사는 실시간으로 교사용 대시보드를 통해 학생들의 공통적 취약 부분을 파악한 다음, 수업 시간에는 해당 부분을 자세히 다룬다. 수업 전과 후에 학생들이 이전 학습 내용에 대해 질문하면 교사는 KnowRe math에서 관련된 콘텐츠를 안내하는 한편, KnowRe math에서 제공하는 코인을 가장 많이 모은 학생에게 직접 보상을 제공하기도 한다.

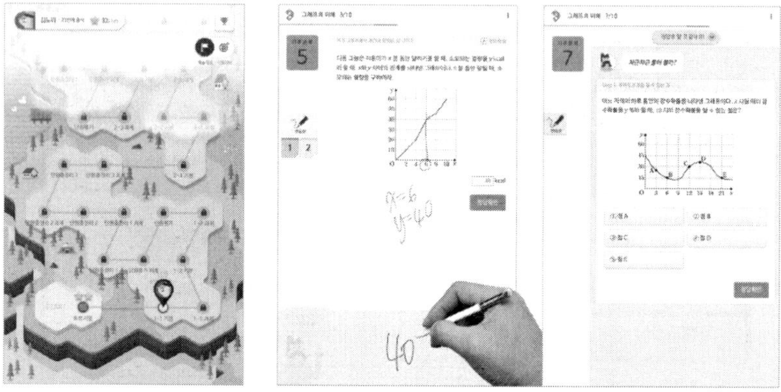

* 출처: https://www.knowre.com/knowre-math

그림 Ⅲ-4-7 KnowRe math 사용 화면

이밖에도 로봇을 수학교육에 활용하는 시도도 이루어지고 있다. Eisenberg(2003)는 수학교육에서 로봇이 구체물과 형식적 추론 간의 중간 역할을 하는 '과도기적 이행 대상(transitional object)'의 역할을 할 수 있다고 했으며, Ardito, Mosley, & Scollins(2014)는 중등학교 수학 수업에서 로봇은 협업 역량과 수학 학습을 증진시킨다는 연구 결과를 제시하였다. Gerretson et al.(2008)는 로봇이 수학과 과학을 연계하는 융합교육을 촉진시키는 역할을 할 수 있으며, 교과서 기반의 수업보다 학생들이 탐구 수업을 통해 흥미를 느끼게 한다고 하였다. 이밖에도 로봇 프로그래밍은 창의·융합적인 사고 역량뿐만 아니라 논리·비판적 사고를 기르는 데 도움이 되며, 반힐 기하 학습 수준 상승에 도움을 줄 수 있다(임해미 외, 2014; 임해미, 최인선, 2019).

이상과 같은 공학적 도구를 활용한 수학 수업에서의 평가는 공학적 도구를 활용하여 학습하는 과정과 결과를 평가하는 것이 적합하며,

그 과정에서의 인지적 성취와 더불어 학습자의 동기와 자신감 등의 정의적 성취도 함께 평가하는 것이 의미가 있을 것이다. 공학적 도구를 사용한 수업에서의 평가는 수업과 연계하여 세밀하게 고안된 평가표(rubric)를 통해 과정과 결과를 평가하는 것이 적합하다.

다음은 NCTM의 Illumination 사이트에서 시작되어 많은 학교에서 실행하고 있는 '바비 번지(barbie bungee)' 프로젝트이다.[12] 이 프로젝트를 통해 공학적 도구 중 그래픽 계산기를 활용한 수학 수업의 활동지와 채점기준표를 살펴보면 다음과 같다.

그래픽 계산기를 활용한 바비 번지 (Barbie Bungee) 활동

[사진출처] https://8th-grade.seattlegirlsschool.org/2015/10/30/barbie-bungee/

준비물: 그래픽 계산기, 바비 인형 또는 유사한 모양의 인형, 줄자 또는 막대자 여러 개 (180cm 이상 측정 가능), 큰 종이, 테이프, 고무밴드, 그래프 용지

목　표: 바비 인형이 주어진 높이에서 땅에 닿지 않고 가능한 땅에 가깝게 '번지'하면서 떨어질 수 있도록 하는 것

목　적: 바비 인형이 얼마나 멀리 떨어질지를 예측하기 위해 산점도, 회귀분석, 최적 직선의 방정식 구하기, 외삽 등의 지식을 사용하기

절　차:

다음의 각 단계를 완료하시오. 각 단계를 완료하면 왼쪽에 있는 상자에 체크 표시를 하시오.

□ 큰 종이를 바닥에서 약 180cm 정도 높이까지 벽에 테이프로 붙인다.

□ 가장 윗 부분에 선을 그려 바비 인형이 점프를 할 높이를 표시한다.

12) https://illuminations.nctm.org/uploadedfiles/content/lessons/resources/6-8/barbie-as-project.pdf

□ 바비 인형의 발을 감싸는 이중 루프를 만든다. 이중 루프는 하나의 고무밴드에 다른 밴드를 연결하여 만든다.

□ 그림과 같이 이중 루프의 열린 끝을 바비 인형의 발에 단단히 감는다.

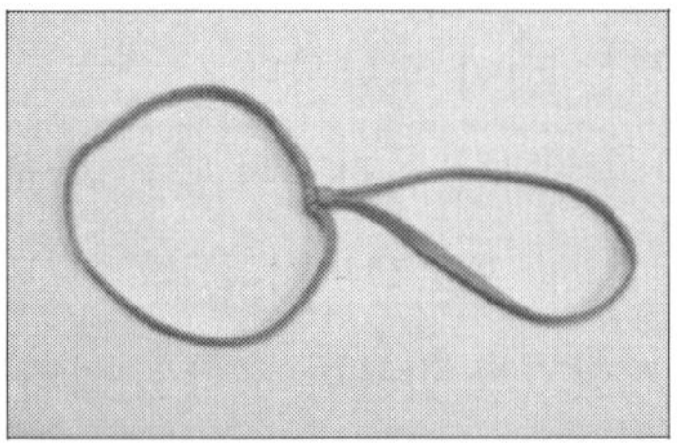

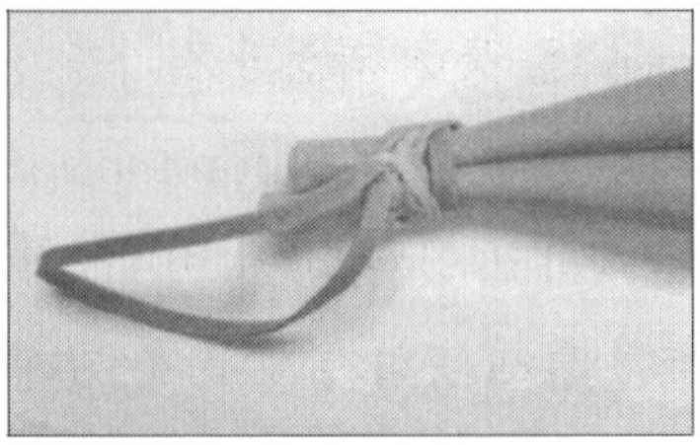

□ 첫 번째 고무밴드에 두 번째 고무밴드를 연결한다.

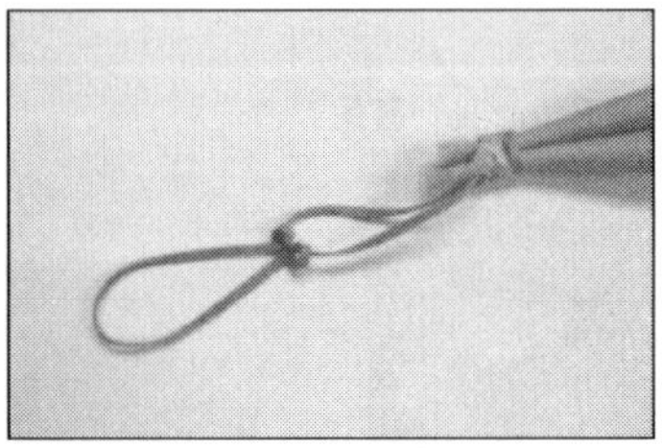

□ 이제 고무밴드 두 개를 연결한 상태에서 한 손으로 점프 라인의 고무밴드 끝을 잡고 다른 한 손으로 바비 인형을 라인에서 떨어뜨린다. 동료에게 바비 인형이 점프해서 도달하는 최저점을 기록하도록 한다.

□ 점프 거리를 센티미터 단위로 측정하고, 문제 1의 표에 값을 기록한다. 이 점프를 여러 번 반복하고 평균을 취하여 정확성을 높이도록 한다.

□ 새로 점프를 할 때마다 고무밴드 2개를 추가로 연결하고 점프 거리를 측정한 후, 표에 결과를 기록한다.

1. 다음 표를 완성하시오.

고무밴드의 수 (x)	점프한 거리 cm (y)
2	
4	
6	
8	
10	
12	

2. 표의 자료를 산점도로 나타내시오. x축과 y축에 단위를 각각 나타내시오.

3. 산점도를 최적으로 만족하는 직선을 나타내시오.

4. 고무밴드의 수와 점프한 거리 사이의 관계식을 구하시오. 이때 그래픽 계산기를 사용하시오. 고무밴드의 수는 L1에 입력하고 점프한 거리는 L2에 입력하시오.

5. 직선의 방정식의 기울기를 구하고, 실제 맥락에서 이 값의 의미를 말하시오.

6. 직선의 방정식의 y절편을 구하고, 실제 맥락에서 이 값의 의미를 말하시오.

7. 자료에 기초하여, 400cm의 높이에서 뛰어내렸을 때, 바비 인형이 안전하게 점프할 수 있는 고무밴드의 최대 개수를 구하시오.

[채점기준표]

항목		점수
자료 수집	실험 절차를 이해하고 수행하였는가?	2
	수집한 자료를 표에 나타냈는가?	2
	표의 자료를 산점도로 나타냈는가?	2
	산점도를 만족하는 최적의 직선을 나타냈는가?	2
자료 분석 (그래픽 계산기 이용)	[자료 입력] 그래픽 계산기에서 고무밴드의 수는 L1, 점프한 거리는 L2에 입력했는가?	2
	[산점도 나타내기] 그래픽 계산기에서 표에 입력한 자료를 산점도로 나타냈는가?	2
	[회귀분석] 그래픽 계산기의 메뉴를 적절하게 사용하여 산점도를 만족하는 최적의 직선의 방정식을 구했는가?	2
자료 해석	직선의 방정식에서 기울기의 의미를 설명할 수 있는가?	2
	직선의 방정식에서 y절편의 의미를 설명할 수 있는가?	2
	주어진 자료에 기초하여 옳게 예측할 수 있는가?	2
합계		20

나. 수학교육에서의 컴퓨터 기반 평가

앞서 살펴본 공학적 도구가 교수학습에서의 탐구 도구였다면 지금부터 살펴볼 내용은 학생들의 수학 역량을 평가하기 위한 목적으로 고안된 컴퓨터 기반 평가에 대한 것이다. 컴퓨터 기반 평가는 개발 단계에서 많은 비용이 소요되기 때문에 대체로 국가 수준이나 국제 수준과 같은 대규모 평가에서 활용된다. 여기서는 컴퓨터 기반 평가에 대해 간략히 살펴본 후, 수학교육에서의 컴퓨터 기반 평가 사례로 첫째, 국제 학업성취도 평가인 PISA의 컴퓨터 기반 수학 평가와 둘째,

국가 수준의 컴퓨터 기반 평가인 미국의 PARCC(Partnership for Assessment of Readiness for College and Careers)와 Smarter Balanced Assessment에 대해 살펴보고자 한다.

컴퓨터 기반 평가의 개요

컴퓨터를 이용한 모든 검사를 컴퓨터화 검사(computerized test)라고 한다. Bunderson, Inouye, & Olsen(1988; 성태제, 2018에서 재인용)은 컴퓨터화 검사를 컴퓨터 이용 검사, 컴퓨터 적응형 검사, 연속 측정, 지적 측정으로 구분하였다. 우선 제1세대인 컴퓨터 이용 검사(Computer Based Test: CBT)는 지필검사의 종이와 연필 대신에 컴퓨터의 화면과 키보드를 사용하여 실시하는 단계이다. 검사 결과의 채점 및 보고에 소요되는 시간과 경비를 절감하고 즉각적인 피드백을 통해 학습 향상을 도모할 수 있으며, 동영상이나 음향 파일을 이용하여 다양한 문항 유형을 제공할 수 있다. 제2세대는 개별 능력에 따라 다음 문항을 선택하여 제시하는 개별적인 적응검사인 컴퓨터 적응형 검사(Computer Adaptive Test: CAT)이다. CAT에서는 피험자의 능력에 적합한 효율적이고 개별적인 검사가 가능하게 되는데, 이를 실현하려면 컴퓨터의 빠른 실시간 계산 능력이 필수적이다. 제3세대인 연속 측정(Continuous Measurement: CM)은 컴퓨터화 검사를 일회적으로 시행하는 것이 아니라 학습 진행에 따라 학습의 시작으로부터 목표 달성에 이르기까지 학생의 변화를 연속적으로 측정한다. 따라서 학습 진행 상태의 변화 과정을 파악할 수 있으며 학습 능력 향상을 위한 정보를 얻을 수 있는 장점이 있다. 이는 학습 분석학이라는 새로운 연구 분야와도 관련된다고 볼 수 있다. 제4세대인 지적 측정(Intelligent Measurement: IM)은 인공지능이라 불리는 지식 중심 연산(knowledge based computing)을 이용하여 학습자의 인지 구조를 분석하고 잘못된 부분을 교정하여 학습을 극대화하는 데 목적이 있다. 이는 측정 결과에 대한 전문가적 해석과 견해가 필요하며 복합적인 과정을 정교하게 프로그래밍하여 컴퓨터의 인공지능이 전문가의 역할을 대신할 때 가능하다(성태제, 2018, pp.364-365).

한편 Binkley et al.(2012)는 전통적인 지필평가에서 컴퓨터 기반 평가로의 변화를 [그림 Ⅲ-4-8]과 같이 사분면으로 구분하여 설명하였다. 초기의 컴퓨터 기반 평가가 지필평가와 동일한 문항을 컴퓨터 기반으로 평가하는 방식으로 이루어졌다면, 최근에는 단순 선다형 문항을 넘어서서 모델링, 동영상, 자료 처리, 자동 제어 시스템 등의 컴퓨터 도구를 포함한 컴퓨터 기반 평가로 변화하고 있다. 제 3사분면은 전통적인 지필평가를 나타내는데, 대부분의 학교의 평가가 여기에 해당한다. 이때 제 3사분면에서 제 4사분면으로 이동하는 것은 지필평가에서 스크린 기반 환경으로 옮겨가는 것을 의미하는데, 평가 전달 방식이 보다 효율적으로 변화되었지만 질적인 면에서 변화는 없다. 반면 제 1사분면으로의 이동은 컴퓨터 기반 평가가 교육과정 설계와 학습에도 혁신적인 변화를 주는 것을 의미한다(Binkley et al., 2012; 임해미, 2015).

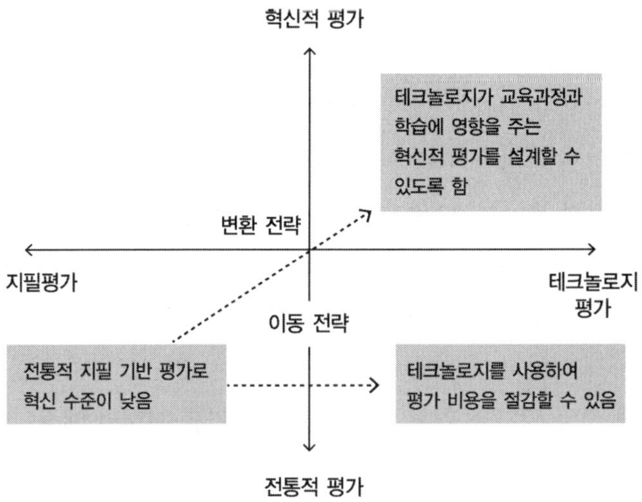

* 출처: Binkley et al.(2012, p.27)

그림 Ⅲ-4-8 지필평가에서 컴퓨터 기반 평가로의 변화

컴퓨터 기반 평가는 지필평가와는 달리 복잡한 과제를 해결하는데 적합한 환경을 제공하며, 학생들의 사고와 풀이 과정을 유도할 수 있

고, 어떻게 문제를 해결했는지를 가록 파일로 저장하여 수행결과를 다각도로 해석할 수 있기 때문에(박지현, 2013), 최근 강조되는 역량을 평가하는 데 적합하다. 또한 학생의 평가 수행을 비롯한 평가 관리의 전 과정이 컴퓨터 시스템을 통해 이루어지며, 즉각적인 피드백, 과정 평가의 가능성, 실제적인 문제 상황 제시, 정보 검색 기능 등이 가능하다는 장점을 갖는다(김명화 외, 2011). 특히 21세기에는 수학에 대한 지식과 더불어 컴퓨터를 활용하는 작업 환경에서 문제해결의 도구로 컴퓨터를 능숙하게 활용할 수 있는 정보화 시대의 수학 소양이 요구되는데, 새롭게 요구되는 수학 역량을 평가하기 위해서는 이에 적합한 컴퓨터 기반 평가 환경이 마련되어야 한다(임해미, 2015).

이러한 컴퓨터 기반 평가의 장점과 변화에 주목하여, OECD 주관의 국제 학업성취도 평가 PISA에서는 수학 영역에서 PISA 2012에 지필평가와 더불어 컴퓨터 기반 평가(Computer Based Assessment for Mathematics: CBAM)를 실시했다. PISA의 '수학 소양'은 현상을 기술하고 설명하며 예측하기 위해 수학적 추론과 수학적 개념, 절차, 사실, 도구를 사용할 수 있는 역량이 포함되는데, 이때의 '도구'란 21세기의 작업 환경에서 일반적으로 사용되는 디지털 장비, 소프트웨어, 계산 도구 등의 수학적 도구를 의미한다(조지민 외, 2011; OECD, 2013). 컴퓨터 기반 수학적 도구는 21세기의 직업 현장에서 흔히 사용되며, 직장에서나 사회 전반에 널리 보급되고 있다. 이처럼 변화하는 환경에서 일상적인 문제 및 직업 상황에서 개인의 수학 소양에 대한 사회적 기대도 높아지고 있기 때문에, PISA 2021에는 수학 도구의 사용을 포함한 수학 소양 평가를 위해 컴퓨터 기반 평가를 시행할 예정이다(OECD, 2018).

PISA에서 컴퓨터 기반 평가의 도입은 다음과 같은 장점을 갖는다. 첫째, 컴퓨터 기반 평가는 지필평가에서 보다 상호작용적이고 실제적이며 참여적 특성을 갖는 문항을 사용할 수 있다. 이러한 특징은 지필평가에서 포착하기 어려운 협력적 문제해결 과정 등의 수학 소양에 대한 평가를 가능하게 한다. 둘째, 컴퓨터 기반 평가에서는 통계 소프트웨어, 기하 작도, 시각화 도구, 가상 측정 도구 등을 이용하여 삼차원 입체를 회전시켜가면서 관찰할 수 있기 때문에 실험과 탐색을 통한 문제해결 환경을 제공할 수 있다. 셋째, 컴퓨터 기반 평가의 결과 분석을 통해 학생의 전체 문항 풀이 시간, 문항별 풀이 시간, 문항을 접했을 때 정보를 찾기 위해 클릭하고 검색한 순서, 도움말 확인 등의 다양한 정보를 파악할 수 있다.

다음은 PISA 2021 시행에 앞서 공개한 예시 문항 중 일부이다.[13]이 문항들은 지필평가에서 구현하기 어려운 부분을 포함하고 있어 컴퓨터 기반 평가의 의미를 보여준다. 우선 [그림 Ⅲ-4-9]의 ‘스마트폰 사용’ 문항에서는 정렬하기를 포함한 스프레드시트를 사용하여 문제를 풀이하도록 하고 있다.

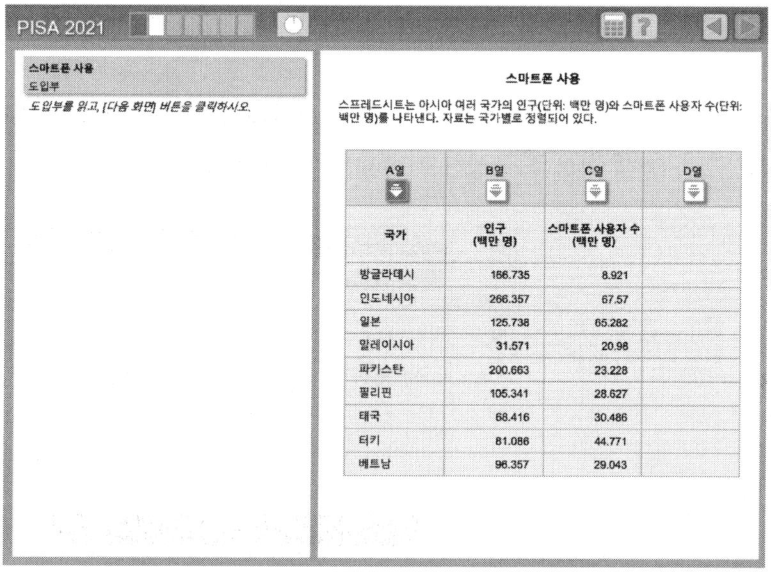

그림 Ⅲ-4-9 PISA 2021 예시문항: 스마트폰 사용

[그림 Ⅲ-4-10]의 ‘타일 붙이기’ 문항에서는 기하 패턴에 대한 추론을 통해 타일 붙이기와 설명서를 완성하는 문항으로, 지필평가에서는 직접 기록하거나 그려 넣어야 하는 부분을 드래그 앤 드롭을 통해 구현하여 학생의 응답과 채점을 용이하게 하였다.

13) PISA 2021 예시 문항은 웹사이트(https://pisa.e-wd.org/ko/index.html#Examples)에서 검색할 수 있으며, 영문, 한글 등 언어를 선택하여 문항을 볼 수 있음.

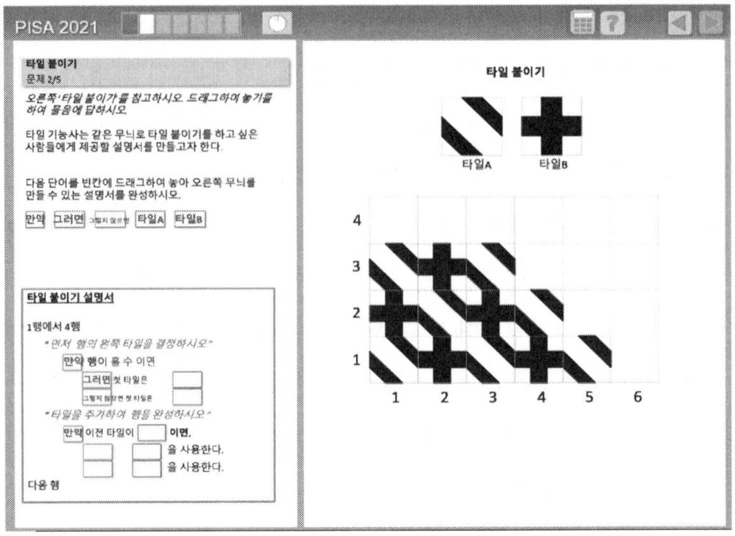

그림 Ⅲ-4-10　PISA 2021 예시문항: 타일 붙이기

마지막으로 [그림 Ⅲ-4-11]의 '저축 시뮬레이션' 문항에서는 저축 계산기를 통해 정보를 구성하고 문제를 해결하도록 하였다.

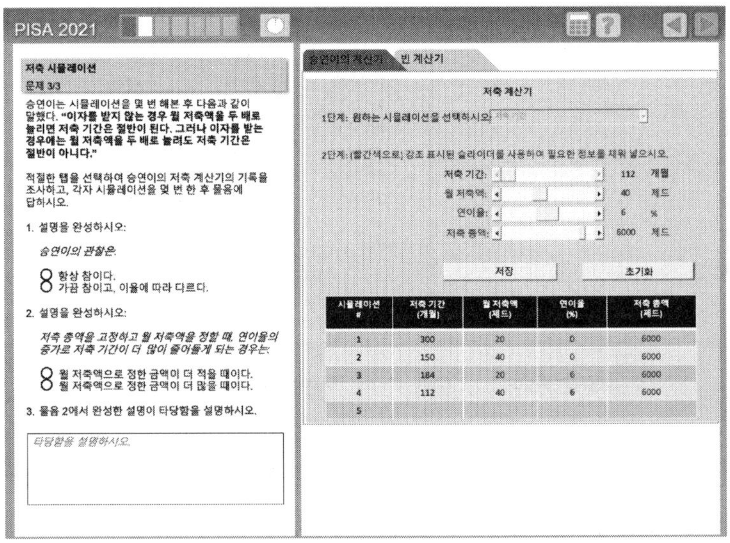

그림 Ⅲ-4-11　PISA 2021 예시문항: 저축 시뮬레이션

한편 대규모 국가 수준의 컴퓨터 기반 평가로는 미국의 차세대 평가 Assessment 2.0의 대표적 평가인 PARCC와 Smarter Balanced

Assessment를 들 수 있다. 이 두 평가는 미국의 교육과정격인 공통 핵심기준(Common Core State Standard)의 목표에 비추어 학생들이 어느 정도의 역량을 갖추었는지를 평가하기 위해 증거기반설계 이론(Evidence Centered Design: ECD)을 기반으로 개발되었다. PARCC는 CBT, Smarter Balanced Assessment(SBA)는 컴퓨터 적응형 검사인 CAT로 설계되었으며, 최근 미국에서는 PARCC에 참여하는 주가 줄어들고 Smarter Balanced Assessment에는 약 15개 주가 참여하며 명맥을 유지하고 있다.[14)]

[그림 Ⅲ-4-12]는 Smarter Balanced Assessment의 공개문항 중 하나이다.[15)] 이 문항은 고등학교의 모델링/데이터 분석 영역에 해당하며, CCSSM의 "양 사이의 관계를 나타내기 위해 둘 이상의 변수를 사용하여 방정식을 세울 수 있다. 좌표축에 방정식을 그래프로 나타낼 수 있다."에 해당한다. 문항 유형은 Grid Item, CAT를 위해 설정된 DOK(Depth Of Knowledge)는 3이다.

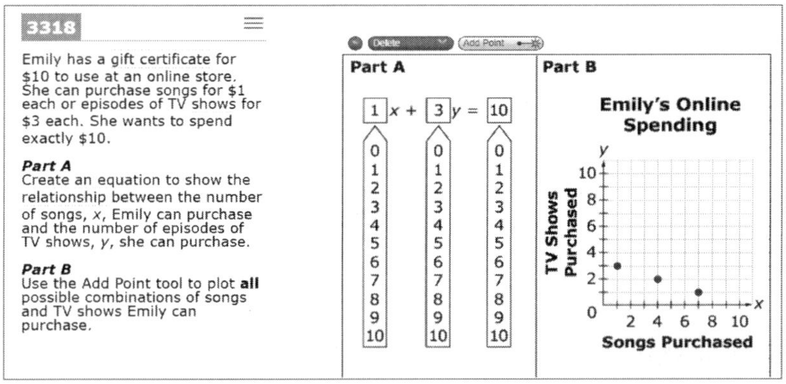

그림 Ⅲ-4-12 Smarter Balanced Assessment 문항 예시

한편, 김인숙 외(2019)에서는 국가 수준 교육과정에서 지향하는 학생의 핵심역량을 평가할 수 있는 컴퓨터 기반 평가 시스템(KICE-eAssessment)을 개발했다. 특히 수학과에서는 컴퓨터 기반 역량 평가 요소가 많이 포함된 교과역량으로 '문제해결'을 선택하고 관련 성취기

14) http://www.smarterbalanced.org/
15) http://sampleitems.smarterbalanced.org/

준으로는 교육과정에서 공학적 도구의 사용을 권장하고 있는 중학교 함수 영역의 “[9수3-06] 일차함수의 그래프의 성질을 이해하고 이를 활용하여 문제를 해결할 수 있다.”를 평가하는 세 차시 분량의 문항을 개발했다. 〈표 Ⅲ-4-1〉은 수학과 평가도구 프로토타입의 개요, 〈표 Ⅲ-4-2〉는 수학과 평가 과제를 나타낸 것으로, 테크놀로지를 기반으로 한 교과역량 평가의 가능성을 확인할 수 있다.

표 Ⅲ-4-1 KICE-eAssessment의 수학과 평가도구 개요

<table>
<tr><th colspan="2" rowspan="2">차시별 평가 과제</th><th rowspan="2">교과 역량
하위요소</th><th colspan="2">문항 정보</th></tr>
<tr><th>문항 유형</th><th>기술공학적 도구</th></tr>
<tr><td>1차시</td><td>배의 높이 변화를 수학적 표현으로 나타내기</td><td>수학적 모델링</td><td>도식 작성형</td><td>터치 드로잉
이미지 분석
애니메이션 재생
실시간 투표
시뮬레이션</td></tr>
<tr><td rowspan="2">2차시</td><td>다이너마이트 심지 연결 게임에서 적절한 일차함수 찾기</td><td>문제 이해 및
전략 탐색</td><td>수식 입력형</td><td rowspan="2">수식 입력기
동적 기하 표현
시뮬레이션</td></tr>
<tr><td>주어진 조건을 만족하는 다이너마이트 심지 연결 게임 만들기</td><td>문제 만들기</td><td>도식 작성형</td></tr>
<tr><td rowspan="2">3차시</td><td>주어진 자료에서 다양한 항로로 이동할 때 소요되는 시간과 비용 구하기</td><td>계획 실행 및
반성</td><td>수식 입력형
도식 작성형</td><td rowspan="2">수식 입력기
계산기
동적 기하 표현
시뮬레이션</td></tr>
<tr><td>개인 활동, 모둠 활동을 통해 최적의 항로 찾기</td><td>협력적
문제해결</td><td>텍스트-매체
통합 서술형</td></tr>
</table>

* 출처: 김인숙 외(2019, p.135)

표 Ⅲ-4-2 KICE-eAssessment의 수학과 평가 과제

<table>
<tr><th>교수학습 활동</th><th>평가 방법 및
하위 요소</th></tr>
<tr><td>• 파나마 운하 작동 원리 알아보기(시뮬레이션 1)

• 파나마 운하의 작동 원리를 제대로 이해했는지 질문</td><td></td></tr>
</table>

교수학습 활동	평가 방법 및 하위 요소
• 그래프 개형 파악하기(시뮬레이션 1) – 시간에 따른 파나마 운하 배의 높이 변화 	
• 배의 높이 표현하기(시뮬레이션 2) – 시뮬레이션 상황에 맞는 그래프 그리기(총 5문항) 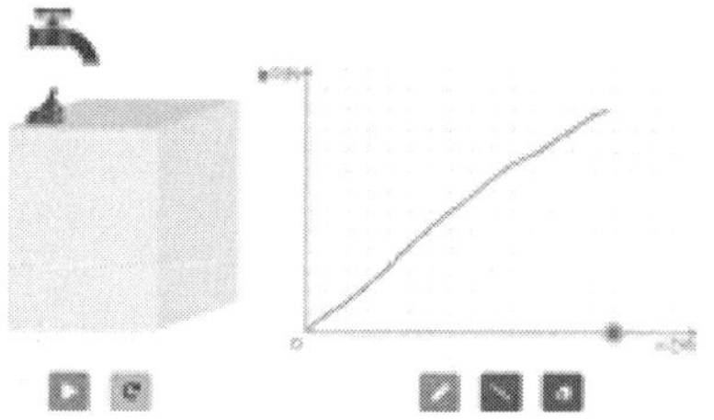	• 평가 방법 – 제시된 여러 상황을 수학적 표현(그래프)으로 나타내기 • 하위 요소 – 수학적 모델링

* 출처: 김인숙 외(2019, pp.136-137)

되돌아보기 + 더 나아가기

1. Binkley와 동료들은 전통적인 지필평가에서 컴퓨터 기반 평가로의 변화를 사분면으로 구분하였다. 이에 대해 설명하고, 수학교육에서 컴퓨터 기반 평가가 필요한 이유에 대해 논하시오.

2. TPACK에 대해 이를 구성하는 요소들을 언급하여 설명하고, 수학교사가 TPACK을 갖추어야 할 필요성에 대해 논하시오.

3. 수학교육에서 활용할 수 있는 공학적 도구를 나열하고, 각 공학적 도구의 장단점에 대해 쓰시오.

4. 2015 개정 수학과 교육과정에는 중학교 1학년 통계의 '자료의 정리와 해석'에 공학적 도구의 사용에 관한 성취기준을 추가하였다. 해당 성취기준을 쓰고, 공학적 도구를 이용하여 이 성취기준을 평가하기 위한 구체적인 방안을 쓰시오.

5. 최근 개별화 학습을 지원하기 위한 AI 기반 지능형 학습 체제(Intelligent Tutoring System: ITS)가 수학 수업에 도입되고 있다. 그 예를 두 가지 쓰고, AI를 활용한 수업에서의 평가 방안을 쓰시오.

참고문헌

교육부(2015). **수학과 교육과정.** 교육부 고시 제2015-74호 [별책8].

김명화, 박은아, 최혁준, 김경성(2011). **컴퓨터 기반 문제해결능력 평가 모형 개발.** 한국교육과정평가원 연구보고 RRE 2011-5.

김인숙, 이문복, 김현미, 이채희, 박종임, 송민호, 최혁준, 박예진 (2019). **핵심역량 평가를 위한 컴퓨터 기반 평가 시스템(KICE-eAssessment) 개발 연구 (I).** 한국교육과정평가원 연구보고 RRE 2019-4.

김현진, 박정호, 홍선주, 박연정, 최정윤, 김유라, 이항섭, 이인숙(2020). **AI시대 대비 국가수준 교육과정 운영 지원 방안 연구**. 교육부 발간등록번호 11-1342000-000585-01.

박경미, 박선화, 권점례, 윤상혁, 강현영, 이경진, 최지선, 강은주, 김민정, 이광상, 김재영, 이광언, 한준철, 심선희, 방성숙, 이경은, 도종훈, 이문호, 황선미, 임해미, 이화영, 조혜정, 박정숙, 이승훈, 박문환, 김성여, 임미인, 권영기, 서보억, 이은정, 김완일, 장혜원, 이만근, 권오남, 안현정, 이지윤, 강성권, 강태석, 김화경, 신동관, 오택근, 전인태(2015). **2015 개정 수학과 교육과정 교육과정 시안 개발 연구 Ⅱ.** 교육부, 한국과학창의+재단. 연구보고 BD15110002.

박지현(2013). **컴퓨터 기반 수학 평가 문항 설계 원리 연구.** 서울대학교 박사학위논문.

박혜영, 이명애, 이명진, 김부연, 임해미, 이현숙, 이동엽(2018). **미래사회 대비 교육과정, 교수·학습, 교육평가 비전 연구(III): 초·중등학교의 교육평가 방향을 중심으로.** 한국교육과정평가원 연구보고 RRE 2018-7.

성태제(2018). **교육평가의 기초**. 서울: 학지사.

임해미(2009). 예비 수학교사의 테크놀로지 내용교수지식(TPACK) 신장을 위한 팀 프로젝트 효과 연구. **수학교육학연구, 19**(4), 545-564.

임해미(2015). **대규모 평가에서의 컴퓨터 기반 수학 평가.** 수학교육에서 공학적 도구: 대한수학교육학회 2015 연보(고상숙 외). 서울: 경문사.

임해미, 최인선(2019). Van Hiele 기하 학습 수준 이론에 기초한 수학 교실에서의 로봇 활용 방안 탐색. **학교수학, 21**(4), 645-668.

임해미, 최인선, 노선숙 (2014). 논리·비판적 사고 신장을 위한 로봇 프로그래밍의 수학교육 적용 방안. **수학교육, 53**(3), 413- 434.

조지민, 김수진, 이상하, 김미영, 옥현진, 임해미, 박연복, 이민희, 한희진, 손수경(2011). **OECD 국제 학업성취도 비교 연구 - PISA 2012 예비검사 시행 보고서-.** 한국교육과정평가원 연구보고 RRE 2011-4-2.

Ardito, G., Mosley, P., & Scollins, L. (2014). We, robot: Using robotics to promote collaborative and mathematics learning in a middle school classroom. *Middle Grades Research Journal, 9*(3), 73-89.

Binkley, M., Erstad, O., Herman, J., Raizen, S., Ripley, M., Miller-

Ricci, M., & Rumble, M. (2012). Defining twenty-first century skills. In *Assessment and teaching of 21st century skills* (pp.17-66). Springer Netherlands.

Bunderson, C. V., Inouye, D. K., & Olsen, J. B. (1988). The four generations of computerized educational measurement. *ETS Research Report Series, 1988*(1), i-148.

Chai, C.-S., Koh, J. H.-L., & Tsai, C.-C. (2013). A Review of Technological Pedagogical Content Knowledge. *Educational Technology & Society, 16* (2), 31-51.

Eisenberg, M. (2003). Mindstuff: Educational technology beyond the computer. *Convergence, 9*(2), 29-53.

Gerretson, H., Howes, E., Campbell, S., & Thompson, D. (2008). Interdisciplinary mathematics and science education through robotics technology: Its potential for Education for Sustainable Development (A case study from the USA). *Journal of Teacher Education for Sustainability, 10,* 32-41.

Halverscheid, S. (2019). Felix Klein's Mathematical Heritage Seen Through 3D Models. In *The Legacy of Felix Klein* (pp.131-152). Springer, Cham.

Mishra, P., & Koehler, M. J. (2006). Technological Pedagogical Content Knowledge: A new framework for teacher knowledge. *Teachers College Record, 108* (6).

OECD (2013). *PISA 2012 Assessment and Analytical Framework: mathematics, reading, science, problem solving and financial literacy.* OECD Publishing.

OECD (2018). *PISA 2021 mathematics framework(first draft).* Retrieved from https://www.upc.smm.lt/naujienos/smm/penkiolikmeciu-matematinis-rastingumas/GB-2018-4-PISA-2021-Mathematics-Framework-First-Draft.pdf

참조 웹사이트

https://pisa.e-wd.org/ko/index.html#Examples

https://illuminations.nctm.org/uploadedfiles/content/lessons/resources/6-8/barbie-as-project.pdf

http://www.smarterbalanced.org/

http://sampleitems.smarterbalanced.org/

5. 평가 정책에 따른 수학교육평가

4차 산업혁명 시대로 대변되고 있는 미래의 교육 환경에서는 학습자 중심의 개별 맞춤형 교육, 학생의 역량을 개발하는 교육, 자기 주도적 학습 등이 강조될 것이다(이근호, 2019). 이러한 맥락에서 최근 학생평가 패러다임은 평가를 통해서 학생의 학습과 성장을 지원하는 것으로 변화하고 있다(김인숙, 2019). 우리나라의 학생평가 역시 단순히 학생들의 최종 학업성취를 확인하던 과거의 방식에서 벗어나, 평가 결과를 활용하여 학생의 학습을 견인할 수 있는 방향으로 변화를 꾀하고 있다.

최근의 이러한 변화를 반영한 교육평가 정책으로는 과정 중심 평가 관련 정책, 성취평가제, 고교학점제를 들 수 있다. 이 절에서는 성취평가제와 고교학점제의 도입 배경, 운영 방안 등에 대해 다룬다.

성취평가제를 위한 정책 및 평가 안내 자료는 학생평가지원포털 홈페이지(https://stas.moe.go.kr)에서, 고교학점제에 대한 정책 및 관련 자료는 고교학점제 홈페이지(https://www.hscredit.kr)에서 확인할 수 있다.

가. 성취평가제

(1) 도입 배경[16)]

학교 현장에서 근소한 차이로 석차나 등급이 달라지는 기존의 상대평가 체제에서는 학생들이 지나친 경쟁으로 인해 과중한 학업 스트레스를 받고, 자신의 적성과 진로에 맞는 교과목보다는 높은 석차를 받는 데에 유리한 교과목을 선택하는 등의 문제가 있어 상대평가제에 대한 개선이 필요하다는 의견이 지속적으로 제기되었다. 또한, 글로벌 지식 기반 사회에서 요구되는 창의력과 인성을 겸비한 인재를 육성하는데 적합한 교수·학습과 평가 방법이 요구되고 있다. 이처럼 성취평가제는 창의·인성 교육 강화에 따른 교육과정 개정 및 교수·학습 방법 변화에 따라 평가 방법이 변화되어야 한다는 요구를 반영하고, 학생의 학습 부담을 감소하기 위해 도입되었다(김인숙 외, 2017).

16) 학생평가 지원포털, '성취평가제 운영 개요'의 내용을 재구성하여 제시함. https://stas.moe.go.kr/frt/contents.do?strCurMenuId=190.

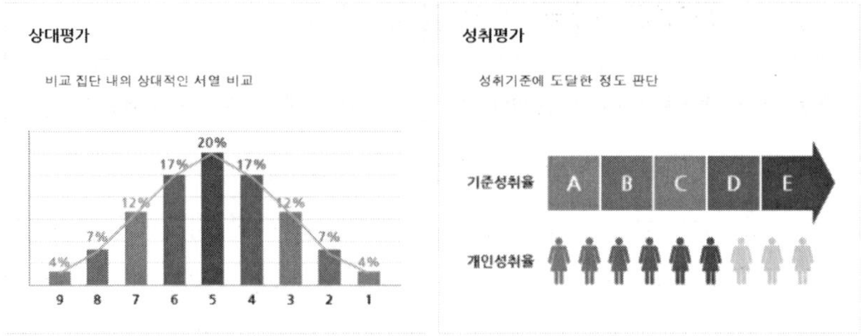

* 출처: http://www.kice.re.kr/sub/info.do?m=010304&s=kice

그림 Ⅲ-5-1 상대평가 vs 성취평가

이와 더불어 교육 환경 측면에서 학령인구 감소에 따라 학급당 학생 수 및 교사 1인당 학생 수가 줄면서 수준별 맞춤형 교육 여건이 조성되고 있다. 이러한 교육 환경의 변화와 평가제도 개선의 필요성에 의해 교육부는「중등학교 학사관리 선진화 방안(2011. 12. 13)」을 발표하였다. 이에 따라 2014학년도 1학년부터 고등학교 보통교과에 성취평가제가 도입·적용되기 시작했다. 중학교 1학년에 2012년에 적용되기 시작하여 단계적으로 확대 시행되면서 2015년 이후 중학교 전 학년에 적용되었고, 고등학교 1학년은 2014년부터 적용되기 시작하여 2016년에 고등학교에 전 학년에 걸쳐서 적용되었다(김인숙 외, 2017, p.104).

성취평가제는 상대적 서열에 따라 '누가 더 잘했는가'를 평가하는 것이 아니라, '학생이 무엇을 어느 정도 성취하였는가'를 평가하는 제도이다. 성취평가제에서는 교육과정에 근거하여 개발된 교과목별 성취기준에 도달한 정도로 학생의 학업 성취수준을 평가한다. 이러한 성취평가제 도입은 교육과정 운영의 자율성 확대, 교수·학습 및 평가 방법의 질적 개선 등 다양한 변화를 수반할 수 있다. 또한, 내실 있는 성취평가제의 운영은 교사들이 학생들의 성취기준 도달 정도를 파악함으로서, 교수·학습과 평가를 개선할 수 있으며, 성취수준–교수·학습–평가의 연계성 확보를 통해 교사의 전문성을 신장시킬 수 있다. 나아가 성취평가제가 내실 있게 운영되면 학생들은 자신의 적성과 진로에 적합한 교과목 수강이 용이해지고, 성취기준 도달 정도 파악을 통해 학습을 개선할 수 있을 것이다.

(2) 성취평가제 운영

성취평가제에서는 교과 교육과정에 따라 개발된 교과별 성취기준·성취수준에 근거하여 교수·학습 및 평가가 이루어진다. 성취평가제는 학기 단위로 운영되며, 시기별로 크게 교육과정 분석 및 평가 계획 마련, 평가 도구 개발 및 평가 시행, 피드백 제공, 평점 및 기록, 평가 결과 분석 및 활용의 다섯 단계로 정리할 수 있다. 단계별 주요 활동을 정리하면 〈표 Ⅲ-5-1〉과 같다.

한국교육과정평가원(2017)에서는 초·중·고등학교 교육 전체에서 '학생평가 운영 과정'을 통합한 교육 활동을 제시하고 있다. 〈표 Ⅲ-5-1〉은 이를 반영한 단계를 정리하여 제시한 것이다.

표 Ⅲ-5-1 성취평가제 단계별 흐름도 및 주요 활동

단계	주요 활동	시기 (1학기 예시)
1. 교육과정 분석 및 평가 계획 마련	• 교육과정 성취기준 분석 • 평가계획 수립	2월~3월 초
2. 평가 도구 개발 및 평가 시행	• 성취기준에 근거한 평가 도구 개발 • 과정 중심의 평가 시행	3월~7월
3. 피드백 제공	• 과정 중심의 피드백 제공 • 상시 맞춤형 피드백 제공	
4. 평정 및 기록	• 한 학기 동안의 성적 평정 • 과정 중심의 평가 결과 기록	7월 말
5. 평가 결과 분석 및 활용	• 학업 성취도 분석 • 평가 결과 해석 및 활용	평가 후

* 출처: 최지선 외(2014, p.1)와 한국교육과정평가원(2017, p.2)의 내용을 재구성하였음.

성취평가제의 운영을 위해서는 학기 초에 학교별 교육과정 운영계획 수립 시, 우선 교과별로 '성취기준과 학기 단위 성취수준'을 마련해야 한다. 서민희 외(2015)에 따르면, 성취평가제 운영을 위해 학교 교육과정을 설계할 때 성취기준에 근거하여 교육목표, 교육내용, 교수·학습 방법, 평가 방법이 일관성 있게 연계되어야 한다. 즉, 학생이 도달해야 하는 교과별 성취기준을 정하고 그에 적합한 교수·학습 활동을 전개한 다음, 성취기준에 근거하여 어느 정도 도달했는지 평가하고 부족한 부분을 파악하여 학생들을 지도해야 한다. 성취평가제

운영에서 교사의 역할을 정리하면 [그림 Ⅲ-5-2]와 같다.

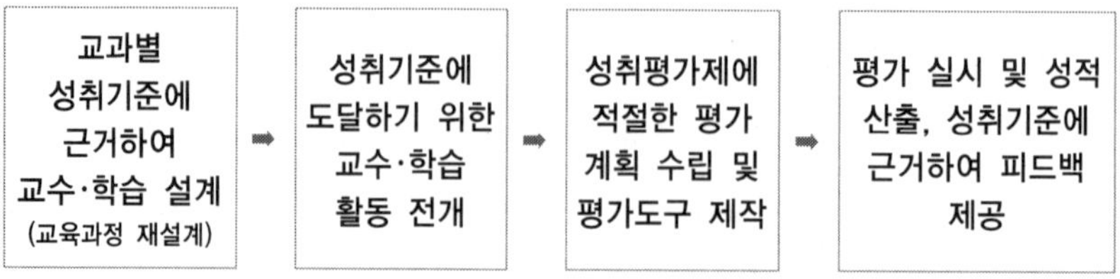

* 출처: 서민희 외(2015, p.6)

그림 Ⅲ-5-2 성취평가제 운영에서 교사의 역할

성취평가제 운영 과정에서 과학적이고 체계적인 평가 계획을 수립하고 타당도 높은 평가도구를 제작할 수 있는 교사의 평가 전문성이 요구되며, 학생이 성취기준에 도달하였는지를 평가하여 학생 학력의 실질적 향상을 추구하는, 즉 평가 본래의 목적을 추구하고자 하는 교사의 인식 전환이 중요하다(서민희 외, 2015, p.6).

(3) 성취기준, 평가기준, 성취수준[17]

성취평가제 운영을 위해서는 교육과정에 제시되어 있는 성취기준을 이해하고, 이를 바탕으로 교수·학습 및 평가 과정에 적용할 수 있는 평가기준과 성취수준을 마련하여야 한다. 제7차 교육과정 시기부터 평가기준과 관련된 용어들이 어떻게 사용되어 왔는지를 정리하면 [그림 Ⅲ-5-3]과 같다. 이미경 외(2016)에 따르면, '교육과정 성취기준', '평가준거 성취기준' 등과 같은 용어를 도입하게 된 가장 큰 이유는 '교육과정 문서상의 성취기준'과 이를 '평가 상황에 활용하기 위해 재구성한 성취기준'을 구분하여 사용자들 사이의 의사소통에서 혼란을 초래하지 않기 위함이다.

17) 이미경 외(2016)에 제시된 성취기준, 평가기준, 성취수준에 대한 내용을 재구성하여 제시함.

	국가 교육과정	국가 교육과정에 따른 성취기준	개별 성취기준 달성 정도	단원별/영역별 성취기준 달성 정도
제7차 교육과정에 근거한 평가기준 개발 연구	내용	성취기준	평가기준	
2007 개정 교육과정에 근거한 평가기준 개발 연구	중영역	성취기준	평가기준	
2009 개정 교육과정에 근거한 평가기준 개발 연구	교육과정 내용	성취기준	성취수준	성취수준
2015 개정 교육과정에 근거한 평가기준 개발 연구	교육과정 성취기준	평가준거 성취기준	평가기준	성취수준

* 출처: 이미경 외(2016, p.18)

그림 Ⅲ-5-3 평가기준 관련 용어의 변화

'교육과정 성취기준'은 각 교과별 국가교육과정에 세시되어 있는 성취기준을 의미한다. 각 교과별 국가교육과정에서는 '성취기준'이라는 항목을 두고 성취기준과 성취기준 해설을 제시하고 있다. 국가 수준에서는 '교육과정 성취기준'을 다음과 같이 정의하고 있다.

> 학생들이 교과를 통해 배워야 할 내용과 이를 통해 수업 후 할 수 있거나 할 수 있기를 기대하는 능력을 결합하여 나타낸 수업 활동의 기준 (교육부, 2015, '일러두기')

'평가준거 성취기준'이란 교육과정 성취기준을 실제 평가 상황에서 준거로 사용하기에 적합하도록 재구성한 것을 의미한다. 즉 학교에서 교육과정 성취기준을 그대로 구체적인 평가활동을 위한 판단의 기준으로 삼기에 다소 포괄적이거나 모호할 수 있음을 고려한 것으로서 학생 입장에서는 무엇을 공부하고 성취해야 하는지, 교사 입장에서는 무엇을 가르치고 평가해야 하는지에 대해 보다 명료한 안내를 제공하기 위해 교육과정 성취기준을 재구성한 것을 의미한다.

'평가기준'이란 평가활동에서 학생들이 어느 정도의 수준에 도달했는지를 판단하기 위한 실질적일 기준 역할을 할 수 있도록 평가준거 성취기준에 도달한 정도를 상/중/하의 세 단계로 구분하고 각 단계에 속한 학생들이 무엇을 알고 있고, 할 수 있는지를 기술한 것을 의미한다. 〈표 Ⅲ-5-2〉는 평가기준 상/중/예로 고등학교 〈수학〉 과목의 중 성취기준 [10수학01-03]을 제시한 것이다.

표 Ⅲ-5-2 평가기준의 예: 고등학교 〈수학〉

교육과정 성취기준	평가준거 성취기준	평가기준	
[10수학01-03] 나머지정리의 의미를 이해하고, 이를 활용하여 문제를 해결할 수 있다.	[10수학01-03-00] 나머지정리의 의미를 이해하고, 이를 활용하여 문제를 해결할 수 있다.	상	항등식의 성질을 이용하여 나머지정리를 이끌어내고, 나머지정리와 인수정리를 활용하여 문제를 해결할 수 있다.
		중	나머지정리를 이용하여 다항식을 이차식으로 나누었을 때의 나머지를 구할 수 있다.
		하	나머지정리를 이용하여 다항식을 일차식으로 나누었을 때의 나머지를 구할 수 있다.

* 출처: 변희현 외(2017, p.78)

(4) 성취평가제 운영을 위한 성취기준 및 성취수준 마련[18)]

앞서 살펴본 바와 같이 성취기준은 학생들이 교과를 통해 배워야 할 내용과 이를 통해 수업 후 무엇을 할 수 있거나 할 수 있기를 기대하는지에 대한 기준을 의미한다. 이에 성취기준은 내용과 행동의 형식으로 진술된다. 내용이란 학생들이 학습해야 할 특정 교과의 구체적인 세부 교과 내용을 의미하고, 행동은 그 내용 영역에서 학생들이 학습한 후 구체적으로 수행해 보일 수 있는 능력 특징을 의미한다. 학교 현장에서 성취기준은 크게 다음 세 가지 측면에서 활용될 수 있다.

첫째, **교수·학습의 근거**로 활용될 수 있다. 학기 단위 수업 계획 및 매 차시 수업 계획을 수립할 때, 성취기준에 근거하여 학습 목표를 설정하고, 학생들이 학습 목표에 도달하도록 수업을 운영하여야 한다.

18) 최지선 외(2014)와 서민희 외(2015)에 제시된 성취기준 및 성취수준에 대한 내용을 재구성하여 제시함.

둘째, **평가의 근거**로 활용될 수 있다. 단위학교에서는 성취기준에 근거하여 교과목별 학기 단위 평가 계획을 수립하고, 평가 문항을 개발하여야 한다.

셋째, **교수·학습 결과에 대한 진술의 근거**로 활용될 수 있다. 개별 학생의 학업성취 정도를 학생 및 학부모에게 구체적으로 설명하거나 학교생활기록부 교과학습발달상황의 세부능력 및 특기사항에 학업성취 정도에 대해 구체적으로 기록하고자 할 때, 교과목별 성취기준에 근거하여 기록할 수 있다.

현재 우리나라 중·고등학교에서 학생들의 학업 성적에 대한 평정은 학기 단위로 이루어진다. 따라서 단위학교에서는 한 학기 동안 학습할 성취기준과 그것을 학습한 이후 학생들이 보일 전형적인 특성을 진술한 성취수준 기술을 학기 단위로 마련한다. 성취수준은 학생들이 교과별 성취기준에 도달한 정도를 몇 개의 수준으로 구분하고 각 수준에 속한 학생들이 무엇을 알고 할 수 있는가를 나타낸 것이다.

학기 단위 성취수준은 학생이 한 학기동안 학습한 성취기준에 도달한 정도를 종합하여 나타내는 지표로서, 교과목에 따라 5개의 수준(A-B-C-D-E) 또는 3개의 수준(A-B-C)으로 구분된다. '학기 단위 성취수준'은 수학 교과에서 일반적인 성취수준별 특징이 어떻게 반영되었는지가 구체적으로 제시되어야 한다. 예를 들어, 어떤 학생에게 'A'라는 성취수준을 부여했을 때, 한 학기 동안 특정 과목에서 학습한 성취기준을 90% 이상 성취했다는 것이 무엇을 의미하는지를 〈표 Ⅲ-5-3〉과 같이 진술할 수 있다.

표 Ⅲ-5-3 **학기 단위 성취수준**: 5단계 평정 교과목의 성취도별 일반적 특성 기술

성취도	성취율	일반적 특성 기술
A	90% 이상	한 학기 동안 학생이 충실한 교수·학습 과정을 통해 성취하기를 기대하는 전체 성취기준에 대한 이해와 수행이 **매우 우수**한 수준
B	80% 이상~ 90% 미만	한 학기 동안 학생이 충실한 교수·학습 과정을 통해 성취하기를 기대하는 전체 성취기준에 대한 이해와 수행이 **우수**한 수준
C	70% 이상~ 80% 미만	한 학기 동안 학생이 충실한 교수·학습 과정을 통해 성취하기를 기대하는 전체 성취기준에 대한 이해와 수행이 **보통**인 수준

성취도	성취율	일반적 특성 기술
D	60% 이상~ 70% 미만	한 학기 동안 학생이 충실한 교수·학습 과정을 통해 성취하기를 기대하는 전체 성취기준에 대한 이해와 수행이 **다소 미흡**한 수준
E	60% 미만	한 학기 동안 학생이 충실한 교수·학습 과정을 통해 성취하기를 기대하는 전체 성취기준에 대한 이해와 수행이 **미흡**한 수준

이를 위해 2015 개정 수학과 교육과정에서에서는 권점례 외(2016), 변희현 외(2017), 이광상 외(2018)에 제시된 초·중·고등학교의 단원/영역별 성취수준을 참고할 수 있다. 단원/영역별 성취수준은 각 단원 또는 영역에 해당하는 교수·학습이 끝났을 때 학생이 성취하기를 기대하는 지식, 기능, 태도에 도달한 정도를 기술한 것을 의미한다.

단원/영역별 성취수준은 각 단원에 포함된 교육과정 성취기준 또는 평가준거 성취기준을 단순히 나열한 것이 아니라 '단원 또는 영역 내 성취기준들을 포괄하는 전반적인 특성에 도달한 정도를 수준별로 구분해 진술한 것'을 의미한다.

2015 개정 수학과 교육과정에서 초등학교와 고등학교 진로선택 교육과정의 교과목은 3단계(A/B/C)로, 중학교와 고등학교 공통 과목, 일반선택 과목, 전문교과 교육과정의 교과목은 모두 5단계(A/B/C/D/E)로 나누어 진술한다. 〈표 Ⅲ-5-4〉는 단원/영역별 성취수준의 예로 중학교 2학년 함수 영역의 성취수준을 제시한 것이다.

표 Ⅲ-5-4 영역별 성취수준의 예: 중학교 〈수학〉

성취 수준	설 명
A	실생활에서 함수 관계인 예를 제시하여 함수의 개념을 설명할 수 있고, 일차함수와 그래프, 일차함수와 일차방정식의 관계 등을 이해하여 문제를 능숙하게 해결할 수 있다.
B	함수의 개념을 이해하여 두 양 사이의 관계가 함수가 되는지 판단할 수 있고, 일차함수와 그래프, 일차함수와 일차방정식의 관계 등을 이해하여 문제를 해결할 수 있다.
C	함수의 의미를 말할 수 있고, 일차함수와 그래프, 일차함수와 일차방정식의 관계 등을 이해하여 간단한 문제를 해결할 수 있다.
D	함수 관계인 것과 함수 관계가 아닌 것을 구별할 수 있고, 일차함수와 그래프, 일차함수와 일차방정식의 관계 등에 대한 문제를 기능적으로 해결할 수 있다.
E	함수 관계인 것과 함수 관계가 아닌 것을 구별할 수 있고, 일차함수와 그래프, 일차함수와 일차방정식의 관계 등에 대한 간단한 문제를 해결하려고 노력한다.

* 출처: 권점례 외(2016, p.256)

단위학교에서 학교 여건에 따라 성취기준을 재구성할 때는 다음 사항에 유의하여야 한다.

첫째, **교육과정 적합성**에 유의하여야 한다. 성취기준이 교육과정 내용의 범위와 수준을 벗어나지 않으며, 학습량이 많아지지 않도록 수준과 양을 적정화하여야 한다.

둘째, **수준의 위계성**에 유의하여야 한다. 내용 성취기준이 학년군이 높아감에 따라 수준의 위계가 나타나도록 진술되었는지 검토하여 교과 내 성취기준 간의 위계가 드러나도록 진술한다.

셋째, **진술의 명료성**에 유의하여야 한다. 교과별 교육과정의 내용을 근간으로 하여 무엇을 성취할 것인가를 명시적으로 드러낼 수 있도록 가급적 '~할 수 있다.'의 형식으로 진술하여 '도달점 행동'이 드러나도록 한다. 도달점 행동을 분명히 드러내어 성취기준이 실제적인 교수·학습 및 평가의 지침으로 기능할 수 있도록 한다.

마지막으로, **교수·학습 및 평가와의 연계성**에 유의하여야 한다. 성취기준과 성취수준을 재구성할 때에는 교수·학습 및 평가와 유기적으로 연계되어야 한다. 즉, 재구성된 성취기준과 성취수준에 따라 교수·학습 방법도 달라져야 하며, 성취기준과 교수·학습 방법이 달라지면 이를 적절하게 평가할 수 있는 평가 방안도 달라져야 한다.

(5) 평가 결과의 피드백[19)]

성취평가제는 석차 정보가 아니라 성취도 정보를 제공하므로 전체 학생들의 성취도를 파악하는 데 그치지 않고, 학생들의 특성을 성취도별로 파악하여 피드백을 제공함으로써 학습을 효과적으로 도울 수 있다. 학생의 성취도별 특성 파악 및 피드백은 학생들의 강·약점을 알려주어 성취기준에 대한 달성도를 높일 수 있을 뿐 아니라, 학생의 자기 주도적 학습 능력 강화 및 수요자 중심의 맞춤형 교육을 가능하게 한다. 이를 도식화하여 나타내면 [그림 Ⅲ-5-4]와 같다.

19) 교육부, 한국교육과정평가원(2015)에 제시된 내용을 재구성하여 제시함.

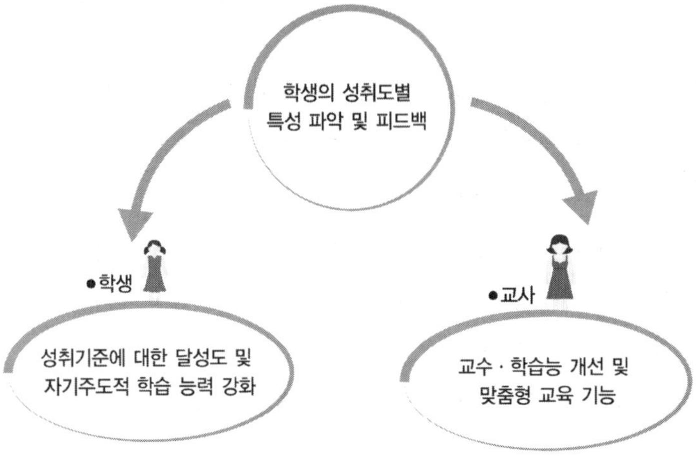

* 출처: 서민희 외(2015, p.147)

그림 Ⅲ-5-4 성취평가제에서 평가 결과 피드백의 역할

학교에서 시행한 평가 결과를 바탕으로 학생들이 성취하지 못한 평가 문항과 연계된 성취기준을 중심으로 학습전략을 재구성하거나 학습 방향을 제시하는 개별화 맞춤형 피드백을 구성할 수 있다. 평가 결과의 구체적 활용 방안을 정리하면 다음과 같다(〈표 Ⅲ-5-5〉 참조).

- 평균, 표준편차, 성취수준별 학생 비율, 문항 정답률 및 답지반응분포 분석을 통해 학생의 성취도 특성을 구체적으로 파악할 수 있다.
- 성취기준에 대한 달성도를 측정하는 각 문항의 성취수준별 정답률 및 답지반응분포 등의 정보를 활용하여 학생들의 성취수준에 따른 이해도 및 오개념 등을 파악할 수 있다.
- 성취기준별 또는 평가영역별로 학생들의 성취도별 특성을 파악하여 피드백을 제공할 수 있다.

표 Ⅲ-5-5 평가 결과의 활용

분석 정보		분석 내용	분석 결과 활용			
			평가의 타당도 분석	학생의 학업 성취도 파악	교수·학습 검토 및 개선	평가 도구 제작 역량 제고
평균 및 표준 편차		전반적인 학생들의 성취도		○	○	○
성취수준 분포 비율		학교/학급별 성취수준 분포		○	○	
정답률	전체 정답률	학생들의 성취가 낮은 문항		○		
		성취기준별 도달 정도		○	○	
		문항의 위치 및 배열의 적절성	○			○
	예상 정답률과 실제 정답률의 비교	예상 외로 정답률이 부진한 문항		○	○	
		예상 난이도와 차이가 있는 문항			○	○
	성취수준별 정답률	싱취수준에 따른 이해 정도		○	○	○
문항 변별도		학생의 성취정도에 대한 변별기능	○	○		○
답지 반응 분포	전체 학생의 답지 분포 분석	학생들의 오개념		○	○	○
		답지의 기능	○	○	○	○
		답지 배열의 적절성	○	○	○	○
	성취수준별 답지 분포	성취수준별 강·약점		○	○	○
		성취수준에 따른 내용 이해의 위계성		○	○	○

* 출처: 서민희 외(2015, p.148)

김인숙 외(2017)에 따르면, 성취평가제는 단순히 성적 산출 방식을 상대평가에서 절대평가로 바꾼 것이 아니라, 교육과정에 맞추어 개발된 성취기준에 부합되는 문항으로 평가를 하도록 하여 학교단위 평가에서 사용되는 문항이 교육과정에서 규정한 학습 목표에 도달한 정도를 보다 정확하게 측정하기 위한 것이다. 성취평가제를 통해 학교단위 평가의 교육과정 적합성을 제고할 수 있다.

교사는 성취기준을 구체적으로 고려하여 수업을 계획하고 평가를 준비함으로써 수업을 통해 달성해야 할 목표를 분명하게 제시할 수 있게 되고, 학생들은 수업에서 자신이 부족한 부분을 보다 분명하게 파악할 수 있는 기회를 갖게 됨에 따라 장기간에 걸친 교수-학습-평가의 일관성을 높일 수 있다(김인숙 외, 2017, p.107). 나아가 이를 통해 불필요한 학력 경쟁을 억제하고, 학생들의 적성에 맞는 진로 탐색의 기회를 보다 많이 제공할 수 있을 것이다.

나. 고교학점제[20]

(1) 도입 배경

고교학점제는 2014년 진로맞춤형 교육 추진을 위해 제시된 '고교학점제(DIY형 교육)'가 반영된 정책이다. 고교학점제의 도입배경은 다음과 같다. 첫째, 경제 구조 및 사회 전반의 변화에 따라 교육에서는 단순 지식·기술의 습득이 아닌 새로운 가치를 창출할 수 있는 문제해결력, 창의성, 융합적 사고력 등이 중요하게 부각되고 있다. 빠르게 변하는 직업 세계와 고용 구조에 적응할 수 있는 진로 개척 역량, 연대·참여 의식을 갖춘 시민을 키워내기 위한 교육체제가 필요하다. 둘째, 학생 수 급감에 따른 교육 여건을 미래형 교육 실현을 위한 중요한 기회로 활용하는 한편, 모든 학생의 잠재력과 역량을 키울 수 있는 교육을 통해 생산 가능 인구감소가 국가 성장 동력 저하로 이어지지 않도록 대비가 필요하다.

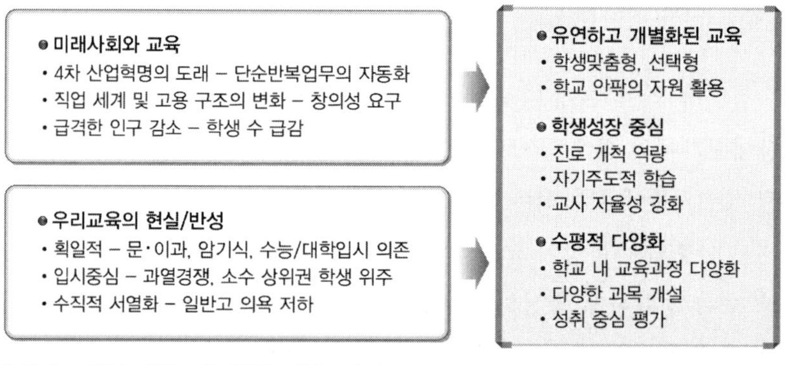

* 출처: 교육부, 한국교육과정평가원(2019)

그림 Ⅲ-5-5 고교학점제 도입 배경

20) 다음을 재구성하여 제시하였음.
- 교육부, 한국교육과정평가원(2019)
- 이명애 외(2018)
- 고교학점제 지원센터(교육부,한국교육개발원)
http://www.hscredit.kr/common/greeting.do;jsessionid=9A28BAB977E30262E10380FB974A9759

(2) 고교학점제의 개념

고교학점제 교육의 구체적인 내용은 고등학교에서 필수교과를 최소화하고 학생에게 교과 선택권을 부여하며 학생이 원하는 강좌를 신청하여 학점제로 운영한다는 것과 진로 설계 코칭을 강화하고자 한 것이다. 한혜정 외(2018, p.10)에 따르면, 고교학점제의 개념은 다음과 같다.

> 고교학점제는 '**진로에 따라 다양한 과목을 선택·이수하고, 누적 학점이 기준에 도달할 경우 졸업을 인정받는 교육과정 이수·운영 제도**'이다.
>
> – 단위를 학점으로 전환하는 차원을 넘어 과목 선택권 보장 및 교수·학습 평가개선 등 고교교육의 실질적 변화를 가져오는 촉매제로서 기능하도록 하기 위해서 종합적이고 중장기적인 준비가 필요함.[21)]

고교학점제는 기존의 단위제에서의 전환을 의미한다. 단위제(unit system)는 학생이 수업에 참여한 시간을 양적으로 표준화시킨 것으로 학점(credit) 인정의 한 방법으로 사용된다. 즉 '단위제'는 '특정 과정에 참여한 시간을 양적으로 표시한 것'이며, 이 단위의 개념에는 성취고교학점제 실행을 위한 교육평가 개선 방안 연구나 학업 진도의 내용이 포함되지 않는다(정광희 외, 2017). 반면 학점제(credit system)는 '교과별 이수 성취기준에 도달한 학생에게 학점을 부여함으로써, 과목별 학점이 누적되어 설정해 놓은 최소 졸업학점에 도달하는 학생에게 졸업을 인정하는 제도'이다(구자억 외, 2011). 우리나라에서는 2차 교육과정부터 단위제에 기반하여 교육과정을 편성하였으며, 2015 개정 교육과정에서도 단위제에 기반하여 운영하고 있으나 진급 및 진학에서는 학년제에 기반한다고 할 수 있다.

고교학점제가 제대로 실행되기 위해 필요한 제도적 요건은 다음과 같다. 첫째, **교육과정 측면**에서 이수 단위를 학점으로 하여, 학력(자격) 취득을 위한 총 이수학점·필수 이수 학점 등이 제시되어야 한다.

21) 학점제를 도입하기 위해 관련 법령(초·중등 교육법 및 시행령)을 개정되었으며, 이를 반영한 내용이 2020년 개정하는 고등학교 교육과정 총론에 반영됨. 2022년에 고시할 총론과 교과 교육과정의 예비 가이드라인에 관련 내용이 제시될 예정임.

이를 위한 전제로 학생에게 수강신청 기회를 부여하여야 한다. 둘째, **평가제도의 측면에**서 학점 취득을 위한 과목별 이수 기준 설정 및 미도달 시의 충족 방법 마련, 이를 위한 성취평가제(절대평가) 제도의 마련이 필요하다. 셋째, **졸업제도의 측면**에서 출석 일수를 기준으로 하는 학년 단위 진급·졸업이 아닌 학점을 기준으로 하는 양적·질적 졸업요건 설정이 필요하다. 이를 정리하여 제시하면 [그림 Ⅲ-5-6]과 같다.

고교학점제 기본 개념

진로에 따라 다양한 과목을 선택 이수하고, 누적 학점이 기준에 도달할 경우 졸업을 인정받는 교육과정 이수 운영 제도

고교학점제 제도적 요건

교육과정	단위의 학점 전환 및 실질적 선택권(영역별, 수준별) 확대, 총 이수학점 제시 등 학점제 도입 취지와 운영 방식에 맞는 교육과정 운영
평가제도	성취평가제 적용을 통해 학점 취득을 위한 과목별 최소 성취수준을 설정하고, 학생 성취수준별 과정 중심 평가를 통해 학생 맞춤별 이수 지원
졸업제도	총 출석일수의 충족, 이수 과목의 누적 학점 도달 등 학점을 기준으로 졸업요건을 설정하고, 수업연한 유연화 방아나 등 검토

* 출처: 교육부, 한국직업능력개발원, 한국교육개발원(2020, p.4)

그림 Ⅲ-5-6 고교학점제를 위한 제도적 요건

이러한 제도적 요건을 기반으로 한 고교학점제의 학사제도 운영 모형은 [그림 Ⅲ-5-7]과 같다.

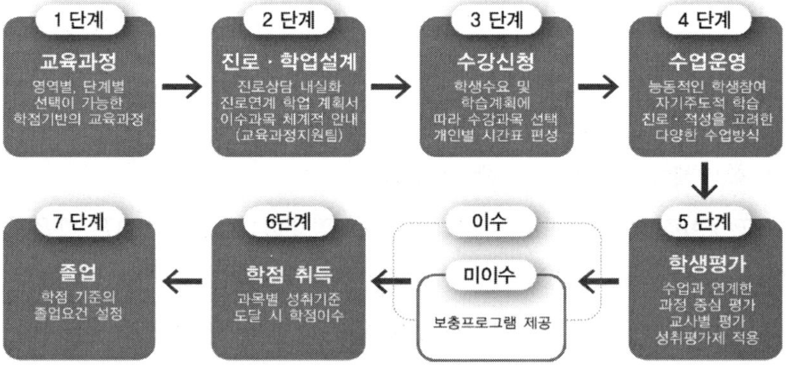

* 출처: 교육부, 한국교육개발원(2019)
http://www.hscredit.kr/common/menu/html/900900001/detailPotal.do

그림 Ⅲ-5-7 고교학점제 운영 모형

교육부, 한국교육개발원(2019)에 따르면, 1단계로 학교에서는 우선 학습자의 과목 선택권이 보장되는 학점 기반의 교육과정을 편성한다. 2단계에서는 진로·상담을 통해 학생이 자신의 학업을 설계할 수 있도록 지원한다. 3단계에서는 학생의 학업 설계 결과와 수요 조사를 반영하여 개설이 가능한 과목을 확정하고, 학생은 개설된 과목 중 원하는 과목을 선택하여 개인 시간표를 작성한다. 4단계에서는 개인시간표에 따라 수업에 참여하고, 5단계에서 교사는 석차보다는 학생이 성취 기준에 어느 정도 도달했는가를 평가함으로써 학생의 과목 이수 여부를 결정한다. 6단계에서 학생은 이수한 과목에 대한 학점을 취득하고, 마지막 7단계에서 누적 학점이 졸업 기준에 도달하면 고등학교를 졸업하게 된다.

고교학점제의 도입으로 기대되는 고등학교 교육의 변화는 다음과 같다(교육부, 한국교육과정평가원, 2019).

첫째, 학생은 학교에서 제시하는 교육과정을 이수하는 수동적 존재에서 본인의 진로 개척에 필요한 역량을 갖춘 자기주도적 학습자로 변화될 수 있다.

둘째, 교사는 교과지식 전달자, 학생 관리자, 대학입시 및 진학 지도 전문가에서 모든 학생의 성장과 학습을 지원하는 조력자임과 동시에 교수·학습 전문가로 변화될 수 있다.

셋째, 교육과정 편성·운영은 교원 수급 상황에 따라 교원이 가르칠 수 있는 과목 위주 편성·운영(공급자 중심)에서 학생의 진로와 적성, 흥미 중심(수요자 중심) 편성·운영으로 변화될 수 있다.

넷째, 학교 내 과목 선택권 확대와 타 학교, 지역사회 등과 협력한 교육과정 운영 등을 통해 교육과정의 다양성을 확보하는 수평적 다양화로 변화될 수 있다.

2020년 『초·중등교육법 시행령』에서 고등학교는 수업일수의 3분의 2 이상을 출석하면 수료가 가능하도록 규정되어 있고, 이것이 곧 실질적인 고교 졸업 요건이다.

(3) 고등학교 수학 교과 이수 기준 설정[22)]

단위제에서는 수업일수를 충족하게 되면 과목의 이수여부와 상관없이 졸업을 하게 되는 반면, 학점제에서는 학생이 선택한 과목별 이수 기준을 충족하지 못하면 졸업을 하지 못한다(노은희 외, 2019). 고교학점제 도입에 따른 고등학교 교과 이수 기준 설정 방안을 제시한 노은희 외(2019)는 고교 학점제에서 교과 이수 기준 개념을 다음과 같이 정의하였다.

교과 이수 기준
학생이 해당 교과(목)의 성취기준들은 일정 시간을 거쳐 학습하면서, 이에 대해 어느 정도의 성취수준에 도달했을 때 학점을 줄 것인가를 결정하는 준거

* 출처: 노은희 외(2019, p.26)

즉 교과 이수 기준은 해당 교과(목)의 이수와 미이수 여부를 판정하는 기준 요소로서, 고교학점제에서 교과 이수 기준은 ① 과목 출석률(초·중등교육법시행령 45조) ② 학업 성취율 두 가지 요소를 들 수 있다.

학업 성취율: 각 과목에서 기대하는 성취 목표에 도달한 정도
최소 학업 성취수준: 교육 목표에 비추어 학생이 알아야 할 것과 할 수 있는 것의 내용과 범위를 최소한으로 제시한 성취기준에 도달한 정도

학업 성취율은 각 과목에서 기대하는 성취 목표에 도달한 정도를 의미하며, 노은희 외(2019)에서는 학업 성취율의 이수와 미이수 여부를 가르는 기준 성취율을 40%로 설정하였다. 40%를 기준으로 이를 넘어서는 학생의 **최소 학업 성취수준**을 판단할 수 있도록 이에 해당하는 성취율 범위와 그에 따른 학생의 일반적 특성에 대한 진술을 제공해 줄 필요가 있다. 이상의 내용을 정리하여 고교학점제 교과 이수 기준(안)을 제시하면 〈표 Ⅲ-5-6〉과 같다.

22) 노은희 외(2019)에 제시된 내용의 일부를 재구성하여 제시함.

표 Ⅲ-5-6 고교학점제 교과 이수 기준(안)

구분	내용
교과 이수 기준 요소와 인정 범위	• 과목 출석률: 각 과목의 총 수업 횟수에서 학생이 실제 출석한 수업 횟수(이수 인정 범위: 수업 횟수 2/3 이상) • 학업 성취율: 각 과목의 성취 목표에 도달한 정도 (이수 인정 범위: 기준 성취율 40% 이상)
교과 이수 기준 설정 대원칙	• 성취평가제에 기반한다. • 교사별 평가를 전제한다. • 대입 평가와 연계한다.
최소 학업 성취수준 (학업성취율 판단 근거) 설정 방향	• 교과(목) 교육과정의 성취기준에 근거하여야 한다. • 교과(목)에서 기대하는 최소한의 능력 정도를 담아야 한다. • 현행 성취평가제 E 수준 범위 이내이어야 한다.

* 출처: 노은희 외(2019, p.76)

최소 학업 성취기준은 2015 개정 수학과 교육과정에 따른 평가기준에서 제시된 단원/영역별 성취수준 E의 일반적 특성을 고려한 '일반적 특성', 교사가 학생의 성취수준을 판단할 수 있도록 판단 근거를 제시한 '일반적 특성에 따른 하위 항목', 세분화된 하위 항목 특성별로 성취 여부를 판단할 수 있는 구체적 근거인 '수행 활동/판단 근거'로 구성되어 제시된다. 이러한 교과 이수 기준의 개념에 따라 2015 개정 수학과 교육과정에서 고등학교 〈수학〉에 대해 교과 이수 기준의 판정 근거로서 개발된 최소 학업 성취기준 진술문의 일부를 제시하면 〈표 Ⅲ-5-7〉과 같다.

「노은희 외(2019) 고교학점제 도입에 따른 고등학교 교과 이수 기준 설정 방안 탐색. 한국교육과정평가원 연구보고 RRC 2019-3」에서는 고등학교 공통 과목 〈수학〉, 일반 선택 과목 〈수학 I〉 2과목에 대한 최소 학업 성취수준 진술문을 개발하였다.

표 Ⅲ-5-7 최소 학업 성취기준의 예: 2015 개정 수학과 교육과정 고등학교 〈수학〉 '다항식'

영역	핵심 개념	일반적 특성	일반적 특성에 따른 하위 항목	수행 활동/판단 근거
문자와 식	다항식	다항식의 계산, 나머지정리, 인수분해의 기초 개념을 알고, 이에 대한 간단한 문제를 해결하려고 노력한다.	① 다항식의 계산, 나머지정리, 인수분해의 기초 개념을 안다.	• 간단한 다항식의 덧셈과 뺄셈을 할 수 있다. • 분배법칙을 이용하여 간단한 다항식의 곱셈을 할 수 있다. • 나머지정리를 이용하여 다항식 $f(x)$를 일차식 $(x-\alpha)$로 나누었을 때의 나머지를 구할 수 있다. • 간단한 인수분해 공식을 말할 수 있다.
			② 다항식의 계산, 나머지정리, 인수분해에 대한 간단한 문제를 해결하려고 노력한다.	• 다항식의 계산, 나머지 정리, 인수분해에 대한 학습에 관심을 가지고 간단한 문제를 해결하려고 노력한다.

* 출처: 노은희 외(2019, p.127)

이렇듯 고교학점제에서 교과 이수 기준 설정은 학생들이 학점을 취득하는 데 준거가 되는 필수적인 요소이다. 이후, 고교학점제의 교과 이수 기준을 설정하는 데 있어, 이것이 기능할 수 있는 여러 교육적 역할을 복합적으로 고려함과 동시에 우리의 교육 현실에 맞는 적정선을 찾는 작업이 함께 이루어질 필요가 있다.

고교학점제는 2020년 51개교 마이스터고에 우선 적용되었으며, 2022년 일반고에 제도를 부분도입한 후, 교육과정을 전면개정하여 2025년부터 본격 시행될 예정이다(교육부, 한국직업능력개발원, 한국교육개발원, 2020, p.5;교육부, 2019.07.23.).

되돌아보기 + 더 나아가기

1. 교육과정 성취기준, 평가준거 성취기준, 평가기준의 의미를 설명하시오. 2015 개정 수학과 교육과정에서 성취기준을 찾아, 각각에 해당하는 예시를 작성하시오.

<table>
<tr><th>구분</th><th>의미</th><th colspan="2">예시</th></tr>
<tr><td>교육과정
성취기준</td><td></td><td colspan="2"></td></tr>
<tr><td>평가준거
성취기준</td><td></td><td colspan="2"></td></tr>
<tr><td rowspan="3">평가기준</td><td rowspan="3"></td><td>상</td><td></td></tr>
<tr><td>중</td><td></td></tr>
<tr><td>하</td><td></td></tr>
</table>

2. 성취평가제에서 평가결과 피드백의 역할을 학생과 교사의 입장에서 각각 설명하고, 실제 수학 수업 사례를 들어 평가결과의 피드백 활용 방안을 제시하시오.

3. 고교학점제에서 최소 학업 성취수준 설정의 필요성에 대해 설명하고, 2015 개정 수학과 교육과정의 과목에서 하나의 내용 영역을 설정하여 최소 학업 성취기준을 만들어 제시하시오.

과목	영역	핵심 개념	일반적 특성	일반적 특성에 따른 하위 항목	수행 활동/판단 근거

* 양식 출처: 노은희 외(2019, p.127)

참고문헌

교육부(2015). **초·중등학교 교육과정 총론**. 교육부 고시 제2015-80호 [별책 1].

교육부(2019.07.23.). **설명자료: 교육부는 고교학점제 도입을 통한 고교 교육 혁신을 위해 최선을 다하고 있습니다.** url: https://moe.go.kr/boardCnts/view.do?boardID=295&boardSeq=78076&lev=0m=0205/

교육부, 한국교육개발원(2019). **고교학점제란?** url: http:// www.hscredit.kr/common/menu/html/900900001/detailPotal.do

교육부, 한국교육과정평가원(2015). **학생의 성취도 파악을 위한 평가결과 분석 이렇게 하세요**. 홍보자료 PIM -2015-1.

교육부, 한국교육과정평가원(2019). **고교학점제 연구학교 운영 안내서**. 연구자료 ORM 2019-36.

교육부, 한국직업능력개발원, 한국교육개발원(2020). **2020학년도 직업계고 학점제 연구·선도학교 안내서**. 연구자료 CRM 2020-10.

구자억, 남궁지영, 김복영, 김희규, 이수광(2011). **학점제 도입 방안**. 한국교육개발원 OR 2011-03-5.

권점례, 변희현, 임해미, 장혜원, 김수미, 강태석, 임미인, 신혜진, 장수진, 권미선, 곽정훈, 강소영, 권영기, 윤상혁, 여미주(2016). **2015 개정 교육과정에 따른 초·중학교 수학과 평가기준 개발 연구**. 한국교육과정평가원 연구보고 CRC 2016 -2-6.

김인숙, 임은영, 구남욱, 노은희, 이인화, 이정우, 정연준, 심현표, 박지선, 주보경, 유명한(2017). **성취평가제 내실화를 위한 성취평가 결과 자료 분석**. 한국교육과정평가원 연구보고 CRE 2017-1.

김인숙 (2019). 학생평가 데이터를 활용한 개인별 성장 모니터링 체제 구축 방안 연구. **교육광장, 71**(2), 33-37.

노은희, 이광우, 김진숙, 신항수, 변희현, 주형미, 김영은, 지영래 (2019). **고교학점제 도입에 따른 고등학교 교과 이수 기준 설정 방안 탐색**. 연구보고 RRC 2019-3.

변희현, 조성민, 임해미, 최인선, 오택근, 강은주, 김은미, 김철호, 박민규, 박정숙, 박찬호, 서보억, 전영주, 조성철, 최영란 (2017). **2015 개정 교육과정에 따른 고등학교 수학과 평가기준 개발 연구**. 한국교육과정평가원 연구보고 CRC 2017- 5-6.

서민희, 김희경, 김경희, 박종임, 성경희, 박지현, 김유향, 전경희 (2015). **고등학교 보통교과용 성취평가제 이해 및 실제**. 한국교육과정평가원 연구자료 ORM 2015-109.

이광상, 김성경, 최인선, 강성권, 강일선, 김세진, 김은미, 박정숙, 이경진, 이광연, 최인선, 여미주(2018). **2015 개정 교육과정에 따른 고등학교 수학과 (진로 선택 과목) 평가기준 개발 연구**. 연구보고 CRC 2018-11.

이근호(2019). 고교학점제 도입 기반 구축을 위한 학교 밖 학습 경험의 학점 인정 방안. **교육광장, 71**(2), 26-29.

이명애, 박혜영, 성경희, 변태진, 김성혜, 김영은, 박도영, 양길석, 임해미(2018). **고교학점제 실행을 위한 교육평가 개선 방안 연구**. 한국교육과정평가원 연구보고 RRC 2018-3.

이미경, 정영근, 권점례, 이근호, 김희경, 이주연, 이명애, 가은아, 김현수, 박은아, 박진동, 김현경, 진의남, 김기철, 이경언, 양윤정, 주형미, 백경선, 김경훈, 장호성, 이근님, 한혜정, 서민철, 정윤미, 이상수(2016). **2015 개정 교육과정에 따른 초·중학교 교과 평가기준 개발 연구(총론)**. 한국교육과정평가원 연구보고 CRC 2016-2-1.

정광희, 김주아, 손찬희, 이재덕(2017). 고교 학점제의 단계적 도입을 위한 진로 수요 맞춤형 교육과정 운영 방안 탐색. **교육과정연구, 35**(4), 201-229.

최지선, 서민희, 박은아, 전경희, 신장현, 조성윤, 조성철(2014). **고등학교 보통교과용-성취평가제 적용, 이렇게 하세요-수학과**. 한국교육과정평가원 연구자료 ORM 2014-59-2.

한국교육과정평가원(2017). **학생평가 운영 과정별 자료 활용 TIP**. url: https://stassess.kice.re.kr/frt/boardView.do? strCurMenuId=222&nTbBoardArticleSeq=404014

한혜정, 이광우, 이주연, 김영은, 김현수, 박혜영, 배주경, 임은영, 임해미(2018). **고교학점제 연구학교 운영 매뉴얼**. ORM 2018-20. 서울: 한국교육과정평가원.

참조 웹사이트

https://stas.moe.go.kr/frt/contents.do?strCurMenuId=190

http://www.kice.re.kr/sub/info.do?m=010304&s=kice

http://www.hscredit.kr/common/greeting.do;jsessionid=9A28BAB977E30262E10380FB974A9759

http://www.hscredit.kr/common/menu/html/900900001/detailPotal.do

Ⅳ. 국내외 대규모 수학교육평가

1. 대학수학능력시험

우리나라 초기의 대학입학 전형제도는 대학이 주체적·자율적으로 대학교육 적격자를 선발하는 형태였으나, 대학입학 전형제도의 공공성 확보를 위해 '대학입학을 원하는 학생이 의무적으로 혹은 필요에 의해 전국적으로 치르는 국가 주도의 시험'인 국가고사가 도입되었다(한국교육과정평가원, 2014). 대학수학능력시험(College Scholastic Ability Test: CAST) 이전에 우리나라의 대학입학 국가고사의 시기별 변천과 주요 이슈를 정리하면 [그림 Ⅳ-1-1]과 같다.

한국교육과정평가원에서는 연초에 수험생들을 위한 수험자료로 '수능 3종 세트(학습방법 안내, 이렇게 준비하세요, Q&A 자료집)'를 배포한다. 해당 자료는 한국교육과정평가원에서 운영하는 '대학수학능력시험' 홈페이지(http://www.suneung.re.kr) [자료마당]-[수험자료]에서 확인할 수 있다.

제도	시기	주요 이슈
대학별 단독시험제	1945-1953학년도	• 부정 입학 발생
⬇		
대학입학 국가연합고사	1954년도	• 대학별 본고사 함께 시행(입시 이중 부담)
⬇		
대학별 단독시험제 (+내신제 및 무시험 전형)	1955-1961학년도	• 정원 초과 모집으로 학사 부조리 발생
⬇		
대학입학자격 국가고사제	1962-1963학년도	• 성적우수자 탈락 • 비인기학과 미달
⬇		
대학별 단독시험제	1964-1968학년도	• 입시과목 중심의 교육과정 파행 운영
⬇		
대학입학예비고사	1969-1981학년도	• 1969-1980학년도 - 대학별 본고사 함께 시행(입시 이중 부담) • 1981학년도 - 고교 내신으로 선발(입시 혼란)
⬇		
대학입학학력고사	1982-1993학년도	• 1982-1985학년도 - 고교 내신으로 선발(내신 성적 불신 제기) • 1986-1987학년도 - 고교내신, 논술고사 함께 시행 (눈치 지원 극심, 적성 무시 지원) • 1988-1993학년도 - 고교내신, 면접 함께 시행(1992학년도 학력고사 문제지 도난과 정답지 유출 사고)
⬇		
대학수학능력시험	1994학년도-	

* 출처: 한국교육과정평가원(2014, pp.23-24)의 일부 내용을 발췌하여 재구성하였음.

그림 Ⅳ-1-1 우리나라 대학입학 국가고사의 시기별 변천과 변화 원인

1994학년도부터 시행되기 시작한 대학수학능력시험(이하 수능)은 도입 초기부터 본래의 역할인 선발의 기능을 넘어 중등학교의 교수·학습 방법에도 큰 영향을 미치고 있다(이재학 외, 2004; 홍선주 외, 2015; 김명정, 2016; 박경호 외, 2016). 수학의 경우, 1994학년도에는 이전의 학력고사에서 주로 출제되었던 교과서 중심의 문제에서 탈피하여 교과서 외적인 소재를 사용한 문항이나 타 교과와 관련된 문항, 그리고 학생의 창의적 사고력을 측정하는 문항이 다수 출제되었다(한국교육과정평가원, 2014, p.167).

가. 대학수학능력시험 평가 개요[23)]

수능은 한국의 국가수준 대입시험으로, 1982년부터 1993년까지 시행된 '대학입학학력고사'를 대신할 전형 기준의 하나로서 '대학교육적성시험'이라고 부르다가 변경된 명칭이다. 대학교육적성시험은 교육개혁심의회가 제17차 전체 회의(1986.07.15)에서 의결한 대학입시제도 개선안에서 비롯되었다.[24)] 교육개혁심의회에서 대학교육적성시험을 제안한 근본적인 배경에는 대학입학 학력고사가 고교 내신제와 더불어 교과서 중심의 학업성취도를 이중으로 평가하는 구조적 모순을 범하고 있다는 인식이 깔려 있었다. 그래서 대학교육적성시험은 다소간 종합적이고 일반적이며 범교과목적인 능력을 측정하는 학업적성검사와 같은 시험이어야 한다고 규정하고 있다.[25)]

교육개혁심의회에서 제안된 대학교육적성시험의 성격은 처음에는 일반적인 학업적성으로 규정되었으나, 고교 교육과정에 근거한 학력검사이자 통합교과적 소재를 활용하여 고차원적 사고력을 측정하는 시험으로 성격이 변화하게 되었다. 즉, 수능은 처음 도입된 1994학

23) 한국교육과정평가원(2014)의 내용을 발췌하여 재구성하여 제시함.

24) 1986년부터 사용되기 시작한 '대학교육적성시험'이라는 명칭은 교육부가 새로운 대입제도의 개선안을 최종 확정하면서, 적성시험에 대한 개념적 혼란을 없애기 위해 '대학수학능력시험'으로 명칭을 변경한다고 발표한 1991년 4월 2일까지 사용되었음.

25) 교육개혁심의회(1986)는 대학교육적성시험의 구체적인 측정 영역과 제작, 실시 방법에 대해서는 SAT(Scholastic Aptitude Test) 유형의 학업적성, 기본 정신능력, 차별적 적성, 그리고 교과영역별 적성검사 등과 같은 여러 가지 가능성을 열어놓고 있었음. 또한 초기 단계에서는 교과영역별 적성검사에서 출발하여 범교과적인 것으로 발전되어야 한다고 주장하였음.

년도에는 '대학교육에 필요한 수학 능력을 알아보기 위하여 고등학교 교육과정의 내용과 수준에 맞추어 언어, 수리, 탐구, 외국어(영어) 영역별 통합교과적 소재를 바탕으로 한 사고력 중심의 평가)'로 개념화되었다. 이때 시험의 목적을 '대학 수학 적격자의 선발', '고교 교육 정상화에 기여', '학생 선발에 공공성과 객관성이 높은 자료 제공'에 두고 있었다(한국교육과정평가원, 2005, p.212). 그러나 2005학년도부터 수능은 '범교과적 소재 또는 개별 교과의 특성을 바탕으로 한 사고력 중심의 평가'로 변화되었다.

한국교육과정평가원(2020a)에 제시된 수능과 수학 영역 시험의 성격과 기능은 다음과 같다.

- **대학수학능력시험의 성격과 기능**

  대학수학능력시험은 대학교육에 필요한 수학 능력을 측정하고, 고등학교 교육과정의 내용과 수준에 맞추어 출제하여 고등학교 교육의 정상화에 기여하며, 개별 교과의 특성을 바탕으로 신뢰도와 타당도를 갖춘 시험으로서 공정성과 객관성이 높은 대입전형자료를 제공하는 데에 목적이 있다.

- **수학 영역 시험의 성격과 기능**

  수학 영역의 시험은 고등학교까지의 수학 학습을 통해 습득한 수학의 기본 개념·원리·법칙을 이해하고, 이를 적용하여 계산하고 추론하며 문제를 해결하는 능력을 평가함으로써 대학교육을 받는 데 필요한 수학적 사고력을 측정하는 시험이다.

2022학년도 수능은 2018년 8월 발표된 「2022학년도 대학입학제도 개편방안」에 따라 국어·수학·직업탐구 영역 과목구조 개편, 제2외국어/한문 영역 절대평가 전환 등의 변화가 있다. 2015 교육과정 취지(문·이과 구분 폐지)에 따라 수학 영역은 '공통+선택 과목' 구조인 상대평가로 시행된다. 수학 영역에서 공통 과목은 〈수학 Ⅰ〉, 〈수학 Ⅱ〉이며, 선택 과목은 〈확률과 통계〉, 〈미적분〉, 〈기하〉이다.

표 Ⅳ-1-1 2022학년도 수능의 수학 영역의 문항 수, 배점, 시험 시간

구분		내용
문항 수		• 총 30문항(공통 과목 22문항, 선택 과목별 8문항)
문항유형		• 5지선다형, 단답형
배점	문항	• 2점, 3점, 4점
	전체	• 100점
시험 시간		• 100분
출제범위 (선택 과목)		• 공통 과목 : 수학Ⅰ, 수학Ⅱ • 선택 과목(택 1) : 확률과 통계, 미적분, 기하

* 출처: 한국교육과정평가원(2019.08.13, p.5)

나. 대학수학능력시험 수학 영역 평가틀[26)]

수능 수학 영역의 평가틀은 크게 내용 영역과 행동 영역으로 구성되며, 내용 영역은 각 과목의 출제 범위에 있는 내용이고 행동 영역은 크게 계산, 이해, 추론, 문제해결 능력의 4가지로 구분된다.

(1) 내용 영역

2022학년도 수능부터는 수학 영역의 시험은 공통 과목과 선택 과목으로 구분되며 공통 과목의 출제 범위는 〈수학Ⅰ〉, 〈수학Ⅱ〉이고, 선택 과목의 출제 범위는 〈확률과 통계〉, 〈미적분〉, 〈기하〉이다. 위계성과 연계성이 강한 수학 교과의 특성상 수학 영역의 경우 출제 범위 이외 선택 중심 교육과정의 공통 과목인 〈수학〉의 내용은 간접적으로 출제 범위에 포함되며, 내용 영역은 2015 개정 수학과 교육과정을 기준으로 세분된다.

26) 2015 개정 수학과 교육과정이 본격적으로 적용되는 2022학년도 수능 수학 영역 시험을 기준으로 내용을 구성하였음. 한국교육과정평가원(2020b)의 내용을 발췌하여 재구성하여 제시하였음.

표 Ⅳ-1-2 2022학년도 수능의 수학 영역의 내용 영역

공통 과목		선택 과목	
과목	**영역**	**과목**	**영역**
수학 Ⅰ	지수함수와 로그함수	확률과 통계	경우의 수
	삼각함수		확률
	수열		통계
수학 Ⅱ	함수의 극한과 연속	미적분	수열의 극한
	미분		미분법
	적분		적분법
		기하	이차곡선
			평면벡터
			공간도형과 공간좌표

(2) 행동 영역

수능 수학 영역에서 행동 영역은 계산, 이해, 추론, 문제해결 능력으로 구분된다. 각각의 행동 영역에 대한 설명은 〈표 Ⅳ-1-3〉과 같다.

표 Ⅳ-1-3 대학수학능력시험 수학 영역 평가틀(행동 영역)

행동 영역	설명
계산	• 연산의 기본 법칙이나 성질을 적용하여 주어진 식을 간단히 하는 능력 • 수학의 기본적인 공식이나 계산법을 적용하는 능력 • 수학의 전형적인 풀이 절차(알고리즘)를 적용하는 능력
이해	• 문제에 주어진 수학적 용어, 기호, 식, 그래프, 표의 의미와 관련 성질을 알고 적용하는 능력 • 주어진 문제와 관련된 수학적 개념을 파악하고 적용하는 능력 • 교과서에 나오는 기본 예제나 정형화된 응용문제를 해결하는 능력 • 주어진 문제 상황을 수학적으로 표현하는 능력 • 수학적 표현을 다른 표현으로 바꾸어 표현하는 능력
추론	• 나열하기, 세어보기, 관찰 등을 통해 문제해결의 핵심 원리를 발견하는 능력 • 유추를 통해 문제해결의 핵심 원리를 발견하는 능력 • 수학의 개념·원리·법칙을 이용하여 참인 성질을 이끌어 내거나 주어진 명제의 참·거짓을 판별하는 능력 • 주어진 정의를 이해하고 참인 성질을 이끌어 내는 능력 • 반례를 들어 주어진 명제가 거짓임을 판단하는 능력 • 조건 명제의 증명, 삼단 논법에 의한 논리적 추론, 반례에 의한 증명, 귀류법, 동치 명제의 증명, 수학적 귀납법에 의한 증명 등을 이해하는 능력과 주어진 증명을 읽고 결론을 도출하는 능력

행동 영역	설명
문제해결	• 두 가지 이상의 수학적 개념·원리·법칙의 관련성을 파악하고 종합하여 문제를 해결하는 능력 • 두 단계 이상의 사고 과정을 거쳐서 문제를 해결하는 능력 • 실생활 상황에서 관련된 수학적 개념·원리·법칙 등을 파악하고 이를 적용하여 문제를 해결하는 능력 • 타 교과의 소재를 사용한 상황에서 관련된 수학적 개념·원리·법칙 등을 파악하고 이를 적용하여 문제를 해결하는 능력

* 출처: 한국교육과정평가원(2020b, p.40)

다. 대학수학능력시험 평가결과의 활용: 수능 수학영역의 점수 산출을 중심으로[27)]

2022학년도 수능부터 '공통+선택 과목' 구조로 실시하는 국어와 수학 영역은 공통 과목 점수를 활용한 선택 과목 점수 조정 절차를 거친 후 표준점수와 등급을 산출한다. 공통 과목 점수를 활용한 선택 과목 점수 조정 방식은 검사 점수에 대한 통계적 조정 방법들 중에서 '기준검사(공통 과목) 점수와 응시 집단 특성을 동시에 고려하는 방법'에 해당한다. 공통+선택 과목 구조에서 공통 과목 점수를 활용한 선택 과목 점수의 조정 방식을 도식화하면 [그림 Ⅳ-1-2]와 같다.

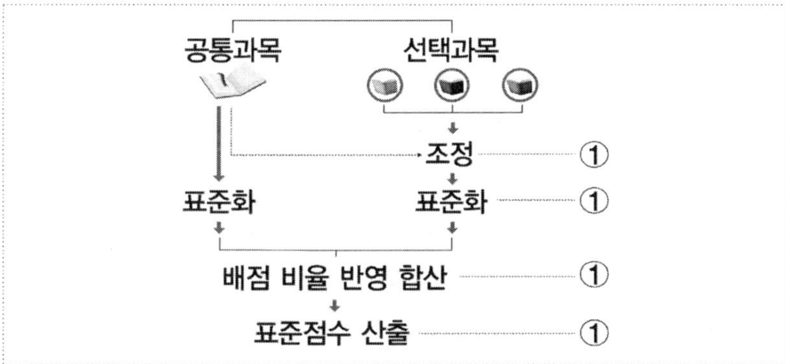

* 출처: 한국교육과정평가원(2020b, p.4)

그림 Ⅳ-1-2 2022학년도 수능 수학 영역에서 공통 과목 점수를 활용한 선택 과목 점수 조정 방식

27) 2015 개정 수학과 교육과정이 본격적으로 적용되는 2022학년도 수능 수학 영역 시험을 기준으로 내용을 구성하였음. 한국교육과정평가원(2020b)의 내용을 발췌하여 재구성하여 제시하였음.

① **조정:** 선택 과목의 조정 원점수 산출

선택 과목 집단별로 공통 과목과 선택 과목의 평균과 표준편차를 계산한 후, '선택 과목 집단별 공통 과목의 평균과 표준편차를 활용'하여 선택 과목의 원점수를 조정한다([그림 Ⅳ-1-3] 참조)

$$X'_{2ij} = \frac{X_{2ij} - \overline{X_{2j}}}{S_{X_{2j}}} \times S_{X_{1j}} + \overline{X_{1j}}$$

- X'_{2ij} : j 선택 과목 집단 i 수험생의 선택 과목 조정 원점수
- X_{2ij} : j 선택 과목 집단 i 수험생의 선택 과목 원점수
- $\overline{X_{2j}}$: j 선택 과목 집단의 선택 과목 원점수 평균
- $S_{X_{2j}}$: j 선택 과목 집단의 선택 과목 원점수 표준편차
- $S_{X_{1j}}$: j 선택 과목 집단의 공통 과목 원점수 표준편차
- $\overline{X_{1j}}$: j 선택 과목 집단의 공통 과목 원점수 평균

* 출처: 한국교육과정평가원(2020b, p.5)

그림 Ⅳ-1-3 공통 과목 원점수 평균과 표준편차를 활용한 선택 과목 원점수 조정 공식

② **표준화:** 공통 과목과 선택 과목별 표준화 점수 산출

'공통 과목 원점수'와 '선택 과목 조정 원점수'를 평균과 표준편차가 동일한 측정 단위로 표준화한다. 표준화 점수의 종류는 많지만, 평균과 표준편차가 각각 0과 1인 'Z점수'로 변환한다.

③ **배점 비율 반영 합산** : 배점 비율을 반영한 공통 과목과 선택 과목별 표준화 점수의 가중합 산출

'공통 과목 표준화 점수'와 '선택 과목 조정 표준화 점수'에 배점 비율대로 가중치를 주어 '합산 표준화 점수'를 산출한다. 국어와 수학 영역 모두 공통 과목과 선택 과목의 배점이 각각 74점과 26점이므로, 공통 과목 표준화 점수에 0.74, 선택 과목 조정 표준화 점수에 0.26을 곱하여 합산한다.

④ **표준점수 산출:** 표준화 점수 가중합을 변환한 최종 표준점수 산출

표준화 점수 가중합을 평균과 표준편차가 각각 100과 20인 표준점

수로 변환한 후, 소수점 이하 첫째 자리에서 반올림한 정수를 최종 표준점수로 산출한다.

이상의 절차를 통한 점수 산출의 예는 〈표 Ⅳ-1-4〉와 같다.

표 Ⅳ-1-4 대학수학능력시험 수학 영역 산출과정(예시)

단계	산출 과정
예시 상황	• j 선택 과목을 응시한 i 수험생 - 공통 과목 원점수 60점, j 선택 과목 원점수 15점 경우
① 조정 : 선택 과목의 조정 원점수 산출	①-1. j 선택 과목을 응시한 수험생 집단의 공통 과목 원점수 평균 54.41, 표준편차 12.93 ①-2. j 선택 과목 원점수 평균 14.92, 표준편차 4.60 ➡ $\frac{15-14.92}{4.60} \times 12.93+54.41=54.63$ i 수험생의 선택 과목 조정 원점수는 54.63
② 표준화 : 공통 과목과 선택 과목별 표준화 점수 산출	②. 수험생 전체 집단의 공통과목 원점수 및 선택과목 조정 원점수 평균 40.92, 표준편차 14.91 $\frac{(\text{수험생의 원점수})-(\text{집단의 원점수 평균})}{(\text{집단의 원점수 표준편차})} = Z \text{ 점수}$ ➡ Z점수 공식에 따라 산출되는 i 수험생의 공통 과목 Z점수는 1.28이고 선택 과목 조정 Z점수는 0.92 $\frac{60-40.92}{14.91} = 1.28$ $\frac{54.63-40.92}{14.91} = 0.92$
③ 배점 비율 반영 합산 : 배점 비율을 반영한 공통 과목과 선택 과목별 표준화 점수의 가중합 산출	③ i 수험생의 공통 과목 Z점수 1.28과 선택 과목 조정 Z점수 0.92에 각각 0.74와 0.26을 곱하여 합산 $1.28 \times 0.74+0.92 \times 0.26=1.19$ ➡ i 수험생의 Z점수 가중합은 1.19
④ 표준점수 산출 : 표준화 점수 가중합을 변환한 최종 표준점수 산출	(Z 점수) × (영역 표준편차) + (영역 평균) = 영역 표준점수 : $1.19 \times 20+100=123.8 \Rightarrow 124$ ➡ i 수험생이 응시 영역에서 취득하는 최종 표준점수는 124점

2022학년도부터 적용되는 수능 수학 영역의 표준화 점수 산출 방식이 갖는 특징을 정리하면 다음과 같다(한국교육과정평가원, 2020b).

첫째, 이 방식에서는 학습 내용이 어려우며 학습 분량이 많다고 여겨지는 선택 과목을 응시한 수험생 집단의 공통 과목 점수가 평균적으로 높은 경우, 이들의 선택 과목 점수는 다른 선택 과목을 응시한 수험생들에 비해 상향 조정될 수 있다.

둘째, 공통 과목 점수를 활용한 선택 과목 점수 조정은 학습 내용이 어려우며 학습 분량이 많다고 여겨지는 선택 과목을 응시한 수험생들에게 일정 부분의 보상을 줄 가능성이 있기 때문에, 공부하기 수월하고 좋은 점수를 받기 쉽다고 여겨지는 선택 과목으로의 쏠림 현상이나 선택 과목 간 유·불리 문제를 제한적이지만 완화할 수 있다.

셋째, 두 수험생의 원점수 총점(공통 과목 원점수 + 선택 과목 원점수)이 동일한 경우, 두 수험생의 선택 과목이 다르다면 각 선택 과목에 응시한 수험생 집단의 ① 공통 과목 원점수 평균과 표준편차가 다르거나 ② 선택 과목 원점수 평균과 표준편차가 다를 경우, 조정 과정을 거치면서 최종 표준점수가 다르게 산출될 수 있다.

라. 대학수학능력시험 평가문항 예시: 행동 영역에 따른 문항 예시[28)]

수능의 문항 유형은 기본적으로 5지선다형으로 하며, 수학 영역에서는 단답형 문항을 30% 포함한다. 수학 영역은 영역별 전체 문항 중 공통 과목 75%, 선택 과목 25% 수준으로 출제된다. 수학 영역의 경우 공통 과목과 선택 과목별 문항 수의 30% 수준(총9문항)에서 단답형 문항을 출제한다. 그 예시를 제시하면 다음과 같다.

① 계산 능력

3. 좌표공간의 두 점 $A(1, 6, 4)$, $B(a, 2, -4)$에 대하여 선분 AB를 $1:3$으로 내분하는 점의 좌표가 $(2, 5, 2)$이다. a의 값은? [2점]

① 1 ② 3 ③ 5

④ 7 ⑤ 9

(2018학년도 수능 수학 가형 3번)

이 문항은 좌표공간에서 두 점의 내분점을 구할 수 있는지를 평가하는 문항이다. 이 문항을 해결하기 위하여 학생은 주어진 두 점에 대하여 내분점의 좌표를 구하는 기본 계산을 적용할 수 있어야 한다. 이

28) 제시된 예시문항에 대한 정보는 한국교육과정평가원(2017), 한국교육과정평가원(2019), 한국교육과정평가원(2020b)에 제시된 예시문항들 중에서 발췌하였음.

문항은 계산 능력을 평가하기 위한 문항으로, 학생들이 고등학교 수학과 교육과정을 통해서 기본적인 계산 능력을 습득하였는지를 평가한다.

② 이해 능력

8. 함수 $y=f(x)$의 그래프가 그림과 같다.

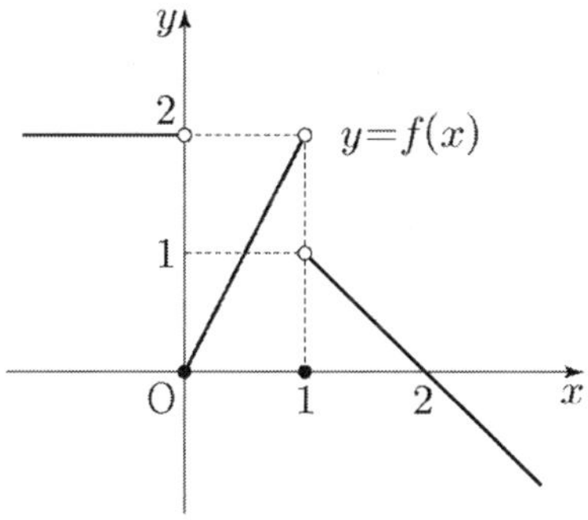

$\lim_{x\to 0+} f(x) - \lim_{x\to 1-} f(x)$의 값은? [3점]

① -2 ② -1 ③ 0
④ 1 ⑤ 2

(2020학년도 수능 수학 나형 8번)

이 문항은 함수의 그래프를 해석하여 함수의 우극한과 좌극한을 구할 수 있는지를 평가하는 문항이다. 이 문항을 해결하기 위해 학생은 주어진 그림에서 함숫값, 함수의 극한값, 좌극한과 우극한과 같은 정보를 파악하여 문제를 해결할 수 있어야 한다. 이 문항은 이해 능력을 평가하기 위한 문항으로, 학생들이 수학적 개념, 원리, 법칙에 따라 주어진 용어, 기호, 식, 표, 그래프 등의 의미를 이해하고 이로부터 문제를 해결하는 데 필요한 수학적 성질을 파악하여 이를 적절한 방식으로 표현할 수 있는지를 평가한다.

수능 수학 문항에서 '그림과 같다' 또는 '그림과 같이'라는 문구가 있는 경우, 그림은 해당 문제의 정보를 담고 있다(한국교육과정평가원, 2020b, p.70).

③ 추론 능력

18. 빨간색 공 6개, 파란색 공 3개, 노란색 공 3개가 들어 있는 주머니가 있다. 이 주머니에서 임의로 한 개의 공을 꺼내는 시행을 하여, 다음 규칙에 따라 세 사람 A, B, C가 점수를 얻는다. (단, 한 번 꺼낸 공은 다시 주머니에 넣지 않는다.)

- 빨간색 공이 나오면 A는 3점, B는 1점, C는 1점을 얻는다.
- 파란색 공이 나오면 A는 3점, B는 6점, C는 2점을 얻는다.
- 노란색 공이 나오면 A는 2점, B는 2점, C는 6점을 얻는다.

이 시행을 계속하여 얻은 점수의 합이 처음으로 24점 이상인 사람이 나오면 시행을 멈춘다. 다음은 얻은 점수의 합이 24점 이상인 사람이 A뿐일 확률을 구하는 과정이다.

꺼낸 빨간색 공의 개수를 x, 파란색 공의 개수를 y, 노란색 공의 개수를 z라 할 때, 얻은 점수의 합이 24점 이상인 사람이 A뿐이기 위해서는 x, y, z가 다음 조건을 만족시켜야 한다.

$$x=6,\ 0<y<3,\ 0<z<3,\ y+z\geq 3$$

이 조건을 만족시키는 순서쌍 $(x,\ y,\ z)$는

$$(6,\ 1,\ 2),\ (6,\ 2,\ 1),\ (6,\ 2,\ 2)$$

이다.

(i) $(x,\ y,\ z)=(6,\ 1,\ 2)$인 경우의 확률은 [(가)]이다.
(ii) $(x,\ y,\ z)=(6,\ 2,\ 1)$인 경우의 확률은 [(가)]이다.
(iii) $(x,\ y,\ z)=(6,\ 2,\ 2)$인 경우는 10번째 시행에서 빨간색 공이 나와야 하므로 그 확률은 [(나)]이다.

(i), (ii), (iii)에 의하여 구하는 확률은
$2\times$[(가)]$+$[(나)]이다.

위의 (가), (나)에 알맞은 수를 각각 p, q라 할 때, $p+q$의 값은? [4점]

① $\frac{13}{110}$　② $\frac{27}{220}$　③ $\frac{7}{55}$
④ $\frac{29}{220}$　⑤ $\frac{3}{22}$

(2020학년도 수능 9월 모의평가 수학 가형 18번/나형 20번)

이 문항은 확률의 덧셈정리를 이해하고 이를 활용하여 확률을 구할 수 있는지를 평가하는 문항이다. 이 문항을 해결하기 위하여 학생은 주어진 조건을 만족시키는 경우를 이해하고 각 경우의 확률을 구하는 문제해결 과정에서 빈 곳의 의미를 이해하여 알맞은 수를 구할 수 있어야 한다. 이 문항은 추론 능력을 평가하기 위한 문항으로, 수학에서

활용되는 다양한 문제해결 방법들을 이해하고, 이에 따른 문제해결의 핵심 원리를 발견할 수 있는지를 평가한다.

④ 문제해결 능력

13. 어느 농장에서 수확하는 파프리카 1개의 무게는 평균이 180g, 표준편차가 20g인 정규분포를 따른다고 한다.
이 농장에서 수확한 파프리카 중에서 임의로 선택한 파프리카 1개의 무게가 190g 이상이고 210g 이하일 확률은 오른쪽 표준정규분포표를 이용하여 구한 것은? [3점]

z	$P(0 \le Z \le z)$
0.5	0.1915
1.0	0.3413
1.5	0.4332
2.0	0.4772

① 0.0440 ② 0.0919 ③ 0.1359
④ 0.1498 ⑤ 0.2417

(2020학년도 수능 수학 나형 13번)

이 문항은 정규분포의 뜻을 알고, 그 성질을 이해할 수 있는지를 평가하는 문항이다. 이 문항을 해결하기 위하여 학생은 표본평균, 정규분포, 표준정규분포와 같은 수학적 개념·원리·법칙을 이용하여 실생활 상황을 수학적으로 해석, 조직, 표현할 수 있어야 한다. 이 문항은 문제해결 능력을 평가하기 위한 문항으로, 실생활 상황을 수학적 개념, 원리, 법칙을 통해 이해하고 분석하여 수학적 문제 상황으로 조직할 수 있는지를 평가한다.

우리나라는 대학수학능력시험이 대학입학에서 적지 않은 비중을 차지하고 있다. 이에 수능은 고등학교뿐만 아니라 초등학교와 중학교 등 교육전반에 걸쳐 지대한 영향을 미치고 있다(한국교육과정평가원, 2017). 특히, 수능 수학 영역은 범교과적인 소재를 택하는 국어 영역이나 영어 영역과는 달리 교육과정의 내용 중심으로 출제되는 과목이므로(조성민 외, 2015), 새로운 교육과정 적용 및 개정을 위한 준비로 다른 나라의 교육과정 및 대학입학시험을 살펴보고 여러 측면에서 비교·분석을 통해 시사점 등을 제안하는 기초연구들이 지속적으로 이루어질 필요가 있다(최인선, 이민희, 2017).

되돌아보기 + 더 나아가기

1. 대학수학능력시험의 수학 영역 평가틀에서 4가지 행동 영역을 설명하시오.

행동영역	설명
계산	
이해	
추론	
문제해결	

2. 대학수학능력시험의 수학 영역 평가틀의 행동영역에서 추론, 문제해결 능력에 해당하는 문항을 제작하시오.

(1) 추론

내용 영역	
출제 의도	
문항 유형	□ 5지선다형 □ 단답형
문항 내용	

(2) 문제해결

내용 영역	
출제 의도	
문항 유형	□ 5지선다형 □ 단답형
문항 내용	

참고문헌

김명정(2016). 수능 선택률과 고등학교 정치교육. **한국정치학회보, 50**(2), 31-50.

박경호, 길혜지, 김주아, 박병영, 최유리(2016). **2015 개정 교육과정에 따른 대학수학능력시험 개선방향 탐색연구**. 이슈페이퍼 IP 2016-02. 한국교육개발원.

이재학, 조승제, 박선화, 박혜숙(2004). 우리나라와 주요국의 대학입학 수학 시험문제 비교 연구. **수학교육, 43**(4), 349- 379.

조성민, 김재홍, 양성현(2015). 개정 교육과정이 적용되는 2017학년도 수능 수학 영역에 대한 의견 조사, **한국학교수학회, 18**(2), 169-186.

최인선, 이민희(2017). 대만의 대학입학시험 수학 문항 분석. **학교수학, 19**(2), 369-384.

한국교육과정평가원(2005). **대학수학능력시험 10년사(Ⅰ)**. 한국교육과정평가원.

한국교육과정평가원(2014). **대학수학능력시험 20년사**. 수능 CAT 2014-28.

한국교육과정평가원(2017). **2018학년도 대학수학능력시험 시행기본계획**. 한국교육과정평가원 보도자료.(2017.3.28.)

한국교육과정평가원(2019). **2020학년도 대학수학능력시험 Q&A 자료집**. 수능 CAT 2019-1-3.

한국교육과정평가원(2019.08.13.). **2022학년도 대학수학능력시험 기본계획 발표**. https://www.moe.go.kr/board Cnts/ view.do?boardID=294&lev=0&statusYN=W&s= moe&m=0204&opType-N&boardSeq-78242.

한국교육과정평가원(2020a). **2021학년도 대학수학능력시험 Q&A 자료집**. 수능 CAT 2020-2-1.

한국교육과정평가원(2020b). **2022학년도 대학수학능력시험 예시문항 안내**. 수능 CAT 2020-3.

홍선주, 이혜원, 이명진, 최인선, 박형준, 최혁준(2015). **선행교육 예방을 위한 고등학교 교육과정 및 평가 개선 연구**. 한국교육과정평가원 연구보고 RRC 2015-3.

2. 국가수준 학업성취도 평가

세계의 여러 국가에서는 학생들의 학업 성취도를 파악하기 위해 국가 또는 주 단위의 평가를 시행하고 있다. 미국의 NAEP, SBA, PARCC, 캐나다의 FSA, 호주의 NAPLAN, 뉴질랜드의 NCEA, 일본의 전국 학력·학습 상황 조사가 이에 해당된다.[29] 이러한 평가는 교육의 질을 관리하고 교육과 관련된 다양한 의사결정에 필요한 실증적인 자료를 확보하기 위해 시행된다. 우리나라에서 이와 같은 목적으로 시행되는 대표적인 평가는 국가수준 학업성취도 평가(National Assessment of Educational Achievement: NAEA)이다.

가. 국가수준 학업성취도 평가의 개요

국가수준 학업성취도 평가(이하 학업성취도 평가)는 1998년 '국가수준 학업성취도 평가 기본 계획'이 수립된 이후 매년 시행되고 있다. 학업성취도 평가의 목적은 국가에서 정한 교육과정에 근거하여 교육목표 달성 정도를 평가하고, 학생들의 학업성취 수준 및 추이 변화를 파악하여 학교교육의 질을 체계적으로 관리하는 데 있다(이광상 외, 2020). 학업성취도 평가는 국가 수준의 교육과정을 기반으로 한 대표적인 준거참조평가(criterion- referenced assessment)이다. 학업성취도 평가의 결과는 교육 정책 수립, 교육과정 및 교수·학습 개선을 위한 기초 자료로 활용된다(이광상 외, 2020).

준거참조평가는 학생이 무엇을 얼마만큼 알고 있는지를 준거에 비추어 재는 평가이다.

그동안 학업성취도 평가는 평가 대상, 방법, 시기 등에 있어서 크고 작은 변화가 있었다. 2017년에는 전수 평가에서 표집 평가로 평가 방식이 전환되었고, 2018년부터는 2015 개정 교육과정을 적용하기 위한 새로운 평가 체제를 마련하였다.

현재 학업성취도 평가는 중학교 3학년과 고등학교 2학년을 대상으

29) NAEP는 'National Assessment of Educational Progress', SBA는 'Smarter Balanced Assessment', PARCC는 'Partnership of Assessment Readiness of College and Career', FSA는 'Foundation Skills Assessment', NAPLAN은 'National Assessment Program-Literacy and Numeracy', NCEA는 'National Certificates of Educational Achievement'의 약어임.

로 한다. 중학교에서는 국어, 사회, 수학, 과학, 영어의 다섯 교과, 고등학교에서는 국어, 수학, 영어의 세 교과에 대해 평가한다. 2015 개정 교육과정에 기반한 새로운 평가 체제가 2019년에 고등학교, 2020년에 중학교 학업성취도 평가에 적용되었다. 앞으로 학업성취도 평가는 컴퓨터 기반의 평가로 전환될 예정이다. 컴퓨터 기반 학업성취도 평가는 2021년 지필 평가와의 병행 시행을 거쳐, 2022년에 전면 도입될 예정이다(교육부, 2019).

2015 개정 교육과정이 2017년에 초등학교 1~2학년을 시작으로 순차적으로 적용됨에 따라 2019년에는 고등학교 2학년, 2020년에는 중학교 3학년에 적용되었다.

나. 국가수준 학업성취도 평가의 평가틀

학업성취도 평가의 수학과 평가틀은 2015 개정 교육과정 적용 이전과 이후로 구분할 수 있다. 학업성취도 평가의 초창기부터 2015 개정 교육과정 적용 이전까지는 내용 영역과 행동 영역으로 구성된 2차원의 평가틀을 사용하였다. 2009 개정 교육과정 적용 시기의 고등학교 수학과 평가틀은 〈표 Ⅳ-2-1〉과 같다. 이 평가틀에서 내용 영역은 '다항식', '방정식과 부등식', '도형의 방정식', '집합과 명제', '함수', '수열', '지수와 로그'로 구분된다. 2009 개정 교육과정의 〈수학 Ⅰ〉과 〈수학 Ⅱ〉의 내용 영역과 동일하다. 행동 영역은 '계산', '이해', '추론', '문제해결'로 구분하였다.

표 Ⅳ-2-1 2009 개정 교육과정을 적용한 고등학교 수학과 평가틀

차원	계산	이해	추론	문제해결
다항식				
방정식과 부등식				
도형의 방정식				
집합과 명제				
함수				
수열				
지수와 로그				

※ 출처: 이인호 외(2016, p.4)

2015 개정 교육과정이 역량 중심으로 개편된 이후, 학업성취도 평가가 역량을 평가할 수 있는 방향으로 전환되어야 한다는 요구가 커졌다. 이에 한국교육과정평가원에서는 2015 개정 교육과정의 교과

역량을 학업성취도 평가에 반영하기 위한 새로운 평가틀을 도출하였고(이명애 외, 2017), 이듬해 평가틀을 정련한 후 2019년 고등학교 학업성취도 평가에 이를 적용하였다. 새롭게 개발된 평가틀은 '영역', '역량', '맥락'의 3차원으로 구성되었고, 수학과 평가틀의 차원별 구성 요소는 〈표 Ⅳ-2-2〉와 같다. 이때 '영역'은 2015 개정 교육과정의 교과 내용 영역으로 교과의 내용을 평가하기 위한 것이고, '역량'은 2015 개정 교육과정의 역량을 재구성한 것으로 교과에서 중점적으로 기르고자 하는 능력(역량)을 평가하기 위한 것, '맥락'은 교과에서 문항 해결에 필요한 상황을 설정한 것이다.

표 Ⅳ-2-2 2015 개정 교육과정을 적용한 수학과 평가틀

차원	설명	차원별 구성요소
영역	• 2015 개정 교육과정의 교과 내용 영역을 재구성한 것으로 교과의 내용을 평가하기 위한 것	수와 연산, 문자와 식, 함수, 기하, 확률과 통계
역량	• 2015 개정 교육과정의 역량을 재구성한 것으로 교과에서 중점적으로 기르고자 하는 능력(역량)을 평가하기 위한 것	계산·이해, 추론, 문제해결, 정보 처리
맥락	• 교과에서 문항 해결에 필요한 상황을 설정한 것	실생활, 학문

* 출처: 동효관 외(2018, pp.18, 33)

차원별로 구체적으로 살펴보면, 영역의 구성 요소는 '수와 연산', '문자와 식', '함수', '기하', '확률과 통계'로 2015 개정 교육과정의 중학교, 고등학교 〈수학〉 과목의 내용 영역과 동일하다. 역량의 구성 요소는 〈표 Ⅳ-2-3〉에 제시된 바와 같이 '계산·이해', '추론', '문제해결', '정보 처리'이다. '계산·이해'는 수학과 교과 역량에 해당하지 않지만, 학업성취도 평가가 성취기준 점검을 중요한 목적으로 삼고 있으므로 하위 요소로 포함시킨 것이다(동효관 외, 2018). '문제해결'은 수학과 교과 역량 중 문제 해결과 창의·융합을 포괄한 개념이다. 한편, 학업성취도 평가는 선다형 문항의 비중이 높은 지필평가이므로 수학과 교과 역량 중 의사소통과 태도 및 실천은 역량 차원의 하위요소에 포함되지 않았다(동효관 외, 2018). 앞으로 학업성취도 평가에 컴퓨터 기반 평가가 도입될 경우 이러한 한계를 극복할 수 있을 것으로 기대된다.

표 Ⅳ-2-3 수학과 평가틀의 '역량' 구성요소

구성 요소	설명	하위 요소	하위 요소 설명
계산·이해	여러 가지 계산 방법 및 절차를 능숙하게 구사할 수 있고 수학의 기본 개념, 원리, 법칙 및 그 관련성을 파악하여 타당한 개념적 사고를 형성할 수 있는 능력	계산	• 여러 가지 계산 방법 및 절차를 능숙하게 구사할 수 있는 능력
		이해	• 수학의 기본 개념, 원리, 법칙 및 그 관련성을 파악하여 타당한 개념적 사고를 형성할 수 있는 능력
추론	수학적 사실을 추측하고 논리적으로 분석하고 정당화하는 능력	발견 추론	• 다양한 상황에서 관찰, 귀납, 유추 등 개연적 추론을 통해 수학적 사실, 법칙, 원리와 문제를 해결하는 방법을 발견할 수 있는 능력
		연역 추론	• 수학적 절차와 사실을 도출하는 과정에서 논리적으로 수행하고, 여러 가지 방법을 사용하여 수학적 명제를 정당화하고 반성하는 능력
문제 해결	여러 수학적 지식, 기능, 경험을 연결하거나 수학과 타 교과나 실생활의 지식, 기능, 경험을 연결·융합하여 새로운 지식, 기능, 경험을 생성하고 문제를 해결하는 능력, 해결 방법을 알고 있지 않은 문제 상황에서 수학의 지식과 기능을 활용하여 해결 전략을 탐색하고 최적의 해결 방안을 선택하여 주어진 문제를 해결하는 능력	내적 문제 해결	• 수학의 여러 내용 영역 사이의 개념, 원리, 법칙 등 상호 관련성이 요구되는 수학 내적인 문제를 해결하고, 창의적으로 다양한 관련성을 파악할 수 있는 능력
		외적 문제 해결	• 수학과 일상생활 및 다른 교과와 관련성이 있는 융합적 소재의 문제를 해결하고, 창의적으로 다양한 관련성을 파악할 수 있는 능력에 관한 것, 실생활 문제 상황을 수학적으로 나타내고 분석하여 결론을 도출하고 이를 상황에 맞게 해석하는 능력
정보 처리	다양한 자료와 정보를 수집·정리·분석·활용하는 능력	정보 수집 및 정리	• 실생활 및 수학적 문제 상황에서 제시된 자료나 정보를 탐색하여 그 자료나 정보를 목적에 맞게 분류, 정리하는 능력
		정보 분석 및 활용	• 실생활 및 수학적 문제 상황에서 제시된 자료나 정보를 분석하고 분석한 정보에 내재된 의미를 올바르게 파악함으로써 이를 해석하고 활용하는 능력

* 출처: 동효관 외(2018, p.38)

맥락은 〈표 Ⅳ-2-4〉와 같이 '실생활', '학문'으로 구분되는데, 이는 PISA의 '개인적', '사회적', '학문적' 맥락을 참조하여 재구성한 것이다. 실생활 맥락은 수학적 지식, 기능 등을 활용하여 실생활과 관련된 문제를 해결하는 상황이고, 학문 맥락은 수학의 여러 가지 계산 방법이나 절차를 적용하거나 수학적 지식, 기능 등을 활용하여 수학 내적 문제를 해결하는 상황이다.

표 Ⅳ-2-4 수학과 평가틀의 '맥락' 구성요소

구성요소	설명
실생활	• 수학적 지식, 기능 등을 활용하여 실생활과 관련된 문제를 해결하는 상황
학문	• 수학의 여러 가지 계산 방법이나 절차를 적용하거나 수학적 지식, 기능 등을 활용하여 수학 내적 문제를 해결하는 상황

* 출처: 동효관 외(2018, p.39)

2015 개정 교육과정에 기반한 새로운 평가 체제에서 학업성취도 평가의 교과별 시험 시간은 학교 수업 시간과 동일하다. 즉, 중학교 수학 45분, 고등학교 수학 50분이다. 역량을 평가하는 문항이라는 점과 변경된 시험 시간을 고려하여 한 학생이 푸는 수학 문제는 20개로 최소화하였다(동효관 외, 2018).

다. 국가수준 학업성취도 평가의 결과 활용

준거참조평가인 학업성취도 평가는 학생의 성취수준을 우수학력, 보통학력, 기초학력, 기초학력 미달의 4수준으로 구분한다(김희경 외, 2019a). 이때 우수학력은 평가 대상 학교급 학생이 성취하기를 기대하는 지식과 기능을 대부분 이해한 수준이고, 보통학력은 상당부분 이해한 수준, 기초학력은 부분적으로 이해한 수준을 의미한다. 기초학력 미달은 도달해야 하는 수준이 아니므로 별도의 성취수준 특성을 정의하지 않는다. 학업성취도 평가에서 각 성취수준에 해당하는 학생의 비율이 어떤 추이를 보이는지 등을 살펴봄으로써 우리나라 학생들의 학력을 확인할 수 있다.

2015 개정 교육과정 적용 시기부터는 성취수준 단계를 '4수준(우수)', '3수준(보통)', '2수준(기초)', '1수준(노력요망)'으로 변경하였다(이광상 외, 2020).

성취수준을 구분하기 위해서는 각 수준을 분할하는 점수가 필요하다. 학업성취도 평가에서는 2003년 처음으로 변형된 앙고프 방법에 따라 성취수준별 분할 점수를 설정하고 그 분할 점수를 기준점(anchor points)으로 성취수준을 구분하였다(김희경 외, 2019b). 이후 평가틀, 적용 교육과정 등의 체제 변화가 있을 때마다 기준점을 재설정하고 있다.

학업성취도 평가는 성취수준에 해당하는 학생들의 학업 특성을 파악하기 위해 성취수준별로 '대표 문항'을 선정한다. 수학과는 문항 정답률 70%를 대표 문항 선정의 기준으로 삼는다(조영미 외, 2004). 예컨대 우수학력 대표 문항은 우수학력 학생들의 정답률은 70% 이상이고 그 아래 수준 학생들의 정답률은 70% 미만이다.

학업성취도 평가의 결과는 시행한 다음 해에 발표되는데, 여기서는 2009 개정 교육과정이 적용되었던 2018년 학업성취도 평가의 결과를 살펴보자. 〈표 Ⅳ-2-5〉와 〈표 Ⅳ-2-6〉은 각각 2018년 중학교, 고등학교의 성취수준별 학업 특성이다(박지현 외, 2019, pp.12-13). 고등학교의 우수학력 수준에 해당하는 학생들이 여러 성취기준에 도달한 데 비해, 보통학력 수준에 해당하는 학생들은 항등식의 성질을 이해하고 등차수열의 합을 구할 수 있는 등 일부 성취기준에 도달하는 데 그쳤음을 알 수 있다.

표 Ⅳ-2-5 2018년 중학교 수학과 성취수준별 학업 특성

성취수준	특성
우수학력	• 정수와 유리수의 개념을 이해할 수 있다. • 순환소수의 뜻과 유리수와 순환소수의 관계를 이해할 수 있다. • 최대공약수와 최소공배수의 성질을 이해하고, 이를 구할 수 있다. • 일차방정식을 활용하여 여러 가지 문제를 해결할 수 있다. • 두 일차함수의 그래프를 통하여 연립방정식의 해를 이해할 수 있다. • 연립일차부등식을 활용하여 여러 가지 문제를 해결할 수 있다. • 삼각형을 작도할 수 있다. • 평행선 사이에 있는 선분의 길이의 비에 대한 성질을 이해하고, 이를 활용할 수 있다. • 다각형의 내각과 외각의 크기를 구할 수 있다. • 확률의 계산을 할 수 있다.
보통학력	• 다항식의 곱셈과 나눗셈의 원리를 이해하고 계산을 할 수 있다. • 지수법칙을 이해할 수 있다. • 다양한 상황을 문자를 사용한 식으로 간단히 나타낼 수 있고, 간단한 등식을 변형할 수 있다. • 등식의 성질을 이해하고, 일차방정식을 풀 수 있다. • 일차부등식을 활용하여 여러 가지 문제를 해결할 수 있다. • 미지수가 2개인 연립일차방정식과 그 해의 의미를 이해할 수 있다.

성취수준	특성
	• 순서쌍과 좌표를 이해할 수 있다. • 일차함수의 뜻을 알고, 그래프를 그릴 수 있다. • 평행선에서 동위각과 엇각의 성질을 이해할 수 있다. • 사각형의 성질을 이해하고 설명할 수 있으며, 다면체의 뜻과 성질을 이해할 수 있다. • 삼각형의 외심과 내심의 성질을 이해하고 설명할 수 있다. • 줄기와 잎 그림, 도수분포표, 히스토그램, 도수분포다각형을 해석할 수 있다. • 상대도수의 분포를 이해하고, 표와 그래프로 나타낼 수 있다.
기초학력	• 일차식의 덧셈과 뺄셈의 원리를 이해하고, 계산을 할 수 있다. • 도형의 닮음의 뜻과 닮은 도형의 성질을 이해할 수 있다.
기초학력 미달	• 수와 문자로 표현된 식을 계산하는 능력과 기본 개념을 이해하여 여러 가지 문제를 해결할 수 있는 능력을 기르기 위한 노력이 필요하다.

* 출처: 박지현 외(2019, pp.12-13)

표 Ⅳ-2-6 2018년 고등학교 수학과 성취수준별 학업 특성

성취수준	특성
우수 학력	• 다항식의 인수분해, 복소수의 사칙계산을 할 수 있고, 이차방정식의 근과 계수의 관계를 이해한다. • 이차함수의 그래프와 직선의 위치 관계, 이차함수의 최대 및 최소를 이해하고, 이차부등식을 풀 수 있다. • 선분의 외분점의 좌표를 구할 수 있고, 두 직선의 수직 조건을 이해하고, 원의 방정식을 구할 수 있다. • 도형의 평행이동, 부등식 영역의 의미를 이해한다. • 명제의 역, 필요충분조건을 이해하고, 간단한 절대부등식을 증명할 수 있다. • 함수의 뜻을 알고 그 그래프를 이해하고, 역함수의 뜻과 성질, 유리함수의 그래프의 성질을 이해한다. • Σ의 뜻과 성질을 이해하고, 등비수열의 일반항과 합, 여러 가지 수열의 합을 구할 수 있다. • 상용로그를 이해한다.
보통 학력	• 항등식의 의미와 그 성질을 이해한다. • 미지수가 2개인 연립이차방정식, 절댓값을 포함한 일차부등식을 풀 수 있다. • 등차수열의 합을 구할 수 있다. • 지수법칙을 이해하고 이를 이용하여 식을 간단히 나타낼 수 있다.
기초 학력	• 간단한 다항식의 사칙계산을 할 수 있다. • 집합의 개념을 이해하고 집합을 표현할 수 있다.
기초학력 미달	• 여러 가지 식을 계산하는 능력과 기본 개념, 원리를 이해하여 문제를 해결할 수 있는 능력을 기르기 위한 노력이 필요하다.

* 출처: 박지현 외(2019, pp.12-13)

라. 국가수준 학업성취도 평가의 예시 문항

앞서 설명한 바와 같이 학업성취도 평가는 시행된 다음 해에 학업성취도, 문항 분석 결과 등이 보고된다. 예컨대 새로운 평가틀을 적용한 2019년 고등학교 학업성취도 평가에 대한 상세한 결과는 2020년에 확인할 수 있다. 2015 개정 교육과정에 따른 평가 문항은 Ⅲ장 1절에서 확인할 수 있다.

여기서는 2009 개정 교육과정이 적용되었던 2016년 문항을 소개한다. 2016년 평가 결과는 전수 평가의 결과이므로 우리나라 학생의 전체적인 학업성취도를 파악하는 데 유용하다는 점과 서술형 문항에 대한 유형 분석이 이루어졌다는 점에서 의미가 있다.

[그림 Ⅳ-2-1]은 2016년 중학교 수학과 선다형 23번 문항으로, 이 문항은 주어진 기울기와 x절편의 조건에 맞는 일차함수의 그래프를 나타낼 수 있는지를 평가한다(동효관 외, 2017, pp.35-38). 이 문항의 전체 정답률은 46.87%이고, 성취수준별 정답률은 우수학력 92.02%, 보통학력 50.72%, 기초학력 13.60%, 기초학력 미달 8.25%로 나타났다. [그림 Ⅳ-2-2]의 답지반응률 분포 그래프를 살펴보면, 기초학력과 보통학력에서 오답지 ⑤를 선택한 비율이 높음을 알 수 있다. 이러한 결과는 일차함수의 그래프에 대한 보통학력 수준 이하의 학생들의 이해가 부족함을 보여준다.

국가수준 학업성취도 평가 결과와 관련된 연구보고서 등 다양한 자료는 학업성취도 평가 정보 서비스(https://naea.kice.re.kr/)에서 확인할 수 있다. 2019년 평가 결과도 '정보마당-연구보고서'에서 다운로드받을 수 있다.

국가수준 학업성취도 평가는 선다형 문항과 서답형 문항으로 구성된다. 서답형 문항은 답만 쓰는 단답형과 풀이 과정도 기술하는 서술형으로 구분된다.

23. 두 학생이 설명하고 있는 일차함수의 그래프로 옳은 것은?

"이 그래프는 x의 값이 2만큼 증가할 때 y의 값은 4만큼 증가하는 직선이야."

"이 그래프의 x절편은 일차함수 $y=\frac{3}{2}x+3$의 그래프의 x절편과 같아."

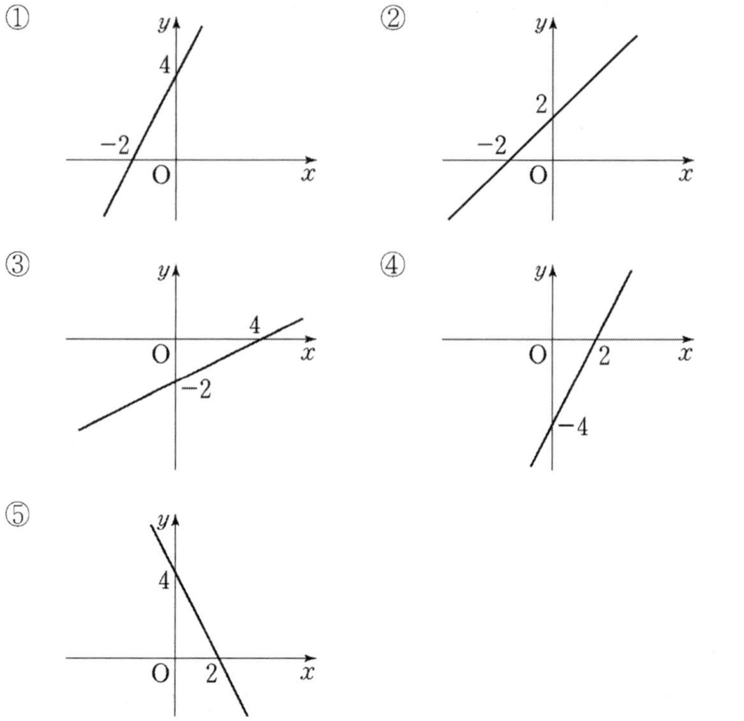

그림 Ⅳ-2-1 2016년 중학교 3학년 수학 선다형 23번

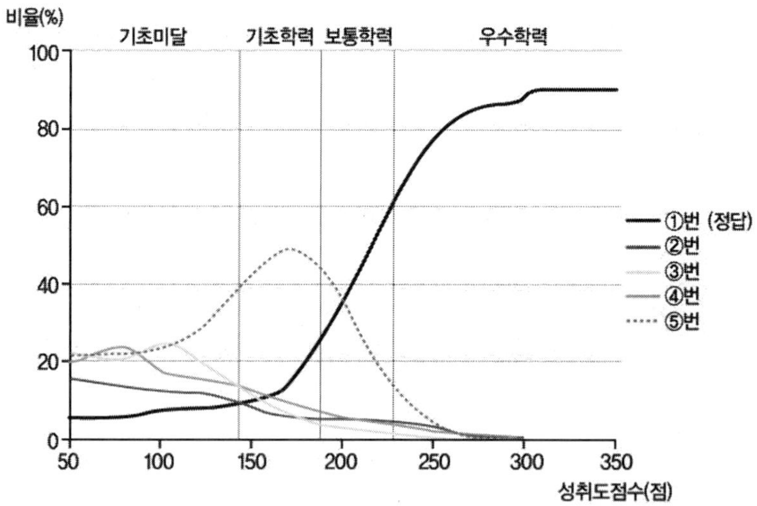

* 출처: 동효관 외(2017, p.37)

그림 Ⅳ-2-2 2016년 중학교 수학과 선다형 23번: 답지 반응률 분포

[그림 Ⅳ-2-3]은 2016년 고등학교 수학과의 서답형 2번 문항으로, 이 문항은 역함수를 구할 수 있는지를 평가한다. 이 문항은 단답형과 서술형의 하위문항으로 구성되었고, 특히 두 번째 하위문항 2-(2)번은 고등학교 수학에서 처음으로 출제된 서술형 문항이다.

[서답형 2] 두 함수 $f(x)=\frac{1}{4}x+2$, $g(x)=2x-2$에 대하여 물음에 답하시오.

(1) 함수 $f(x)$의 역함수를 구하시오.
〈답〉 $y=$______________

(2) 함수 $(f \circ g)^{-1}(x)$를 구하는 풀이 과정과 답을 쓰시오.

〈풀이 과정과 답〉

그림 Ⅳ-2-3 2016년 고등학교 2학년 수학 서답형 2번

서답형 2-(2)번을 구체적으로 살펴보면, 이 문항은 합성함수의 역함수를 구할 수 있는지를 평가하는 문항이다. 배점이 2점인 문항으로 풀이 과정과 답이 모두 옳은 경우 2점, 풀이 과정의 일부나 답만 옳은 경우 1점, 무응답이나 그 외 오답은 0점이다. 상세한 채점 기준과 채점 결과에 따른 배점별 학생 비율은 〈표 Ⅳ-2-7〉과 같다.

표 Ⅳ-2-7 서답형 2-(2)번의 채점 기준과 배점별 비율

배점	채점 기준	비율(%)
2점	• 풀이 과정과 답이 모두 옳은 경우	11.53
1점	• 풀이 과정에서 일부 기호 사용이 바르지 않으나, 그 외의 풀이 과정과 답이 옳은 경우 • g^{-1} 또는 $f \circ g$를 옳게 구한 경우 • 풀이 과정이 틀리고 답은 옳게 쓴 경우 • 답만 옳게 쓴 경우	10.70
0점	• 무응답 또는 그 외 오답인 경우	77.77

* 출처: 임해미 외(2017, p.235)

서술형 문항의 답안에서는 학생들의 풀이 과정을 확인할 수 있으므로 학생들이 지닌 오개념, 절차적 오류 등을 발견할 수 있다. 또한 답안을 분류하여 유형화함으로써 이후 교수·학습을 위한 시사점도 찾을 수 있다. 〈표 Ⅳ-2-8〉에 제시된 서답형 2-(2)번의 학생 답안 유형을 살펴보면, 역함수의 성질 $(f \circ g)^{-1} = g^{-1} \circ f^{-1}$을 옳게 적용하지 못하거나 수학 기호를 바르게 쓰지 못하는 학생들이 많음을 알 수 있다.

표 Ⅳ-2-8 서답형 2-(2)번의 답안 유형

유형	내용	빈도	비율(%)
유형 1	함수 $(f \circ g)^{-1}(x)$를 옳게 구한 경우	126	8.58
유형 2	풀이 과정에서 일부 기호 사용이 바르지 않으나, 그 외의 풀이 과정과 답이 옳은 경우	108	7.35
유형 3	역함수의 성질 $(f \circ g)^{-1} = g^{-1} \circ f^{-1}$를 옳게 적용하지 못한 경우	262	17.84
유형 4	역함수를 옳게 구하지 못한 경우	68	4.63
유형 5	그 외의 경우	231	15.72
유형 6	무응답	674	45.88
계		1,469	100.00

* 출처: 임해미 외(2017, p.241)

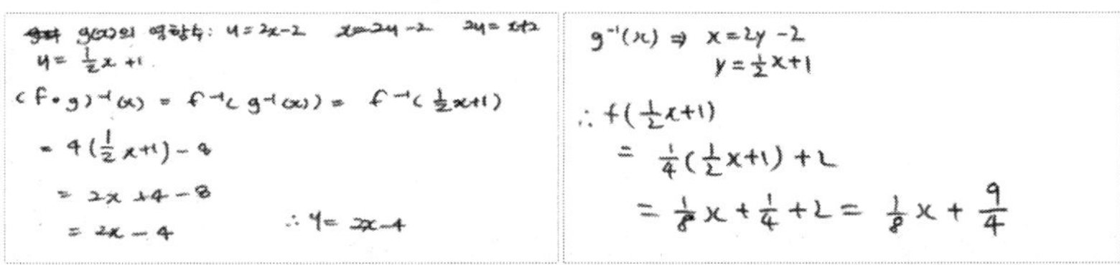

그림 Ⅳ-2-4 서답형 2-(2)번 유형 3의 응답 사례

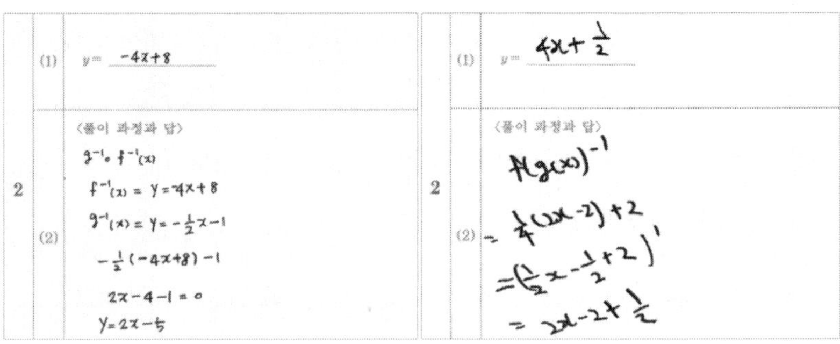

그림 Ⅳ-2-5 서답형 2-(2)번 유형 4의 응답 사례

[그림 Ⅳ-2-6]과 같이 답안 유형별 비율 분포를 그래프로 나타내면, 성취수준별로 어떤 답안 유형이 많이 나타났는지 파악할 수 있다.

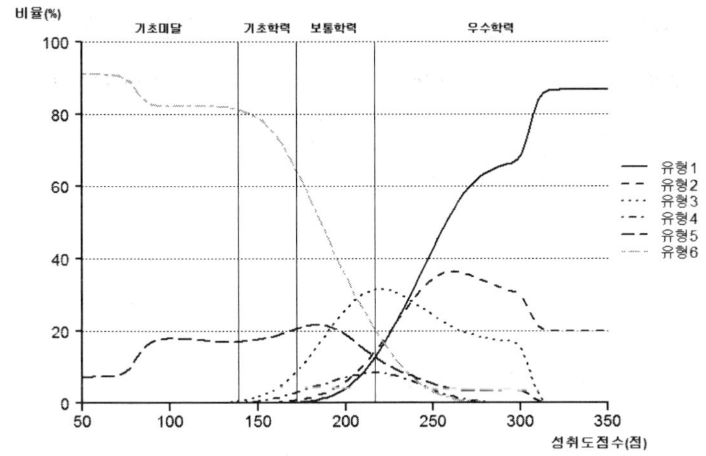

* 출처: 임해미 외(2017, p.244)

그림 Ⅳ-2-6 답안 유형에 따른 비율 분포

되돌아보기 + 더 나아가기

1. 다음은 국가수준 학업성취도 평가에서 활용하는 2015 개정 교육과정을 적용한 수학과 평가틀이다. 빈 곳을 작성하시오.

차원	설명	차원별 구성요소
영역	2015 개정 교육과정의 교과 내용 영역을 재구성한 것으로 교과의 내용을 평가하기 위한 것	
역량		계산·이해, 추론, 문제해결, 정보 처리
맥락	교과에서 문항 해결에 필요한 상황을 설정한 것	실생활, 학문

2. 다음은 2015년 국가수준 학업성취도 평가에 출제된 중학교 수학 문항과 문항 분석 결과의 일부이다. 문항 분석 결과에는 성취수준별 정답률, 답지반응률, 답지반응률 분포 그래프, 답지에 대한 반응을 분석한 표가 제시되어 있다. 오답지인 ②, ④와 관련하여 '답지 반응 분석'과 '성취수준 관련 분석' 부분에 해당하는 내용을 작성하시오.

16. 일차함수 $y = 4x + 2$ 의 그래프에 대하여 〈보기〉에서 옳은 것을 모두 고른 것은?

<보기>

ㄱ. x 절편은 $-\frac{1}{2}$ 이다.

ㄴ. x 의 값이 2만큼 증가할 때 y 의 값은 8만큼 증가한다.

ㄷ. 일차함수 $y=4x$ 의 그래프를 y 축의 방향으로 -2 만큼 평행이동한 것이다.

① ㄱ　② ㄴ　③ ㄱ, ㄴ

④ ㄴ, ㄷ　⑤ ㄱ, ㄴ, ㄷ

성취수준	우수학력	보통학력	기초학력	기초학력 미달	전 체
정답률(%)	84.47	40.82	26.89	22.67	44.13

답지	①	②	③ 정답	④	⑤
반응률(%)	26.24	11.39	44.13	13.31	4.71

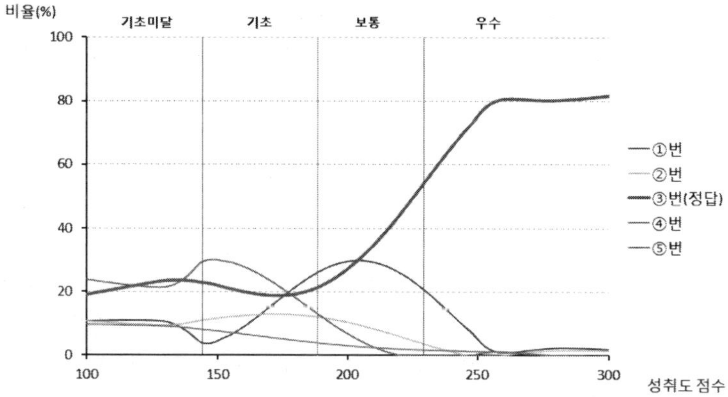

답지	답지 반응 분석	성취수준 관련 분석
①	일차함수의 x절편은 구할 수 있지만 기울기와 일차함수의 평행이동에 대한 이해는 부족함	보통학력에서 오답지 ①을 선택한 비율이 높았으며, 우수학력의 하 수준에서도 오답지 ①을 선택하는 경우가 나타남
②		
③ 정답	일차함수의 기울기와 평행이동을 이해하고 있으며, x절편을 구할 수 있음	우수학력은 대체로 정답지 ③을 선택함
④		
⑤	일차함수의 기울기를 이해하고 있으며, x절편을 구할 수 있지만, 일차함수의 평행이동에 대한 이해는 부족함	오답지 ⑤를 선택한 비율은 4.71%로 낮았음

참고문헌

교육부(2019). **국가수준 학업성취도 평가 개선 방안(안)**. 교육부 교육기회보장과 차관 주재 토론회자료(2019.12.24.).

김희경, 김완수, 김수진, 정혜경, 김미림(2019a). **2018년 국가수준 학업성취도 평가 결과: 중학교**. 한국교육과정평가원 연구자료 ORM 2019-57-1.

김희경, 김완수, 김수진, 정혜경, 김미림, 김성훈(2019b). **국가수준 학업성취도 평가 점수 체제 개선 및 결과 활용도 제고 방안**. 한국교육과정평가원 연구보고 RRE 2019-3.

동효관, 김경주, 강민경, 장의선, 성경희, 임해미, 김성경, 이재봉, 배주경, 김소연, 최병택, 최원호, 김용진, 이기영(2017). **2017년 국가수준 학업성취도 평가 출제 연구**. 한국교육과정평가원 연구보고 RRE 2017-2.

동효관, 김경주, 강민경, 장의선, 성경희, 양성현, 김성경, 이재봉, 구자옥, 박상복, 김소연, 최원호, 김용진, 이기영(2018). **2015 개정 교육과정에 따른 국가수준 학업성취도 평가 출제 방안 연구.** 한국교육과정평가원 연구보고 RRE 2018-4.

박지현, 이광상, 구자옥, 박수민(2019). **2018년 국가수준 학업성취도 평가 결과 분석-수학-.** 한국교육과정평가원 연구자료 ORM 2019-45-3.

이광상, 이재봉, 손예림(2020). **2019년 국가수준 학업성취도 평가 결과 분석: 고등학교 수학**. 한국교육과정평가원 연구자료 ORM 2020-23-7.

이명애, 동효관, 박인용, 김완수, 서민희, 정혜경, 김경주, 강민경, 장의선, 성경희, 임해미, 김성경, 배주경, 김소연, 이재봉, 박지현, 양길석, 강태훈, 신영준(2017). **2015 개정 교육과정 적용에 따른 국가수준 학업성취도 평가 체제 발전 방안 연구**. 한국교육과정평가원 연구보고 CRE 2017-8.

이인호, 이광상, 임해미, 박수민(2016). **2015년 국가수준 학업성취도 평가 결과 분석-수학-**. 한국교육과정평가원 연구자료 ORM 2016-31-3.

임해미, 김성경, 동효관, 박수민(2017). **2016년 국가수준 학업성취도 평가 결과 분석-수학-**. 한국교육과정평가원 연구자료 ORM 2017-95-3.

조영미, 이대현, 이봉주(2004). **2003년 국가수준학업성취도평가 결과보고서-수학-**. 한국교육과정평가원 연구보고 RRE 2004-1-4.

3. 국제 학업성취도 평가: PISA

PISA(Programme for International Student Assessment) 연구는 OECD 회원국의 교육 시스템을 모니터링하기 위해 1997년부터 시작되었으며, 2000년에 첫 주기의 본검사인 PISA 2000이 시행되었다. PISA는 해당 영역의 전문가, 참여국의 교육부와 연구자가 협력하여 평가틀과 평가 문항을 개발하며, 엄격한 국제적인 기준에 따라 표집과 시행이 이루어진다. PISA는 교육적 타당성과 신뢰성을 보장하기 위해 고도의 측정 기법을 도입하여 인지적 영역과 정의적 영역에 대한 평가 결과를 산출하고 있으며, 그 결과는 교육정책을 결정하고 교육과정을 개선하는 데 중요하게 활용되고 있다.

PISA는 대다수 참여국의 의무교육과정이 끝나는 만 15세 학생들이 현대사회의 시민으로 참여하는 데 필수적인 핵심 지식과 기술을 얼마나 습득하고 있는지에 대한 소양(literacy)을 평가한다. PISA의 중요한 특징 중 하나는 참여국의 성취에 대한 추이 변화를 파악할 수 있다는 데 있다. PISA는 읽기, 수학, 과학 영역에 대해 주기마다 주영역과 보조영역을 두어, 해당 영역이 주영역인 주기에는 새로운 요구에 부합하는 평가틀과 이에 따른 평가 문항을 개발하여 평가하고 있다. 보조영역인 주기에는 문항을 개발하지 않고 주영역이었던 주기에 사용된 평가 문항을 추이 변화 조사를 위한 추이 문항(trend item)으로 사용한다. 이러한 규칙 따르면 PISA에서는 9년마다 주영역인 주기가 돌아오는데, 지금까지 수학이 주영역인 주기는 PISA 2003, PISA 2012, PISA 2021이다.

이밖에도 주기별로 문제해결력, 금융소양, 협력적 문제해결력, 글로벌 소양, 창의적 사고력 등의 평가 영역을 추가하여 평가를 시행하는 등 학생들의 다양한 역량을 평가하기 위한 시도가 지속적으로 이루어지고 있다는 것이 PISA의 선도적인 특징이라고 할 수 있다.

OECD PISA 국제본부는 COVID-19의 영향으로 PISA 2021의 예비검사와 본검사를 1년씩 미루기로 결정하였다. 이에 따라 PISA 2021의 본검사가 2022년으로 예정되어 PISA 2022로 명칭이 변경될 예정이다.

표 Ⅳ-3-1 PISA 주기별 평가 영역과 평가 방식

주기	2000	2003	2006	2009	2012	2015	2018	2021
참여국 수	32	41	57	65	65	72	80	시행 전
읽기	○	○	○	○ + ◎	○	◎	◎	◎
수학	○	○	○	○	○ + ◎	◎	◎	◎
과학	○	○	○ + ◎	○	○	◎	◎	◎
추가 영역 (우리나라 참여 영역)		○ 문제 해결력			◎ 컴퓨터 기반 문제 해결력	◎ 협력적 문제 해결력	◎ 글로벌 역량	◎ 창의적 사고력

음영: 주영역, ○: 지필평가, ◎: 컴퓨터 기반 평가

가. PISA 수학 평가 개요

PISA는 수학 소양(mathematical literacy)을 평가하는데, 이는 최근 세계 각국에서 주목하고 있는 수학적 역량(mathematical competence)과 일맥상통한다. 예전에는 수학적 역량이 있다는 것이 기본적인 산술이나 연산 기술을 갖추고 있으며 도형의 넓이나 부피를 계산할 수 있는 것 등이었다면, 최근에는 수학적으로 역량이 있다는 것과 21세기의 시민으로서의 역량을 갖추었다는 것의 의미가 삶의 다양한 측면의 디지털화, 교육과 진로 및 인생 계획, 건강 및 투자, 그리고 기후 변화, 정부 부채, 인구 증가, 유행성 질병의 확산 등의 주요한 사회적 과제와 관련된 다양한 데이터를 다루고 의사 결정할 수 있는 것 등으로 변화되고 있다(OECD, 2018).

이러한 변화는 PISA에서 평가하는 수학 소양의 정의에도 변화를 가져왔다. 우선 수학적 문제해결 특히 수학적 모델링에 중점을 두었던 PISA 2012의 수학 소양의 정의는 다음과 같다(조지민 외, 2012; OECD, 2013).

〈PISA 2012 수학 소양〉

수학 소양은 다양한 맥락에서 수학을 형식화하고, 이용하고, 해석하는 개인적인 능력이다. 여기에는 현상을 기술하고 설명하며 예측하기 위해 수학적 추론과 수학적 개념, 절차, 사실, 도구를 사용하는 것을 포함한다. 수학 소양은 개인이 실세계에서 수학의 역할을 인식하고, 건설적이고 참여적이며 반성적인 시민에게 요구하는 근거 있는 판단과 결정을 할 수 있도록 돕는다.

Mathematical literacy is an individual's capacity to formulate, employ, and interpret mathematics in a variety of contexts. It includes reasoning mathematically and using mathematical concepts, procedures, facts and tools to describe, explain and predict phenomena. It assists individuals to recognise the role that mathematics plays in the world and to make the well-founded judgments and decisions needed by constructive, engaged and reflective citizens.

한편 앞서 열거한 21세기에 요구되는 문제 상황은 모두 양적 요소를 가지고 있다. 이를 이해하고 나타내기 위해서는 수학 소양을 갖추고 수학적으로 사고할 수 있어야 하는데, 점점 더 복잡한 맥락에서 이러한 수학적 사고는 앞서 언급한 기본적인 계산 절차로부터 도출되는 것이 아니라 추론에 의해 가능한 것이다. 여기서 추론은 연역적 추론과 귀납적 추론을 모두 가정한다. 따라서 21세기를 살아갈 학생들의 수학 소양과 관련하여 추론의 중요성이 더욱 부각될 필요가 있으며, PISA 2021의 수학 소양의 정의에는 PISA 2012의 문제해결과 더불어 수학적 추론이 포함되었다(OECD, 2018).

〈PISA 2021 수학 소양〉

수학 소양은 다양한 실세계 맥락에서 수학적으로 추론하고, 수학을 형식화하고, 이용하고, 해석하는 개인적인 능력이다. 여기에는 현상을 기술하고 설명하며 예측하기 위해 개념, 절차, 사실, 도구를 사용하는 것을 포함한다. 수학 소양은 개인이 실세계에서 수학의 역할을 인식하고, 건설적이고 참여적이며 반성적인 21세기 시민에게 요구하는 근거 있는 판단과 결정을 할 수 있도록 돕는다.

Mathematical literacy is an individual's capacity to reason mathematically and to formulate, employ, and interpret mathematics to solve problems in a variety of realworld contexts. It includes concepts, procedures, facts and tools to describe, explain and predict phenomena. It assists individuals to know the role that mathematics plays in the world and to make the well-founded judgments and decisions needed by constructive, engaged and reflective 21st century citizens.

PISA 2021 수학 소양의 정의에서는 다양한 맥락의 실세계 문제를 해결하기 위해 수학을 능동적으로 사용해야 하는데, 이때 연역적, 귀납적 추론을 포함한 수학적 추론이 수학 소양의 핵심적인 역할을 한다는 것을 강조하였다. [그림 Ⅳ-3-1]은 수학적 추론과 이전 주기인 PISA 2012의 수학적 모델링 사이클로 반영된 문제해결과의 관계를 나타낸다(OECD, 2018).

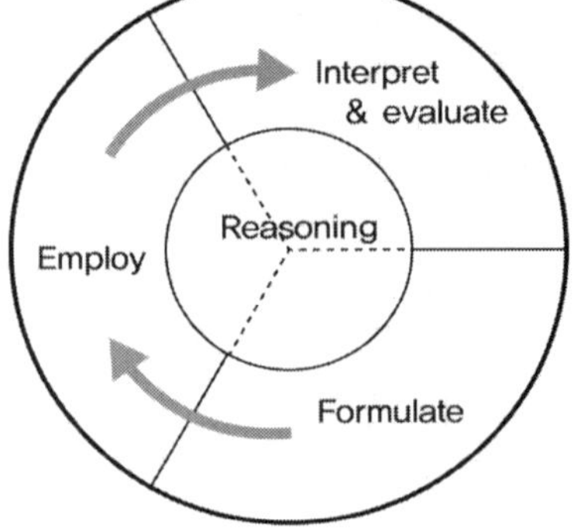

* 출처: OECD(2018, p.8)

그림 Ⅳ-3-1 수학 소양에서 수학적 문제해결과 수학적 추론의 관계

수학적 추론에는 상황 평가, 전략 선택, 논리적 결론 도출, 해를 찾고 나타내기, 해가 어떻게 적용될 수 있는지에 대한 인식 등이 포함된다. 학생들이 '구체화하기, 인식하기, 조직하기, 표현하기, 구성하기, 추상화하기, 평가하기, 연역하기, 정당화하기, 설명하기, 해석하기, 판단하기, 비평하기, 반박하기' 등을 수행할 때 수학적 추론을 하고 있다고 볼 수 있다(OECD, 2018).

나. PISA 수학 평가틀[30)]

PISA의 수학 평가틀은 수학 소양을 면밀하게 평가하기 위한 것으로, PISA 2000에 초안이 개발되었으며 수학이 주영역이었던 PISA 2003과 PISA 2012를 거치면서 개선되었다. 이후 PISA 2021에는 기존의 수학 평가틀을 토대로 수학적 추론을 강조하는 새로운 평가틀이 제안되었다(OECD, 2018). 이 평가틀은 OECD의 새로운 역량 프로젝트인 'OECD Education 2030'의 Mathematics Curriculum Document Analysis Project(MCDA)와 연계되어 각국의 수학과 교육과정에서의 수학 역량을 분석하는 틀로 활용되었다.[31)] PISA 2021의 평가틀을 PISA 2012의 평가틀과 비교하여 살펴보면 다음과 같다.

30) PISA 2021 수학 평가틀은 OECD(2018)를 토대로 작성함.

31) http://www.oecd.org/education/2030/international-curriculum-analysis.htm

우선 PISA 2012의 평가틀은 PISA 2012부터 PISA 2018까지 사용되었으며, 다양한 맥락의 문제해결과 관련한 수학 소양을 평가하기 위해 '맥락', '수학적 내용', '수학적 과정'의 세 차원을 축으로 갖는다. '맥락'은 문제가 배경으로 하는 상황을 의미하며, 개인적, 과학적, 사회적, 직업적 맥락으로 구분된다. 이는 학생 자신, 자신의 가족, 동료 집단에서의 활동과 관련된 개인적 맥락, 수학을 자연계 또는 과학 및 공학과 관련된 문제에 응용하는 것과 관련된 과학적 맥락, 지역사회, 국가, 세계에서 일어나는 사회적 맥락, 직업 세계에서의 활동과 관련된 직업적 맥락을 의미한다.

'수학적 내용'은 공간과 모양, 변화와 관계, 불확실성과 자료, 양으로 구분된다. 수학 내용 영역의 구분은 순수 수학에서 대수, 해석, 기하, 확률과 통계 등으로 구분하는 것과는 다소 차이가 있는데, 이는 PISA가 실생활 맥락에서의 수학 소양을 평가하기 때문이다.

'수학적 과정'은 문제해결 과정에서 요구되는 수학적 능력과 관련되며, 형식화하기, 이해하기, 해석하기로 구분된다. 이는 실생활 맥락에서의 문제 상황을 수학 문제로 형식화하고, 수학적 개념, 절차, 사실, 도구를 이용하여 수학 문제의 해를 구하고, 구한 해를 실생활 맥락에서 해석하는 것으로 수학적 모델링(mathematical modelling)과 관련된다. 이상을 도식화하면 [그림 Ⅳ-3-2]와 같다(조지민 외, 2012; 송미영 외, 2013a; OECD, 2013).

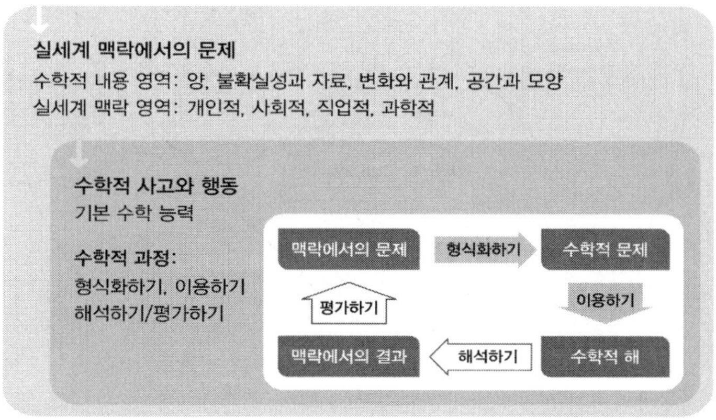

* 출처: 송미영 외(2013a, p.28), OECD(2013, p.26)

그림 Ⅳ-3-2 PISA 2012 수학 평가 모형

PISA 2021 수학 평가틀은 수학적 내용 지식, 수학적 추론과 문제해결 과정, 맥락의 세 영역으로 크게 구분된다. 수학적 내용 지식은 PISA 2012의 수학적 내용, 수학적 추론과 문제해결 과정은 수학적 과정에 대응되며, 특히 PISA 2021에는 PISA 2012와 비교하여 수학적 추론을 강조하고 있다.

한편, 앞서 살펴본 바와 같이 PISA 2021에서는 수학적 문제해결과 수학적 추론의 상호작용을 강조하고 있다. [그림 Ⅳ-3-3]은 수학 소양 즉, 수학 소양이 적용된 수학 내용 영역, 수학 소양을 뒷받침하고 발전시키는 문제의 맥락과 선택된 21세기 기술 사이의 관계를 나타낸다. 이때 '수학적 내용 지식'의 범주에는 양, 불확실성과 자료, 변화와 관계, 공간과 모양이 포함된다. 이 범주에는 학생들이 추론을 통해 유도해내고, 문제를 형식화하고(실제 세계 상황을 수학적인 문제 상황으로 변환시키는 것), 형식화한 문제를 풀이하고, 해석하고, 결정된 해를 평가하는 것과 관련된 수학 지식이 포함된다. 이전 PISA 2012의 평가틀에서와 같이 현실 상황을 정의하기 위해 사용하는 '맥락'은 개인적, 직업적, 사회적, 과학적 맥락의 네 가지 영역이다. 맥락은 개인의 본성, 개인이나 가족 또는 동료 집단에 직면할 수 있는 문제나 도전이 포함될 수 있으며, 지역적, 국가적, 글로벌적인 사회적 맥락, 업무와 관련된 직업적 맥락, 자연과 기술 세계에 수학을 적용하는 것과 관련된 과학적 맥락으로 설정된다.

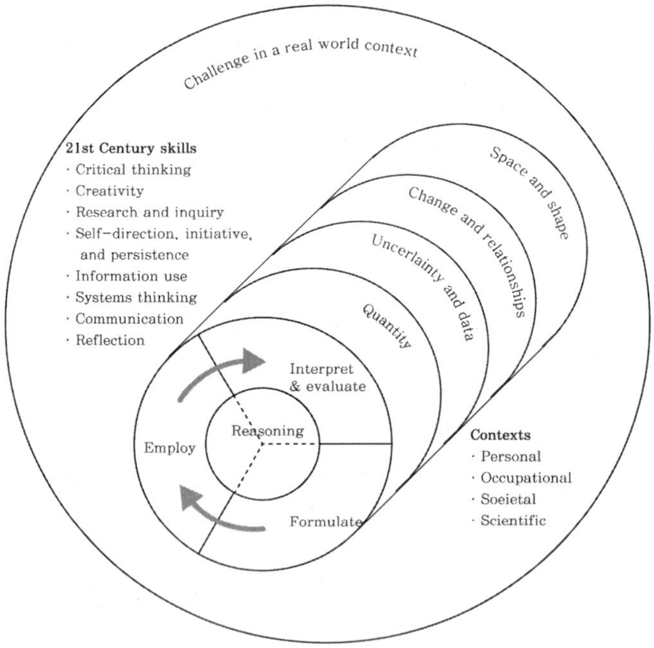

* 출처: OECD(2018, p.10)

그림 Ⅳ-3-3 PISA 2021 수학 평가 모형

이때 [그림 Ⅳ-3-3]에는 역사적으로 PISA 평가틀의 초석이 되어 온 수학적 모델링의 개념이 유지, 통합되어 있다. 모델링 주기(형식화하기, 이용하기, 해석하기와 평가하기)는 학생들의 수학적 소양에 대한 PISA 개념의 중심적인 측면이지만, 특히 평가의 맥락에서는 모델링 주기의 모든 단계에 관여할 필요는 없는 경우가 많다(Blum et al., 2007). 수학적 모델링 주기의 중요한 부분이 다른 사람들에 의해 수행된 경우가 많으며, 최종적인 사용자는 모델링 주기의 일부 단계를 수행하지만 모두 수행하지는 않는다. 예를 들어, 어떤 질문에 답하거나 어떤 결론을 도출하기 위해 직접 조작할 수 있는 그래프나 방정식과 같은 수학적인 표현이 주어지는 경우도 있다. 또는 학생들은 시스템이나 환경에서 가변적인 변화의 영향을 탐구하기 위해 컴퓨터 시뮬레이션을 사용할 수 있다.

이러한 이유로, 많은 PISA 문항은 모델링 주기의 일부만을 포함한다. 이때 수학적 모델링 수기는 형식화하기, 이용하기, 해석하기와 평가하기와 같이 동사로 표현되는데, 이는 능동적인 문제해결자로서 학생들이 참여할 세 가지 '수학적 과정'을 나타낸다.

상황을 수학적으로 '형식화'하려면 수학을 적용하고 사용할 수 있는 기회를 구체화하기 위해 연역 및 귀납적인 수학적 추론을 적용해야 한다. 수학은 제시된 특정 문제나 과제를 이해하거나 해결하기 위해 적용될 수 있다. 제시된 상황을 수학적 처리에 적합한 형태로 변화시킬 수 있는 것, 수학적 구조와 표현을 제공하는 것, 변수를 식별하는 것, 문제를 해결하거나 과제를 해결하는 데 도움이 되는 가정을 단순화하는 것을 포함한다.

수학을 '이용'하는 것 수학적인 해결책을 도출하기 위해 수학 개념, 절차, 사실, 도구를 사용하는 것과 동시에 수학적 추론을 적용하는 것을 포함한다. 여기에는 계산 수행, 대수적 표현과 방정식 또는 기타 수학적 모델 조작, 수학적 도표와 그래프에서 수학적 방식으로 정보를 분석, 수학적 설명과 설명을 개발하고 문제를 해결하기 위한 수학적 도구를 사용하는 것이 포함된다.

수학을 '해석'하는 것은 수학적인 해결책이나 결과에 대해 반성하고 문제나 도전의 맥락에서 그것들을 해석하는 것을 포함한다. 그것은 문제의 맥락과 관련하여 수학적인 추론을 적용하여 수학적인 해결책을 평가하고, 그 결과가 합리적인지 그리고 상황에 합당한지를 결정하며, 또한 해결책을 설명할 때 무엇을 강조해야 하는지를 결정하는 것을 포함한다.

한편, PISA 2021 평가틀에는 처음으로 '21세기 기술'이 포함되었다. 그러나 실제 문항 개발은 위의 네 가지 맥락을 평가틀로 하여 개발하며 21세기 기술을 통합하거나 다루기 위해 문항을 의도적으로 개발하지는 않지만, 평가틀의 정신(spirit)과 수학 소양의 정의에 맞추어 지금까지 확인된 21세기 기술이 문항에 녹아들 것이라는 기대를 담고 있다.

이밖에도 PISA 2021 수학 평가틀에는 테크놀로지가 폭넓게 사용되는 세계에서 성공하기 위해 학습자에게 필요한 부분 즉, 수학적 사고와 컴퓨팅 사고 사이의 교차점에 대한 논의가 요구된다. 컴퓨팅 사고의 범주에 포함된 추상화, 알고리즘적 사고, 자동화, 분해 및 일반화는 수학적 추론과 수학적 문제해결 과정에서도 핵심적인 부분이다. 수학에서 컴퓨팅 사고의 특성은 학생들이 수학 개념과 관계를 동적으로 모델링할 수 있도록 프로그래밍에 의해 표현할 수 있는 수학적 지식을 정의하고 정교하게 설명하는 것으로 개념화된다. 수학적 사고와 컴퓨팅 사고의 조합은 수학 영역에 대한 학생들의 개념적 이해의 개발을 효과적으로 지원하기 위해 필수적일 뿐만 아니라 컴퓨팅 사고 개념과 기술을 개발하여 어떻게 수학이 직업 세계에서 실행되는지에 대한 보다 실제적인 관점을 갖게 한다.

수학 소양의 정의에는 수학 도구의 사용이 명시적으로 포함되어 있다. 이러한 도구에는 다양한 물리적 및 디지털 장비, 소프트웨어 및 계산 장치가 포함된다. 컴퓨터 기반 수학적 도구는 21세기의 직업 현장에서 흔히 사용되고 있으며, 직장이나 사회 전반에 점점 더 널리 보급될 것이다. 일상적인 문제 및 일과 관련된 문제의 속성과 계산 도구(computational tools)가 존재하는 상황에서 연역 및 귀납적인 수학적 추론을 할 수 있어야 하는 등 개인의 수학 소양에 대한 사회적 기대도

높아지고 있기 때문에, PISA 2021에는 수학 도구의 사용을 포함한 수학 소양 평가를 위해 컴퓨터 기반 평가를 시행할 예정이다.

다. PISA 평가 결과의 활용

PISA 평가 결과는 국가 수준의 결과만 제공하며, 학교 및 학생 수준의 결과는 PISA for School 프로젝트[32]에 참여한 지역과 학교에 한정하여 제공된다. 우리나라는 3년을 주기로 산출되는 PISA 결과를 토대로 국가의 교육 시스템을 점검하고 학생들의 인지적, 정의적 성취 변화 추이를 파악하고 있다.

PISA에서는 평균 500, 표준편차 100인 척도 점수를 산출하여 국가에 제공하며, 척도 점수를 기준으로 학생들의 성취수준을 구분하여 비율 및 이와 연계된 정보를 제공한다. PISA에서는 수학 소양에 대한 성취수준을 1수준~6수준으로 정의하고 그 결과를 국가 수준에서 산출한다. 수학 소양의 성취수준은 점수에 따라 669점 초과는 6수준, 607점~669점 이하는 5수준, 545점~607점 이하는 4수준, 482점~545점 이하는 3수준, 420점~482점 이하는 2수준, 358점~420점 이하는 1수준으로 구분된다. 수학 성취수준별 성취 행동을 구체적으로 살펴보면 〈표 Ⅳ-3-2〉와 같다(송미영 외, 2013a; OECD, 2013, pp.23-26).

표 Ⅳ-3-2 수학 성취수준별 성취 행동의 특성

수준	학생의 성취 행동
6수준	• 복잡한 문제 상황에 대한 조사와 모델링에 근거해서 정보를 개념화하고 일반화하고 이용할 수 있으며, 상대적으로 표준화되지 않은 맥락에서 지식을 사용할 수 있다. • 다양한 자료와 표현을 연결할 수 있으며 이를 유연하게 변환할 수 있다. • 고차원적인 수학적 사고와 추론을 할 수 있다. • 기호적, 형식적인 수학적 조작과 관련성을 익숙하게 다룰 수 있으며, 이를 통해 획득한 통찰력과 이해를 잘 알려지지 않은 상황에 접근하기 위해 새로운 접근 방법과 전략을 개발하는 데에 적용할 수 있다. • 행동을 반성하고, 자신이 구한 결과, 해석, 주장 등과 원래 상황과의 적절성을 고려하면서 자신의 행동과 반성을 정확하게 의사소통하고 형식화할 수 있다.

32) http://www.oecd.org/pisa/pisa-for-schools/

수준	학생의 성취 행동
5수준	• 복잡한 상황에 대해 제한조건을 확인하고 가정을 분명히 할 수 있으며, 모델을 개발하여 복잡한 상황을 다룰 수 있다. • 모델과 관련된 복잡한 문제를 다루기 위해 적절한 문제해결 전략을 선택하고 비교하고 평가할 수 있다. • 광범위하고 잘 개발된 사고 기능과 추론 기능, 적절하게 연결된 표현, 기호적 특성화와 형식적 특성화, 통찰 등을 활용하여 복잡한 상황을 전략적으로 다룰 수 있다. • 자신의 문제해결 행동에 대해 반성할 수 있고, 자신의 해석과 추론을 형식화하고 의사소통할 수 있다.
4수준	• 제한조건을 포함하거나 가설을 설정해야 하는 복잡하고 구체적인 상황을 명확한 모델을 활용하여 효과적으로 다룰 수 있다. • 기호적 표현을 포함한 서로 다른 표현을 선택하고 통합할 수 있으며, 그러한 표현을 실세계 상황의 여러 측면에 직접적으로 연결할 수 있다. • 복잡하고 구체적인 맥락에서 모종의 통찰력을 가지고 잘 개발된 기능과 추론을 유용하게 활용할 수 있다. • 자신의 해석, 논거, 행동 등에 근거한 설명과 주장을 구성하고 의사소통할 수 있다.
3수준	• 분명하게 기술된 절차와 계속적인 결정을 요구하는 절차를 실행할 수 있다. • 단순한 문제해결 전략을 선택하여 적용할 수 있다. • 다양한 자료에 근거한 표현들을 해석하고 사용할 수 있으며, 다양한 자료로부터 직접적으로 추론할 수 있다. • 자신의 해석, 결과, 추론을 설명하는 짧은 의사소통을 전개할 수 있다.
2수준	• 직접적인 추론을 요구하는 맥락에서 상황을 해석하고 인식할 수 있다. • 하나의 자료로부터 관련된 정보를 추출할 수 있으며 하나의 표현 양식을 활용할 수 있다. • 기본적인 알고리즘, 공식, 절차, 표기법을 활용할 수 있으며, 직접적인 추론을 할 수 있고 결과를 문자 그대로 해석할 수 있다.
1수준	• 관련된 정보가 모두 제시되고 질문이 분명하게 정의된 익숙한 맥락의 문제에 답할 수 있다. • 명확한 상황에서 정보를 식별할 수 있으며 정확한 지침에 따라 전형적인 절차를 수행할 수 있다. • 문제에 제시된 행동과 주어진 조건으로부터 직접적으로 따라 나오는 행동을 수행할 수 있다.

라. PISA 평가 문항 예시

PISA 수학 평가 문항은 수학 평가틀을 기반으로 개발되기 때문에, 하나의 문항은 [그림 Ⅳ-3-4]와 같이 평가틀의 세 차원인 맥락, 수학적 내용, 수학적 과정에 대하여 각각 하나씩의 하위 요소에 대응하여 개발된다.

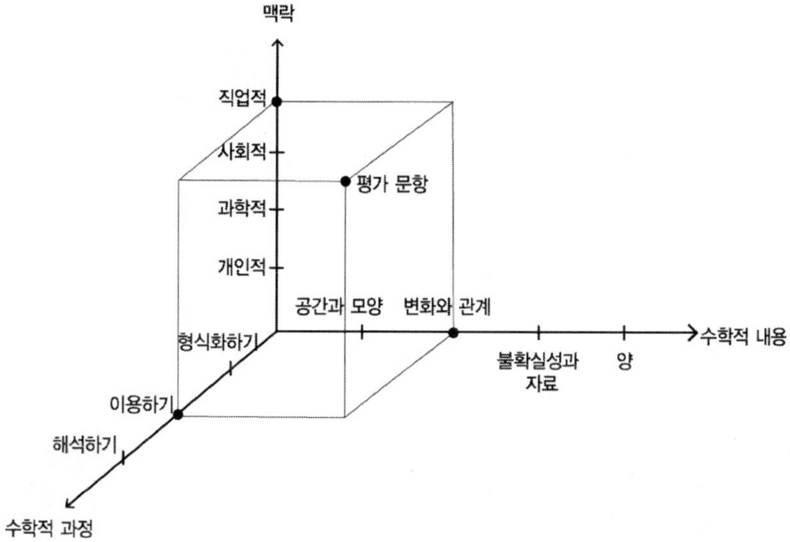

그림 Ⅳ-3-4 PISA 평가틀과 평가 문항의 관계

그렇다면 수학 소양을 포착하기 위한 문항은 어떤 특성을 가져야 하는가? PISA는 학생들이 학교에서 배운 지식을 자신의 삶과 직업에 얼마나 잘 적용할 수 있는지에 대한 실제적인 소양을 평가하기 때문에 평가 문항이 역량을 포착할 수 있도록 개발하고 있다. 관련하여 Stacey & Turner(2015)는 피타고라스의 정리를 예로 들어 피타고라스의 정리와 관련된 수학 소양을 평가하기에는 [1]보다 [2]가 적합하다고 하였다.

[1] 피타고라스의 정리가 무엇인지 말하시오.

[2] 지면과 45°의 각도로 날고 있는 커다란 연이 있다. 이 연이 지면으로부터 150m 높이에 있을 때, 연과 연결된 실의 길이가 얼마인지 구하시오.

위의 문제 상황이 수학 소양을 평가하기에 더욱 적합한 형태로 개발된 문항이 [그림 Ⅳ-3-5]의 '돛 달린 선박' 문항이다(송미영 외, 2013b).

세계 무역의 95%는 약 50000대의 유조선, 벌크선, 컨테이너선 등의 선박을 이용한 해상 경로를 통해 이루어진다. 이 선박들 대부분은 디젤 연료를 사용한다.
기술자들은 선박에 풍력 보조 장치를 개발하여 달려고 한다. 이들은 디젤 소모량과 환경 오염을 줄이기 위해 연 모양의 돛을 선박에 달아 풍력을 이용할 것을 제안하고 있다.

문제

오른쪽 그림처럼 연 모양의 돛이 150m 높이에서 45°의 각도로 배를 끌려면 밧줄의 길이는 약 얼마가 되어야 하는가?

A 173m B 212m
C 285m D 300m

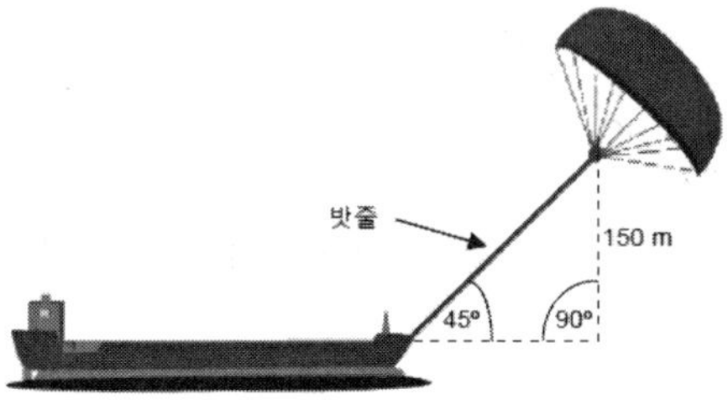

주의: 그림의 비율이 정확하지 않을 수 있음.
© by skysails

그림 Ⅳ-3-5 PISA 평가 문항: 돛 달린 선박

[그림 Ⅳ-3-5]를 통해서도 알 수 있듯이 PISA 문항은 문제 상황을 제시하는 도입부(stimulus)와 하위문항들로 구성된다. 하위문항은 문제 상황은 공유하지만 각각 독립적인 평가틀의 분류를 갖는다. '돛 달린 선박' 문항은 PISA 2012에 사용되었으며, 수학 평가틀에서의 '맥락'은 '직업적', '수학적 내용'은 '공간과 모양'에 해당하며, '수학적 과정'은 수학적 모델링 과정 중 피타고라스 정리라는 수학적 지식을 이용하여 답을 구하는 과정과 관련되므로 '이용하기'에 해당한다.

이 문항은 실제 선박 회사와 관련된 실제적인 상황을 배경으로 하는데, 직각 이등변 삼각형에 대해 피타고라스 정리를 적용하여 $1:1:\sqrt{2}$의 변의 비를 구한 뒤 $150\times\sqrt{2}\approx 212$을 계산하여 답을 구할 수 있다. PISA 평가 문항은 [그림 Ⅳ-3-5]와 같은 선다형 문항이 약 40%이며, 풀이 과정과 답을 쓰는 구성형 문항의 비율이 약 60%로 비중이 더 높다.

[그림 Ⅳ-3-6]은 PISA 2012 예비검사에 사용된 'DVD 대여' 문항이다. 이 문항의 수학 평가틀에서의 '맥락'은 '개인적', '수학적 내용'은 '양', '수학적 과정'은 '형식화하기'에 해당한다.

진우는 DVD와 컴퓨터 게임 대여점에서 일하고 있다. 이 가게의 연회비는 10 제드이다.
다음 표와 같이 회원의 DVD 대여 요금은 비회원보다 싸다.

비회원의 DVD 1장당 대여 요금	회원의 DVD 1장당 대여 요금
3.20 제드	2.50 제드

문제

연회비를 낸 것이 손해가 안 되려면 DVD를 최소 몇 장 이상 대여해야 하는가? 풀이 과정을 쓰시오.

DVD: ___________장

그림 Ⅳ-3-6 PISA 평가 문항: DVD 대여

PISA 구성형 문항의 채점은 학생들의 이해를 분석하기 위해 코드를 분류하여 채점하는데, 'DVD' 대여 문항의 채점 기준은 [그림 Ⅳ-3-7]과 같다(송미영 외, 2013b). 점수는 크게 만점, 부분점수, 영점으로 구분하며, 만점은 코드가 2로 시작, 부분점수는 1로 시작, 영점은 0과 무응답인 9로 구분한다. 이때 학생들의 응답을 재분류할 필요가 있는 경우 두 자리수 코드를 사용하는데, 이 문항은 만점을 코드 21~24, 부분점수를 코드 11~12로 세분화한다.

만점

- 코드 21: 15 [올바른 추론에 의한 대수적 해]
  - $3.20x=2.50x+10$
    $0.70x=10$
    $x=10/0.70=$약 14.2
    답은 자연수로 나와야 하므로 DVD 15장
  - $3.20x > 2.50x+10$[위의 경우와 같은 과정을 부등식으로 해결한 경우]
- 코드 22: 15 [올바른 추론에 의한 산술적 해]
  - 회원의 경우 DVD한 장에 0.70 제드가 이익이다. 회원은 처음에 10

제드를 지불해 놓은 것이므로, 최소한 연회비에 해당하는 금액을 아껴야 한다. 10 / 0.70 = 14.2…
따라서 DVD 15장이 답이다.

- 코드 23: 15 [체계적인 시행착오를 통해 옳게 푼 경우. 값을 하나 선택하여 회원과 비회원의 금액을 비교하고, 이를 통해 회원이 지불한 금액이 비회원이 지불한 금액 보다 적어지는지, 즉 정답(15)인지를 확인하는 경우]
  - 비회원에게 DVD 10장 = 32 제드. 회원은 25 제드 + 10 제드 = 35 제드. 따라서 10장보다는 많아야 한다. DVD 10장은 비회원가가 54 제드이고 회원가가 37.50 + 10 = 47.50 제드. 좀 더 작은 값을 생각해 보면 비회원은 DVD 14장 = 44.80 제드, 회원은 35 +10 = 45 제드. 따라서 DVD 15장이 답이다.
- 코드 24: 이외의 옳은 추론과 더불어 15를 씀.

부분 점수

- 코드 11: 15. 풀이 과정이 없는 경우
- 코드 12: 14 또는 14.2 [맥락에 맞도록 반올림을 하지 않았거나 틀리게 한 경우]

영점

- 코드 00: 기타
- 코드 99: 무응답

그림 Ⅳ-3-7 PISA 채점 기준: DVD 대여

한편 PISA의 시행 방식이 지필평가에서 컴퓨터 기반 평가로 변화하면서 개발하는 문항의 특징도 변화하고 있다. PISA는 초기에는 지필평가로 시행하였으나 PISA 2012에는 수학 지필평가와 컴퓨터 기반 수학 평가를 각각 개발하여 시행하였다. PISA 2021은 새로운 평가틀에 따른 컴퓨터 기반 평가 문항을 개발하여 시행한다.

[그림 Ⅳ-3-8]은 PISA 2021의 예시문항인 'Savings Simulation'이다. 이 문항은 오른쪽 화면의 조건을 드래그하면 나타나는 표의 결과를 토대로 문제를 풀이하도록 되어 있다. 이처럼 컴퓨터 기반 평가는 지필평가에서는 도입하기 어려웠던 부분을 구현하여 테크놀로지 기반 사회를 살아갈 학생들의 역량을 평가할 수 있는 평가 환경을 제공한다.[33]

33) https://pisa.e-wd.org/

Example 7: Savings Simulation

This item illustrates the use a computer simulation and hints at growth in the context and impact of interest.

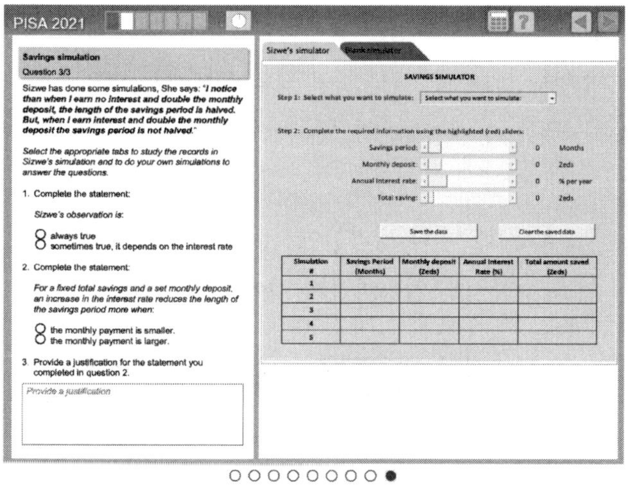

그림 Ⅳ-3-8 PISA 2021 예시 평가 문항: Saving Simulation

지금까지 국제 학업성취도 평가인 PISA의 수학 평가에 대해 살펴보았다. PISA는 20여 년 동안 세계 각국의 전문가들에 의해 평가해야 할 소양을 규명하고 평가틀과 평가 문항을 개발해왔기 때문에 평가 결과는 우리나라의 수학교육에서 역량 교육이 충실히 이루어지고 있는지를 가늠하는 척도가 될 수 있다. 최근 PISA 평가가 컴퓨터 기반 평가로 이루어지고 있음을 감안할 때 우리나라의 수학교육에서는 교수학습뿐만 아니라 평가에서도 공학적 도구의 활용을 강조할 필요가 있다. 한편 PISA에서는 수학에 대한 인지적 성취도와 더불어 학생, 교사, 학교 설문을 통해 수학에 대한 내적 동기와 도구적 동기, 자아효능감 등 정의적 성취 및 교수학습에 대한 다양한 정보를 수집하고 분석하여 종합적인 정보를 참여국에 제공한다는 점에서 더욱 의미가 있다고 볼 수 있다.

PISA의 정의적 영역에 대한 설문은 이 책의 Ⅲ장 3절을 참고하시오.

되돌아보기 + 더 나아가기

1. PISA 평가의 특징과 관련하여 PISA 2021에서 평가하는 수학 소양(mathematical literacy)의 정의를 쓰시오.

2. PISA 2012 수학 평가틀에서 수학적 과정을 나타낸 것이다. 이를 수학적 모델링과 관련지어 설명하시오.

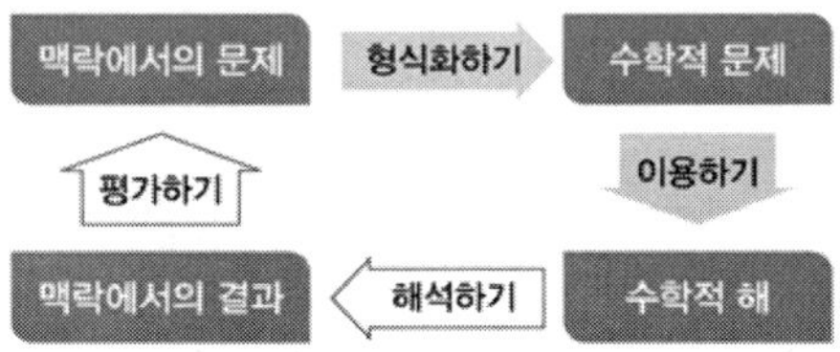

3. PISA 2021 수학 평가틀의 특징을 PISA 2012 수학 평가틀과 비교하여 설명하시오.

4. 다음 조건에 부합하는 PISA 수학 문항과 채점 기준을 만드시오.

구분		조건
도입부		문제 상황 제시
하위문항 1	맥락	개인적
	수학적 내용	변화와 관계
	수학적 과정	형식화하기
하위문항 2	맥락	개인적
	수학적 내용	공간과 모양
	수학적 과정	이용하기
채점 기준		코드 구분

5. 다음은 우리나라의 최근 PISA 주기별 수학 점수 추이, 남녀 학생의 수학 점수 추이, 성취수준별 비율을 나타낸 것이다. 이를 바탕으로 우리나라의 수학교육이 나아갈 방향에 대해 논하시오.

* 자료 출처: 조성민 외(2019)

표 1 우리나라 학생들의 주기별 수학 점수 추이

소양 \ 연구주기(OECD참여국수/전체 참여국 수)		PISA 2000 (28/43)	PISA 2003 (30/41)	PISA 2006 (30/57)	PISA 2009 (34/75)	PISA 2012 (34/65)	PISA 2015 (35/72)	PISA 2018 (37/79)
평균		547	542	547	546	554	524	526
순위	OECD	2	2	1~2	1~2	1	1~4	1~4
	전체	3	3	1~4	3~6	3~5	6~9	5~9

표 2 우리나라 남녀 학생들의 수학 점수 추이

연구주기	PISA 2000		PISA 2003		PISA 2006		PISA 2009		PISA 2012		PISA 2015		PISA 2018	
	대한민국	OECD	대한민국	OECD	대한민국	OECD	대한민국	OECD	대한민국	OECD	대한민국	OECD	대한민국	OECD
남학생	559	506	552	506	552	503	548	501	562	499	521	494	528	492
여학생	532	495	528	494	543	492	544	490	544	489	528	486	524	487
차이(남–여)	**27**	**11**	**23**	11	9	**11**	3	**12**	**18**	**11**	–7	**8**	4	**5**

* 통계적으로 유의한 차이를 진하게 표시함.

** 위의 수치는 반올림에 의한 차이가 있을 수 있음.

표 3 우리나라 학생들의 수학 소양 성취수준별 비율 추이(%)

수준 \ 연구주기	PISA 2003	PISA 2006	PISA 2009	PISA 2012	PISA 2015	PISA 2018
6수준	8.1	9.1	7.8	12.1	6.6	6.9
5수준	16.7	18.0	17.7	18.8	14.3	14.4
4수준	25.0	25.5	26.3	23.9	22.7	22.9
3수준	24.1	23.5	24.4	21.4	23.7	23.4
2수준	16.6	15.2	15.6	14.7	17.2	17.3
1수준	7.1	6.5	6.2	6.4	10.0	9.6
1수준 미만	2.5	2.3	1.9	2.7	5.4	5.4

* 수학 소양의 추이는 수학이 주영역인 PISA 2003과 PISA 2012를 기준으로 판단할 필요가 있음.

돛 달린 선박

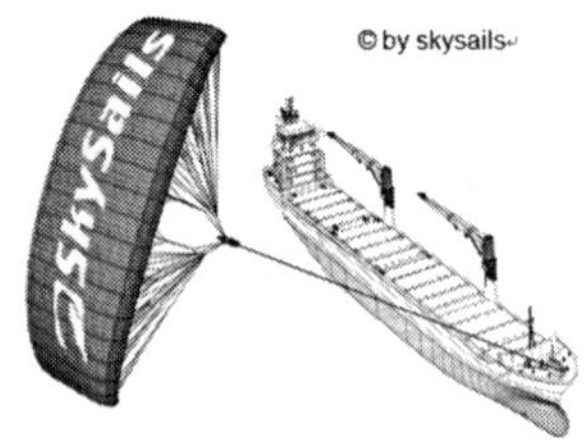

세계 무역의 95%는 약 50000대의 유조선, 벌크선, 컨테이너선 등의 선박을 이용한 해상 경로를 통해 이루어진다. 이 선박들 대부분은 디젤 연료를 사용한다.

기술자들은 선박에 풍력 보조 장치를 개발하여 달려고 한다. 이들은 디젤 소모량과 환경 오염을 줄이기 위해 연 모양의 돛을 선박에 달아 풍력을 이용할 것을 제안하고 있다.

● 평가틀

수학적 과정	이용하기
수학적 내용	양
맥락	과학적

● 정답률

국내(%)	국제(%)
60.18	59.23

문제 1. 돛 달린 선박

연 모양의 돛을 사용할 때의 장점 중 하나는 돛이 150m 상공에 떠 있다는 것이다. 상공에서는 풍속이 배의 갑판에서보다 25% 정도 빠르다. 컨테이너선의 갑판에서 잰 풍속이 $24km/h$일 때, 연 모양의 돛에 부는 바람의 풍속은 약 얼마인가?

A $6km/h$
B $18km/h$
C $25km/h$
D $30km/h$
E $49km/h$

● 평가틀

수학적 과정	이용하기
수학적 내용	공간과 모양
맥락	과학적

● 정답률

국내(%)	국제(%)
48.23	45.87

문제 2. 돛 달린 선박

오른쪽 그림처럼 연 모양의 돛이 $150m$ 높이에서 $45°$의 각도로 배를 끌려면 밧줄의 길이는 약 얼마가 되어야 하는가?

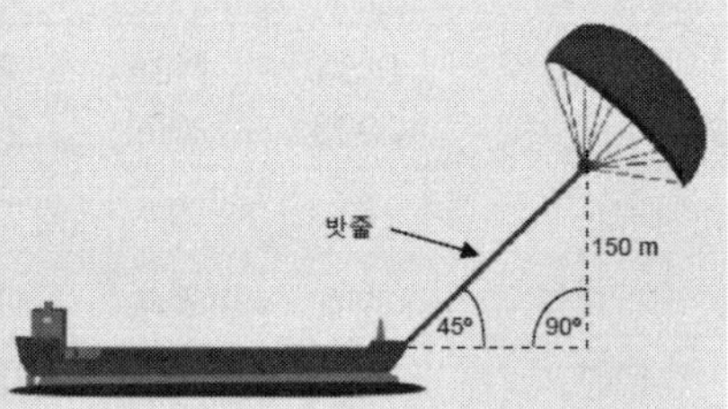

주의: 그림의 비율이 정확하지 않을 수 있음.
© by skysails

A $173m$
B $212m$
C $285m$
D $300m$

문제 3. 돛 달린 선박

디젤 연료가 $1L$ 당 0.42제드로 비싸기 때문에, 새물결 호의 선주는 연 모양의 돛을 선박에 장착하는 것을 고려하고 있다. 이러한 연 모양의 돛이 전체 디젤 소모량의 약 20%를 줄일 것으로 추정된다.

선박명: 새물결
종류: 화물선
길이: $117m$
폭: $18m$
적재 용량: 12000톤
최대 속도: 19노트

연 모양의 돛이 없을 때의 연간 디젤 소모량: 약 3500000L

새물결 호에 연 모양의 돛을 장착하는 비용은 2500000제드이다. 감소된 디젤 소모량 비용이 연 모양의 돛의 장착 비용을 충당하게 되는 것은 몇 년 후인가? 답을 쓰고 계산 과정도 나타내시오.

____________________ 년

● 평가틀

수학적 과정	형식화하기
수학적 내용	변화와 관계
맥락	과학적

● 정답률

국내(%)	국제(%)
16.37	12.50

문제 1 돛 달린 선박

만점

- 코드 1: D. $30km/h$

영점

- 코드 0: 기타
- 코드 9: 무응답

문제 2 돛 달린 선박

만점

- 코드 1: B. $212m$

영점

- 코드 0: 기타
- 코드 9: 무응답

문제 3 돛 달린 선박

만점

- 코드 1: 적절한(수학적) 계산을 통하여 8년에서 9년이라는 답을 얻은 경우
  - 돛이 없는 경우 매년 디젤 소모량은 3백5십만L이고, 단가가 0.42 zed/L이므로 돛이 없는 경우의 디젤 비용은1470000 제드이다. 만약 돛으로 20% 절약된다면 그 결과 절약되는 금액은 연간 1470000 x 0.2 = 294000제드이다. 따라서 2500000 / 294000 8.5, 즉, 약 8년에서 9년 사이에 돛이 (재정적으로) 가치를 가지게 된다.

영점

- 코드 0: 기타
- 코드 9: 무응답

* 위의 문항과 채점 기준은 송미영 외(2013b)에서 발췌함.

참고문헌

송미영, 임해미, 최혁준, 박혜영, 손수경(2013a). **OECD 국제 학업성취도 평가 연구: PISA 2012 결과 보고서.** 한국교육과정평가원 연구보고 RRE 2013 -6-1.

송미영, 임해미, 최혁준, 박혜영, 손수경(2013b). **OECD 국제 학업성취도 평가 문항 자료집 : PISA 2000 ~ PISA 2012 지필평가.** 한국교육과정평가원 연구자료 ORM 2013-64-1.

조성민, 구남욱, 김현정, 이소연, 이인화(2019). **OECD 국제 학업성취도 평가 연구: PISA 2018 결과 보고서.** 한국교육과정평가원 연구자료 RRE 2019 -11.

조지민, 동효관, 옥현진, 임해미, 정혜경, 손수경, 배제성(2012). **OECD 국제 학업성취도 평가 연구: PISA 2012 본검사 시행 보고서.** 한국교육과정평가원 연구보고 RRE 2012-3-1.

Blum, W., Galbraith, P. L., Henn, H. W., & Niss, M. (2007). *Modelling and applications in mathematics education* (pp.3-33). New York: Springer.

OECD (2013). *PISA 2012 Assessment and Analytical Framework: mathematics, reading, science, problem solving and financial literacy.* OECD Publishing.

OECD (2018). *PISA 2021 mathematics framework(first draft).* Retrieved from https://www.upc.smm.lt/nauji enos/smm/penkiolikmcciu-matematinis-rastingu mas/GB-2018-4-PISA-2021-Mathematics-Framework-First-Draft.pdf

Stacey, K. & Turner, R. (2015). The Evolution and Key Concepts of the PISA Mathematics Frameworks. In *Assessing Mathematical Literacy* (pp.5-33). Springer International Publishing.

참조 웹사이트

https://pisa.e-wd.org/

http://www.oecd.org/education/2030/international-curriculum-analysis.htm

4. 국제 학업성취도 평가: TIMSS

IEA는 TIMSS 결과를 'TIMSS 국제 연구센터" 홈페이지에서 첫 주기부터 참여국들의 학업성취도, 교육 맥락변인 결과를 공개하고 있다 (http://timssandpirls.bc.edu/).

교육이 추구하고자 하는 목적과 가치는 이제 단지 한 국가 내에서의 필요에 부응하는 데에 그치지 않고 세계적 관심사가 되었다(송미영 외, 2013, p.245). 이와 더불어 수학은 일상에서 살아가는 데 매우 중요하며 많은 직업 분야에서 수학 소양이 요구된다. 이러한 실제적인 유용성 이외에도 수학을 학습하고 수학적 역량을 개발하면 문제해결력을 향상시킬 수 있고, 그 과정에서 끈기와 인내심을 기를 수 있다(김수진 외, 2013; Grønmo et al., 2013, p.10). 수학의 중요성과 유용성에 대한 인식은 그 국가에서의 수학교육이 얼마나 잘 이루어지고 있는지를 국제적으로 비교하고 점검할 필요성을 가져왔다.

TIMSS(the Trends in International Mathematics and Science Study) 연구는 교육성취도평가협회 IEA에서 국제적인 수준에서 4학년과 8학년의 수학과 과학 성취도를 주기적으로 평가하여 추이변화를 파악하고 성취도와 교육맥락 변인 간의 관계를 파악하기 위해 1995년부터 시작하였다. TIMSS가 현재와 같이 국제비교연구로서 자리잡게 된 과정을 정리하면 다음과 같다.

1958년 유럽 각국의 교육연구자들이 독일 함부르크의 유네스코 교육연구소(UNESCO Institute for Education: UIE)에서 교육성취도 국제비교연구를 수행하기로 합의하고, 1959년에 12개국이 제1차 수학성취도 국제비교연구를 실시할 것을 확정하고 IEA를 설립함으로써 이 국제비교연구가 시작되었다. IEA는 1960년에 수학, 과학, 읽기 등 6개 교과에 대한 국제비교연구를 수행한 후, 1964년에는 수학 교과에 대해 12개국이 참여하는 제1차 국제수학비교연구(First International Mathematics Study, FIMS), 1982~1983년에는 20개국이 참여하는 제2차 수학교육비교연구(Second International Mathematics Study, SIMS)를 시행하였다. 1995년 제3차 국제비교연구(Third International Mathematics and Science Study, TIMSS)부터는 다시 수학과 과학을 평가하게 되었으며, 1999년에는 TIMSS-R(Third International Mathematics and Science Study-Repeat)을 실시하였다. 이후 제4차 국제비교연구부터는 'Third'를 'Trend'로 변경하여 현재의 TIMSS(the Trends in International Mathematics and Science Study)로 명명하였다(박정 외, 2000; 2004).

가. TIMSS 평가 개요

TIMSS는 4년 주기로 반복 시행되는 연구로, 평가 대상인 4학년이 다음 주기에는 8학년이 되어 참여하기 때문에 참여 집단의 시간에 따른 성취도 및 태도를 분석할 수 있다는 장점이 있다. 우리나라는 TIMSS가 처음 시작된 TIMSS 1995 이후 현재까지 지속적으로 연구에 참여하고 있으며, TIMSS 1995에는 4학년과 8학년이 모두 참여했으나 TIMSS 1999부터 8학년만 참여하다가 TIMSS 2011부터 다시 4학년과 8학년이 모두 참여하고 있다. TIMSS 개요를 정리하면 〈표 Ⅳ-4-1〉과 같다.

표 Ⅳ-4-1 TIMSS 개요

TIMSS (Trends in International Mathematics and Science Study)	
목적	• 참여국 학생들의 수학·과학 성취도 수준 및 성취도의 변화추이 파악 • 수학·과학 성취도와 이에 영향을 주는 배경변인의 관계를 분석함으로써 연구 참여국의 교육정책 수립에 기초로 활용
영역	• 수학, 과학, 배경변인(학교, 교사, 학생 설문)
대상	• 4학년*, 8학년
주기	• 4년 주기로 평가 실시
방식	• 지필평가 → 컴퓨터 기반 평가(eTIMSS) (TIMSS 2023부터 전면시행 예정)**
점수	• 척도점수(평균 500, 표준편차 100), 성취수준(4단계) • 평가 주기별 점수의 동등화
참여국	• 대한민국, 미국, 대만, 홍콩, 싱가포르, 영국 등 • 총 59개국(TIMSS 2019 기준)***

* 4학년의 경우, 우리나라는 TIMSS 1999, 2003, 2007에는 참여하지 않음

** TIMSS 2015까지는 지필평가로만 시행되었으나, TIMSS 2019에서는 지필평가와 컴퓨터 기반 평가가 함께 시행되었음. 우리나라는 TIMSS 2023부터는 컴퓨터 기반 평가(eTIMSS)로만 시행할 예정임

*** IEA 홈페이지[34]에 공개된 TIMSS 2019 참가국을 기준으로 제시하였음

34) https://www.iea.nl/studies/iea/timss/2019#section-617

TIMSS는 학생들의 성취도를 설명할 수 있는 포괄적인 요소로 교육과정을 상정하고, 교육의 과정을 설명하는 개념적인 성취모형을 [그림 Ⅳ-4-1]과 같이 제시하면서, 의도된(intended) 교육과정, 실행된(implemented) 교육과정, 성취된(attained) 교육과정의 세 가지 측면을 검토하고자 하였다. 국가·사회적 맥락에서 의도된 교육과정은 교육체제 설문과 교육과정 분석을 통해 조사하고, 학교 및 수업 상황에서 실행된 교육과정은 학교 및 교사설문을 통해 조사한다. 또한 학생들에게 성취된 교육과정은 학생 성취도 검사와 학생 설문 결과에 대한 분석을 통해 조사한다(상경아 외, 2016, pp.8-9; Mullis & Martin, 2013, p.4).

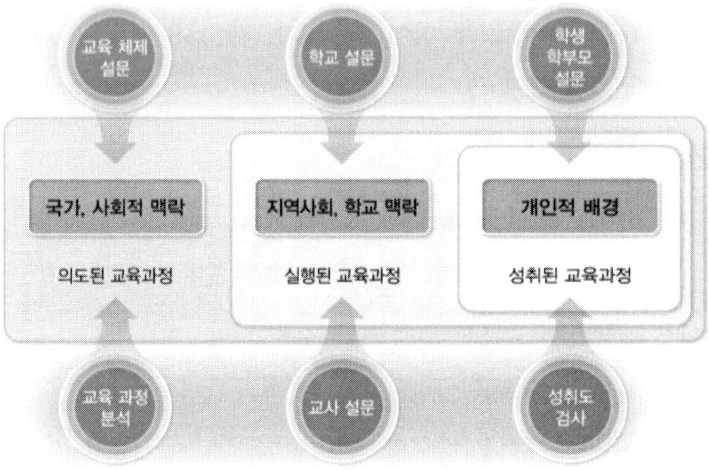

* 출처: 상경아 외(2016, p.9)

그림 Ⅳ-4-1 TIMSS의 평가도구와 평가 모형과의 관계

최근 시행된 TIMSS 2019에서 우리나라는 지필평가와 컴퓨터 기반 평가(eTIMSS) 두 가지 방식으로 평가를 시행하였으며, 기존의 지필평가에서 컴퓨터 기반 평가로 전환했다는 점에서 TIMSS의 변화를 예고하였다. IEA에서는 TIMSS 2023부터 컴퓨터 기반 평가로의 전면적인 전환을 앞두고, TIMSS 2019에는 지필평가와 컴퓨터 기반 평가를 병행 실시하여 참여국별로 두 가지 평가 방식 중 하나를 선택할 수 있도록 하였다. 이때 두 가지 평가 방식을 구분하기 위해 지필평가를 paperTIMSS로, 컴퓨터 기반 평가를 eTIMSS로 각각 지칭하였다

(상경아 외, 2018, p.3; Mullis & Martin, 2017). TIMSS 2019에서 사용된 eTIMSS 시스템을 정리하면 [그림 Ⅳ-4-2]와 같다.

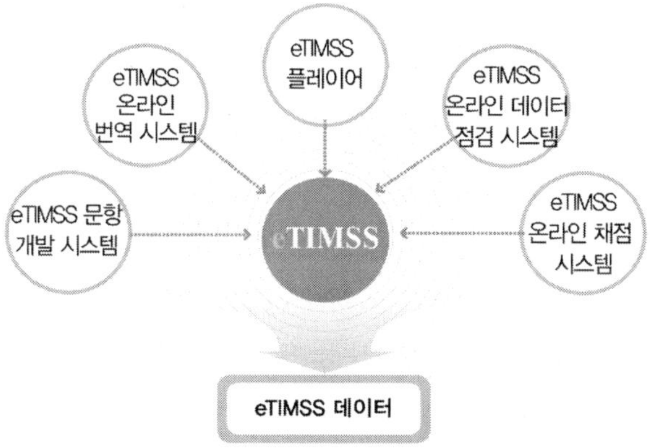

* 출처: Mullis & Martin(2017; 상경아 외, 2018, 재인용)

그림 Ⅳ-4-2 TIMSS 2019를 위한 IEA e-평가 시스템

한편, TIMSS 평가틀에서 제시하고 있는 여러 하위요소를 정확히 측정하기 위해서는 평가 문항의 수가 충분히 많아야 한다. 그러나 한 학생이 지나치게 많은 문항을 풀도록 검사를 설계할 수 없으므로, TIMSS 평가에서는 행렬표집(matrix sampling) 방식을 사용한다. 행렬표집(matrix sampling) 방식은 전체 문항 중 일부만 포함하는 여러 개의 검사형을 제작하고, 개별 학생은 자신에게 할당된 검사형에만 응답하는 방식이다. 이러한 행렬표집 방식에 따라 TIMSS 2015 본검사에서는 총 14권의 검사지로 평가를 시행했다. 각 검사지는 수학과 과학의 2개 영역으로 구성되는데, 다시 각 영역은 2개의 문항군으로 구성되기 때문에, 한 권의 검사지에는 2개의 수학 문항군과 2개의 과학 문항군이 포함되며 총 문항 수는 약 50~60개이다(상경아 외, 2017, p.13).

나. TIMSS 수학 평가틀

TIMSS의 수학 평가틀은 크게 내용 영역(Content dimension)과 인지 영역(Cognitive dimension)으로 나누어지며, 수학교육의 국제 동향과 참여국 및 전문가 집단의 의견을 반영하여 주기마다 평가틀을 개선한다. 가장 최근에 시행된 TIMSS 2019의 평가틀은 이전 주기 TIMSS 2015의 평가틀과 유사하지만 참여국의 교육과정, 성취기준 등을 반영하여 일부 내용이 수정되었다. 또한 TIMSS 2019는 eTIMSS로의 전환에 초점을 두어 기존의 지필평가와 새로 도입한 컴퓨터 기반 평가에 모두 적합한 형태로 수학 평가틀이 변화되었다(Mullis & Martin, 2017).

우선 내용 영역을 중심으로 살펴보면, 4학년 수학의 내용 영역은 수(Number), 측정과 기하(Measurement and Geometry), 자료(Data)의 세 영역으로 구성되며, 수학 8학년 내용 영역은 수(Number), 대수(Algebra), 기하(Geometry), 자료와 확률(Data and Probability)의 네 영역으로 구성된다. 내용 영역별 하위 요소와 문항 비율은 〈표 Ⅳ-4-2〉와 같다(Mullis & Martin, 2017).

표 Ⅳ-4-2 TIMSS 2019 수학 내용 영역별 하위요소 및 비율

학년	내용 영역	하위요소	비율	
			하위	전체
4학년	수	범자연수	25%	50%
		식·방정식·관계	15%	
		분수와 소수	10%	
	측정과 기하	측정	15%	30%
		기하	15%	
	자료	읽기, 해석하기, 자료 표현하기	15%	20%
		문제를 해결하기 위해 자료를 사용하기	5%	
8학년	수	정수	10%	30%
		분수와 소수	10%	
		비, 비율, 백분율	10%	
	대수	식, 연산, 방정식	20%	30%
		관계와 함수	10%	
	기하	기하적 도형과 측정	20%	20%
	자료와 확률	자료	15%	20%
		확률	5%	

컴퓨터 기반 평가(eTIMSS)와 지필평가(paperTIMSS)의 평가 방식과는 무관하게, TIMSS 2019에서는 이전 주기와 마찬가지로 4학년은 계

산기 사용이 금지되며, 8학년은 계산기 사용이 허용된다. 이때 8학년의 경우, 계산기 사용이 허용되기는 하지만 계산기 사용의 영향을 받지 않는 문항이 출제된다. 8학년 eTIMSS의 경우에는 학생이 지참한 계산기 사용은 허용되지 않고 화면상에 제시되는 계산기(on-screen calculator)를 이용하여 문제를 해결해야 된다. 이처럼 평가가 컴퓨터 기반 방식으로 전환되면 세심하게 고려해야 될 부분이 많다. 특히 평가 문항이 컴퓨터 기반 방식으로 새로 개발된 경우, 학교에서의 교수·학습도 컴퓨터 기반으로 이루어졌을 때 학생들이 평가 환경에 낯설어하지 않고 실제로 시행된 교수·학습과 연계된 평가로서의 의미를 가질 수 있을 것이다.

TIMSS 2019 수학 평가틀의 인지 영역은 알기(Knowing), 적용하기(Applying), 추론하기(Reasoning)의 세 영역으로 구성되며 4학년과 8학년에 공통으로 적용된다. '알기' 영역은 8학년보다 4학년에서 비중이 높고, '추론하기' 영역은 4학년보다 8학년에서 비중이 높다. '적용하기' 영역은 4학년과 8학년의 비중이 동일하도록 설정하고 있다. 인지 영역별 하위 요소와 문항 비율은 〈표 Ⅳ-4-3〉과 같다(Mullis & Martin, 2017).

표 Ⅳ-4-3 TIMSS 2019 수학 인지 영역별 하위요소 및 비율

인지 영역	하위요소	비율	
		4학년	8학년
알기	회상하기, 인식하기, 분류·정렬하기, 계산하기, 인출하기, 검색하기, 측정하기	40%	35%
적용하기	결정하기, 표현·모델링하기, 실행하기	40%	40%
추론하기	분석하기, 통합·종합하기, 평가하기, 결론 도출하기, 일반화하기, 정당화하기	20%	25%

한편, TIMSS는 참여국의 교육과정을 토대로 평가를 실시하므로 그 결과로부터 참여국들은 교육과정 개선 및 질 관리를 위한 직접적인 정보를 얻을 수 있다. 또한 TIMSS 본검사가 시행되는 학년의 학년 말까지 가르치려고 의도한 TIMSS 수학·과학별 주제의 개수에 대한 조사 결과와 평가 문항과 교육과정의 일치도 분석 결과(Test-

Curriculum Matching Analysis, 이하 TCMA)를 통해 TIMSS 평가 문항과 참여국의 교육과정 일관성을 분석한다(김수진 외, 2012, p.15). TIMSS 2015에서 TCMA를 분석한 결과, 우리나라의 수학과 교육과정과 TIMSS 2015 4학년 평가 문항 간에는 77.0%의 일치율이 나타났으며, 8학년에서는 95%의 일치율을 보였다(상경아 외, 2016, pp.19-21).

TIMSS의 TCMA 결과는 우리나라의 교육과정을 국제적으로 비교하여 점검하는 데 도움이 된다. 최근 결과가 발표된 TIMSS 2015를 중심으로 살펴보면, 평가에 참여한 우리나라의 8학년(중학교 2학년)은 초등학교 1~3학년에는 7차, 4~6학년에는 2007 개정, 중학교에서는 2009 개정 교육과정에 해당하는 교육을 받았다. TIMSS 2015 평가틀과 2009 개정 수학과 교육과정의 내용 요소를 비교했을 때, 우리나라의 중학교 2학년 이하의 교육과정에 포함되지 않는 내용으로는 '수' 영역에서는 제곱근과 무리수, '기하' 영역에서는 피타고라스 정리, 평면도형에 대한 기하학적 변환(평행이동, 대칭이동, 회전이동), '자료와 가능성'[35] 영역에서는 평균, 중앙값, 최빈값, 범위, 분포에 대한 내용 등이 있었다(김수진 외, 2015). 이와 같은 분석 결과는 교육과정 개정 연구에 반영되어 우리나라의 2015 개정 수학과 교육과정에서 피타고라스 정리가 중학교 3학년에서 중학교 2학년으로 이동하는 근거가 되었다(박경미 외, 2015).

다. TIMSS 평가 결과의 활용

국제 수준의 평가는 참여국 학생들의 성취 특성을 국가 범위를 넘어선 거시적인 시각에서 분석하여 각 국가의 교육정책이나 교육과정 개선에 시사점을 제공할 뿐만 아니라 이를 바탕으로 각 국가는 교육내용, 교육정책, 교육환경 등 다각적인 측면에서 우수한 국가들을 벤치마킹할 수 있다. TIMSS는 1주기인 TIMSS 1995에서부터 학생들의 수학·과학 성취도 및 교육 맥락의 변화 추이를 파악하고 있으며,

35) TIMSS 2015의 내용 영역 중 '자료와 가능성'은 TIMSS 2019에서 '자료와 확률'로 변경됨.

이를 토대로 20여 년간 국제적인 수준에서 학생들의 성취 특성을 파악하고 교육 체제, 교육정책 및 교육 과정적 측면에 대한 시사점을 도출해오고 있다(김수진 외, 2012; 상경아 외, 2017; Mullis Martin, 2017).

TIMSS 2015에서는 학생들의 성취 수준을 수학 척도 점수를 기준으로 수월 수준(Advanced International Benchmark, 625점 이상), 우수 수준(High International Benchmark, 550점 이상), 보통 수준(Intermediate International Benchmark, 475점 이상), 기초 수준(Low International Benchmark, 400점 이상)의 네 수준으로 분류한다. IEA 국제본부 내 Science and Mathematics Item Review Committee(SMIRC)에서 각 수준별 특징과 예시항목을 선정하여 제시하고 있다.[36]

우리나라의 경우 TIMSS 1995 이후 현재까지 지속적으로 TIMSS에 참여해 오고 있으며, 그 동안 TIMSS는 우리나라 수학·과학 현황을 점검하고 발전 방향을 탐색하는 데 크게 기여해 왔다. 교육부는 TIMSS에서 우리나라 학생들의 수학·과학에 대한 흥미나 자신감이 낮게 나타난 결과를 고려하여 수학·과학에 대한 흥미를 고취시키기 위하여 '수학교육 선진화 방안(교육과학기술부, 2012a)'을 수립하였고, '융합인재교육(STEAM)'을 확산시켜 과학, 기술, 공학, 예술, 수학에 대한 흥미와 호기심을 증진시키기 위한 정책을 추진해 왔다(교육과학기술부, 2012b). 또한 최근에는 '수학교육 종합 계획(교육부, 2015)', '과학교육 종합 계획(교육부, 2016)' 등을 통해 더 쉽고 재미있게 교과서를 구성하고 체험과 탐구 활동이 가능하도록 교육 인프라를 구축하고 있다. 2017년 10월에는 미래 4차 산업 혁명 시대에 대비한 창의·융합 인재 양성을 위해 학생들이 더 나은 환경에서 교육을 받을 수 있도록 지원하기 위한 '과학·수학·정보 교육 진흥법'(법률 제14903호)이 제정되었으며, TIMSS 연구 결과는 이러한 법 제정의 필요성을 뒷받침하는 주요한 근거로 활용되었다.

36) 출처: http://timssandpirls.bc.edu/timss2015/international-results/timss-2015/mathematics/performance-at-international-benchmarks/item-map-and-summary-of-international-benchmarks/

TIMSS 2015 공개문항은 IEA에서 발표한 'TIMSS 2015 Assessment Frameworks'에서 확인할 수 있다(https://timssandpirls.bc.edu/timss2015/frameworks.html).

라. TIMSS 평가 수학 문항 예시37)

TIMSS에서는 본검사에 사용한 문항 중 일부를 공개하여 참여국 학생들의 문항별 성취도와 답지반응을 비교·분석할 수 있도록 하고 있다. 여기에서는 8학년의 내용 영역인 수, 대수, 기하, 자료와 가능성 영역별로 TIMSS 2015 공개문항을 살펴본다.

먼저 [그림 Ⅳ-4-3]은 x에 대하여 참인 문장을 찾는 '수' 영역의 선다형 문항으로, 인지영역은 '추론하기'이다. 이 문항의 국제평균 정답률은 44.2%이고, 우리나라의 평균 정답률은 78.1%로 국제평균 정답률보다 높게 나타났다. TIMSS 2015는 2009 개정 수학과 교육과정과 관련되는데, 이 문항은 2009 개정 교육과정의 성취기준 '다양한 상황을 이용하여 일차방정식과 그 해의 의미를 이해한다.'와 연관된다. 우리나라는 중학교 과정에서 문자의 사용과 식의 계산, 일차방정식 풀이 방법 등을 학습한다. 이로 인해 우리나라 학생들은 미지수의 조건을 파악하고 찾는 이와 같은 문항을 해결하는 데 어려움이 없기 때문에 다른 국가와 비교하여 정답률이 높게 나타난 것으로 보인다.

$\frac{2}{3}x+1$은 0또는 자연수이다. x에 대한 설명으로 반드시 참인 것은?

① x는 홀수이어야 한다.
② x는 짝수이어야 한다.
③ x는 3보다 커야 한다.
④ x는 3으로 나누어 떨어져야 한다.

답지반응분포 (%)	①	②	③	④	무응답
	4.3	7.1	8.7	78.1	1.8

그림 Ⅳ-4-3 TIMSS 2015 공개 문항: 수 영역

[그림 Ⅳ-4-4]는 색칠된 부분의 넓이를 계산하는 '대수' 영역의 구성형 문항으로, 인지영역은 '적용하기'이다. 변의 길이 중 일부가 문자로 표현되어 있으므로 문제를 해결하기 위해서는 문자를 조작할 수 있어야 한다. 이 문항의 국제평균 정답률은 16.6%이고, 우리나라의

37) 상경아 외(2017)을 토대로 작성하였음.

평균 정답률은 56.7%로 국제평균 정답률보다 높게 나타났다. TIMSS 상위 성취국인 싱가포르의 평균 정답률 71.5%보다는 큰 폭으로 낮게 나타는데, 그 이유는 문제를 이해하고 해결하는 데 필요한 제곱근의 개념을 중학교 3학년에서 다루기 때문이다. 이러한 결과는 우리나라의 교육과정을 국제적인 기준에서 점검하고 차기 교육과정의 학년별 내용 요소를 결정할 때 활용할 수 있다.

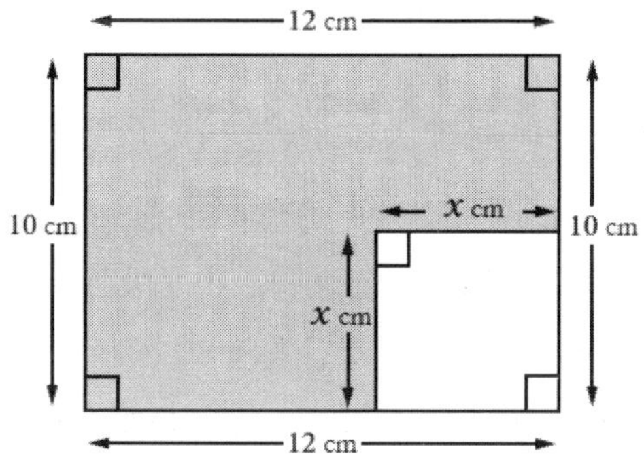

그림에서 **색칠된** 부분의 넓이를 x에 대한 식으로 나타내시오.

답: ________ ㎠

응답 유형(%)	정답	오답	무응답
	56.7	37.8	5.4

그림 Ⅳ-4-4 TIMSS 2015 공개 문항: 대수 영역

이 문항의 채점기준은 〈표 Ⅳ-4-4〉와 같다. 채점 코드는 크게 정답, 부분 정답, 오답, 무응답으로 구분된다. 이 문항의 경우, 정답은 코드 10, 줄을 그어 지웠거나, 지우개 등으로 지웠거나, 답 표기란 외의 곳에 표기를 하였거나, 답을 알아보기 어렵거나, 문제에서 요구하지 않은 답을 한 경우 등의 오답은 79, 응답하지 않은 경우는 99로 세분화된다.

표 Ⅳ-4-4 TIMSS 2015 공개 문항: 대수 영역 문항 ([그림 Ⅳ-4-4])의 채점 기준

채점코드		응답 유형
정답	10	$120-x^2$ 또는 이와 동치인 표현 다음과 같은 표현도 동치인 표현으로 인정함 $s=120-x^2$, $x^2=120-s$
오답	79	줄을 그어 지웠거나, 답 표기란 외의 곳에 표기를 하였거나, 답을 알아보기 어렵거나, 문제에서 요구하지 않은 답을 한 경우
무응답	99	공란

[그림 Ⅳ-4-5]는 직육면체의 전개도를 찾는 '기하' 영역의 선다형 문항으로, 인지영역은 '추론하기'이다. 이 문항의 국제평균 정답률은 57.3%이고, 우리나라의 평균 정답률은 80.8%로 TIMSS 상위 성취국인 싱가포르의 평균 정답률 79.6%보다 높게 나타났다. 그 이유를 살펴보면 TIMSS 2015 평가에 참여한 우리나라 학생들은 직육면체의 전개도를 2007 개정 교육과정에 따라 5학년에서 학습하므로, 이 문항은 우리나라 학생들이 쉽게 해결 할 수 있었던 것으로 판단된다.

그림은 직육면체이다.

이 직육면체의 전개도가 될 수 있는 것은?

①

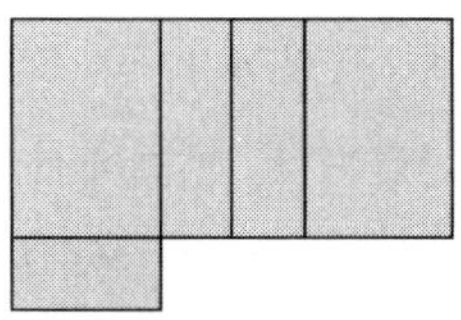

②

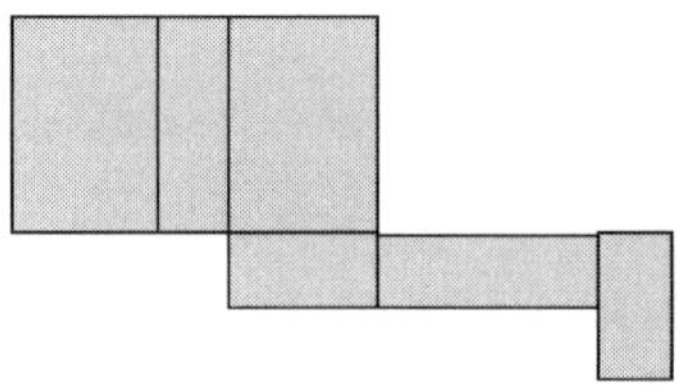

③

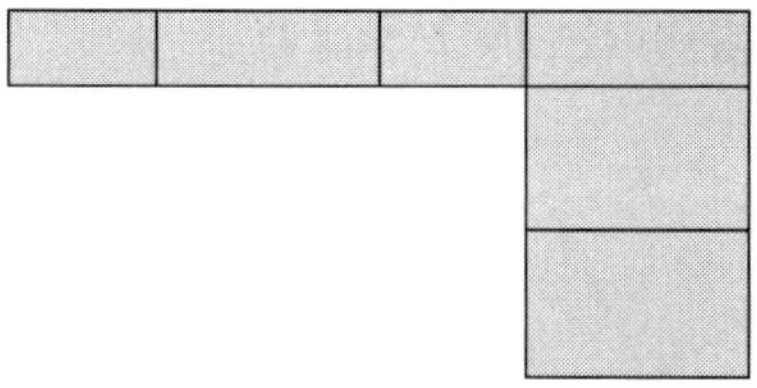

④

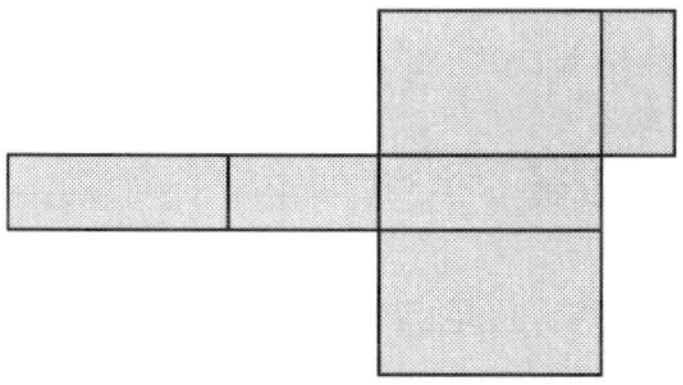

답지반응분포 (%)	①	②	③	④	무응답
	2.4	12.8	3.5	80.8	0.4

그림 Ⅳ-4-5 TIMSS 2015 공개 문항: 기하 영역

[그림 Ⅳ-4-6]은 원 그래프를 해석하여 역사를 좋아하는 학생의 수를 찾는 '자료와 가능성' 영역의 선다형 문항으로, 인지영역은 '추론하기'이다. 이 문항의 국제평균 정답률은 52.1%이고, 우리나라의 평균 정답률은 71.6%로 국제평균 정답률보다 높게 나타났다. 문제에서는 그림으로 주어진 원의 원주 위에 동일한 간격으로 12개의 점이 있어 원을 12개의 부채꼴로 쉽게 구분할 수 있도록 되어 있다. 역사를 선택한 학생의 수는 12개의 호 중에서 1.5개에 해당하므로, 해당 학생은 30명이다.

우리나라의 평균 정답률이 국제평균보다 높게 나타난 이유는 TIMSS 2015에 참여한 우리나라 학생들이 원그래프와 비율그래프를 2007 개정 교육과정에 따라 초등학교 6학년에서 학습하였으므로, 이 문항을 해결하기 위해 필요한 기본적인 내용을 TIMSS 2015 시행 시기 이전에 학습했기 때문으로 보인다.

학생들이 좋아하는 TV 프로그램

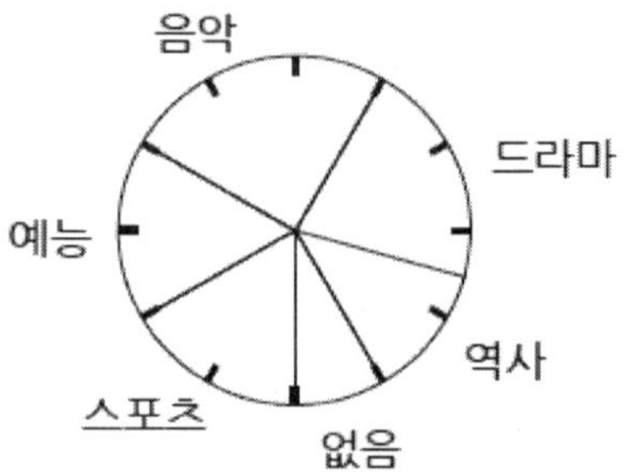

240명의 학생들이 가장 좋아하는 TV 프로그램을 나타낸 그래프이다. 역사를 선택한 학생 수는?

① 20 ② 30 ③ 40 ④ 60

답지반응분포 (%)	①	②	③	④	무응답
	11.3	71.6	15.1	1.4	0.7

그림 Ⅳ-4-6 TIMSS 2015 공개 문항: 자료와 가능성

지금까지 국제 학업성취도 평가인 TIMSS의 수학 평가에 대해 살펴보았다. TIMSS 수학 평가틀은 약 25년 동안 수학교육 전문가들의 국제적인 합의를 통하여 도출되었으며, 이에 따른 평가 문항과 평가 결과는 우리나라의 수학과 교육과정을 점검하고 개선하는 데 유용한 시사점을 제공해 왔다. 또한 TIMSS 2019가 컴퓨터 기반 평가로 전환되면서 이를 위해 컴퓨터의 다양한 기능을 활용하는 새로운 유형의 수학 평가 문항들을 개발하였다. 그리고 수학, 과학에서 문제해결력 및 탐구 능력을 평가할 수 있는 PSI(Problem Solving and Inquiry tasks)도 TIMSS 2019에서 새로 개발되었다. TIMSS 2023부터 전면적으로 컴퓨터 기반 평가가 시행됨을 고려한다면 TIMSS를 통해 학생들의 성취도 결과 분석 외에도 컴퓨터 기반 평가 체제 구축과 수학적 문제해결력 및 탐구 능력 함양 등에 대한 다양한 시사점을 얻을 수 있을 것이다.

되돌아보기 + 더 나아가기

1. TIMSS 2019의 컴퓨터 기반 평가의 특징에 대해 설명하시오.

2. TIMSS 2019 수학 평가틀의 인지 영역과 각 하위요소를 나열하고, 이에 대해 설명하시오.

3. 다음은 TIMSS 2019 평가틀을 제시한 것이다. 제시된 조건에 부합하는 TIMSS 8학년 문항과 채점 기준을 만드시오.

내용 영역	자료와 확률
행동 영역	추론하기
문항	
채점 기준	

4. PISA와 TIMSS 수학 평가의 목적, 대상, 주기, 시험시행 방식 등을 비교하여 설명하시오.

참고문헌

교육과학기술부(2012a). **수학교육 선진화 방안.**

교육과학기술부(2012b). **2012년 주요 업무계획.**

교육부(2015). **수학교육 종합 계획.**

교육부(2016). **과학교육 종합 계획.**

김수진, 김현경, 박지현, 김선희, 진의남, 이명진, 안윤경(2012). **TIMSS 결과를 통한 교육 환경 변화 추이 국제 비교 분석.** 한국교육과정평가원 연구보고 RRE 2012-4-1.

김수진, 동효관, 박지현, 김지영, 진의남(2013). **TIMSS 2011 결과에 따른 수학·과학 교육 현황 국제비교.** 한국교육과정평가원 연구보고 RRE 2013-7-2.

김수진, 이재봉, 박지현, 이문수(2015). **수학·과학 성취도 추이변화 국제비교 연구: TIMSS 2015 본검사 시행.** 한국교육과정평가원 연구보고 RRE 2015-11-2.

박경미, 박선화, 강은주, 김선희, 임해미, 김성여, 장혜원, 강태석, 권점례, 김민정, 방정숙, 이화영, 임미인, 이만근, 김화경, 윤상혁, 이광상, 이경은, 조혜정, 권영기, 권오남, 신동관, 강현영, 김재영, 도종훈, 박정숙, 서보억, 안현정, 오택근, 이경진, 이광연, 이문호, 이승훈, 이은정, 이지윤, 전인태, 최지선, 한준철, 황선미, 박문환, 김완일, 강성권 (2015). **2015 개정 수학과 교육과정 시안 개발 연구Ⅱ** (연구보고서 BD15110005). 교육부, 한국과학창의재단.

박정, 정은영, 김경희, 한경혜(2004). **수학·과학 성취도 추이변화 국제비교 연구 – TIMSS 2003 결과 보고서 –.** 한국교육과정평가원. 연구보고 RRE 2004-3-2.

박정, 홍미영, 김성숙 (2000). **제3차 수학과학 성취도 국제 비교 반복 연구 국내 평가 결과 분석 연구II.** 한국교육과정평가원 연구보고 RRE 2000-7.

상경아, 곽영순, 박지현, 박상욱(2016). **수학·과학 성취도 추이변화 국제비교 연구: TIMSS 2015 결과분석.** 한국교육과정평가원 연구보고 RRE 2016-15-1.

상경아, 곽영순, 최지선(2017). **TIMSS 2015 공개문항 분석 자료집-수학·과학-.** 한국교육과정평가원 연구자료 ORM 2017- 68.

상경아, 김현경, 최지선, 이채희 (2018). **TIMSS 2019 컴퓨터 기반 평가 시스템 및 예비검사 문항 분석.** 한국교육과정평가원 연구보고 RRE 2018-13.

송미영, 김수진, 임해미(2013). 국제 학업성취도 평가의 동향과 전망. 성태제 외 62인(2013). **2020 한국 초·중등교육의 향방과 과제- 교육과정, 교수·학습, 교육평가-.** 서울: 학지사. pp.245-264.

Grønmo, L. S., Lindquist, M., Arora, A., & Mullis, I. V. S. (2013). TIMSS 2015 Mathematics Frameworks. In Mullis, I. V. S., & Martin, M. O.(ed.). *TIMSS 2015 Assessment Frameworks.* MA:

TIMSS & PIRLS International Study Center.

Mullis, I. V. S., & Martin, M. O. (2013). *TIMSS 2015 Assessment Frameworks*. Chestnut Hill, MA: TIMSS & PIRLS International Study Center, Boston College.

Mullis, I. V. S., & Martin, M. O. (Eds.). (2017). *TIMSS 2019 Assessment Frameworks*. Retrieved from Boston College, TIMSS & PIRLS International Study Center.

부록 국내외 대규모 평가 비교

평가	국가수준 학업성취도 평가 (NAEA)	대학수학능력시험 (CSAT)	국제 학업성취도 평가	
			PISA	TIMSS
참여 대상	우리나라	우리나라	OECD 회원국과 참여 희망 비회원국	참여 희망 국가
참여 학년	중학교 3학년 고등학교 2학년 (*초등학교 6학년: 2012년까지)	고등학교 졸업 자격을 갖춘 대학 입학 희망자	만 15세 학생	4,8학년
참여 방식	표집	참여희망	표집	표집
평가 시기	6월	11월	5~6월	12월 (우리나라 기준)
평가 주기	1년	1년	3년	4년
평가 과목	국어, 수학, 영어, 사회, 과학	7개 영역	읽기, 수학, 과학 및 추가 영역	수학, 과학
평가 목적	• 국가에서 정한 교육과정에 근거하여 교육목표 달성 정도를 평가함 • 학생들의 학업성취 수준 및 추이 변화를 파악하여 학교 교육의 질을 체계적으로 관리함	• 고등학교 교육과정의 내용과 수준에 맞는 출제로 고등학교 교육의 정상화에 기여함 • 개별 교과의 특성을 바탕으로 신뢰도와 타당도를 갖춘 시험으로서 공정성과 객관성이 높은 대입전형자료를 제공함	• 만 15세 학생들의 읽기, 수학, 과학 소양(literacy) 수준과 변화추이를 파악함 • 각 영역 소양의 성취에 영향을 주는 배경변인과 소양의 관계를 분석하여 연구 참여국에서 교육정책을 수립하는 데 기초 자료로 활용함	• 참여국 학생들의 수학, 과학 성취도 수준 및 성취도의 변화추이를 파악함 • 수학, 과학 성취도와 이에 영향을 주는 배경변인의 관계를 분석함으로써 연구 참여국의 교육정책 수립에 기초로 활용함
평가 방식	지필평가 (2022년부터 컴퓨터 기반 평가 전면 시행)	지필평가	컴퓨터 기반평가	컴퓨터 기반평가 (TIMSS 2023부터 전면 시행)
문항 유형	선다형, 서답형(단답/서술)	선다형, 단답형38)	선다형, 구성형	선다형, 구성형
수학 평가틀 범주	영역, 역량, 맥락	내용 영역, 행동 영역	수학적 내용, 수학적 과정, 맥락	내용 영역, 인지 영역

38) 수능에서 단답형 문항은 수학 영역에만 있음.

제 2 부

수학교육평가의 실제

Ⅴ. 지필평가

Ⅵ. 프로젝트 평가

Ⅶ. 관찰, 면담, 구술, 자기, 동료 평가

2015 개정 수학과 교육과정 문서의 '평가 방법'에서는 "수학과의 평가 결과는 학습 결과 평가뿐 아니라 과정 중심 평가도 실시하여 종합적인 수학 학습 평가가 될 수 있게 한다."고 명시하고 있다. 이를 위해 교사는 다양한 평가 방법을 적절하게 활용할 수 있어야 한다. 즉 교수·학습 방법의 변화에 부응하는 평가가 일관되게 시행될 때 수학 교육의 개선이 이루어질 수 있다(박경미 외, 2015, p.59).

2015 개정 수학과 교육과정에서는 이전까지의 수학과 교육과정에서 다소 추상적으로 기술된 평가 관련 내용을 구체적으로 기술하여, 평가 개선에 실질적인 도움이 될 수 있도록 하였다(박경미 외, 2015, p.58). 이를 위해 2015 개정 수학과 교육과정에서는 평가 방법 선정에 있어 학생의 수준, 평가 목적과 내용을 고려할 것을 구체적으로 제시하였다. 그리고 지필평가, 프로젝트 평가, 포트폴리오 평가, 관찰평가, 면담 평가, 구술 평가, 자기 평가, 동료 평가 등의 다양한 평가들이 무엇을 평가하기에 적합한지, 어떤 평가 방법인지에 대한 서술도 함께 제시되었으며, 양적 평가 뿐 아니라 질적 평가도 가능함을 명시하였다(박경미 외, 2015, p.60). 2015 개정 수학과 교육과정 문서의 '평가 방법'에 제시된 평가 방법의 의미와 활용을 정리하면 다음과 같다.

※ 2015 개정 수학과 교육과정에 제시된 평가 방법의 의미와 활용

평가 방법	의미	활용
지필 평가	• 시험지에 물음을 제시하고 그에 대해 답을 작성케 하는 방법의 평가 • 대량의 지식을 측정할 수 있고 공정한 측정 결과 산출 가능	• 수학의 개념, 원리, 법칙을 이해하고 적용하는 능력과 문제해결, 추론, 창의·융합, 의사소통 능력 등을 평가 • 선택형, 단답형, 서·논술형 등의 다양한 문항 형태를 활용
프로젝트 평가	• 수학 학습을 토대로 특정한 주제나 과제에 대해서 자료를 수집하고 분석, 종합, 해결하는 과정과 결과를 평가하는 방법	• 문제해결, 창의·융합, 정보 처리 능력 등을 평가할 때 활용
포트폴리오 평가	• 일정 기간 동안 수학 학습 수행과 그 결과물을 평가하는 방법	• 학생의 학습 내용 이해와 수학 교과 역량을 종합적으로 판단하고 학생의 성장에 대한 정보를 얻는 데 활용

평가 방법	의미	활용
관찰 평가, 면담 평가, 구술 평가	• 학생 개인 및 소집단을 관찰, 학생과의 대화, 학생의 발표를 통해 학생의 이해 정도와 사고 방법, 수행 과정 등을 평가하는 방법	• 의사소통, 태도 및 실천 능력 등을 평가할 때 활용
자기 평가	• 학생 스스로 자신의 이해와 수행을 평가하는 방법	• 문제해결과 추론 과정의 반성, 자신의 생각 표현, 태도 및 실천 능력 등을 평가할 때 활용
동료 평가	• 동료 학생들이 상대방을 서로 평가하는 방법	• 협력 학습 상황에서 학생 개개인의 역할 수행 정도나 집단 활동

* 출처: 교육부(2015). 수학과 교육과정. 교육부 고시 제2015-74호[별책8]

2부에서는 2015 개정 수학과 교육과정 문서의 '평가 방법'에 제시된 평가 방법들을 중심으로 수학교육평가의 실제에 대해 살펴본다.

V. 지필평가

2015 개정 수학과 교육과정의 '평가 방법'에서는 '지필 평가'에 대해 다음과 같이 제시하고 있다.

- 지필 평가는 수학의 개념, 원리, 법칙을 이해하고 적용하는 능력과 문제 해결, 추론, 창의·융합, 의사소통 능력 등을 평가하는 데 활용할 수 있고, 선택형, 단답형, 서·논술형 등의 다양한 문항 형태를 활용한다.

1. 평가 문항 개발 및 분석 단계

평가 문항은 교육과정의 내용과 수준에 맞추어 수학적 사고력을 측정할 수 있어야 하며, 교수학습 과정에서 가르친 내용이 무엇이고 학생이 배운 것은 무엇이며 학생들의 학습 수준은 어느 정도인지 고려되어야 한다. 교사는 교육과정의 학습 내용과 성취기준을 기반으로 학생들의 학습 수준에 맞게 본인이 실행한 교수학습 방법에 부합하는 평가 문항을 제작할 수 있어야 한다. 이는 2015 개정 수학과 교육과정의 평가 원칙에서 제시하고 있는 "교육과정에 제시된 목표, 내용, 교수학습과 일관성을 가져야 한다."는 것에 부합한다.

따라서 평가 문항을 제작할 때에는 우선 현행 교육과정에 제시된 교수학습 및 평가의 방향, 학습자의 학습 수준 등에 대한 이해를 스스로 점검해야 한다. 그리고 평가 문항 제작에 대한 기본 지식과 기능을 숙지하고, 다양한 평가 방법에 따른 여러 가지 유형의 문항을 매끄럽게 수학적으로 표현할 수 있는 문장력을 갖추어야 한다. 평가틀 설정, 평가 문항 제작 준비 단계, 평가 문항 개발 단계, 평가 시행 및 분석 단계를 구체적으로 제시하면 다음과 같다.

가. 평가틀 설정

평가틀은 교육과정에 제시된 성취기준에 대한 학생들의 성취 정도를 평가할 때, 평가 문항 제작의 기준이 되는 틀을 말한다. 평가틀은 평가 영역의 교육 목표를 분석하여 이를 잘 반영할 수 있도록 설정된 행동 영역과 내용 영역, 평가 목표, 평가 문항 유형, 그리고 각 요소별 문항 출제 비율 등을 포괄적으로 포함한다. 평가틀의 설정은 평가 문항에 관한 보다 명료하고 체계적인 구조를 설명할 수 있다는 장점과 더불어 평가 문항과 내용 및 행동 영역의 적합성을 판정하고 이의 설명을 용이하게 한다(황혜정 외, 2016).

예를 들어 국가수준 학업성취도 평가의 경우, 2009 개정 교육과정을 적용한 수학과 학업성취도 평가틀은 내용 영역과 행동 영역의 2차원인 반면에, 2015 개정 교육과정을 적용한 수학과 학업성취도 평가틀은 영역, 역량, 맥락의 3차원 틀로 구성되어 있다. 〈표 Ⅴ-1-1〉은 2015 개정 교육과정을 적용한 국가수준 학업성취도 평가의 수학과 평가틀이다(상세한 내용은 Ⅳ장 2절 참조).

표 Ⅴ-1-1 국가수준 학업성취도 평가의 수학과 평가틀

차원		내용
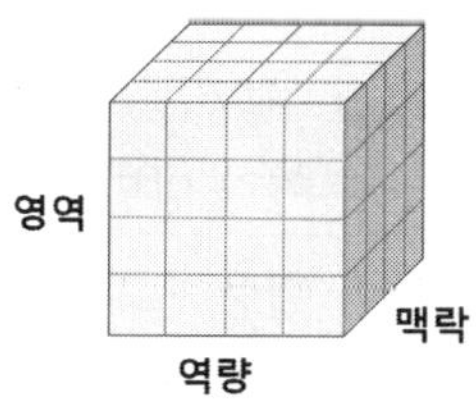	영역	문자와 식, 기하, 수와 연산, 함수, 확률과 통계
	역량	계산·이해 능력, 추론 능력, 문제해결 능력, 정보처리 능력
	맥락	실생활 중심, 학문 중심

나. 평가 문항 제작 준비 단계

평가 문항 제작을 위한 준비 단계는 크게 평가 목적 및 계획 수립, 성취기준 및 평가기준 설정, 평가틀 및 평가 방법 결정의 세 단계로 구분할 수 있다.

첫째, 평가 목적 및 계획 수립 단계에서는 평가의 목적을 명확하게 설정한 다음 이에 부합하는 평가 계획을 수립하는 것이다. 교육과정에 제시된 것처럼 수업의 전개 국면에 따라 실시할 수 있는 진단평가, 형성평가, 총괄평가의 방향에 따라 평가 문항의 유형이 달라질 수 있기 때문이다. 예를 들어 형성평가는 수업 진행 과정에서 학생의 학습 내용에 대한 이해 여부를 확인하고 적절한 교수학습의 피드백을 제공하기 위한 것이므로 수업 시간 및 학생들의 학습 능력을 고려하여 평가 계획을 세우면 된다. 하지만 총괄평가는 한 학기 동안에 배운 학습 내용에 대한 평가이므로 선다형과 서답형을 포함하여 학생들의 학습

능력을 변별할 수 있는 문항 출제 계획을 세워야 한다.

둘째, 성취기준 및 평가기준 설정 단계에서는 평가 도구 개발을 위하여 교육과정에 제시된 성취기준을 선택하고, 그 성취기준에 대한 문항을 어떠한 평가기준으로 출제할 것인지를 고려해야 한다. 특히 2015 개정 교육과정에서는 교수학습과 평가 활동이 일관성 있게 이루어질 것을 강조하고 있으므로, 수업시간에 다룬 학습 내용이 어떠한 성취기준에 부합하는지 면밀하게 검토할 필요가 있다. 또한 본인이 가르치는 학생들의 학습 능력을 분석하여, 학생들의 상/중/하 수준에 맞는 문항을 어떻게 분배할 것인지에 대한 검토가 필요하다.

셋째, 평가틀 및 평가 방법 결정 단계에서는 위의 단계에 따라 결정한 내용에 대한 평가틀과 평가 방법을 결정하는 것이다. 수학과 교육과정에는 지필 평가, 프로젝트 평가, 포트폴리오 평가, 관찰 평가, 면담 평가, 구술 평가, 자기 평가, 동료 평가 등의 다양한 평가 방법을 활용하도록 안내하고 있다. 예를 들어, 지필 평가 방법을 활용하고자 할 때는 교육과정 성취기준에 적합한 문항 유형과 더불어 선다형과 서답형 유형 등의 비율을 어느 정도로 출제할 것인가를 결정해야 한다.

다. 평가 문항 개발 단계

평가 문항 개발 단계에서는 평가 방법에 따라 결정된 문항 유형에 따라 해당 성취기준과 평가기준에 적절한 문항을 개발하는 것이다. 간혹 성취기준과 평가기준을 간과하고 평가 문항을 제작하는 경우, 평가 문항이 성취기준에 부합하지 않거나 학생들의 학습 수준에 적합하지 않아 원래 평가의 목적에 맞지 않는 경우가 있을 수 있다. 따라서 평가 문항을 개발할 시에는 성취기준과 학습자의 학습 수준에 적합한지 등과 관련된 문항의 타당도, 문항의 난이도에 대한 검토를 할 필요가 있다. 그리고 평가 방법에 따라 검사 시행에 소요되는 시간이 다를 수 있는 점도 고려하는 것도 중요하다. 또한 서술형 평가의 경우 모범답안 및 채점 기준을 함께 개발하고, 학생들에게 채점 기준과 관련된 일반적인 내용을 사전에 공지할 필요가 있다. 평가를 실시한 후에는 문항의 오류 여부를 확인하고, 오류가 없으면 정답을 확정한다.

평가 문항 개발 단계는 크게 평가 문항 초안 제작 및 검토, 평가 문항 수정 및 보완, 서답형 채점기준 마련의 세 단계로 구분할 수 있다.

첫째, 평가 문항 초안을 제작할 때에는 교수학습 내용을 기초로 성취기준과 평가기준에 부합하는 문항을 제작한다. 그리고 문항 초안을 제작한 후에는 교육과정 위배, 문항의 난이도, 검사 시간 등에 대한 세밀한 검토가 필요하다.

둘째, 평가 문항 수정·보완 단계는 평가 문항 초안에 대한 검토 내용을 중심으로 문항을 수정 및 보완하는 단계이다. 문항의 수정·보완 작업이 마무리되면 최종 평가 문항 제작을 완료한다.

셋째, 서답형 채점기준 마련 단계는 평가 문항 유형이 서술형 문항일 경우에 학생들의 다양한 풀이 방법을 예상하여 채점기준을 마련하는 것이다. 이때 마련한 채점기준은 평가를 실시한 후 학생들의 답안 내용을 살펴본 후 수정·보안 할 수 있다.

라. 평가 시행 및 분석 단계

평가 시행 및 분석 단계는 평가 실시, 채점 및 평가 결과 분식, 교수학습 피드백 단계로 분류할 수 있다.

첫째, 평가 실시 단계는 선다형 또는 서답형 문항이 완성되고 서답형에 대한 채점기준이 마련되었을 경우, 실제로 학생들을 대상으로 평가를 실시하는 단계이다. 평가를 실시 한 후 문항에 대한 이의 제기 내용, 서답형에 대한 학생들의 답안 내용을 검토한 후 이상이 없으면 정답 및 채점기준을 확정한다.

둘째, 채점 및 평가 결과 분석 단계는 선다형 또는 서답형 문항을 채점한 후 실제 난이도 및 변별도, 성취수준별 정답률 등을 분석하여 교수학습 시사점을 도출하는 단계이다. 실제로 문항을 제작할 때 교사가 예상하는 학생들의 정답률과 실제 정답률의 차이가 있는 경우가 많기 때문에 이에 대한 원인 분석을 하는 것은 교수학습의 질을 제고하는 데 중요한 역할을 한다.

셋째, 교수학습 피드백 단계는 평가 결과 분석에 나타난 교수학습 시사점을 활용해 성취수준별로 맞춤형 학습 지원과 더불어 교수학습 피드백을 통하여 교사의 수업에 대한 전문성을 제고하는 것이다.

〈표 V-1-2〉는 평가 문항 개발 및 분석 단계와 내용을 요약한 것이다.

표 V-1-2 평가 문항 개발 및 분석 단계

<table>
<tr><th colspan="2">단계</th><th>내용</th></tr>
<tr><td rowspan="3">준비</td><td>평가 목적 및 계획 수립</td><td>• 평가시기에 따른 진단, 형성, 총괄평가 평가 결정
• 평가 계획 수립</td></tr>
<tr><td>성취기준 및 평가기준 설정</td><td>• 교육과정 성취기준 선정
• 학생들의 학습 능력에 따른 평가 기준 검토</td></tr>
<tr><td>평가틀 및 평가 방법 결정</td><td>• 내용 영역, 행동 영역(역량), 맥락 등과 관련된 평가틀 설정
• 지필 평가, 프로젝트 평가 등의 평가 방법 결정
• 평가 방법에 적절한 문항 유형 결정</td></tr>
<tr><td rowspan="3">개발</td><td>평가 문항 초안 제작 및 검토</td><td>• 성취기준과 평가기준에 적합한 문항 개발
• 교육과정 위배, 문항의 오류, 문항의 난이도, 검사 시간 등에 대한 검토</td></tr>
<tr><td>평가 문항 수정 및 보완</td><td>• 평가 문항 초안 수정 및 보완
• 최종 평가 문항 제작 완료</td></tr>
<tr><td>서답형 채점 기준안 마련</td><td>• 단답형 문항과 서술형 문항에 대한 채점 기준 마련
• 샘플 답안 검토 후 채점 기준안 수정 및 보완
• 최종 서답형 채점 기준 마련</td></tr>
<tr><td>시행</td><td>평가 실시</td><td>• 학생들을 대상으로 평가 실시
• 문항에 대한 이의 제기 수렴
• 최종 정답 및 채점 기준 확정</td></tr>
<tr><td>분석</td><td>채점 및 평가 결과 분석</td><td>• 문항의 난이도 및 변별도, 성취수준별 정답률 분석
• 교수학습 시사점 도출</td></tr>
<tr><td>피드백</td><td>교수학습 피드백</td><td>• 성취수준별로 맞춤형 학습 지원
• 교사의 교수학습 방법 개선</td></tr>
</table>

2. 평가 문항 제작 및 검토의 기초

가. 문항의 구성 요소

문항은 크게 문두, 자료, 답지의 세 가지로 구성된다. 문두는 문항에서 그림, 표, 〈보기〉, 답지 등을 제외한 내용을 기술한 부분을 말한다. 자료는 수학과의 경우 표나 그래프 등으로 제시되는 경우가 많으며 문항에 대한 이해도를 제고하거나, 자료 해석 등을 통하여 문항을 해결할 필요가 있을 경우 제시된다. 그리고 답지는 선다형 문항에서 활용되는데, 4지 선다형과 5지 선다형 문항이 주로 활용되고 있다. 학교 현장에서나 국가 고사의 경우 대부분 5지 선다형 문항이 출제된다. 다음은 문두, 자료, 답지 제작에서 유의할 점을 제시한 것이다.

• 문두 제작

- 올바른 어법과 맞춤법(구두점 포함)을 사용한다.
- 문두를 간결하고 명료하게 기술하여 학생들이 문항을 이해하는 데 불필요하게 소요되는 시간을 최소화한다.
- 다른 문항의 정답을 찾는 단서를 제공하지 말아야 한다.
- 교육과정에서 사용되는 정의와 용어를 사용한다.

• 자료 제시

- 문제해결에 도움을 제공할 수 있도록 자료를 제작한다.
- 문두를 읽지 않고 자료만 보고 문제를 해결할 수 있는 자료 제시 형태는 지양한다.
- 자료는 문두의 아래 또는 오른쪽에 배치해 가독성을 제고한다.

• 답지 제작

- 답지 내용은 너무 이질적이지 않도록 유사하게 구성한다.
- 답지는 관례적 순서나 논리적 순서에 따라 배열한다.
  (예: 숫자의 경우 작은 수에서 큰 수 순서로, 답지의 길이가 짧은 것에서 긴 순서로 답지 구성 등)
- 답지를 이용하여 문제를 쉽게 해결하지 않도록 구성한다.

나. 수학 평가 문항 제작 시 유의사항

수학 평가 문항을 제작할 때에는 먼저 어떤 내용 영역과 행동 영역에 속하는 문항을 어떤 의도로 출제할 것인지를 분명히 해야 한다. 이때 교육과정, 교과서, 관련 참고 자료 등을 참조하여 교육과정의 내용과 수준을 넘어서는 문항을 제작하지 않도록 주의해야 한다. 또한 교육과정의 내용 중에서도 학생들이 반드시 알아야 하는 핵심적이고 중요한 내용을 중심으로 문항을 제작하도록 하고, 교육적으로 유의미한 소재를 다루며, 단순 암기보다는 학생들의 수학적 사고력을 측정할 수 있는 문항을 제작하도록 한다.

나이스(NEIS)의 문항정보표에는 내용 영역, 성취기준, 난이도(상/중/하), 배점, 정답 등을 입력하도록 되어 있다.

- 교육과정의 내용과 수준에 맞추어 수학적 사고력을 측정할 수 있는 문항을 출제하도록 한다.
- 교육과정을 정상적으로 이수한 학생들에게 적합하고 변별력이 있는 문항을 출제하도록 한다.
- 문항의 내용과 소재가 특정 영역에 지나치게 편중되지 않도록 고르게 출제하도록 한다.
- 평가를 위한 문항정보표를 먼저 작성하고, 출제계획에 맞춰 출제한다.
- 실생활 및 타교과 소재나 상황을 이용할 때에는 현실에 부합되고 타교과 지식에 적합한 문항을 출제하도록 한다.
- 교과서에 나오는 수학의 기본 개념이나 원리를 이해하고 있으면 풀 수 있는 문제를 출제하도록 한다.
- 문제의 표현은 학생들이 이해하기에 쉬우면서도 간결하고 정확하게 하도록 한다.

다. 평가 문항 검토 시 유의사항

평가 문항 검토를 할 때에는 〈표 Ⅴ-2-1〉에 제시된 '문항 검토 내용'에 따라 '교육과정 및 수업 내용', '문항의 난이도 및 변별력', '문항 내용 및 용어 수준', '문두 및 답지', '서답형 채점기준'을 검토한다. 검토 결과를 토대로 출제한 문항을 성취기준, 출제 의도와 난이도 등을 고려하여 수정·보완한다. 검토가 진행될 때에는 학생의 입장에서 검토하며, 정답표와 서답형의 채점기준표 등을 포함하여 전체 소요시간 및 문항 각각의 난이도를 점검한다. 또한 문항정보표, 교과서 및 참고도서를 이용하여 정밀하게 문항의 오류, 정답 확인, 평가틀 하위영역별 분배의 적절성, 전체적인 난이도를 문항별로 검토한다.

표 V-2-1 문항 검토 내용

검토 영역	검토 내용
교육과정 및 수업 내용	• 교육과정 내용과 수준을 벗어나지는 않는가? • 수업 시간에 다루었던 내용을 학생의 학습 능력 수준에 맞게 제작되었는가?
문항의 난이도 및 변별력	• 쉬운 문제와 어려운 문제가 적절히 출제되었는가? • 학생들의 학습 능력을 변별할 수 있는 문항인가?
문항 내용 및 용어 수준	• 문항의 소재와 문항 유형이 적절하게 구성되었는가? • 문항에 사용된 용어가 교육과정의 학습요소에서 다루는 용어인가? • 문항 내용에 단서나 조건이 누락되지는 않았는가?
문두 및 답지	• 묻고자 하는 내용을 명료하게 묻고 있는가? • 문두에 정답에 대한 단서가 제시되어 있지는 않은가? • 답지가 논리적 순서에 따라 배열되었는가?
서답형 채점기준	• 문항의 배점은 적절한가? • 정답과 유사 정답을 적절하게 제시하였는가? • 부분 점수 기준을 명료하게 작성하였는가?

3. 평가 문항 유형

가. 선다형

선택형 문항은 주어진 답지 중에서 정답을 선택하는 문항이다. 선택형 문항에는 진위형, 선다형 그리고 연결형 문항이 있다(성태제, 2019).

선다형 문항은 선택형 문항 유형 중 가장 많이 쓰이는 문항으로 두 개 이상의 답지가 부여되어 그 중 문제에 알맞은 답지를 선택하는 문항이다(성태제, 2019). 선다형 문항은 학습 내용에 따라 다양한 난이도의 문항을 제작할 수 있으며, 수학의 개념, 원리, 법칙과 관련된 계산과 이해 능력뿐만 아니라 고등정신능력에 해당하는 문제해결 능력과 추론 능력까지도 측정할 수 있다. 수학과에서 주로 활용되는 선다형의 형식에는 정답형, 합답형, 완성형 등이 있다.

(1) 선다형 문항 유형

• 정답형

정답형은 여러 개의 답지 중에서 한 개만 정답이고 다른 것은 전혀 관계없는 것으로 이루어진 형식이며 선다형에서 가장 많이 사용되는 문항 유형이다.

13. 그림과 같이 담장 아래의 빈 공간에 길이가 12m인 밧줄로 'ㄷ' 자 모양의 테두리를 둘러서 직사각형 모양의 꽃밭을 만들려고 한다. 이 꽃밭의 넓이의 최댓값은?
(단, 담장의 길이는 12m 이상이고, 밧줄의 양 끝은 담장에 닿아 있으며 밧줄의 두께는 무시한다.)

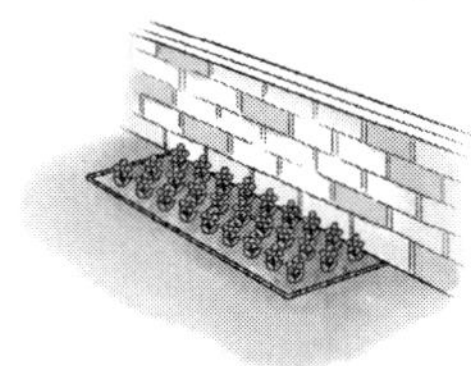

① $14m^2$
② $16m^2$
③ $18m^2$
④ $20m^2$
⑤ $22m^2$

* 출처: 2019년 고등학교 2학년 국가수준 학업성취도 평가 문항

• 합답형

합답형은 〈보기〉에서 제시하는 몇 개의 조건 중 문두에서 묻는 내

용에 옳은 조건을 모두 선택한 답지가 정답이 되는 문항 유형이다. 이 문항 유형은 문두를 비롯하여 〈보기〉에 제시된 조건을 완전히 이해해야 답할 수 있다. 하지만 묶여 있는 답지군 때문에 정답을 추측하거나 정답의 단서를 제공할 수 있으므로 답지군 배열에 유의해야 한다. 합답형은 아래에서 제시한 예시처럼 유리함수와 무리함수의 그래프의 성질 등을 이해하고 있는지를 종합적으로 묻고자 할 때 적절한 문항 유형이다.

10. 유리함수 $y=\dfrac{3}{x-3}+2$와 그 그래프에 대한 설명으로 〈보기〉에서 옳은 것을 모두 고른 것은?

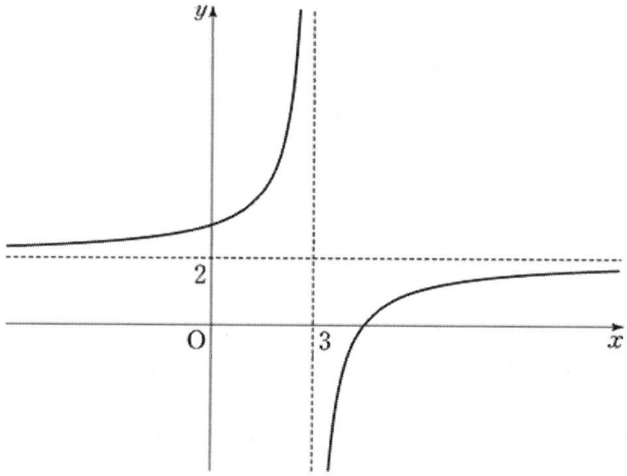

〈보 기〉

ㄱ. x축과의 교점의 좌표는 $(4,\ 0)$이다.

ㄴ. 함수 $y=-\dfrac{3}{x}$의 그래프를 평행이동한 것이다.

ㄷ. $-3 \le x \le 2$일 때, 함수의 최댓값은 5이다.

① ㄱ ② ㄴ ③ ㄷ ④ ㄴ, ㄷ ⑤ ㄱ, ㄴ, ㄷ

* 출처: 2019년 고등학교 2학년 국가수준 학업성취도 평가 문항

• 완성형

완성형은 전체 문장에서 출제자가 묻고 싶은 부분을 비워 두고, 이 비운 부분에 기호, 수식 등을 옳게 쓴 내용을 답지에서 찾는 문항 유

형이다. 비운 부분은 괄호(   ), 상자 □, 밑줄 ___ 등의 형태로 제시할 수 있다. 완성형 문항을 제작할 때에는 전체 문장에서 중요한 내용을 비워두어야 하고 답지만 가지고 문제를 해결하지 않도록 유의해야 한다. 완성형은 아래의 예시처럼 명제를 증명하는 과정을 이해하고 있는지 등을 묻고자 할 때 효과적으로 사용할 수 있는 문항 유형이다.

23. 다음은 a, b가 실수일 때, 부등식

$$\sqrt{a^2+1}\sqrt{b^2+1} \geq |a-b|$$

가 성립함을 증명한 것이다.

> a, b가 실수일 때,
>
> $$\left(\sqrt{a^2+1}\sqrt{b^2+1}\right)^2-|a-b|^2$$
> $$=(a^2+1)(b^2+1)-(a-b)^2$$
> $$=(a^2b^2+\boxed{\text{(가)}}+1)-(a^2-2ab+b^2)$$
> $$=a^2b^2+1+2ab$$
> $$=(\boxed{\text{(나)}})^2 \geq 0$$
>
> 이다. 따라서
>
> $$\left(\sqrt{a^2+1}\sqrt{b^2+1}\right)^2 \geq |a-b|^2$$
>
> 이므로
>
> $$\sqrt{a^2+1}\sqrt{b^2+1} \geq |a-b|$$
>
> 이다. 이때 등호는 $\boxed{\text{(다)}}$ 일 때 성립한다.

위의 과정에서 (가), (나), (다)에 알맞은 것은?

	(가)	(나)	(다)
①	a^2+b^2	$ab-1$	$ab=-1$
②	a^2+b^2	$ab+1$	$ab=-1$
③	a^2+b^2	$ab+1$	$ab=1$
④	a^2-b^2	$ab-1$	$ab=1$
⑤	a^2-b^2	$ab+1$	$ab=1$

* 출처: 2018년 고등학교 2학년 국가수준 학업성취도 평가 문항

• 세트형(복합형)

세트형(복합형) 문항은 하나의 상황에 대하여 내용 영역 또는 성취기준을 달리하여 2~3개의 문항을 출제하는 형식이다. 세트를 구성하는 문항 유형으로 선다형–선다형, 선다형–서답형, 서답형–서답형

등이 있다. 세트형 문항을 만들 때에는 내용 영역과 행동 영역이 편중되지 않도록 하고 배점은 각 문항의 난이도에 맞게 부여할 수 있다. 한 세트 내에서 각각의 문항들은 독립적으로 구성되거나 첫 번째 문항을 해결한 것이 두 번째 문항을 해결하는데 실마리를 제공하도록 구성될 수 있다.

[15, 서답형 4] 분수와 레이저빔을 사용하면 아름다운 광경을 만들 수 있다. 그림은 분수 레이저쇼에서 분수의 두 물줄기와 레이저빔을 좌표평면에 나타낸 것이다. 분수의 두 물줄기를 나타내는 이차함수는 각각 $y=f(x)$, $y=g(x)$이고, 레이저빔을 나타내는 직선은 l이다. 물음에 답하시오.
(단, $f(x) \geq 0$, $g(x) \geq 0$이고, 분수의 물줄기와 레이저빔의 두께는 무시한다.)

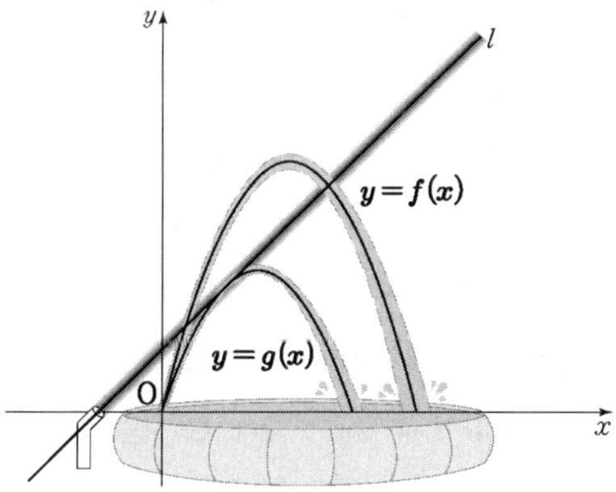

15. 최댓값이 4인 이차함수 $y=f(x)$의 그래프가 원점 O와 점 $(4, 0)$을 지날 때, $f(1)$의 값은?

① $\frac{3}{2}$ ② 2 ③ $\frac{5}{2}$ ④ 3 ⑤ $\frac{7}{2}$

[서답형 4] 직선 l이 점 $(-1, 0)$을 지나고 이차함수 $g(x)=-x^2+3x$의 그래프에 접할 때, 직선 l과 곡선 $y=g(x)$가 만나는 점의 좌표를 구하는 풀이 과정과 답을 쓰시오.
(단, 직선 l의 기울기는 5 이하이다.)

* 출처: 2019년 고등학교 2학년 국가수준 학업성취도 평가 문항

(2) 선다형 문항 제작 원리

선다형 문항의 일반적인 제작 원리를 정리하면 다음과 같다.

- ► 수학과 교육과정의 성취기준에 부합하는 내용이 포함되어야 한다.
- ► 수와 식 또는 문제 내용을 명료하게 기술하여 문항을 이해하는 소요시간을 최소화한다.
- ► 실생활 소재와 관련된 문항을 제작하는 경우, 학생들에게 익숙한 소재를 선택한다.
- ► 현행 수학과 교육과정에서 사용하는 기호, 정의와 용어 등을 사용한다.
- ► 답지는 관례적 순서나 논리적 순서에 따라 배열한다.
(예: 숫자의 경우 작은 수에서 큰 수 또는 큰 수에서 작은 수 순서로 답지 구성, 합답형의 경우 ㄱ, ㄴ, ㄷ 순으로 답지 내용 구성 등)
- ► 합답형의 경우 답지만을 분석하여 문항의 답을 맞히지 않도록 답지에 〈보기〉의 ㄱ, ㄴ, ㄷ을 골고루 배정한다.
- ► 정답의 번호가 일정 번호에 치우치지 않게 골고루 배분한다.

각각의 제작 원리의 내용을 상세히 살펴보면 다음과 같다.

► 수학과 교육과정의 성취기준에 부합하는 내용이 포함되어야 한다.

교육과정의 성취기준은 학교 현장에서 학생들에게 어떤 내용을 중심으로 가르치고 어떤 내용을 평가할 것인가에 대한 기준이 된다. 교수학습 관련 내용은 성취기준과 관련이 있고, 평가 문항은 학생들이 수업시간에 배운 학습 내용을 토대로 성취기준을 어느 정도 달성하고 있는지를 묻는 것이 바람직하다. 따라서 평가 문항이 학생들의 성취기준 도달 여부를 측정하는 데 적합한 문항인지를 검토하는 것이 중요하다.

► 수와 식 또는 문제 내용을 명료하게 기술하여 문항을 이해하는 소요시간을 최소화한다.

수학과의 평가 문항 중 단순한 계산 능력을 요구하는 경우, 문두에서 제시하는 식이 복잡하지 않아 문제 풀이에 집중할 수 있다. 하지만 문제해결 능력과 추론 능력 등에 관련된 문항은 몇 개의 수학적인 지식을 종합적으로 적용할 수 있는지를 평가하기 위해 문두에 수식이나 표, 그림의 내용을 문장으로 서술하는 경우가 많다. 이러한 경우 문제의 내용이 복잡하게 구성되어 있어 이해하는 데 시간을 많이 할애하게 되면, 문제를 해결하는 시간이 부족할 수 있다. 따라서 다소 문장이 긴 문항을 제작하는 경우에는 학생들의 입장에서 가독성이 괜찮은지를 면밀히 검토하여 문제를 이해하는 데 불필요한 시간을 줄일 필요가 있다.

► **실생활 소재와 관련된 문항을 제작하는 경우, 학생들에게 익숙한 소재를 선택한다.**

2015 개정 수학과 교육과정에서 강조하는 교과 역량 중에 문제해결 역량과 정보처리 역량 관련 문항을 제작할 때 수학적 모델링과 같이 실생활과 관련된 문항을 제작하는 경우가 있다. 이때 실생활 관련 상황이 작위적이거나 학생들에게 익숙하지 않은 상황일 경우에는 문제를 해결하는 데 어려움을 겪을 수 있다. 또한 남학생과 여학생에게 익숙한 생활 소재가 다를 수 있으므로 모두에게 익숙한 소재를 활용해 문항을 제작할 필요가 있다.

수학적 모델링(mathematical modelling)이란 현실세계 문제 상황으로부터 수학적 모델로 이끄는 전 과정이다. 즉, 실세계의 현상 및 문제를 수학적 표현으로 형식화한 수학적 모델로 나타내고, 그 수학적 모델을 대상으로 수학적 추론과 분석을 실시하여 결과를 도출하며, 도출한 결과를 적용하여 실세계 상황을 해석하고 유추하여 타당한 결론을 내리는 전체적인 활동이다(남승인 외, 2017, p.148).

► **현행 수학과 교육과정에서 사용하는 기호, 정의와 용어 등을 사용한다.**

교육과정이 수시 교육과정으로 전환됨에 따라 수학과 교육과정에서도 기호와 용어가 변화되는 경우가 있다. 예를 들어, 2007 개정 교육과정에서는 부등호의 기호가 ≦, ≧였으나 2009 개정 교육과정부터 ≤, ≥로 바뀌었다. 또한 확률과 통계 영역에서 배우는 상관관계의 경우 제7차 교육과정에서는 '상관도(correlation diagram)'를 사용하였지만 2015 개정 교육과정에서는 '산점도(scatter diagram)'로 바뀌어 사용한다는 것에 유의할 필요가 있다(박경미 외, 2015). 평가 문항에 현행 교육과정에서 사용하지 않는 용어와 기호가 제시되었을 경우에는 문항의 오류 시비에 휘말릴 수 있다는 것에 유의해야 한다. 따라서 평가 문항을 제작할 때에는 현행 교육과정에서 사용되는 용어와 기호 등에 관심을 갖고 세심하게 살필 필요가 있다.

► 답지는 관례적 순서나 논리적 순서에 따라 배열한다.

수학과에서 답지의 형태는 주로 숫자나 식과 관련되어 있다. 이때 숫자로 된 답지의 경우에는 수가 작은 순서 또는 큰 순서로 배열하면 학습자가 답지를 쉽게 파악하는 데 도움을 줄 수 있다. 그리고 식과 관련된 답지가 있을 경우에는 짧은 식에서 긴 식으로 답지를 배열하면 가독성이 제고되어 정답지를 찾는 데 불필요한 시간을 절약할 수 있다. 마찬가지로 합답형과 같이 〈보기〉에 제시된 ㄱ, ㄴ, ㄷ으로 배열된 답지가 있을 경우 ㄱ, ㄴ, ㄷ 순서로 답지를 배열하는 것도 가독성을 제고할 수 있다.

► 합답형의 경우 답지만을 분석하여 문항의 답을 맞히지 않도록 답지에 〈보기〉의 ㄱ, ㄴ, ㄷ을 골고루 배정한다.

합답형 문항은 〈보기〉에 제시된 ㄱ, ㄴ, ㄷ 중 옳은 것만을 모두 고르는 유형이므로 답지에서 제시한 ㄱ, ㄴ, ㄷ의 개수를 이용해 정답을 선택하는 경향이 있을 수 있으므로 추측 요인을 줄일 수 있도록 답지를 구성할 필요가 있다. 예를 들면, 답지를 ① ㄱ ② ㄴ ③ ㄱ, ㄷ ④ ㄴ, ㄷ ⑤ ㄱ, ㄴ, ㄷ 과 같이 배열하면 ㄱ, ㄴ, ㄷ의 개수에 따라 정답을 선택하는 가능성을 줄일 수 있다.

► 정답의 번호가 일정 번호에 치우치지 않게 골고루 배분한다.

국가수준 학업성취도 평가와 대학수학능력시험, 학교 현장의 선다형 문항은 다섯 개의 답지 중 하나를 선택하는 문항 유형인 경우가 대부분이다. 선다형 문항이 15문항, 서답형 문항이 5문항인 검사지가 있을 경우, 선다형 문항의 정답지가 일정 번호에 치중할 경우 추측 요인에 의해 정답률이 높아질 가능성도 있다. 따라서 정답지 번호의 개수가 큰 차이가 나지 않도록 적절하게 배분하는 것도 학생들의 추측에 의해 맞추는 것을 예방하는 데 도움이 될 수 있다.

나. 서답형

서답형 문항은 답지에 따라 정답을 선택하는 것이 아니라 학생들에게 정답이라고 생각하는 답안을 작성하도록 요구하는 문항을 말한다. 서답형 문항은 학생들이 직접 답안을 작성하기 때문에 자유롭게 응답하는 과정에서 학생들의 사고 과정이나 개념·원리 이해 수준, 추론 능력, 문제해결 능력 등 다양한 수학적 사고 능력을 파악할 수 있다. 서답형 문항의 분석은 학생들의 수학적 오류 발견은 물론 문제해결 과정에 대한 다양한 정보를 파악함으로써 성취수준별로 맞춤형 피드백을 제공할 수 있는 장점이 있다(이광상, 박수민, 2018). 수학과에서 서답형 문항은 일반적으로 단답형과 서술형 문항으로 분류할 수 있다.

(1) 서답형 문항 유형

• 단답형

난납형은 간단한 단어, 구, 절, 혹은 수나 기호로 응답하는 문항 형태로, 용어의 정의나 의미를 물을 때나 계산 문제에 자주 사용된다(성태제, 2019, p.250). 단답형 문항의 장점은 문항제작이 상대적으로 용이하며, 정의, 개념, 사실 등을 질문하므로 넓은 범위의 내용을 측정할 수 있다. 또한 추측에 의하여 정답을 맞힐 수 있는 요인을 배제할 수 있으며, 채점이 논술형보다 객관적으로 될 수 있다(성태제, 2019, p.253). 하지만 단답형이기 때문에 정답과 오답의 유형은 분류 가능하지만, 정답 또는 오답이 나오기까지의 문제해결 과정을 파악할 수 없어 교수학습의 피드백을 제공하는 것에 제한점이 있는 것은 단점이라 할 수 있다.

[서답형 3] 그림은 어느 도시의 도서관과 공연장의 위치를 수직선 위에 나타낸 것이다. 도서관을 나타내는 점의 좌표는 3, 공연장을 나타내는 점의 좌표는 7이다. 물음에 답하시오.
(단, 건물의 크기는 무시한다.)

(1) 수직선 위에서 다음 조건을 만족시키는 자전거 대여소의 위치를 정하려고 한다.

자전거 대여소에서 도서관까지의 거리와 자전거 대여소에서 공연장까지의 거리의 합은 8 이하이다.

자전거 대여소를 나타내는 점의 좌표를 x라 할 때, 위의 조건을 부등식으로 표현하면

$$|x-3|+\boxed{}\le 8$$

이다. $\boxed{}$ 안에 들어갈 알맞은 식을 구하시오. (단, 자전거 대여소의 크기는 무시한다.)

〈답〉 ______________

(2) (1)에서의 부등식의 해를 구하시오.

〈답〉 ______________

* 출처: 2019년 고등학교 2학년 국가수준 학업성취도 평가 문항

• 서술형

서술형 평가는 주어진 질문에 대해 여러 개의 문장으로 응답하는 문항 형태로 학생이 문제를 접근하는 방법, 정보를 활용하는 방식, 답을 구성하는 방식이 비교적 자유롭다고 할 수 있다. 또한 서술형 평가는 2015 개정 교육과정에서 강조하는 과정 중심 평가의 중요한 평가 유형 중의 하나로 교사의 교수학습과 연계하여 학습 내용에 대한 이해도를 파악하고 이를 토대로 학생의 수준별로 맞춤형 피드백을 할 수 있는 평가이다. 따라서 학생들의 사고력, 또는 문제해결력 향상을 위한 학습 및 평가 활동을 위해서는 문제해결 과정에 중점을 두는 문항 개발이 중요하다.

서술형은 일반적으로 응답 제한 형식과 응답 자유 형식으로 구별할 수 있다. 응답 제한 형식은 문항에서 요구하는 답을 기술하는 범위나 글자 수를 제한하는 것을 말하고, 응답 자유 형식은 응답의 범위를 제

한하지 않고 자유롭게 쓸 수 있도록 허용하는 것을 말한다. 일반적으로 교원임용시험 또는 국가수준 학업성취도 평가와 같은 대규모로 이루어지는 평가에서는 시험 시간 및 채점의 객관성을 확보하기 위하여 응답 제한 형식의 문항으로 출제되고 있다.

[서답형 4] 그림과 같이 좌표평면 위에 세 점 A(−2, 0), B(4, 0), C(4, 4)가 있다. 물음에 답하시오.

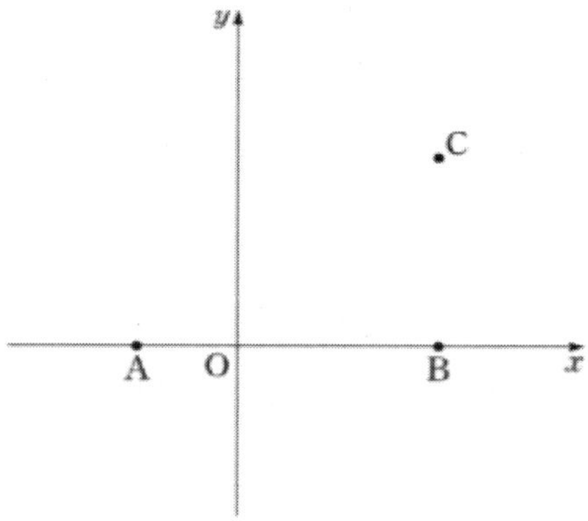

(1) 세 점 A, B, C를 지나는 원의 방정식을 구하는 풀이 과정과 답을 쓰시오.

〈풀이 과정과 답〉

* 출처: 2018년 고등학교 2학년 국가수준 학업성취도 평가 문항

(2) 서답형 문항 제작 원리

• 단답형 문항 제작 원리

단답형 문항의 일반적인 제작 원리를 정리하면 다음과 같다.

► 질문을 명확하게 하여 정답이 여러 개가 되지 않도록 한다.

► 정답이 숫자 또는 식인 경우, "∼의 값을 구하시오." 또는 "∼의 식을 구하시오."와 같이 구체적으로 답의 유형을 파악할 수 있도록 한다.

► 서답형 문항에서 두 개의 하위 문항이 단답형일 경우에는 동일한 내용을 묻지 않고 다양한 내용을 묻도록 한다.

► 정답이 각도, 길이, 무게 등과 같이 단위가 있는 경우에는 정답 란에 단위를 제시하고 숫자만 쓸 수 있도록 한다.

각각의 제작 원리의 내용을 상세히 살펴보면 다음과 같다.

► **질문을 명확하게 하여 정답이 여러 개가 되지 않도록 한다.**

단답형의 경우 문제의 성격과 출제자의 의도에 따라 한 문항에 한 개의 정답 또는 2개 이상의 정답을 쓰게 할 수 있다. 이때 문제에서 제시하는 질문의 의도를 분명히 파악할 수 있도록 문장을 가독성 있게 구성하여 학습자가 정답의 유형을 명확하게 파악할 수 있도록 해야 한다. 문제에서 제시하는 질문의 의도가 분명하지 않을 경우 또는 학습자가 문제의 내용을 중의적으로 해석할 경우 출제자의 의도와는 다르게 다양한 답이 나올 수 있다.

► **정답이 숫자 또는 식인 경우, "~의 값을 구하시오." 또는 "~의 식을 구하시오."와 같이 구체적으로 답의 유형을 파악할 수 있도록 한다.**

수학과의 단답형의 경우에는 주로 숫자나 식을 정답으로 문제를 구성하는 경우가 대부분이다. 따라서 문제에서 요구하는 것이 숫자를 쓰는 것인지, 아니면 식을 쓰는 것인지 등에 대한 정답의 유형을 파악할 수 있도록 구체적으로 제시할 필요가 있다.

► **서답형 문항에서 두 개의 하위 문항이 단답형일 경우에는 동일한 내용을 묻지 않고 다양한 내용을 묻도록 한다.**

서답형 문항의 장점은 선다형과는 다르게 답지를 제시하지 않기 때문에 학습자의 추측요인을 배제하고, 어떤 학습 내용을 분명히 알고 있는지를 구체적으로 확인할 수 있다는 것이다. 따라서 한 문항이 두 개의 하위 문항으로 이루어져 있을 경우에는 교육과정에서 제시한 성취기준을 고려하여 수업시간에 다루었던 내용을 다양하게 물어보는 것이 바람직하다.

► **정답이 각도, 길이, 무게 등과 같이 단위가 있는 경우에는 정답란에 단위를 제시하고 숫자만 쓸 수 있도록 한다.**

초등학교의 측정 영역의 경우에는 시각과 시간, 길이, 들이, 무게, 각도, 넓이, 부피 등에 관련된 단위를 제시하고, 중학교의 기하 영역에서도 길이, 각도, 넓이, 부피 등에 관련된 내용을 제시하고 있다. 측정 단위와 관련된 단답형 문항에서 숫자와 단위를 모두 쓰게 하는 경우에 단위를 정확하게 쓰지 않거나 숫자만 썼을 경우 정답으로 인정할지 여부에 대한 판단이 어려울 수 있다. 따라서 출제의도가 단위를 쓰는 것보다 계산 능력을 보는 것이라면 문제에 단위를 포함시키거나 답란에 단위를 제시해주고 숫자만 쓰도록 하는 것이 채점을 원활하게 하는 데 도움이 될 수 있다.

- 서술형 문항 제작 원리

서술형 문항의 일반적인 제작 원리를 정리하면 다음과 같다.

► 문제해결, 추론, 정보처리 등의 교과 역량을 종합적으로 평가할 수 있도록 한다.
► 서술형 문항의 경우 지시문을 "~의 풀이 과정과 답을 쓰시오."와 같은 용어를 사용한다.
► 시험 시간을 고려하여 응답의 길이를 적절하게 제안해 주는 것이 바람직하다.
► 문항에서 제시된 내용의 어휘수준이 피험자의 어휘수준에 적합하도록 구성한다.
► 서술형 문항이 하위 문항으로 구성되어 있는 경우 쉬운 문항에서 어려운 문항 순으로 배열한다.
► 채점 기준을 마련하고, 가채점을 통하여 채점기준을 적용해 본 뒤 채점기준을 조정한다.

각각의 제작 원리의 내용을 상세히 살펴보면 다음과 같다.

► 문제해결, 추론, 정보처리 등의 교과 역량을 종합적으로 평가할 수 있도록 한다.

국가수준 학업성취도 평가의 경우, 2020년에는 중고등학교 수학과 모두 교과 역량 중심의 평가를 지향하고 있다. 이에 학업성취도 평가에서는 계산·이해, 추론, 문제 해결, 정보 처리와 관련된 문항을 제작하고 있다. 특히 서답형 중 서술형 문항의 경우에는 단답형 문항과 달리 문제 해결 과정과 정답을 함께 쓰기 때문에 학습자의 수학적인 능력을 세부적으로 파악할 수 있는 장점이 있다. 따라서 이러한 장점을 교수학습에 활용할 수 있도록 문제 해결과 추론 역량 등을 종합적으로 평가할 수 있는 문항을 제작할 필요가 있다.

► **서술형 문항의 경우 지시문을 "~의 풀이 과정과 답을 쓰시오." 와 같은 용어를 사용한다.**

서술형 문항은 학생들의 수학적 문제해결 과정을 파악할 수 있는 장점이 있기 때문에 문두의 지시문에 풀이 과정을 쓰라는 안내를 해주어야 한다. 또한 문항 제작자가 의도하는 풀이 과정과 다르게 학생들이 풀이 과정을 압축하여 쓸 수 있으므로, 풀이 과정 기술에 대한 것을 채점 기준과 관련지어 사전에 안내해 주는 것이 바람직하다.

► **시험 시간을 고려하여 응답의 길이를 적절하게 제안해 주는 것이 바람직하다.**

서술형 문항을 제작할 때, 검사지에 있는 문항 수와 시험 시간을 고려하여 문제해결 과정까지 포함한 적절한 답안의 길이를 고려할 필요가 있다. 문제해결 과정이 복잡하고 응답의 길이가 길어질 경우에 시간이 부족해 해당 문항의 답안을 정확하게 작성을 못하거나 검사지에 있는 다른 문제를 해결하지 못하는 경우가 발생할 수 있다. 따라서 시험 시간에 적절한 길이의 문제해결 과정을 쓸 수 있는 서술형 문항을 제작할 필요가 있다. 제작한 서술형 문항의 문제해결 과정이 길어질 가능성이 있을 경우에는 문두에 답안 작성에 대한 안내를 제시하여 정해진 시간에 문제를 해결할 수 있도록 하는 것이 필요하다.

► **문항에서 제시된 내용의 어휘수준이 피험자의 어휘수준에 적합하도록 구성한다.**

서술형 문항에 대한 풀이과정과 답을 작성하기 위해서는 문두에서 제시하는 내용을 잘 이해할 필요가 있다. 서술형 문항은 일반적으로 수학적 사고를 종합적으로 물어보는 경향이 있으므로 문두에 여러 가지 조건이 문장으로 제시되고, 이와 관련된 표와 그림 등이 제공될 수 있다. 이때 제시한 조건에 대한 내용의 가독성이 떨어지고 추가로 제시된 표와 그림 등이 정확하지 않을 경우 문제를 이해하는 데에 예상하지 못한 시간이 소요될 수 있다. 이러한 문제 이해에 대한 소요 시간은 문제해결에도 영향을 줄 수밖에 없다. 따라서 서술형 문항을 제작한 후에는 학생들 입장에서 가독성이 있는지를 면밀히 검토하여 학생들의 어휘수준에 적합하도록 재구성할 필요가 있다.

► **서술형 문항이 하위 문항으로 구성되어 있는 경우 쉬운 문항에서 어려운 문항 순으로 배열한다.**

서술형 문항이 하위 문항으로 구성되어 있는 경우 첫 번째 하위 문항은 단답형 문항으로 제시하고, 두 번째 문항은 첫 번째 하위 문항의 답안을 이용하여 해결할 수 있는 서술형 문항일 경우가 많다. 첫 번째 문항과 두 번째 문항이 서로 관련된 문항이라면 첫 번째 문항이 어려워 해결하지 못하면 두 번째 문항을 해결하기는 쉽지가 않다. 따라서 첫 번째 하위 문항은 학생들의 수준을 고려하여 다소 쉬운 문항으로 제시하고, 두 번째 하위 문항은 중상 수준 정도가 해결할 수 있는 문항으로 구성하는 것이 바람직하다.

► **채점 기준을 마련하고, 가채점을 통하여 채점기준을 적용해 본 뒤 채점기준을 조정한다.**

서술형 문항을 제작할 때는 출제자의 의도와 더불어 학생들의 답안을 어느 정도 예측한 결과를 토대로 채점기준을 마련하게 된다. 하지만 출제자의 예상과 달리 서술형 문항은 학생들의 다양한 답안이 나올 수 있기 때문에 채점기준으로 채점하기 어려운 상황이 발생할 수 있다. 따라서 평가가 끝난 후 바로 본채점에 들어가는 것보다는 답안지 중 일부에 대한 가채점을 해본 후에 채점기준을 조정하는 것이 필요하다. 실제로 국가수준 학업성취도 평가의 서술형 문항의 경우 응시자의 답안을 가채점한 후에, 원래의 채점기준을 수정·보완하여 본채점을 진행하고 있다.

4. 서술형 문항의 채점 및 채점 기준 작성 방법

서술형 문항은 풀이 과정을 포함하여 학생들의 다양한 생각을 글로 표현하는 특성이 있기 때문에 답안의 내용도 다양하게 표현될 수 있다. 서술형 문항의 답안을 효과적으로 공정하게 채점할 수 있는 채점 방법의 마련이 중요한 이유이다. 서술형 문항에 대한 학생들의 답안의 경우 출제자가 예측하지 못한 다양한 답안이 나올 수 있다. 따라서 서술형 문항을 채점할 때에는 채점 기준이 적절한지 여부를 판단하기 위해 학생들이 작성한 몇 개의 답안을 채점해 볼 필요가 있다. 만약 교사가 반영하지 못한 학생들의 답안 내용이 있을 경우 채점 기준 초안을 수정·보완하여 채점하는 것이 채점의 신뢰도를 제고할 수 있다.

가. 채점 방법

일반적으로 서술형 문항을 채점하는 방법으로는 분석적 채점 방법과 총체적 채점 방법이 있다. 우선 분석적 채점 방법은 응답 내용을 요소로 구분하여 점수를 부여하는 채점 방법이다(성태제, 2019, p.248). 즉 분석적 채점 방법은 문제를 해결하기 위한 단계를 우선 설정하고, 각 단계에 대한 채점요소와 그에 따른 배점을 정한 다음, 각 요소별 배점을 합산하여 점수를 계산하는 방식을 말한다.

분석적 채점 방법은 학생 개개인의 답안지를 면밀히 분석해야 하므로 채점하는 데 많은 시간을 필요로 하지만, 주어진 문제의 해결 과정에 따라 단계별로 수치화된 점수를 부여함으로써 채점자간의 평점 차를 줄이고 동일한 채점자 내에서도 일관성 및 객관성을 유지할 수 있는 주요 장점이 있다(황혜정 외, 2016, p.435). 따라서 분석적 채점을 위해서는 교사가 작성한 서술형 문항의 모범 답안의 문제해결 과정을 면밀히 분석하여 몇 개의 단계로 나눌 것인지, 단계별 배점을 어떻게 할 것인지에 대한 판단을 해야 한다. 〈표 Ⅴ-4-1〉은 분석적 채점 방법에 대한 예시이다.

표 V-4-1 분석적 채점 방법의 예

단계	배점	측정의 관점
문제 이해	0	문제를 완전히 잘못 이해했음
	3	문제의 일부를 잘못 이해하였거나 잘못 해석하였음
	6	문제를 완전히 이해하였음
풀이 계획	0	계획을 시도하지 않거나 완전히 틀렸음
	3	문제의 일부를 바르게 해석하여 부분적으로 옳은 계획을 세웠음
	6	바른 실행을 하면 옳은 답을 얻을 수 있는 계획을 세웠음
답 구하기	0	답이 없거나 부적절한 계획에 의하여 틀린 답
	1	기록 실수, 계산 실수, 또는 다수의 답 중 일부만을 제시
	2	잘못된 계획으로부터 구한 틀린 답
	3	답이 옳으며 적절함

* 출처: 김민경, 조미경(2006, p.5)

다음으로 총체적 채점 방법은 주어진 문제를 해결하는 데 필요한 특정 내용이나 과정에 대하여 각각 점수를 부여하지 않고, 풀이 전반에 걸쳐 하나의 점수를 부여하는 방법을 말한다(황혜정 외, 2016, p.435.). 즉 총체적 채점 방법은 문제해결 과정 전반에 대한 채점 기준을 단계별로 세워 점수를 부여하는 방법으로 분석적 채점 방법과 같이 문제해결 단계별 점수를 합산하는 것이 아니라 문제해결 전체에 하나의 점수를 부여하는 방법이다.

총체적 채점 방법은 학생들의 답안을 정답뿐만 아니라 주어진 문제의 풀이 과정을 전체적으로 살펴볼 수 있는 장점이 있다. 그리고 학생들의 답안에 대한 점수를 매길 때, 분석적 채점 방법처럼 요소별 점수를 합산하는 것이 아니라 채점기준에 해당하는 점수를 매기면 되므로 분석적 채점 방법보다 보다 적은 시간에 채점할 수 있다.

〈표 V-4-2〉는 서술형 평가의 총체적 채점 방법과 분석적 채점 방법의 특징을 비교한 것이다.

표 V-4-2 총체적 채점 방법과 분석적 채점 방법의 비교

	총체적 채점 방법	분석적 채점 방법
의미	• 성취 행동 전체를 채점단위로 하여 채점자가 전체적인 관점에서 판단하여 점수를 부여	• 성취행동을 평가기준표에 열거된 요소와 배점에 따라 채점을 하고 요소별로 점수를 부여
특징	• 학생들의 답안을 비교적 신속하게 채점할 수 있음 • 해답뿐만 아니라 풀이 과정을 중시할 수 있음 • 학생의 답안 전체에 대해 한 가지 점수를 부여	• 채점자 훈련 및 실제 채점 실시시 총괄적 채점기준을 활용할 때보다 시간이 더 걸림 • 요소나 영역별로 학생의 강점이나 취약점 파악 가능 • 수행의 여러 가지 측면을 구분하여 점수를 부여 • 채점의 신뢰도가 높음

* 출처: 강옥기(2007, p.188)

나. 채점기준 적용 사례

다음 문항은 2019년 국가수준 학업성취도 평가의 고등학교 수학과 세트형(복합형) 문항이다. 이 문항의 선다형의 경우는 이차방정식과 이차함수의 관계를 이해하고 있는지를 묻고 있고, 서답형 문항의 경우는 이차방정식과 이차함수의 관계를 이해하고 있는지를 묻는 문항이다. 2019년 국가수준 학업성취도 평가 결과 분석에서 제시된 예시 답안을 토대로 서술형 문항의 전체 배점을 5점으로 가정하여, 분석적 채점 기준과 종합적 채점 기준을 적용한 것이다.

[15, 서답형 4] 분수와 레이저빔을 사용하면 아름다운 광경을 만들 수 있다. 그림은 분수 레이저쇼에서 분수의 두 물줄기와 레이저빔을 좌표평면에 나타낸 것이다. 분수의 두 물줄기를 나타내는 이차함수는 각각 $y=f(x)$, $y=g(x)$이고, 레이저빔을 나타내는 직선은 l이다. 물음에 답하시오.
(단, $f(x) \geq 0$, $g(x) \geq 0$이고, 분수의 물줄기와 레이저빔의 두께는 무시한다.)

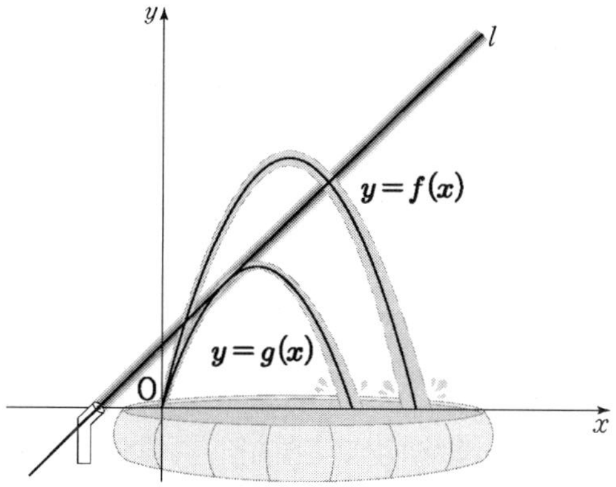

15. 최댓값이 4인 이차함수 $y=f(x)$의 그래프가 원점 O와 점 $(4, 0)$을 지날 때, $f(1)$의 값은?

① $\frac{3}{2}$ ② 2 ③ $\frac{5}{2}$ ④ 3 ⑤ $\frac{7}{2}$

[서답형 4] 직선 l이 점 $(-1, 0)$을 지나고 이차함수 $g(x)=-x^2+3x$의 그래프에 접할 때, 직선 l과 곡선 $y=g(x)$가 만나는 점의 좌표를 구하는 풀이 과정과 답을 쓰시오.
(단, 직선 l의 기울기는 5 이하이다.)

〈풀이 과정〉

〈답〉 (________,________)

* 출처: 이광상 외(2020, p.30)

예시 답안

직선 l의 기울기를 m이라 하면, 점 $(-1, 0)$을 지나는 직선 l의 방정식은 $y=m(x+1)$이다. 직선 l이 곡선 $g(x)=-x^2+3x$에 접하므로 두 식을 연립한 이차방정식의 판별식 $D=0$이다.
$-x^2+3x=mx+m$, $x^2+(m-3)x+m=0 \cdots$ ㉠ 에서
㉠의 판별식 $D=(m-3)^2-4m=0 \cdots$ ㉡이다.
㉡을 정리하면 $m^2-10m+9=0$, $(m-1)(m-9)=0$이므로 $m=1$ 또는 $m=9$이다.
조건에서 직선 l의 기울기가 5 이하이므로 $m=1$이다.
이를 ㉠에 대입하면 $x^2-2x+1=0$, $x=1$이므로 $g(1)=-1^2+3=2$이다.
따라서 직선 l과 곡선 $y=g(x)$가 만나는 점의 좌표는 $(1, 2)$이다.

* 출처: 이광상 외(2020, p.31)

- 분석적 채점 기준

요소 / 문제해결 단계	채점 요소	배점
문제 이해	• 직선 l의 방정식 $y=m(x+1)$ 세우기	1
	• 두 식을 연립한 이차방정식 $x^2+(m-3)x+m=0$ 세우기	1
문제해결 과정	• 이차방정식의 판별식 $D=(m-3)^2-4m=0$ 세우기	1
	• 이차방정식의 판별식을 정리하여 $m^2-10m+9=0$, $(m-1)(m-9)=0$로 나타내기	1
답 구하기	• 직선 l과 $y=g(x)$가 만나는 점의 좌표$(1, 2)$ 구하기	1
총점		5

- 총체적 채점 기준

채점기준	배점
• 무응답인 경우 • 풀이 과정과 답이 모두 틀린 경우	0
• 직선 l의 방정식 $y=m(x+1)$ 세운 경우 • 정답만 제시한 경우	1
• $x^2+(m-3)x+m=0\cdots$ ㉠까지 풀이 과정이 옳은 경우	2
• $D=(m-3)^2-4m=0\cdots$ ㉡까지 풀이 과정이 옳은 경우	3
• $D=(m-3)^2-4m=0$, $(m-1)(m-9)=0$ 까지 풀이 과정이 옳은 경우	4
• 풀이 과정과 답이 모두 옳은 경우	5

5. 평가 문항 제작 사례

평가 문항이 문항 제작자의 출제의도에 맞게 적절하게 구성되었는지를 면밀하게 검토하는 것은 매우 중요하다. 예를 들어, 문두에서 제시한 내용이 중의적으로 해석되는 경우, 출제자가 의도했던 방식으로 풀지 않고 더 쉽게 해결되는 경우, 교육과정에서 표현하지 않은 용어를 사용해 문제를 해결하는 데 혼란을 주는 경우 등이 있을 수 있다. 따라서 평가 문항 초안이 완성되면 학생의 입장에서 문제를 풀고, 문제를 푸는 과정에서의 문제점은 없는지 세밀하게 살펴보는 것은 문항의 오류 등을 발견할 수 있고, 이를 통하여 문항의 완성도를 제고할 수 있다.

다음은 국가수준 학업성취도 평가 문항의 초안이 검토 과정을 통해 최종 문항이 완성되기까지의 과정을 초안, 수정안, 최종본의 3단계로 제시한 것이다.

가. 선다형 문항의 제작 및 수정 과정

(1) 선다형 예시문항 1

이 문항은 수와 연산 영역의 집합의 개념을 이해하고, 집합을 표현할 수 있는지를 평가하기 위한 문항으로, 정보처리 역량을 필요로 하고 실생활 맥락으로 구성되었다.

초안

다음은 6개 나라가 참가한 2019 국제축구경기대회 예선리그전 A조, B조의 일정표이다. 예선 리그전에서는 어떤 조에 속한 한 국가는 해당 국가가 포함된 조에 속한 모든 다른 국가와 한번씩만 경기를 치른다.

2019 국제축구경기대회 A조, B조 일정

8월 1일(목)~9일(금)

일자	경기	장소
8월 1일	한국 : 호주	전주
8월 1일	브라질 : 일본	리우
8월 5일	호주 : 독일	시드니
8월 5일	일본 : UAE	오사카
8월 9일	독일 : 한국	뮌헨
8월 9일	UAE : 브라질	두바이

한국이 포함된 A조를 { }안에 알맞게 나열한 것은?

① {한국, 일본, UAE}
② {한국, 브라질, 독일}
③ {한국, 호주, 독일}
④ {한국, 호주, UAE}
⑤ {한국, 브라질, 일본}

검 토 의 견

- 문두의 내용 중 리그전이라는 용어는 축구에 관심 있는 학생은 쉽게 이해할 수 있지만, 여학생의 경우 또는 축구에 관심이 없는 경우 생소한 용어가 될 수 있어 문제해결에 영향을 줄 수 있음.
- 제시한 표의 내용 중 축구 경기 장소는 문제를 해결하는 데 영향을 주지 않는 불필요한 정보이므로 표에서 빼는 것이 바람직함.

수정안

다음은 6개 국가가 3개국씩 2개 조로 나뉘어 치르는 어느 국제대회의 예선 일정표이다. 한국이 포함된 조의 국가를 { } 안에 모두 나열한 것은? (단, 같은 조에 포함된 국가끼리 서로 한번씩 경기를 치른다.)

○○국제대회 예선 일정

8월 1일~9일

일자	대진
8월 1일	한국 : 이집트
8월 1일	브라질 : 미국
8월 5일	이집트 : 독일
8월 5일	미국 : 베트남
8월 9일	독일 : 한국
8월 9일	베트남 : 브라질

① {한국, 미국, 베트남}
② {한국, 브라질, 독일}
③ {한국, 이집트, 독일}
④ {한국, 이집트, 베트남}
⑤ {한국, 브라질, 미국}

수 정 의 견

- 문두에서 리그전이라는 용어를 빼고, 리그전의 의미를 단 조건에서 제시하였음. 검토의견을 반영하여 축구 경기 장소는 제시하지 않았음.
- 문두를 표 위로 이동하고, 국제축구경기대회를 OO국제대회로 표의 제목을 수정함.
- '알맞게' 라는 표현 대신 '모두'의 표현으로 수정함.

최종본 [39)]

2. 다음은 6개 국가를 3개국씩 2개 조로 나누어 경기하는 어느 국제 대회의 예선 일정표이다. 같은 조에 포함된 국가끼리 서로 한 번씩 경기한다고 할 때, 대한민국이 포함된 조의 국가를 { } 안에 모두 나열한 것은?

○○ 국제 대회 예선 일정

8월 1일~9일

일자	경기
8월 1일	대한민국 : 이집트
8월 1일	브라질 : 미국
8월 5일	이집트 : 독일
8월 5일	미국 : 베트남
8월 9일	독일 : 대한민국
8월 9일	베트남 : 브라질

① {대한민국, 베트남, 미국} ② {대한민국, 이집트, 독일}
③ {대한민국, 브라질, 독일} ④ {대한민국, 브라질, 미국}
⑤ {대한민국, 이집트, 베트남}

최 종 의 견

- 〈최종본〉 문항에서는 〈수정안〉 문항에서 제시한 단 조건이 문제를 푸는 데 중요한 내용이므로, 단 조건에 있는 내용을 문두에 포함시켜 문제의 가독성을 제고하였음.
- 〈수정안〉 문항에서 제시했던 '한국' 명칭은 '대한민국'의 약칭이므로 '한국'을 '대한민국'으로 수정함.

39) 출처: 2019년 고등학교 2학년 국가수준 학업성취도 평가 2번

(2) 선다형 예시문항 2

이 문항은 문자와 식 영역의 미지수가 2개인 연립이차방정식을 풀 수 있는지를 평가하는 문항으로, 문제해결 역량을 필요로 하고 학문 중심 맥락으로 구성되어 있다.

초안

그림과 같이 밑면의 대각선의 길이가 10cm, 높이가 12cm인 직육면체가 있다. 밑면의 가로와 세로의 길이를 각각 1cm씩 늘이면 부피가 처음 직육면체의 부피보다 180cm^{3}만큼 증가한다고 한다. 처음 직육면체의 밑면의 가로와 세로의 길이를 각각 x, y라 할 때, $x \times y$의 값은? (단, 직육면체의 밑면의 가로의 길이는 세로의 길이보다 길다.)

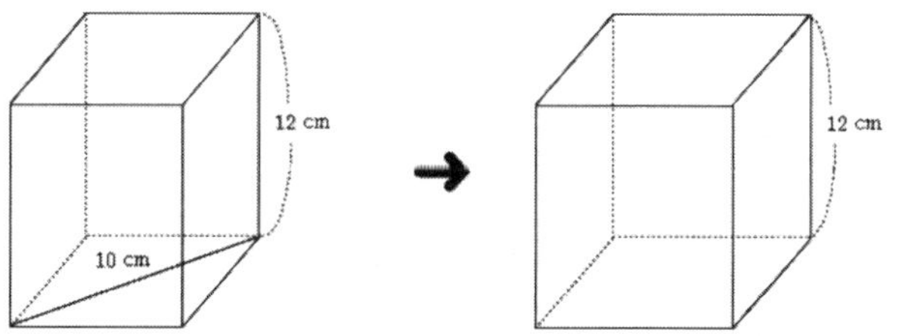

① 40 ② 42 ③ 44 ④ 46 ⑤ 48

검 토 의 견

- 〈초안〉의 내용은 가로의 길이를 x, 세로의 길이가 y라고 하면, 주어진 조건으로부터 다음 두 식을 얻을 수 있음.
  - 밑면의 대각선의 길이로부터 $x^2+y^2=100$임.
  - 처음 직육면체의 부피는 $12xy$이고 두 번째 직육면체의 부피는 $12(x+1)(y+1)=12xy+180$이 성립함.
- 문항의 출제 의도는 이차방정식과 일차방정식을 연립해 가로와 세로의 길이를 구하는 것이지만, 처음 제시한 직육면체의 대각선의 길이가 10이므로 피타고라스 정리를 이용하면 가로의 길이와 세로의 길이가 각각 8과 6이라는 사실을 쉽게 추출할 수 있어 수정이 필요함.

수정안

그림과 같이 밑면의 대각선의 길이가 $5\sqrt{10}$cm, 높이가 4cm인 직육면체 모양의 상자가 있다. 더 큰 상자를 제작하기 위해 밑면의 가로와 세로의 길이를 1cm씩 각각 늘이면 부피가 처음 직육면체의 부피보다 84cm^{3}만큼 증가한다고 한다. 처음 직육면체의 밑면의 가로와 세로의 길이를 각각 x, y라 할 때, $\frac{x}{y}$의 값은? (단, 직육면체의 가로의 길이는 세로의 길이보다 길다.)

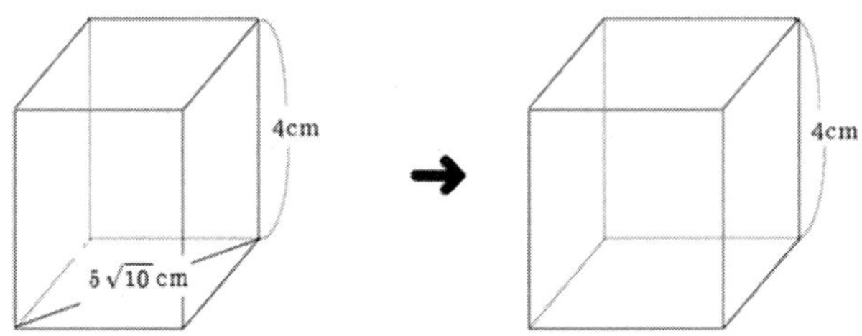

① $\frac{3}{2}$ ② 2 ③ $\frac{7}{3}$ ④ $\frac{5}{2}$ ⑤ 3

수 정 의 견

- 연립이차방정식을 활용하여 문제를 해결할 수 있도록 대각선의 길이를 $5\sqrt{10}$으로, 높이를 4로 조정해 방정식을 활용하여 가로와 세로의 길이를 구하도록 했음.

최종안 40)

12. 그림과 같이 상자 A는 밑면의 가로, 세로, 대각선의 길이가 각각 $x$cm, $y$cm, $5\sqrt{10}$cm이고 높이가 4cm인 직육면체 모양이고, 상자 B는 상자 A의 밑면의 가로와 세로의 길이를 각각 1cm씩 늘인 직육면체 모양이다. 상자 B의 부피가 상자 A의 부피보다 84cm^{3}만큼 클 때, $2x+y$의 값은?(단, $x>y$)

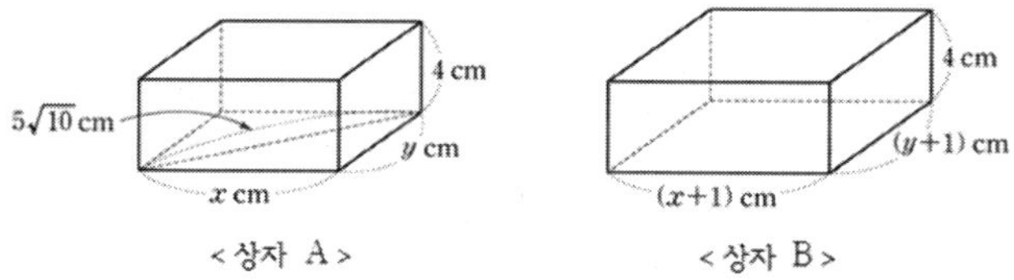

① 30　② 35　③ 40　④ 45　⑤ 50

최 종 의 견

- 〈수정안〉의 문두를 학생들이 이해하기 쉽도록 매끄럽게 하였고, $x>y$ 조건을 제시하여 가독성을 제고하였음. 교과서에서 제시한 직육면체의 그림의 형태로 가로, 세로, 높이의 길이를 점선으로 표현하였음.
- 화살표 대신 상자를 A, B로 구분하여 부피의 변화 상황을 구체화했음.
- 답지를 자연수로 바꾸기 위해 $\frac{x}{y}$를 $2x+y$로 수정함.

40) 출처: 2019년 고등학교 2학년 국가수준 학업성취도 평가 12번

나. 서답형 문항의 제작 및 수정 과정

이 문항은 기하 영역의 다양한 직선의 방정식을 구할 수 있는지와 함수 영역의 역함수의 의미를 이해하고, 주어진 함수의 역함수를 구할 수 있는지를 평가하는 문항으로, 정보처리 역량을 필요로 하고 실생활 맥락으로 구성한 문항이다.

초안

오른쪽 그림은 섭씨(x℃)와 화씨(y°F) 사이의 관계를 그래프로 나타낸 것이다.

(1) 오른쪽 그래프를 보고 섭씨(x℃)와 화씨(y°F) 사이의 관계를 나타내는 직선의 방정식을 구하시오.
(2) 화씨 95°F일 때 섭씨 몇 (℃)인지 구하시오.

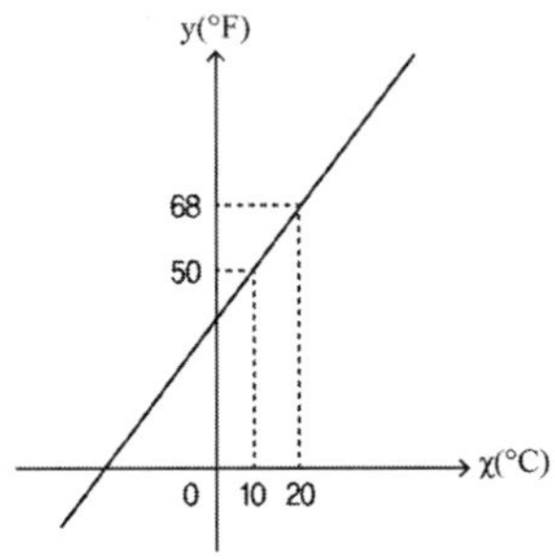

검 토 의 견

- 〈초안〉의 내용은 함수의 그래프에 두 점의 좌표가 주어져 있고, 두 점의 좌표 (10, 50)과 (20, 68)을 이용하여 직선의 방정식 $y=\frac{9}{5}x+32$를 구할 수 있음. 문항의 출제 의도 중 주어진 함수의 역함수를 구할 수 있는지 묻는 것이 포함되어 있는데, 〈초안〉 (2)의 문제는 단순히 $y=95$일 때 x의 값을 구하는 문제로 출제의도와 성취기준에 부합되지 않음. 따라서 실제로 역함수를 구할 수 있도록 문제를 수정할 필요가 있음.
- 문두에서 그래프에서 제시하고 있는 두 개의 좌표를 명시적으로 제시할 필요가 있음.

수정안

[그림 1]은 섭씨와 화씨를 서로 변환해주는 스마트폰 어플리케이션에서 섭씨(℃) 10을 입력했을 때, 화씨(°F) 50이 출력된 화면이다. [그림 2]는 ○○이는 섭씨(x℃)와 화씨(y°F) 사이의 관계를 직선의 방정식으로 일차함수 $y=f(x)$의 그래프로 나타낸 것이다. 다음 물음에 답하시오.

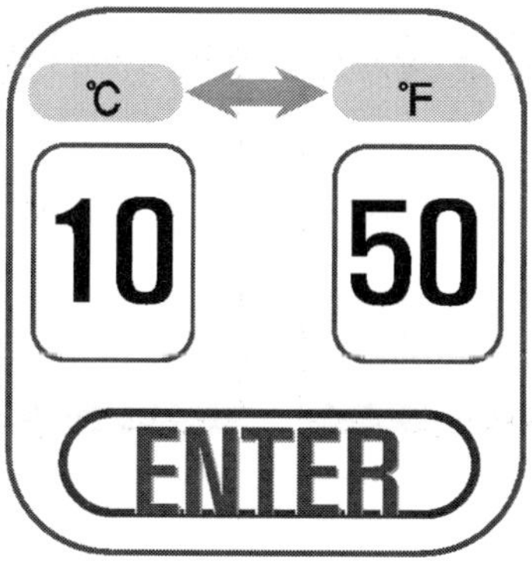

[그림 1]

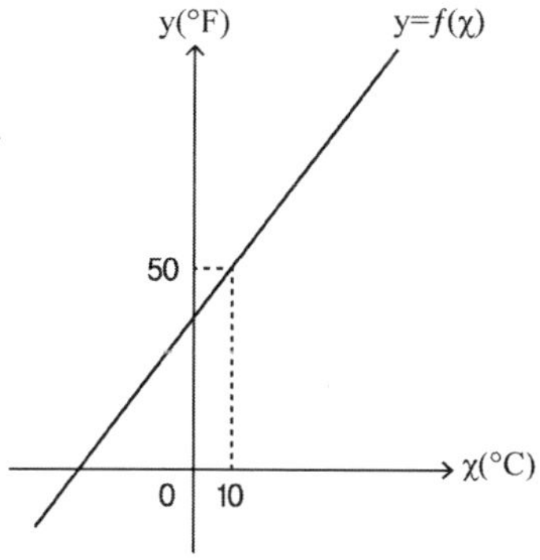

[그림 2]

(1) [그림 2]의 직선의 방정식을 $y=\frac{9}{5}x+k$라 할 때, 상수 k의 값을 구하시오.

(2) 함수 $f(x)$의 역함수 $f^{-1}(x)$를 구하고, 어플리케이션의 초기상태에서 화씨(°F) 95를 입력하였을 때 화면에 나타나는 섭씨(℃)를 구하시오.

수 정 의 견

- 스마트폰 어플리케이션을 활용하여 〈초안〉의 학문 중심적인 문항을 실생활 중심으로 재구성하였음. (2)번에서 〈초안〉에 대한 검토 의견을 반영하여 역함수를 실제로 구해 화씨가 주어졌을 때 섭씨를 구하는 문항으로 수정하였음.

최종안 [41]

[서답형 2] [그림 1]은 섭씨온도 x℃와 화씨온도 y°F 사이의 관계가 일차함수 $y=f(x)$인 것을 그래프로 나타낸 것이다. [그림 2]는 어느 학생이 스마트폰 어플리케이션에서 섭씨 온도 0℃를 입력했을 때 화씨온도 32°F가 출력되고, 화씨온도 50°F를 입력했을 때 섭씨 온도 10℃가 출력된 화면을 나타낸 것이다. 물음에 답하시오.

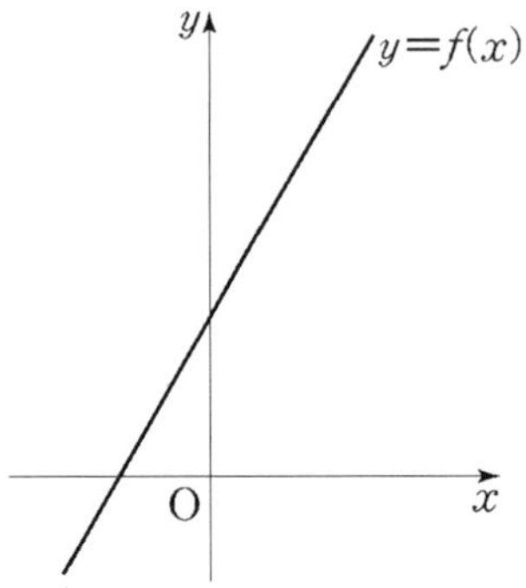

[그림 1]

[그림 2]

(1) 일차함수 $f(x)$의 그래프를 직선의 방정식 $y=ax+b$로 나타냈을 때, 두 상수 a, b의 값을 각각 구하시오.

〈답〉 $a=$__________, $b=$__________

(2) 일차함수 $f(x)$의 역함수 $f^{-1}(x)$를 구하고, 화씨온도 95°F를 입력했을 때 화면에 출력되는 섭씨온도를 구하시오.

〈답〉 $f^{-1}(x)=$__________, __________℃

최 종 의 견

- 수정안 (1)번의 경우 성취기준이 '다양한 직선의 방정식을 구할 수 있다.'인데, 단순하게 한 점의 좌표를 이용해 k의 값을 구하는 것은 성취기준에 부합하지 않음. 이에 실제로 두 점의 좌표를 이용해 직선의 방정식을 구할 수 있도록 수정하였음.
- '○○이'라는 표현을 '어느 학생'으로 표현하여 실제 상황을 강조하였음.

41) 출처: 2019년 고등학교 2학년 국가수준 학업성취도 평가 서답형 2번

6. 평가 문항 분석 사례

평가 문항 제작자는 교육과정에 제시되어 있는 성취기준, 교수학습 활동 내용, 학생의 수학 학습 능력을 고려하여 적절한 난이도의 문항을 출제하게 된다. 하지만 문항을 출제한 교사의 예상과는 다른 평가 결과가 나오는 경우가 종종 있다. 따라서 좋은 문항을 출제하는 것도 중요하지만 평가 문항 분석을 토대로 교수학습 과정의 시사점을 도출하는 과정도 중요하다.

가. 문항난이도

문항난이도(item difficulty)는 문항의 쉽고 어려운 정도를 나타내는 지수로서, 총 피험자 중 답을 맞힌 피험자의 비율, 즉 확률이 된다. 문항난이도는 $P=\frac{R}{N}$(N:총 피험자 수, R:문항의 답을 맞힌 피험자 수)와 같이 계산할 수 있다(성태제, 2019, p.281).

문항의 쉽고 어려운 정도를 구별하는 기준은 학생들의 학습 수준에 따라 달라질 수 있기 때문에 절대적인 기준을 정하기는 어렵다. 성태제(2019, p.282)는 문항난이도를 〈표 Ⅴ-6-1〉과 같이 5단계로 분류하였다.

표 Ⅴ-6-1 문항난이도에 의한 5단계 문항평가

문항난이도	문항평가
.00 ~ .20 미만	매우 어려운 문항
.20 이상 ~ .40 미만	어려운 문항
.40 이상 ~ .60 미만	중간 난이도 문항
.60 이상 ~ .80 미만	쉬운 문항
.80 이상 ~ 1.00 미만	매우 쉬운 문항

* 출처: 성태제(2019, p.282)

문항 분석에서 문항난이도를 판단하는 데 주로 사용하는 것은 문항의 정답률로 문항난이도를 백분율로 나타낸 것이다. 국가수준 학업성취도 평가에서는 정답률이 40% 미만일 경우 어려운 문항, 40%이상

70% 미만인 경우 중간 난이도 문항, 70%이상 미만인 경우 쉬운 문항으로 분류하고 있다.

나. 문항변별도

문항변별도(item discrimination)란 문항이 피험자를 변별하는 정도를 나타내는 지수를 말한다(성태제, 2019, p.282). 어느 학교의 정기고사에서 어떤 문항에 대한 정답을 한 학생의 시험 점수가 높고, 오답을 한 학생의 시험 점수가 낮다면 이 문항은 학생의 수준을 변별하는 기능을 지녔다고 볼 수 있다. 그리고 반대로 학습 능력이 높은 학생의 답이 틀리고 학습 능력이 낮은 학생의 답이 맞은 문항이 있다면, 이 문항은 평가의 목적에 부합하지 않은 문항으로 볼 수 있다. 또한 어떤 문항이 학습 능력의 여부에 관계없이 모두 정답을 맞혔거나 틀린 경우, 이 문항은 변별력이 없는 문항으로 볼 수 있다.

문항변별도 지수는 다음과 같이 문항 득점과 총점 사이의 상관관계를 이용하여 추정한다.

$$r = \frac{N\sum XY - \sum X \sum Y}{\sqrt{N\sum X^2 - (\sum X)^2}\sqrt{N\sum Y^2 - (\sum Y)^2}}$$

N: 총 피험자 수

X: 각 피험자의 문항 점수(정답: 1, 오답: 0)

Y: 각 피험자의 총점

문항변별도 지수에 의하여 문항을 평가하는 절대적 기준은 없으나, Ebel(1965)은 〈표 V-6-2〉와 같이 문항변별도 평가기준을 설정하였다.

표 V-6-2 Ebel의 문항변별도 평가기준

문항변별도 지수	문항평가
.10 미만	변별력이 없는 문항
.10 이상 ~ .20 미만	변별력이 매우 낮은 문항
.20 이상 ~ .30 미만	변별력이 낮은 문항
.30 이상 ~ .40 미만	변별력이 있는 문항
.40 이상	변별력이 높은 문항

* 출처: 성태제(2019, p.284)

다. 평가 문항 분석 예시

다음은 2019년 국가수준 학업성취도 평가 결과 분석 자료집에 제시된 고등학교 수학과 국가수준 학업성취도 평가의 선다형 문항과 서답형 문항 분석 자료이다(이광상 외, 2020).

2019년 국가수준 학업성취도 평가 결과 분석 자료집(고등학교 수학)에는 '국가수준 학업성취도 평가의 이해', '국가수준 학업성취도 평가 고등학교 〈수학〉 평가틀', '2019년 고등학교 〈수학〉 평가 결과 개요', '2019년 고등학교 〈수학〉 문항별 정답률과 변별도', '2019년 고등학교 〈수학〉 문항 분석 결과'의 내용이 수록되어 있다.

(1) 선다형 문항 분석

13. 그림과 같이 담장 아래의 빈 공간에 길이가 12m인 밧줄로 'ㄷ' 자 모양의 테두리를 둘러서 직사각형 모양의 꽃밭을 만들려고 한다. 이 꽃밭의 넓이의 최댓값은?
(단, 담장의 길이는 12m 이상이고, 밧줄의 양 끝은 담장에 닿아 있으며 밧줄의 두께는 무시한다.)

① 14m^2
② 16m^2
③ 18m^2
④ 20m^2
⑤ 22m^2

* 출처: 2019년 고등학교 2학년 국가수준 학업성취도 평가 문항

표 V-6-3 선다형 13번 문항 정보

성취기준	[10수학01-11] 이차함수의 최대, 최소를 이해하고, 이를 활용하여 여러 가지 문제를 해결할 수 있다.				
영역	문자와 식	역량	문제 해결	맥락	실생활 중심
전체 정답률(%)	69.91	변별도	0.45	정답	③
성취수준별 정답률 (%)	4수준	3수준	2수준	1수준	
	96.82	75.16	44.32	30.59	
답지반응률 분포(%)	①	②	③	④	⑤
	3.67	12.35	69.91	9.65	3.95

이 문항은 이차함수의 최댓값을 구할 수 있는지를 묻는 문항으로 문제해결 역량을 평가한다. 직사각형 모양의 꽃밭의 가로의 길이를 x m라 하면 세로의 길이는 $(12-2x)$ m, 꽃밭의 넓이를 y m^{2}이라고 하면 $y = 2x^2 + 12x$이다. $0 < x < 6$에서 이차함수 $y = -2x^2 + 12x$의

최댓값은 $x=3$일 때, 18이다. 이 문항의 전체 정답률은 69.91%이고 3수준의 정답률이 75.16%로 보통 수준의 문항이고 변별도는 0.45로 높게 나타났다.

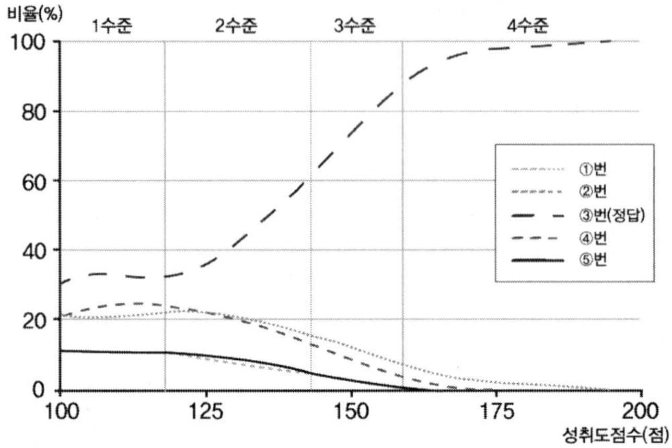

* 출처: 이광상 외(2020, p.22)

그림 V-6-1 답지 반응률 분포 곡선

[그림 V-6-1]의 답지 반응률 분포에서 오답지 ②의 반응률이 높게 나타난 이유는 2수준에서 오답지 ②를 선호한 이유로 보인다. 답지 반응률 분포 곡선에서 정답지 ③의 분포 그래프를 보면 1수준에서는 큰 차이를 보이지 않다가 2수준부터 4수준까지 꾸준히 상승하고 있는 모양이다. 2수준 이하에 해당하는 학생들은 이차함수의 최댓값의 의미와 이를 활용하는 방법에 대한 이해가 부족한 것으로 나타나, 이에 대한 세심한 지도가 필요하다.

(2) 서답형 문항 분석

[서답형 5] 그림과 같이 양수 a에 대하여 좌표평면에서 중심이 O_1인 원 $C_1:(x+1)^2+(y+a)^2=1$을 x축의 방향으로 1만큼, y축의 방향으로 a만큼 평행이동하였더니 원 $C_2:x^2+y^2=1$이 되었다. $\overline{OO_1}=\sqrt{10}$일 때, 직선 OO_1과 원 C_2가 만나는 점 중에서 제1사분면 위의 점을 P라 하고, 원 C_2 위의 점 P에서의 접선을

l이라 하자. (단, O는 원점이다.)

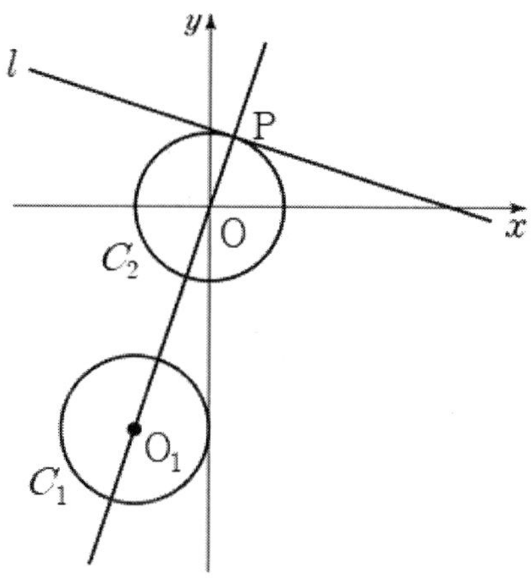

(1) a의 값을 구하시오.

〈답〉 $a=$＿＿＿＿＿＿＿＿＿＿

(2) 직선 l의 방정식을 구하는 풀이 과정과 답을 쓰시오.

〈풀이 과정〉

* 출처: 2019년 고등학교 2학년 국가수준 학업성취도 평가 문항

표 V-6-4 서답형 5-(1) 문항 정보

성취기준	[10수학02-08] 평행이동의 의미를 이해한다.						
영역	기하	역량		문제 해결	맥락		학문 중심
정답률(%)	35.36		변별도		0.69		
성취수준별	4수준	3수준		2수준		1수준	
정답률 (%)	86.59	24.05		3.30		0.79	

이 문항은 평행이동한 도형의 방정식을 구할 수 있는지를 묻는 문항으로 문제해결 역량을 평가한다. $\overline{OO_1}=\sqrt{a^2+1}=\sqrt{10}$이므로 $a=3$이다. 전체 정답률은 35.36%, 3수준의 정답률이 24.05%로 어려운 수준의 문항으로 변별도는 0.69로 높게 나타났다.

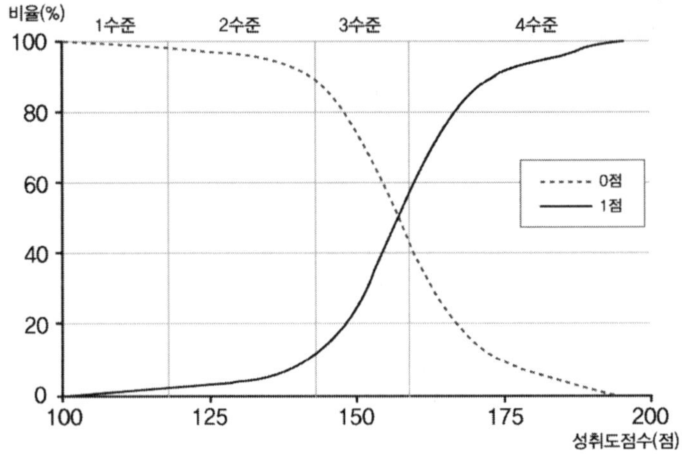

* 출처: 이광상 외(2020, p.33)

그림 V-6-2 부분 점수 비율 분포 곡선

부분 점수 비율 분포 곡선에서 1점을 받은 학생들은 주로 3수준과 4수준 중심으로 분포되어 있다. 3수준 이하에 해당하는 학생들이 평행이동의 의미를 분명하게 이해할 수 있도록 세심한 지도가 필요하다.

표 V-6-5 서답형 5-(2) 문항 정보

성취기준	[10수학02-07] 좌표평면에서 원과 직선의 위치 관계를 이해한다.				
영역	기하	역량	문제 해결	맥락	학문 중심
정답률(%)	17.80	변별도	0.66		
성취수준별	4수준	3수준	2수준	1수준	
정답률 (%)	57.36	2.07	0.00	0.00	

이 문항은 원과 직선의 위치관계를 이용하여 원의 접선의 방정식을 구할 수 있는지를 묻는 문항으로 문제 해결 역량을 평가한다. 전체 정답률은 17.80%, 4수준의 정답률이 57.36%로 매우 어려운 수준의 문항으로 변별도는 0.66으로 높게 나타났다.

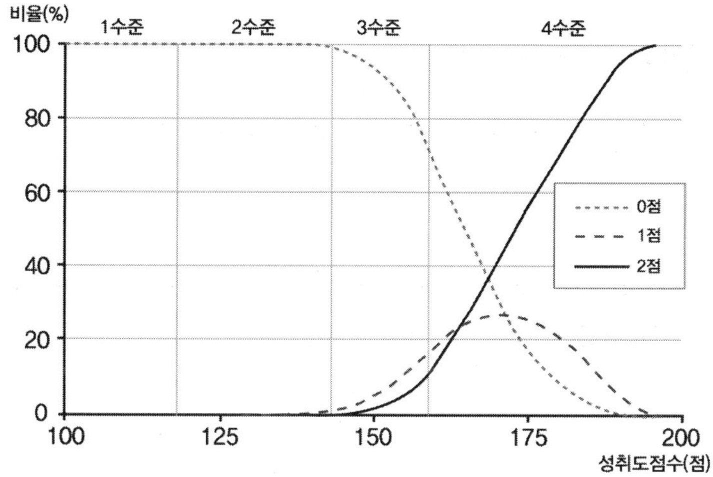

* 출처: 이광상 외(2020, p.33)

그림 V-6-3 부분 점수 비율 분포 곡신

부분 점수 비율 분포 곡선에서 1점과 2점을 받은 학생들은 주로 4수준을 중심으로 분포되어 있다. 4수준에 해당하는 학생들도 원과 직선의 위치관계를 이용하여 접선의 방정식을 구하는 문항을 어려워하는 것으로 나타나 이에 대한 교수학습 지원이 필요하다.

위의 예시에서 살펴본 바와 같이, 평가 문항 분석의 목적은 학생들이 실제 응답한 정답률, 변별도, 답지 반응률, 부분점수 비율 분포 곡선 등의 분석을 통해 평가 문항의 적절성 및 성취수준별 학생들의 응답 내용을 살펴봄으로써 향후 교수학습 과정에 피드백 할 수 있는 시사점을 도출하는 데 있다. 따라서 학교 현장의 수행 평가 및 정기 고사 등의 실시 후에 문항 분석을 하는 것은 교사의 수업의 질과 학생의 학습 능력을 제고하는 데 중요한 역할을 할 수 있다.

되돌아보기 + 더 나아가기

1. 평가 문항 제작에서 평가틀의 의미를 설명하시오.

2. 다음은 평가 문항 개발 및 분석 절차를 나타낸 표이다. (가), (나), (다)에 알맞은 단계를 쓰시오.

단계	
준비	평가 목적 및 계획 수립
	성취기준 및 평가기준 설정
	(가)
개발	평가 문항 초안 제작 및 검토
	평가문항 수정 및 보완
	(나)
시행	평가 실시
분석	채점 및 평가 결과 분석
피드백	(다)

3. 선다형 문항과 서답형 문항의 제작시 유의사항을 각각 세 가지씩 쓰고 그 이유를 설명하시오.

4. 서술형 문항의 채점 방법에서 분석적 채점 방법과 총체적 채점 방법의 의미와 차이점을 설명하시오.

5. 다음은 2016학년도 중등교사 임용시험 문항이다. 문제를 읽고 물음에 답하시오.

10. 다음은 수학 교사를 위한 '평가' 연수 시간에 이루어진 대화의 일부이다.

김 강사: 서술형 평가의 중요성에 대해 말씀을 드렸습니다. 혹시 질문이 있으세요?
박 교사: 서술형 평가는 선택형 평가와 비교해 장점도 있지만, 채점의 어려움이 걱정입니다.
김 강사: '총체적 점수화 방법'을 적용하여 채점하면 좋을 듯 합니다. ⟨자료 1⟩로 설명해 볼게요.

⟨자료 1⟩

(선택형) $\sqrt{28x}$ 가 정수가 되는 100이하의 모든 양의 정수 x의 합은?
① 7 ② 28 ③ 35 ④ 70 ⑤ 93

정답률 (%)	답지반응률(%)				
	①	②	③	④	⑤
51	4	12	25	8	51

(서술형) $\sqrt{28x}$ 가 정수가 되는 100 이하의 모든 양의 정수 x의 합을 풀이 과정과 함께 쓰시오. [10점]

… (중략) …

박 교사: 아, 풀이 전반에 걸쳐 하나의 점수를 부여하는 방법이군요. 다른 채점 방법도 있나요?
김 강사: 네, '분석적 점수화 방법'이 있습니다. 문제를 해결하는데 필요한 내용이나 과정을 몇 단계로 구분하여 단계별로 점수를 부여하는 방법입니다.
⟨자료 2⟩는 **⟨자료 1⟩**의 (서술형) 문제에 대해 어느 교사가 작성한 채점 기준표와 학생 A의 답안입니다.

⟨자료 2⟩

채점 기준표

채점 영역	채점 요소	배점
문제 이해	제곱근의 성질 $\sqrt{a^2}=a(a \geq 0)$을 이해함	2
문제해결	$\sqrt{28x}$를 $\sqrt{2^2 \times 7 \times x}$ 또는 $2\sqrt{7x}$로 고침	3
	$\sqrt{2^2 \times 7 \times x}$ 또는 $2\sqrt{7x}$를 이용하여 만족하는 수를 모두 구함	3
답 구하기	만족하는 모든 수의 합을 구함	2

학생 A의 답안
$\sqrt{x^2}=x(x\geq 0)$이므로 $\sqrt{28x}$가 정수가 되기 위해서는 $x=28$이고, 또한 $\sqrt{28x}=\sqrt{2^2\times 7\times x}=2\sqrt{7x}$이므로 $2\sqrt{7x}$가 정수가 되기 위해서는 $x=7$이다. 따라서 만족하는 모든 양의 정수의 합은 35이다.

… (중략) …

박 교사: 네, 서술형 평가 실시에 큰 도움이 될 것 같습니다.

교사의 수업 개선에 초점을 맞추어 서술형 평가의 장점을 〈자료 1〉, 〈자료 2〉와 관련지어 서술하시오. 또한 〈자료 2〉의 채점 기준표에 근거하여 '학생 A의 답안'을 채점한 점수를 쓰고, 그 점수를 부여한 이유를 설명하시오.

6. 다음은 수와 연산 영역에 해당하는 문항 정보를 나타낸 표이다.

문항 유형 및 평가틀	문항 유형	영역	역량	맥락
	선다형	수와 연산	정보처리	실생활 중심
평가준거 성취기준	코드	내용		
	[10수학03-01-00]	집합의 개념을 이해하고, 집합을 표현할 수 있다.		

역량, 맥락, 평가준거 성취기준을 참고하여 선다형 문항을 상·중·하 수준별로 각각 제작하시오.

7. 다음은 기하 영역에 해당하는 문항 정보를 나타낸 표이다.

문항 유형 및 평가틀	문항 유형	영역	역량	맥락
	서답형	기하	정보처리	실생활 중심
평가준거 성취기준	코드	내용		
	[10수학02-03-01]	다양한 직선의 방정식을 구할 수 있다.		

역량, 맥락, 평가준거 성취기준을 참고하여 서술형 문항을 제작하고 채점 기준표를 작성하시오

참고문헌

강옥기(2007). **수학과 학습지도와 평가론**(제2판). 경문사.

김민경, 조미경(2006). 수학과 수행평가 문항 및 분석기준 개발 연구. **한국수학교육학회 시리즈 A. 수학교육, 45**(1), 1-24.

남승인, 신준식, 류성림, 권성룡, 김남균, 권점례, 이종학(2017). **수학교육학 용어 해설집**. 경문사.

박경미, 이환철, 박선화, 강은주, 김선희, 임해미, 김성여, 장혜원, 강태석, 권점례, 김민정, 방정숙, 이화영, 임미인, 이만근, 김화경, 윤상혁, 이광상, 이경은, 조혜정, 권영기, 권오남, 신동관, 강현영, 김재영, 도종훈, 박정숙, 서보억, 안현정, 오택근, 이경진, 이광연, 이문호, 이승훈, 이은정, 이지윤, 전인태, 최지선, 한준철, 황선미, 박문환, 김완일, 강성권, 여미주(2015). **2015 개정 수학과 교육과정 시안 개발 연구Ⅱ**. 한국과학창의재단 연구보고서 BD151 20005.

성태제(2019). **현대교육평가**. 학지사.

이광상, 박수민(2018). 2015년 국가수준 학업성취도 평가의 고등학교 수학과 서답형 문항 분석. **대한수학교육학회지 수학교육학연구, 28**(2).

이광상, 이재봉, 손예림(2020). **2019년 국가수준 학업성취도 평가 결과 분석-고등학교 수학**. 한국교육과정평가원 연구자료 ORM 2020-23-7.

황혜정, 나귀수, 최승현, 박경미, 임재훈, 서동엽(2016). **수학교육학신론**. 문음사.

Ebel, R. L.(1965). *Measuring Educational Achievement*, Englewood Cliffs, NJ; Prentice-Hall.

Ⅵ. 프로젝트 평가

2015 개정 수학과 교육과정의 '평가 방법'에서는 '프로젝트 평가'에 대해 다음과 같이 제시하고 있다.
-프로젝트 평가는 수학 학습을 토대로 특정한 주제나 과제에 대해서 자료를 수집하고 분석, 종합, 해결하는 과정과 결과를 평가하는 방법으로, 문제 해결, 창의·융합, 정보 처리 능력 등을 평가할 때 활용할 수 있다.

현대 정보화 시대는 수학과 과학의 발전을 토대로 하고 있기 때문에 일상생활 속에서 마주하게 되는 문제를 해결하기 위해서는 수학적 능력이 요구된다. 이때, 수학적 능력이란 정형화된 수학 문제를 풀이하는 능력보다는 수학을 포함한 다양한 분야의 지식을 통합하고, 필요한 자료들을 다양한 방법으로 조사하고 분석하며, 결과를 종합하고 전달하는 능력을 의미한다. 따라서 학교수학은 학생들이 정보화 시대를 살아가기 위해 필요한 문제해결, 추론, 정보 처리 등의 역량을 습득하고 이를 평가할 수 있는 방향으로 변화될 필요가 있다. 이와 관련하여 2015 개정 수학과 교육과정에서는 수학 교과 역량을 신장할 수 있는 다양한 교수학습 방법과 평가 방법을 사용할 것을 제안하고 있다(교육부, 2015).

2015 개정 수학과 교육과정에서는 '프로젝트 학습'을 특정 주제나 과제를 탐구하기 위해 계획을 수립하고 수행하여 결과물을 산출하거나 발표하는 교수학습 방법으로 정의하였다(교육부, 2015, p.144). 그리고 '프로젝트 평가'는 수학 학습을 토대로 특정한 주제나 과제에 대해서 자료를 수집하고 분석, 종합, 해결하는 과정과 결과를 평가하는 방법으로, 문제해결, 창의·융합, 정보 처리 능력 등을 평가할 때 활용할 수 있다고 명시하고 있다(교육부, 2015, p.147). 즉 프로젝트 평가란 프로젝트 학습을 수행하는 과정과 결과에 대한 평가를 의미한다.

이 장에서는 첫째, 프로젝트 학습의 정의와 특징에 대하여 알아본다. 둘째, 프로젝트 학습에서 수학 수업의 설계 방법과 실행을 위해 고려해야할 점에 대하여 살펴본다. 셋째, 프로젝트 평가에 대해 살펴본다. 넷째, 2015 개정 수학과 교육과정에 처음 도입된 〈수학과제 탐구〉 과목과 연계하여 프로젝트 평가의 실제를 살펴본다.

1. 프로젝트 학습의 정의와 특징[42)]

교육학 분야에서 '프로젝트'라는 용어는 Kilpatrick(1926)의 『The Project Method』에서 처음으로 제시되었다. Kilpatrick은 프로젝트(Project)란 유목적적 활동(purposeful act)이라는 용어와 가장 유사한 의미를 가지며, 학생들은 프로젝트를 수행하는 동안 그들의 학습을 격려하고 도와주는 교사의 도움을 받으면서 학습의 주체가 되어 협동적으로 이를 수행하는 과정을 통해 자연스럽게 사회적인 사람으로 성장하게 된다고 하였다.

프로젝트 학습(Project Based Learning)의 정의에 대하여 Jones et al.(1997), Thomas(2000), Mifflin(2003)은 프로젝트를 통해 학습을 조직해가는 모델, Laffey et al.(1998)은 장기간에 걸쳐 학생들이 문제를 발견하고 구조화해가는 것에 중점을 두는 맥락적인 수업의 형태, Intel Innovation in Education(2004)은 실제적인 과제들로 구성된 문제들에 대한 조사에 학생들을 참여시키는 학생 중심의 교수학적 모델, Boise State University와 Buck Institute for Education(2004)은 교육과정을 기반으로 하는 실생활과 관련된 프로젝트를 협력하여 조사하고 탐구하는 과정을 통해 추상적이고 복합적인 과제를 깊이 있게 학습하는 것으로 정의하고 있다. 이밖에도 다양한 연구자들이 프로젝트 학습에 대해 내린 정의와 특징들은 그 표현은 다르지만 세부적인 면에서는 공통적인 부분을 강조하고 있는데, 이를 종합하면 다음과 같다.

프로젝트 학습이란 교수자가 교육과정에 제시된 학습주제 가운데 장기간 동안 심도 있는 연구가 요구되는 과제를 학습자에게 제시하면, 학습자가 협력학습을 통해 이를 해결해가는 교수·학습 방법을 말한다. 프로젝트 학습의 특징은 과제의 특성, 학습자, 교수자의 역할을 통해 두드러지게 된다. 첫째, 과제는 실생활과 관련된 복합적, 개방적, 통합교과적인 특성을 갖는다. 둘째, 학습자는 프로젝트를 해결하기 위한 계획을 수립하고, 연구와 조사의 결과를 정리하여 결과물

42) 임해미(2007)의 내용을 재구성하여 제시함.

을 산출해야하며, 프레젠테이션을 통해 습득한 지식 또는 기술을 표현할 수 있어야 한다. 셋째, 교수자는 프로젝트를 수행하는 전 과정에서 다양한 평가방법을 통해 학습자들의 학습과정과 결과를 평가하며, 지속적인 관찰과 피드백을 통해 학습이 목표점을 향해 갈 수 있도록 하는 안내자, 조력자의 역할을 하게 된다.

프로젝트 학습이 다른 교수학습 방법과 구별되는 특징에 대하여 Thomas(2000)는 다음의 다섯 가지를 제시하였다. 첫째는 중심성(centrality)으로, 프로젝트 학습은 교육과정 주변의 것이 아닌 교육과정의 중심이 되어야 한다. 학생들은 프로젝트를 통해 학습의 중심적인 개념을 학습할 수 있어야 하며, 전통적인 강의식 수업에 뒤따르는 부가적인 응용문제의 해결은 프로젝트의 예로 볼 수 없다. 둘째는 추진질문(driving question)[43]으로, 프로젝트 학습은 학생들이 학문의 중심적인 개념에 접근할 수 있도록 유도하는 추진 질문을 통해 시작되고, 이를 해결하는 과정이 프로젝트의 과정이 되며, 이에 대한 결론이 프로젝트의 결과가 된다. 셋째는 구성주의적 조사(constructive investigation)로, 프로젝트는 반드시 학생들의 연구 활동에 의한 지식의 구성을 포함해야 한다. 이때 연구란 문제해결, 문제발견, 문제해결을 위한 계획과 모델 수립, 의사결정을 포함하는 목적지향적 활동을 의미한다. 넷째는 자율성(autonomy)으로, 프로젝트는 상당 부분 학생들에 의해 진행되어야 하며, 이에 따른 책임감도 함께 부여된다. 다섯째는 현실성(realism)으로 프로젝트는 학생들에게 실제적이라는 느낌을 주어야 하며 실제 생활에 적용 가능한 것이야 한다.

43) 프로젝트를 전체적으로 이끌어 가는 핵심 탐구 질문임.

2. 프로젝트 학습의 설계와 실행

가. 프로젝트 학습 설계 시 고려 사항

Douglas(2000)는 프로젝트를 설계하고 성공적으로 수행할 수 있도록 도와주는 중요한 준거로 여섯 가지 'A'를 제시하였다. 이 준거들에 따르면, 프로젝트는 실제적이고(Authenticity), 학문적 엄밀성을 가지며(Academic rigor), 실생활에 적용되고(Applied learning), 학생들에 의한 능동적인 탐구가 이루어질 수 있으며(Active exploration), 전문가와의 연계를 통해 학습에 대한 보다 실제적인 정보를 얻고(Adult connections), 평가 실제(Assessment practices)가 포함되어야 한다고 하였다. 각 항목별 체크리스트를 제시하면 〈표 Ⅵ-2-1〉과 같다.

표 Ⅵ-2-1 여섯 가지 'A'에 대한 체크리스트

항목	체크리스트
실제성 (Authenticity)	1. 프로젝트는 학생들에게 의미 있는 문제 또는 질문으로부터 구성되었다. 2. 이 문제 또는 질문들은 실제로 지역사회 또는 직업에서 발생하는 것이다. 3. 학생들은 학교를 벗어나 개인적이고 사회적인 가치를 갖는 무엇인가를 창조 또는 생성하였다.
학문적 엄밀성 (Academic rigor)	1. 프로젝트를 통해 하나 또는 그 이상의 단원 또는 교과 내용의 중심이 되는 지식을 습득하고 적용할 수 있다. 2. 프로젝트는 학생들이 탐구할 수 있도록 독려한다. 3. 학생들은 높은 수준의 사고 기술을 개발할 수 있다.
실생활 적용 학습 (Applied learning)	1. 학생들은 학교를 벗어나 실제 생활과 관련된 산출물을 설계하고, 체제를 개선하는 등 반구조적인 문제들을 해결한다. 2. 프로젝트는 학생들이 협동학습을 하고, 테크놀로지를 적절하게 활용하며, 문제를 해결하고, 의사소통을 하는 등 높은 수준의 학습 수행 조직이 기대되는 능력을 사용하고 습득할 수 있도록 한다. 3. 학습은 학생들의 자기조절 능력 개발을 요구한다.
능동적 탐구 (Active exploration)	1. 학생들은 현장기반 학습을 수행하는 데 많은 시간을 사용해야 한다. 2. 프로젝트는 학생들이 실제적인 조사에 참여하고, 다양한 방법, 미디어, 자원 등을 사용할 수 있도록 구성한다. 3. 학생들은 프레젠테이션을 통해 그들이 학습한 것이 무엇인지를 의사소통할 수 있다.
전문가 연계 (Adult connections)	1. 학생들은 전문가 또는 경험자들을 직접 만나거나 관찰하는 기회를 가져야 한다. 2. 전문가의 작업은 학생들에게 시각적으로 분명하게 보여야 한다. 3. 교실 밖에 있는 전문가는 학생들이 수행 중인 학습과 같은 종류의 문제를 해결하는 방법을 실세계의 규준과 관련하여 개발할 수 있도록 도와준다.

항목	체크리스트
평가 실제 (Assessment practice)	1. 학생들은 유사한 결과물들의 예를 확인할 수 있는 기회를 갖는다. 2. 학생들이 결과물, 전시, 포트폴리오, 프레젠테이션을 어느 부분까지 준비할 것인지에 대한 명확한 기준이 있다. 3. 학생들은 수행 중인 과제에 대한 즉각적인 피드백을 받고, 그들이 학습을 완료하는 데 도움이 될 수 있는 프로젝트의 규준을 통해 주기적으로 체계적인 자기 평가를 한다.

* 출처: Douglas(2000; 임해미, 2007, p.18 재인용)

이 외에도, Lamer et al.(2015)은 프로젝트 학습 설계의 필수요소로 ①어려운 문제 또는 질문, ②지속적인 탐구, ③실제성, ④학생의 의사와 선택권, ⑤성찰, ⑥비평과 개선, ⑦공개할 결과물이 포함되어야 한다고 하였다.

나. 프로젝트 학습 과제의 유형44)

프로젝트 학습 설계에서 학생들에게 어떠한 유형의 과제를 제시하느냐는 핵심적 요소 중의 하나이다. 프로젝트 학습은 소재 또는 문제 상황, 프로젝트 해결 방법에 따라 유형과 과제 내용이 분류될 수 있다. 여기에서는 프로젝트 학습에 대한 선행연구들을 분석하여 제시한 프로젝트 학습의 유형에 대해 살펴본다.

먼저 소재 또는 문제 상황에 따른 프로젝트 학습 과제 유형은 실생활 문제해결, 타 교과 연계, 수학사 활용, 신문 활용, 패러독스 활용 등으로 분류될 수 있는데, 유형별 과제 내용을 정리하여 제시하면 〈표 Ⅵ-2-2〉와 같다.

표 Ⅵ-2-2 소재 및 문제 상황에 따른 프로젝트 학습 과제 유형

유형	과제 내용
실생활 문제해결	• 실생활에서 흔히 접하게 되는 상황을 수학적 개념과 방법을 이용하여 해결하도록 하는 과제
타 교과 연계	• 수학이 화학, 경제, 예술 등 여러 학문 분야의 발달과 어떠한 관련이 있는지, 또 인접 학문에 반영되어 있는 수학적 원리에는 어떠한 것이 있는지를 탐색해 보도록 하는 과제

44) 박정은, 한혜숙(2018)의 내용을 재구성하여 제시함.

유형	과제 내용
수학사 활용	• 실제로 일어났던 역사적 사실에 기반하여 수학적 사고의 발생과 발전 과정에 대한 탐구를 요구하는 과제
신문 활용	• 인위적으로 조작된 수학 문제 상황이 아니라 생생한 신문 기사 내용(지문, 그림, 도표, 그래프 등)에 대하여 수학적 개념과 원리를 적용 및 탐구하도록 하는 과제
패러독스 활용	• 수학의 개념에 얽힌 패러독스를 학생들에게 제공하고, 학생들이 이를 정리하는 과정을 통해 학생 자신이 가지고 있는 모호한 수학적 관념을 반성하고, 세련된 수학적 개념을 명확하게 이해하도록 하는 과제

* 출처: 박정은, 한혜숙(2018, pp.211-215)의 내용을 정리하여 제시함

프로젝트 해결 방법에 따른 프로젝트 학습 과제 유형은 찬반 토론, 자료 해석, 수학적 모델링, 주제 탐구, 게임 등으로 분류될 수 있는데, 유형별 과제 내용을 정리하여 제시하면 〈표 Ⅵ-2-3〉과 같다.

표 Ⅵ-2-3 프로젝트 해결 방법에 따른 프로젝트 학습 과제 유형

유형	과제 내용
찬반 토론	• 인지적 갈등을 일으키는 수학적 상황을 제시하고 이에 대해 학생들이 가치판단을 하고 견해를 정리해 보도록 하는 과제
자료 해석	• 제시된 자료를 수학적인 안목에서 해석하고 분석하여 적절한 판단을 내리도록 하는 과제
수학적 모델링	• 주어진 상황을 수학적 모델로 구성하여 그 모델을 기초로 수학적 추론을 하고 그 결과를 주어진 상황과 관련하여 재해석하도록 요구하는 과제
주제 탐구	• 여러 개의 수학 주제 목록을 제시하고 학생들에게 적당한 주제를 선택하여 심층적으로 조사하고 탐구하도록 하는 과제
게임	• 게임의 규칙이나 방법에 수학적 원리가 뒷받침된다는 사실을 학생들이 인식하고 그에 대한 수학적 탐구를 해나가도록 요구하는 과제

* 출처: 박정은, 한혜숙(2018, pp.211-215)의 내용을 정리하여 제시함

이상에서 살펴본 프로젝트 학습 과제 유형(〈표 Ⅵ-2-2〉, 〈표 Ⅵ-2-3〉)은 서로 겹치는 부분이 있을 수 있지만, 개념상 서로 구분될 수 있는 고유의 특징을 지닌다. 교사들은 프로젝트 평가의 목표와 성격에 따라 적절한 유형의 과제를 활용하여 프로젝트 학습을 설계하여 수행할 수 있을 것이다.

다. 프로젝트 학습 진행하기

프로젝트 운영을 위해 교사는 '모든 학생이 핵심 탐구 질문에 답하고, 수준 높은 결과물을 만들어낼 수 있도록 어떻게 도움을 줄 것인가'에 대해 미리 계획해야 한다(Lamer et al., 2015). 프로젝트 학습 진행을 위한 절차는 크게 '프로젝트 시작하기', '지식·이해·역량 개발하기', '결과물을 발전시키고 비평하고 개선하기', '결과물 발표하기'의 4단계로 정리될 수 있다. 프로젝트 학습 단계에 따라 학생·교사의 활동을 함께 도식화하여 정리하면 〈표 Ⅵ-2-4〉와 같다.

표 Ⅵ-2-4 프로젝트 과정

학생	프로젝트 과정	교사
• 이 프로젝트에서 무엇을 해야 하는가? • 무엇을 알아야 하는가? • 이것이 왜 중요한가? • 내가 공부한 것을 누구와 공유할 것인가?	**1단계** 프로젝트 시작하기, 도입활동 및 탐구 질문	• 도입활동을 진행하고 탐구 질문을 제시한다. 혹은 학생들과 함께 탐구질문을 구상한다. • '학생 질문 목록'을 만드는 과정을 지원한다.
• 나에게 필요한 자원은 무엇인가, 내가 활용할 수 있는 자원은 무엇인가? • 내가 찾은 정보를 신뢰할 수 있는가? • 프로젝트 과정에서 나의 역할은 무엇인가?	**2단계** 탐구질문에 답하기 위한 지식, 이해, 역량의 개발	• 학생들이 자원을 평가하고 활용하는 것을 지원한다. • 학생에게 필요한 수업과 비계 및 안내를 제공한다.
• 내가 배운 것을 프로젝트에서 어떻게 적용할 것인가? • 새롭게 떠오른 질문은 무엇인가? • 더 필요한 정보가 있는가? • 나의 활동은 제대로 된 방향으로 진행되고 있는가?	**3단계** 결과물을 만들고 비평하기, 탐구질문에 답하기 (개선 → 2단계)	• 학생들이 배운 것을 프로젝트 과제에 적용할 수 있도록 돕는다. • 새로운 지식과 질문을 만들어낼 수 있도록 추가적인 기회를 제공한다. • 피드백 과정이 원활하게 진행되도록 돕는다.
• 나의 활동 내용 중 어떤 것에 대해 설명할 것인가? • 나의 결과물을 발표하는 최선의 방법은 무엇일까? • 이 프로젝트에서 내가 배운 것은 무엇인가, 다음 프로젝트에서는 무엇을 해야 할까?	**4단계** 결과물을 발표하고 탐구질문에 대한 답을 내놓기	• 학생이 자신의 활동을 평가할 수 있도록 돕는다. • 학습 및 프로젝트 과정에 대한 학생의 성찰을 지원한다.

* 출처: Lamer et al.(2015; 최선경 외 공역, p.241)

이 외에도 Markham et al.(2003)은 프로젝트 학습을 다음의 5단계로 제시하였다.

① 결말로부터 시작하라 ➡ ② 추진질문을 제작하라 ➡ ③ 평가방안을 계획하라 ➡ ④ 프로젝트를 개발하라 ➡ ⑤ 프로젝트를 관리하라

Markham et al.(2003)에 따르면, 프로젝트의 계획을 수립할 때 프로젝트의 범위와 흐름에 대한 개념을 갖는 것이 필수적이다. 이를 위해서 첫 단계로 결말을 숙지하고 시작함으로써, 교사는 프로젝트를 계획하는 능력을 발전시킬 수 있다. 두 번째 단계로 프로젝트를 위한 주제 또는 '큰 아이디어(big idea)'를 가지고 추진질문을 개발하는 것은 학생들이 다양한 학습활동과 여러 가지 형태의 정보를 종합하여 프로젝트에 집중할 수 있도록 해 준다. 세 번째 단계로 균형 잡힌 평가계획을 세움으로써, 내용적 기준, 기술, 사고 양식 등과 같은 프로젝트의 성과물들을 밀접하게 아우를 수 있어야 한다. 네 번째 단계로 프로젝트를 수행하는 데 필요한 요소들을 정리하여 구조화된 프로젝트를 개발하여, 학생들이 프로젝트를 통하여 어려운 내용을 직면하기도 하고 그 과정을 통해 배우는 것이 가능하도록 한다. 마지막으로, 성공적인 프로젝트 운영을 위해 모둠 나누기, 활동의 조직화, 학생들의 행동을 모니터, 학습 흐름의 조절 등을 통해 지속적으로 프로젝트를 관리해야 한다.

프로젝트 학습 과정에서 학생들은 자료를 수집하고 문제해결을 진행하는 과정에서 장애 요인을 만나거나 좋은 기회를 대면할 것이다. 이때, 교사는 이상에서 제시한 학습 진행 단계를 참고하여, 다양한 학습 능력, 적성, 성향을 지닌 학생들이 성공적으로 프로젝트를 마칠 수 있도록 하는 조력자의 역할을 해야 할 것이다.

3. 프로젝트 평가[45)]

프로젝트 학습은 학생이 프로젝트를 통하여 교과 지식을 습득하고, 그 과정을 통해 수학 교과 역량을 함양하며, 최종 결과물을 산출하는 것과 함께 이를 발표하고 공유하는 과정 역시 중요하다. 이와 함께 프로젝트를 수행하는 과정을 통해 타인과 협력하는 법도 배울 수 있어야 한다. 또한 프로젝트 학습에서는 정해진 답이 있는 것이 아니라 프로젝트를 수행하는 학생의 관점에 따라 여러 가지 답이 나올 수 있으므로, 평가를 위한 정답이나 결과도 하나로 정해져 있지 않다.

따라서 프로젝트 학습을 통해 학생들이 유의미한 결과물을 만들어 내는 과정을 잘 수행하였는지를 평가함과 동시에 피드백을 통해 수행 능력을 향상시키고, 결과물을 수정·보완할 수 있도록 하는 기회가 필요하다. 이는 프로젝트 학습에서 평가의 계획과 연계된다. 즉 프로젝트의 수행 목적이나 내용에 따라 프로젝트 학습이나 결과물에 대한 평가 내용 및 채점 기준이 다양하게 제시될 수 있다. 프로젝트 평가의 장점과 단점을 정리하면 〈표 Ⅵ-3-1〉과 같다.

표 Ⅵ-3-1 프로젝트 평가의 장점과 단점

장점	단점
• 프로젝트의 주제 및 진행 과정을 개별화 또는 차별화하여 학생의 수준과 개성에 맞게 다룰 수 있음 • 다양한 자료에 대하여 수학적으로 해석하고 설명하는 과정을 포함하므로 고차원적인 사고 능력을 기를 수 있음 • 소그룹의 협동 학습을 통하여 의사소통 능력을 신장시킬 수 있음	• 해답이 정해져 있지 않고 문제해결자의 관점에 따라 여러 가지 답이 나올 수 있으므로 모범답안을 하나로 결정할 수 없어서 평가에 어려움이 있을 수 있음 • 참신하고 새로운 성격의 주제를 개발하기 어려움

* 출처: 김남희(2018, p.427)의 내용을 정리하여 제시함

프로젝트 산출물에 대한 평가도 중요하지만, 산출물을 발표하고 공유하는 것, 팀워크(협동)에 대한 평가도 함께 이루어질 수 있어야 한다. 프로젝트의 과정에서 산출물들을 평가하기 위해서는 학문적 성취

45) 임해미(2007), Markham et al.(2003)의 내용을 재구성하여 제시함.

도와 지식의 응용을 효과적으로 측정할 수 있는 평가 방법이 필요하다. 이때 평가표는 학생들의 수행 수준을 명확하게 구별하여 점수화할 수 있도록 도와준다. 잘 작성된 평가표는 학생들의 작업 숙련도에 대한 명확한 서술을 제공하며, 학생들이 수행 기준에 도달하고 이를 넘어설 수 있도록 도와주는 안내 역할을 한다. 교사의 입장에서 평가표는 프로젝트를 위한 훌륭한 분류 도구이다. 프로젝트 평가표는 활동의 목적과 방식에 따라 다양한 방식과 다양한 표가 나올 수 있다. 몇 가지 평가표 사례를 소개하면 다음과 같다.

가. 평가표 사례 1: 동료 간 협업 및 팀워크에 대한 평가

표 Ⅵ-3-2 동료 간 협업 및 팀워크 평가를 위한 평가표

준거	가중치	불만족스러움 수행기준 이하	적절함 채택가능한 준거들	발전적임 뛰어난 수행이 나타남
리더십과 직관	25%	모둠 일원들은 수동적으로 행동하며, 소수의 새로운 아이디어를 만들어 낸다. 해야 할 것에 대하여 말한 것을 다른 사람이 해주기를 바라거나, 필요한 때에 도움을 구하지 않으려는 경향이 있다.	모둠 일원들은 새로운 아이디어를 만들어내는 데 능동적인 역할을 하며, 과제를 조직하고 완성하는 데 직관을 발휘하며, 필요한 때에는 도움을 구한다.	해당 준거에서의 능숙함에 더불어 다음이 추가될 수 있다: 모둠 일원들은 심사숙고하여 과제를 조직하고 분배하며, 진행상황을 확인하고, 프로젝트의 초점과 방향을 제공함으로써 모둠에 대한 리더십을 제공한다.
촉진과 지원	25%	모둠 일원들은 서로 도울 수 없거나 돕지 않으려는 것처럼 보이며, 프로젝트, 모둠의 다른 일원, 제외된 다른 일원들에 대하여 건설적이지 못한 비평을 한다.	모둠 일원들은 도움을 요청한 다른 모둠 일원들을 기꺼이 도와주려고 하며, 다른 사람의 아이디어를 능동적으로 경청하고, 긍정적인 작업을 할 수 있도록 돕는다.	해당 준거에서의 능숙함에 더불어 다음이 추가될 수 있다: 모둠 일원들은 다른 일원들이 어떻게 작업을 진행하고 있는지, 그들을 어떻게 도울 수 있는지를 알기 위해서 일원들은 능동적으로 확인한다.
기여와 작업 윤리	50%	모둠 일원들은 과제에서 손을 놓고 있으며, 숙제를 하지 않고, 기한을 지키지 않으며, 프로젝트의 진행에 결정적으로 지장을 주는 출석과 관련된 문제를 가지고 있다.	모둠 일원들은 매일 작업해야 할 것을 준비하고, 주어진 기간 내에 과제와 맡은 바를 완수하고, 대부분의 시간에 프로젝트를 열심히 수행한다. 결석이 있을 때에는 다른 일원이 그 이유를 알고 있으며, 진행에 큰 지장을 주지 않는다.	해당 준거에서의 능숙함에 더불어 다음이 추가될 수 있다: 모둠의 일원은 다른 모둠 일원이 남겨둔 작업을 완성하며, 프로젝트를 완성하기 위하여 교실, 학교를 벗어나서 의미 있는 시간을 보내고자 하는 의지를 나타낸다.

* 출처: Markham et al.(2003: 노선숙 외, 2007, p.108 재인용)

나. 평가표 사례 2: 프로젝트 결과 발표(프레젠테이션)에 대한 평가

표 VI-3-3 프로젝트 결과 발표(프레젠테이션) 평가를 위한 평가표

준거	가중치	매우 미흡함 프레젠테이션이 초보적인 단계임	미흡함 프레젠테이션에서 아이디어가 돋보이지만, 몇몇 중요한 방법이 개선될 필요가 있음	적절함 프레젠테이션은 적절했으나, 몇 가지 중요한 방법이 개선되어야 함	훌륭함 프레젠테이션이 모범적임
내용	20%	프레젠테이션에 주요한 정보가 포함되지 않았다.	중요한 정보가 빠져 있으며, 이에 대한 상세한 설명이 부족하다.	정보는 기본적인 상세한 설명을 통해 완성되며, 청중들의 지식을 적어도 어느 정도 증가시킨다.	정보는 기본적인 상세한 설명을 통해 완성되며, 주제에 대한 청중들의 지식을 확연하게 증가시킨다.
사고와 의사소통	20%	프레젠테이션은 주제를 명백하고, 완전하고, 설득력 있게 표현하지 못하고 있다.	프레젠테이션은 주제에 대한 제한적인 이해만을 보여주고 있다. 핵심이 명확하고 설득력 있게 제시되지 않았다.	프레젠테이션에 약간의 실수가 있지만, 주제에 대한 좋은 이해를 전달한다. 발표의 핵심이 명확하지만 설득적이지 않다.	프레젠테이션은 주제에 대한 깊이 있는 이해를 전달한다. 발표의 핵심은 논리적이며 설득적이다.
조직, 기법과 용어	10%	청중의 주의를 포착하기 위한 도입이 이루어지지 않았다. 프레젠테이션의 본론은 보다 조직적이고, 상세한 설명이 이루어질 필요가 있다. 적절한 마무리가 이루어지지 못했다. 발표자는 주제어와 주제에 대한 적절한 문구를 완전히 이해하지 못했다.	도입부가 불명확하거나, 청중의 주의를 끄는 데 실패했다. 프레젠테이션의 본론은 제한적인 설명들로 뒤섞여 있다. 마무리가 명확하지 못하며, 많은 핵심을 포함하지 못하였다. 발표자가 알고 있는 주제 관련 용어가 제한적이다.	도입부에서 목적을 언급하였으나, 청중의 주의를 끄는 데 실패했다. 프레젠테이션의 주요 부분은 조직되어 있으며, 일련의 상세한 설명들로 구성된다. 마무리는 대부분의 기본적인 핵심을 제공한다. 용어는 몇 가지 실수도 있지만, 주제에 적합하다.	도입부에서는 청중의 주의를 끌어냈으며, 목적에 대하여 명확한 진술을 하였다. 프레젠테이션의 주요 부분은 일련의 상세한 설명들에 의해 잘 조직되어 있다. 마무리에서는 많은 핵심들의 요약을 제시한다. 발표자는 주제에 적합한 풍부한 용어를 사용한다.
일러스트레이션	20%	프레젠테이션에 사용되지 않았다.	프레젠테이션에서 청중들의 이해를 증진시키지 못했고, 혼란을 가져왔다.	프레젠테이션에서 주제와 적합하게 제시되었지만, 전체적인 프레젠테이션에 잘 통합되지 못했다.	프레젠테이션에서 명확히 자료와 연계되고, 잘 제작되었으며, 청중들에게 정보를 제공하였다.

준거	가중치	매우 미흡함 프레젠테이션이 초보적인 단계임	미흡함 프레젠테이션에서 아이디어가 돋보이지만, 몇몇 중요한 방법이 개선될 필요가 있음	적절함 프레젠테이션은 적절했으나, 몇 가지 중요한 방법이 개선되어야 함	훌륭함 프레젠테이션이 모범적임
프레젠테이션	30%	말하는 톤, 명료성, 음량에 대한 조절이 명확하지 못하다. 창의성이 부족하다. 발표자는 초조한 듯 보이며 주제에 대한 흥미를 전달하지 못한다. 발표자는 청중들과 시선을 맞추지 못한다. 신체적 동작과 표정에 대하여 인식하지 못한다.	말하기의 명료성은 고르지 않으며, 전달이 불완전하다. 창의성에 대한 증가가 제한적이다. 발표자는 주제에 대하여 완전히 확신하지 못하며, 초조하고 동떨어진 것처럼 보인다. 청중과의 시선 맞추기가 제한적이다.	발표하기에 적절한 음성을 가지고 있다. 발표 실수를 쉽게 극복한다. 창의성은 명확하지만, 프레젠테이션에 잘 통합되지 못한다. 발표하는 주제에 대하여 언급하고 있지만, 전달에 있어서 약간 초조함이 보인다. 프레젠테이션의 대부분에서 청중과 시선을 맞춘다. 신체적 동작이나 표정은 좋지만, 때로는 부자연스럽고 작위적으로 보인다.	청중에 의해 쉽게 이해될 수 있는 힘있고 명확한 음성을 가지고 있다. 창의성의 사용은 청중들의 참여를 유지한다. 발표자들은 주제에 대한 대화에서 자신감이 묻어난다. 프레젠테이션 동안 청중들과 훌륭하게 시선을 맞춘다. 신체적 동작과 표정은 에너지와 열정을 보여준다.

* 출처: Markham et al.(2003: 노선숙 외, 2007, p.102 재인용)를 재구성함.

다. 평가표 사례 3: 프로젝트 산출물에 대한 평가

표 Ⅵ-3-4 프로젝트 산출물 평가를 위한 평가표(예)

평가내용 \ 평가구분			비율 (100%)	적절하지 못하다	부분적으로 보완이 될 필요가 있다	적절하다	훌륭하다
주제 선정 및 탐구문제	프로젝트의 주제		20%	주제가 결정되지 않음	주제를 명시하지 않음	주제를 제시함	주제를 명료하게 제시
자료 수집 및 분석	주제를 위한 자료의 수집		10%	주제에 적합한 자료를 0~1개 제시함	주제에 적합한 자료를 2~3개 제시함	주제에 적합한 자료를 3~4개 제시함	주제에 적합한 자료를 5개 이상 제시함
탐구 수행	자료의 이해와 정리		10%	수집한 자료를 정리하지 않음	수집한 자료의 일부만을 표 또는 그래프로 나타냈으며, 정리방법에 오류가 있음	수집한 모든 자료를 표 또는 그래프로 나타냈지만, 정리방법에 오류가 있음	수집한 자료를 표와 그래프로 바르게 나타냄
	정보 처리 역량	분석 함수의 선택	10%	분석함수를 선택하지 못함	분석함수의 선택에서 오류가 있음	분석함수를 바르게 선택했지만 근거를 제시하지 않음	분석함수를 바르게 선택하고 근거를 제시함
		분석 결과의 제시	10%	그래프, 함수식, 결과를 제시하지 않음	그래프, 함수식, 결과 중 한 가지 제시	그래프, 함수식, 결과 중 두 가지 제시	그래프, 함수식, 결과를 모두 제시함
		결과의 정확성	10%	분석결과를 구하지 못함	분석결과에 부분적으로 오류가 있음	분석결과가 정확함	분석결과가 매우 정확함
	자료를 통한 예측		10%	분석결과를 통한 예측이 바르지 못함	분석결과를 통한 예측이 바르지 못함	분석결과를 통한 예측이 바르지 못함	분석결과를 토대로 바르게 예측했으며 그 과정이 매우 논리적임
결론 도출하기	주제에 대한 결론		20%	결론이 제시되지 않음	분석결과를 토대로 결론을 제시하였지만, 논리성이 미흡	분석결과를 토대로 결론을 제시하고, 대체로 논리적임	분석결과를 토대로 결론을 제시하고, 매우 논리적임

* 출처: 임해미(2007, p.82)를 재구성함.

4. 프로젝트 평가 예시: 〈수학과제 탐구〉와 연계하기

2015 개정 수학과 교육과정에서 고등학교 선택 중심 교육과정의 진로 선택 과목인 〈수학과제 탐구〉는 공통 과목인 〈수학〉을 학습한 후, 수학과제 탐구 방법을 익히고 자신의 관심과 흥미에 맞는 수학과제를 선정하여 탐구하는 경험을 통해 수학과제 탐구 능력을 향상시키기를 원하는 학생들이 선택할 수 있는 과목이다(교육부, 2015, p.139). 이 과목에서는 수학과제 탐구의 목적과 절차, 연구 윤리를 학습하고, 이를 토대로 이전에 학습한 수학 내용을 더 깊이 탐구하거나 다른 교과와 수학을 융합한 흥미로운 주제를 선택하여 탐구한다(교육부, 2015, p.139). 〈수학과제 탐구〉의 내용 체계는 〈표 Ⅵ-4-1〉과 같다.

2015 개정 수학과 교육과정 문서에서 프로젝트 학습과 프로젝트 평가의 의미는 다음과 같다(교육부, 2015, p.144, 147).

- 프로젝트 학습
특정 주제나 과제를 탐구하기 위해 계획을 수립하고 수행하여 결과물을 산출하거나 발표하는 교수·학습 방법

- 프로젝트 평가
수학 학습을 토대로 특정한 주제나 과제에 대해서 자료를 수집하고 분석, 종합, 해결하는 과정과 결과를 평가하는 방법

표 Ⅵ-4-1 〈수학과제 탐구〉의 내용 체계

영역/핵심 개념	일반화된 지식	내용 요소
과제 탐구의 이해	• 수학과제를 탐구하는 올바른 탐구 방법과 절차를 습득하고 연구 윤리에 대해 이해한다.	• 수학과제 탐구의 의미와 필요성 • 과제 탐구 방법과 절차 • 연구 윤리
과제 탐구 실행 및 평가	• 흥미와 관심이 있는 탐구 주제를 선정하고 적절한 탐구 계획을 수립하여 수행하며 결과물을 도출한다. 탐구 과정, 산출물을 정리하여 발표하고 반성 및 평가하는 과정을 통해 탐구 능력을 기른다.	• 탐구 주제 선정 • 탐구 계획 수립 • 탐구 수행 • 탐구 결과 정리 및 발표 • 반성 및 평가

* 출처: 교육부(2015, p.141)

살펴본 바와 같이 〈수학과제 탐구〉는 2015 개정 수학과 교육과정에서 정의하고 있는 프로젝트 학습 및 평가의 의미와 그 맥락을 같이 한다. 이 절에서는 2015 개정 수학과 교육과정에서 제시된 〈수학과제 탐구〉 과목의 성취기준 및 평가기준과 교육부, 한국과학창의재단(2019)에서 개발한 프로젝트 평가 사례를 살펴보고자 한다.

가. 수학과제 탐구에서 성취기준과 평가기준

수학과제 탐구 능력은 수학뿐 아니라 이공 계열, 경상 계열 등의 분야를 탐구하는 능력의 기초이며 융합인재로 성장하는 데 기반이 되는 능력이다(교육부, 2015, p.141). 2015 개정 수학과 교육과정에서 〈수학과제 탐구〉의 성취기준을 '영역/핵심 개념'인 '과제 탐구의 이해'와 '과제 탐구 실행 및 평가'로 구분하여 제시하면 다음과 같다(이광상 외, 2018, pp.128-129). 이는 프로젝트 학습 실행과 평가 기준에 활용될 수 있다.

(1) 과제 탐구의 이해

과제 탐구의 이해에서는 학생들이 수학과제 탐구의 의미와 필요성, 과제 탐구 방법과 절차, 연구 윤리와 관련된 성취기준이 제시되어 있다. 교육과정 성취기준에 따라 개발한 평가기준을 정리하여 제시하면 〈표 Ⅵ-4-2〉와 같다(이광상 외, 2018).

표 Ⅵ-4-2 〈수학과제 탐구〉 과목에서 '과제탐구 이해' 영역의 성취기준과 평가기준

교육과정 성취기준	평가준거 성취기준	평가기준	
[12수과01-01] 수학과제 탐구의 의미와 필요성을 이해한다.	[(12수과01-01/12수과01-02)-01] 수학과제 탐구의 의미와 필요성, 탐구 방법과 절차를 이해한다.	상	수학과제 탐구의 의미와 필요성을 설명하고, 다양한 탐구 방법과 절차를 논리적으로 설명할 수 있다.
[12수과01-02] 수학과제 탐구의 방법과 절차를 이해한다.		중	수학과제 탐구의 의미와 필요성을 설명하고, 탐구 방법과 절차를 논리적으로 설명할 수 있다.
		하	수학과제 탐구의 의미, 필요성과 탐구 방법의 예를 말할 수 있다.
[12수과01-03] 올바른 연구 윤리를 이해한다.	[12수과01-03-00] 올바른 연구 윤리를 이해한다.	상	연구 윤리와 관련된 사례에서 연구 윤리의 준수 여부를 판단하고, 그 근거를 설명할 수 있다.
		중	연구 윤리와 관련된 사례에서 연구 윤리의 준수 여부를 판단할 수 있다.
		하	연구 윤리의 필요성을 말할 수 있다.

(2) 과제 탐구의 실행 및 평가

수학과제 탐구의 실행 및 평가에서는 학생이 수학과제 탐구를 실제로 수행하는 과정과 관련된 성취기준이 제시되어 있다. 교육과정 성취기준에 따라 개발한 평가기준을 정리하여 제시하면 〈표 Ⅵ-4-3〉과 같다(이광상 외, 2018).

표 Ⅵ-4-3 〈수학과제 탐구〉 과목에서 '과제 탐구 실행 및 평가' 영역의 성취기준과 평가기준

교육과정 성취기준	평가준거 성취기준	평가기준	
[12수과02-01] 수학과 관련된 여러 가지 현상에서 탐구 주제를 선정하고 탐구 문제를 구체화할 수 있다.	[12수과02-01-00] 수학과 관련된 여러 가지 현상에서 탐구 주제를 선정하고 탐구 문제를 구체화할 수 있다.	상	수학과 관련된 여러 가지 현상에서 탐구 주제를 선정하고 적합한 탐구 문제를 구체적으로 제시하며, 그 이유를 설명할 수 있다.
		중	수학적으로 탐구 가능한 주제의 특징을 알고 탐구 문제를 구체화할 수 있다.
		하	수학과 관련된 여러 가지 현상에서 탐구 주제를 찾을 수 있다.
[12수과02-02] 선행 연구를 검토하고 적절한 탐구 방법을 찾아 탐구 계획을 수립할 수 있다.	[12수과02-02-00] 선행 연구를 검토하고 적절한 탐구 방법을 찾아 탐구 계획을 수립할 수 있다.	상	선행 연구를 검토한 후 적절한 탐구 방법을 찾아 탐구 계획을 수립하고, 그 이유를 설명할 수 있다.
		중	선행 연구를 검토하고 적절한 탐구 방법을 찾아 탐구 계획을 수립할 수 있다.
		하	선행 연구를 검토하고 적절한 탐구 방법을 찾을 수 있다.
[12수과02-03] 탐구 계획에 따라 탐구를 수행할 수 있다.	[(12수과02-03/12수과02-04/12수과02-05)-01] 탐구 계획에 따라 탐구를 수행하고, 탐구 결과를 정리하여 산출물을 만들고 발표하며, 탐구 과정과 결과를 반성 및 평가할 수 있다.	상	탐구 계획에 따라 탐구를 체계적으로 수행하고, 탐구 결과를 정리하여 산출물을 만들고 논리적으로 발표하며, 탐구 과정과 결과를 반성 및 평가할 수 있다.
[12수과02-04] 탐구 결과를 정리하여 산출물을 만들고 발표할 수 있다.		중	탐구 계획에 따라 탐구를 수행하고, 탐구 결과를 정리하여 산출물을 만들고 발표할 수 있다.
[12수과02-05] 탐구 과정과 결과를 반성 및 평가할 수 있다.		하	탐구 계획에 따라 탐구를 수행할 수 있다.

나. 수학과제 탐구의 사례[46)]

(1) 과제 탐구의 이해

가) 수학과제 탐구의 의미와 필요성

'수학과제 탐구'는 '수학'을 활용하여 특정 '과제'를 '탐구'하는 것을 의미한다. 수학과제 탐구는 주어진 문제보다 스스로 문제를 찾는 것부터 시작한다. 이렇듯 수학과제 탐구는 문제의 발견에서 시작하여 문제를 해결하는 과정을 포함한다. 수학과제 탐구를 통해 문제를 발견할 수 있고, 탐구하는 과정을 배울 수 있으며, 서로 배려하고 협력하는 방법을 배울 수 있다.

나) 수학과제 탐구의 방법과 절차

수학과제 탐구의 방법으로는 문헌 연구, 사례 조사, 수학 실험, 개발 연구 등이 있다. 각각의 방법을 정리하면 〈표 Ⅵ-4-4〉와 같다.

표 Ⅵ-4-4 수학과제 탐구 방법

수학과제 탐구 방법	설명
문헌 연구	• 탐구 문제를 해결하기 위해 기존의 문헌 자료를 검토하는 탐구 방법 ※ **문헌**: 탐구 주제와 관련된 과거나 현재에 기술된 논문, 책, 문서, 저널, 학술지 등의 문서 요약본 - 수학 개념의 역사적 발달 과정, 개념 간의 관계, 실생활 및 다른 학문에 응용되는 사례 등을 탐구하고자 할 때 연구 논문, 연구 보고서, 서적, 영상자료 등 다양한 문헌으로부터 자료를 수집하여 탐구 문제의 답을 얻을 수 있음 - 비교적 적은 비용으로 쉽게 객관적이고 정확한 자료를 얻을 수 있음
사례 조사	• 현재의 사태를 파악하여 사실대로 기술하는 탐구 방법 - 사례 조사의 방법에는 자료 수집이 있으며, 자료 수집을 위해서 질문지법, 기존 통계자료 활용 등을 이용할 수 있음 - 사례 조사를 통해 얻은 결과를 수학적, 통계적으로 분석하여 다양한 집단을 비교하거나 조사 대상 사이의 관계를 파악할 수 있으며, 이는 현상에 대한 문제해결, 의사결정 등의 도구로 활용될 수 있음
수학 실험	• 논리적 순서에 따른 추론 과정을 활용하여 수학 내용 자체를 탐구하거나 실생활 또는 자연·사회 현상을 수학적으로 탐구하는 방법 - 여러 개의 변인을 포함하고 있는 복잡한 실생활 문제 상황을 수학 문제

46) 교육부, 한국과학창의재단(2019)의 내용을 발췌하여 재구성하였음.

수학과제 탐구 방법	설명
	로 변환한 다음, 수학 문제를 해결하고 그 결과를 해석하여 다시 실생활 문제 상황을 해결하는 수학적 모델링을 활용할 수 있고, 해결 방법이 정의되지 않은 과제(문제 상황)로부터 잘 정의된 결과물을 산출하기 위해 다양한 과정과 방법을 사용하는 프로젝트 학습법을 활용할 수 있음
개발 연구	• 주제를 설정한 후 주제에 맞게 산출물을 설계하는 과정에서 탐구 문제를 구체화하고 해결하여 산출물이 결과로 도출되는 활동 – 지금까지 배운 수학을 이용하여 산출물을 개발하는 가장 큰 목적이므로, 산출물에 '개발 연구에 적용된 수학적 아이디어'를 반드시 포함해야 함 – 수학을 이용하여 탐구하여 산출물을 개발하는 과정을 경험함으로써 수학의 필요성을 느껴볼 수 있는 기회를 가질 수 있음

* 출처: 교육부, 한국과학창의재단(2019, pp.17–18, p.22, 44, 78, 112)

수학과제 탐구의 절차는 탐구 방법에 따라 그 순서가 조금씩 달라질 수 있지만 크게 '탐구 주제 선정', '자료 수집과 선행 연구 검토', '탐구 방법 선정 및 탐구 계획 수립', '탐구 수행', '탐구 결과 정리 및 발표', '반성 및 평가'로 구분할 수 있다([그림 VI-4-1]).

탐구 주제 선정

↓

자료 수집과 선행 연구 검토

↓

탐구 방법 선정 및 탐구 계획 수립

↓

탐구 수행

↓

탐구 결과 정리 및 발표

↓

반성 및 평가

* 출처: 교육부, 한국과학창의재단(20019, p.19, 재구성)

그림 VI-4-1 수학과제 탐구의 절차

다) 연구 윤리

1) 연구 윤리의 의미와 필요성

연구 윤리란 연구 또는 탐구 수행 과정에서 지켜야 할 원칙이나 준수해야 하는 윤리를 의미한다. 연구 윤리의 주요 위반 유형으로는 데이터 조작, 표절, 인용 오류 빈약한 연구, 부당한 저자 표시 등이 있다(교육부, 한국과학창의재단, 2019, p.12).

2) 연구 윤리 위반 행위

연구자들이 연구결과를 발표하는 학술지에는 윤리적으로 바람직한 연구가 추진될 수 있도록 연구윤리 위반 행위 금지를 위한 조항을 심사규정으로 제시하고 있다. 일례로, '대한수학교육학회'가 수학교육학 이론과 실제의 연구 환경을 조성하기 위해 규정한 연구 윤리 위반 행위는 다음과 같다.47)

1. "위조"는 존재하지 않는 연구 원 자료 또는 연구 자료, 연구 결과 등을 허위로 만들거나 기록 또는 보고하는 행위
2. "변조"는 연구 재료, 장비, 과정 등을 인위적으로 조작하거나 연구 원 자료 또는 연구 자료를 임의로 변형, 삭제함으로써 연구 내용 또는 결과를 왜곡하는 행위
3. "표절"은 다음 각 목과 같이 일반적 지식이 아닌 타인의 독창적인 아이디어 또는 창작물을 적절한 출처 표시 없이 활용함으로써, 제3자에게 자신의 창작물인 것처럼 인식하게 하는 행위
4. "부당한 저자 표시"는 다음 각 목과 같이 연구 내용 또는 결과에 대하여 공헌 또는 기여를 한 사람에게 정당한 이유 없이 저자 자격을 부여하지 않거나, 공헌 또는 기여를 하지 않은 사람에게 감사의 표시 또는 예우 등을 이유로 저자 자격을 부여하는 행위
5. "부당한 중복 게재"는 연구자가 자신의 이전 연구 결과와 동일 또는 실질적으로 유사한 저작물을 출처 표시 없이 게재한 후, 연구비를 수령하거나 별도의 연구 업적으로 인정받는 경우 등 부당한 이익을 얻는 행위
6. "연구부정행위에 대한 조사 방해 행위"는 본인 또는 타인의 부정행위에 대한 조사를 고의로 방해하거나 제보자에게 위해를 가하는 행위
7. 그밖에 통상적으로 용인되는 범위를 심각하게 벗어나는 행위

3) 인용 표기 방법

표절은 일차적으로 인용을 적절하고 정확하게 하지 않아 발생하므로, 표절 예방을 위한 기본은 올바른 인용에 있다. 보고서를 작성할 때, 표절을 예방하기 위한 인용방법을 정리하면 다음과 같다(교육부, 한국과학창의재단, 2019, p.14).

47) 대한수학교육학회(2016.05.20.). 대한수학교육학회 연구 윤리 규정. https://ksesm.jams.or.kr/co/com/EgovMenu.kci?s_url=/sj/config/soceHomePgConf/guide/sjGuidNewView.kci?guidSeq=000000000012&s_MenuId=MENU-000000000011000&s_tabId=1

1. 원전에서 직접 인용하는 경우나 특정인의 말 또는 표현을 그대로 인용하는 경우에는 반드시 큰따옴표(" ")를 사용하여 본문 중 인용한다.
2. 인용문의 길이를 줄이는 방법은 첫째, 생략한 부분으로 인해 인용문의 의미가 바뀌지 않아야 하며, 둘째, 줄임표(…)를 사용하여 생략한 부분을 독자에게 정확하게 보여준다.
3. 가끔 그 의미를 독자에게 명확하게 전달하기 위해 필요한 곳에 한두 단어를 덧붙일 필요가 있다. 이때 이용문의 원의미를 바꾸거나 왜곡해서는 안 되고, 덧붙일 때는 일반적인 브래킷([ ])을 사용한다.
4. 상식적 지식은 인용 표기할 필요가 없지만, 상식적 지식이 아닐 경우에는 출처 표기를 분명히 한다. 상식, 비상식을 구별할 기준이 모호할 경우에는 인용표기를 분명히 함으로써 표절을 사전에 방지한다.
5. 자료수집 노트가 정확하기 않아 이용한 부분과 자신의 생각을 잘 구분하지 못해 비고의적 표절을 하게 되는 경우에는 인용문의 시작과 끝부분에 특수문자(예: Q)를 적어둔다.
6. 인터넷 등에서 가져온 자료에도 인용표시를 해야 하므로 반드시 참고한 웹사이트의 주소를 기록해둔다.

(2) 과제 탐구의 실행 및 평가

여기에서는 『수학과제 탐구: 2015 개정 교육과정 적용 모델 교과서』(교육부, 한국과학창의재단, 2019, pp.113-132)에서 과제로 다루어진 '결합 게임' 과제 탐구의 실행 및 평가를 통한 실제 활용 사례를 살펴본다. 이 사례는 개발 연구에 해당하는 과제로서, 지금까지 배운 수학 내용을 이용하여 산출물을 개발하는 하는 것이 중요한 목적이다.

가) 탐구 주제 선정

탐구 주제는 탐구 문제보다 큰 범위에 해당하므로, 학생들이 탐구 주제를 바탕으로 구체적인 탐구 문제를 진술하여 탐구의 방향을 명확하게 할 수 있도록 한다.

'결합 게임' 과제는 도형의 속성과 경우의 수를 이용하여 수학 퍼즐을 만드는 과제로, '결합 게임을 변형한 게임 만들기'를 탐구 주제로 선정할 수 있다. 결합 게임의 속성을 탐구한 후, 구체적인 탐구 문제를 설정한다.

사례

보드게임 또는 수학 퍼즐 만들기

다음은 도형의 속성과 경우의 수를 이용하여 제작된 수학 퍼즐인 '결합 게임'을 주제로 선정한 예이다.

결합 게임 소개

[그림 1]과 같이 모양, 색, 배경색의 3가지 속성을 갖는 카드가 있다.

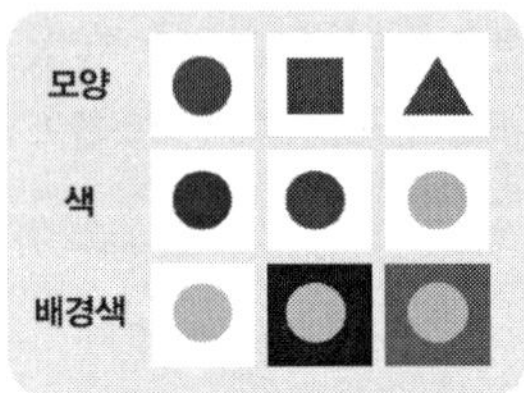

[그림 1]

모양은 원, 정사각형, 정삼각형의 3종류, 색은 파란색, 빨간색, 노란색의 3종류, 배경색은 흰색, 검은색, 회색의 3종류로 모두 27종류의 카드가 있다.

[그림 2]와 같이 9장의 그림 카드가 주어지면 참가자는 자신의 순서에서 '결' 또는 '합'을 정하여 답할 수 있다.

'합'인 경우는 속성(모양, 색, 배경색) 중 각각의 속성이 모두 같거나 모두 다른 경우이다.

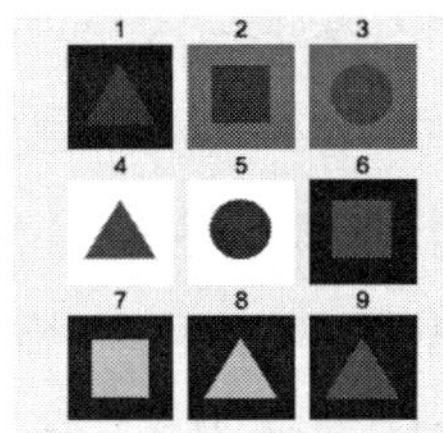

[그림 2]

합이 되는 3장의 카드가 있으면 "합!"이라고 외친 후 1번부터 9번까지 카드 중 해당되는 카드의 번호 3개를 제시하여 맞으면 점수를 받고 만약 더 이상 합이 되는 경우가 없다고 판단되는 경우 "결!"이라고 외친 후 판단이 맞으면 점수를 받는 게임이다.

합이 되는 예: [그림 2]에서 1, 8, 9번 카드는 배경색은 검은 색으로 모두 같고 모양은 삼각형으로 모두 같으며 도형의 색은 모두 다르므로 합이 될 수 있다.([그림 3] 참고)

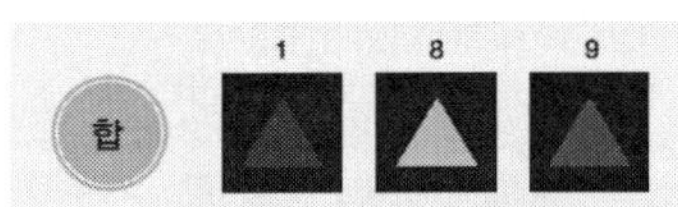

[그림 3]

이때 '결합 게임을 변형한 게임 만들기'가 하나의 큰 탐구주제가 될 수 있고 이 때 결합 게임의 수학적 속성을 탐구하여 이 게임을 어떻게 변형할 것인지에 대해 고민하는 과정에서 탐구 문제를 구체적으로 설정할 수 있다.

주어진 결합 게임의 특성을 먼저 관찰한 후 탐구 문제를 설정할 수 있는데 결합 게임의 특성을 살펴보면 속성이 3가지이고 각 속성은 3종류임을 알 수 있다. 이 때, 속성의 가짓수나 각 속성의 종류의 수를 변형하는 방법을 생각해 볼 수 있고, 수를 변형하였을 때 고민해볼 수 있는 탐구 문제는 다음과 같이 생각해 볼 수 있다.

탐구 문제의 예시

- 주어진 9장의 카드 중에서 합이 되는 경우의 수의 최댓값과 최솟값은 얼마인가?
- 합이 반드시 존재하도록 하는 카드의 최소의 개수는?
- 합이 나오지 않는 카드의 최대의 개수는?
- 최대 8장의 그림 카드를 제시하고 합의 개수가 2가 되도록 하는 9번째 카드를 맞추는 것이 가능한가?
- 그림의 속성의 개수 또는 각 속성의 종류의 수를 변형하면 어떻게 될 것인가?

이와 같은 탐구문제를 설정하고 이 탐구 문제를 해결하는 과정을 통해 결합 게임을 변형한 게임을 설계 할 수 있다.

나) 자료수집과 선행연구 검토

자료수집과 선행연구 검토는 탐구하고자 하는 탐구 주제 대한 정보를 얻기 위한 활동인 동시에 이전에 어떤 연구가 있었는지를 알아보기 위한 활동이다. 학생들이 자료 수집과 선행 연구 검토를 통해서 이전과 중복되지 않는 창의적인 탐구의 방향을 정할 수 있도록 한다. 예를 들어, 학생들은 '결합 게임'을 위해 필요한 키워드를 추출하여 온라인으로 검색하거나, 게임과 관련된 앱이나 프로그램을 다운로드 받을 수 있다.

다) 탐구 방법 선정 및 탐구 계획 수립

탐구 방법의 선정은 탐구 계획 수립 및 수행과 밀접한 관련을 가지므로, 학생들이 적절한 탐구 방법을 선정하고 이에 따라 계획을 수립할 수 있도록 한다.

'결합 게임' 과제에서 기존의 게임의 특정한 규칙을 변형한 새로운 게임을 개발하기 위해 탐구 주제와 탐구 문제를 명확히 하고, 탐구 과정 및 탐구 방법, 모둠 활동 계획 등이 포함된 탐구 계획을 수립한다.

사례

1. 탐구 주제 및 탐구 문제

탐구 주제: 결합 게임을 변형한 게임 만들기
탐구 문제 1: 최대 8장의 그림 카드를 제시하고 합의 개수가 n(n은 음이 아닌 정수)이 되도록 하는 9번째 카드를 맞추는 것이 항상 가능한가?

2. 탐구 주제 및 탐구 문제의 선정 이유, 연구의 목적, 연구의 의의

SET게임과 유사한 결합 게임은 TV 프로그램에서 소개되어 유명해진 게임이다. 이 게임의 필승전략을 연구하면서 모든 경우의 수를 빠짐없이 체크하는 방법을 찾아보거나 27장의 카드 중 9장의 카드가($_{27}C_9$가지의 경우가 있음)가 주어질 때, 합의 개수가 최대 몇 개이고 최소 몇 개가 가능한지 등의 다양한 수학적 성질을 찾아낼 수 있다. 이와 같은 결합 게임을 다양하게 변형하여 재미있는 모드 게임을 만들어 보자.

3. 탐구 과정 및 탐구 방법

[단계 1] 결합 게임을 모둠원과 여러 번 시행하면서 수학적 성질 찾아보기
[단계 2] 탐구 문제를 구체화하고, 수정하여 다듬기
[단계 3] $_{27}C_9$의 각 경우에 대하여 한 장을 제거 하였을 때, 합의 개수의 변화를 살펴보고 가설을 세운 후 수학적으로 해결할 수 있는지 탐색하여 일반화 하거나 27장의 서로 다른 카드 중 8장을 뽑은 후 나머지 19장 중 한 장이 주어질 때, 합의 개수가 어떻게 되는 지 확인하는 실험한다.
[단계 4] 각 경우에 대하여 결과를 정리한다.

4. 모둠 활동 계획

모둠원 1, 2, 3: 수학적으로 증명할 수 있는지 시도해보기
모둠원 1, 2, 3: 각 실험에서 합의 개수를 확인하고 검증하기
모둠원 3: 모든 실험 상황과 결과를 정리한다.

5. 기대되는 결과

8장의 그림 카드를 제시하고 합의 개수가 n(n은 음이 아닌 정수)이 되도록 하는 9번째 카드를 맞추는 게임 만들기

라) 탐구 수행

탐구 수행은 자료수집과 선행연구 검토를 통해 알게 된 내용들을 정리하고 해석하며, 탐구 주제와 관련된 함의점을 도출하는 단계이다. 학생들이 이전 단계에서 수립한 탐구 계획에 따라 탐구를 수행할 수 있도록 한다.

사례

탐구 문제 1
'8장의 그림 카드를 제시하고 합의 개수가 n(n은 음이 아닌 정수)이 되도록 하는 9번째 카드를 맞추는 것이 항상 가능한가?'

→

탐구 문제 2
'8장의 그림 카드를 제시하고 합의 개수가 0이 되도록 하는 9번째 카드가 존재하는가?'

↓

결합 게임에 대한 자료 검색
결합 게임 앱 중에서 게임 설명을 위해 2장의 카드를 주고 보기 중에서 합이 되도록 하는 나머지 한 장의 카드를 찾는 변형된 게임을 찾았으나 8장의 카드를 주고 9번째 카드를 찾는 게임은 없었다.

↓

결합 게임의 수학적 성질 파악
3가지 속성을 각각 수에 대응시킨 후 순서쌍으로 (모양, 색, 배경색)에 대응시킨다.

↓

[실험 1]
8장을 고정시킨 후 3장을 택하여 합이 되는 경우 확인하기

[실험 2]
위에 놓여진 8장의 카드가 아닌 나머지 19장의 카드 중 하나를 9번에 놓았을 때 합이 되는 경우를 확인하기

→

[실험 3]
카드를 차례로 넣으면서 합이 되지 않도록 9장을 나열하기

↓

실험 결과를 정리하여 변형된 게임 개발하기

산출물 예시: 게임 개발 보고서, PPT로 게임 프로그램 개발

마) 탐구 결과 정리 및 발표

탐구 문제에 대한 결론을 내리고, 수행한 탐구 과정을 정리하여 발표하는 단계이다. 학생들에게 수학과제 탐구 활동이 우수한 성과보다는 수학을 주제로 한 연구 경험을 쌓기 위한 것임을 인지할 수 있도록 한다.

바) 반성 및 평가

탐구 수행 과정에서 연구 윤리를 잘 준수하였는지, 연구의 제한점이나 아쉬웠던 점, 수정하고 보완해야 할 점 등에 대하여 반성하는 단계이다. 교사와 학생들은 수행한 탐구 문제의 타당성과 명확성, 수학적 아이디어의 창의성과 적절성, 설계 계획 및 과정에서 참여도와 정확성, 발표과정에서 명료성과 완성도 등을 평가할 수 있도록 한다.

'결합 게임' 과제로 프로젝트 수업을 한 경우, 다음과 같은 평가표를 활용하여 평가할 수 있다.

사례

단계	평가 내용
주제 및 탐구 문제 선정 (10점)	관심 주제 및 탐구 문제가 창의적인가? 관심 주제 및 탐구 문제가 의미가 있는가? 탐구 문제는 수학적 아이디어를 해결할 수 있는 적절한 문제인가?
자료 수집 및 분석 (10점)	조사된 자료를 타당하게 분석하였는가?
탐구 수행 (20점)	탐구 수행 방법은 적절하였는가? 탐구 수행 방법은 효율적이었는가? 적절한 수학적 아이디어가 적용되었는가?
결론 도출 (20점)	수학적 아이디어를 이용하여 적절한 결론을 도출하였는가? 의미 있는 결론인가?
발표 (20점)	보고서는 이해하기 쉽게 정리되었는가? 게임의 완성도는 높은가?
태도 (20점)	모둠이 얼마나 성실하게 협력하여 프로젝트를 수행하였는가?

되돌아보기 + 더 나아가기

1. 프로젝트 학습 설계 시 고려해야 할 여섯 가지 'A'에 대한 항목을 제시하시오.

2. 프로젝트 학습 과제를 소재 및 문제 상황에 따라 분류한 것이다. 각 범위에 해당하는 과제 유형을 쓰시오.

분류 기준	유형
소재 및 문제 상황에 따른 분류	
프로젝트 해결 방법에 따른 분류	

3. 본문의 〈표 Ⅵ-4-4〉의 '수학과제 탐구 방법'에서 하나의 방법을 선택하여 과제를 제작하시오.

참고문헌

교육부(2015). **2015 개정 수학과 교육과정**. 교육부 고시 제2015-74호[별책8].

교육부, 한국과학창의재단(2019). **수학과제탐구: 2015 개정 교육과정 적용 모델 교과서**.

김남희(2018). **문제를 해결하며 학습하는 수학교육학 Ⅱ**. 서울: 경문사.

대한수학교육학회(2016.05.20.). **대한수학교육학회 연구 윤리 규정**. https://ksesm.jams.or.kr/co/com/EgovMenu.kci?s_url=/sj/config/soceHomePgConf/guide/sjGuidNewView.kci?guidSeq=000000000012&s_MenuId=MENU-000000000011000&s_tabId=1

박정은, 한혜숙(2018). 프로젝트 평가. 서보억, 한혜숙(편). **수학 교수·학습 향상을 위한 평가**, pp.207-236. 서울: 경문사.

이광상, 최인선, 김성경, 강성권, 강일선, 김세진, 김은미, 박정숙, 이경진, 이광연, 최인선, 여미주(2018). **2015 개정 교육과정에 따른 고등학교 수학과(진로 선택 과목) 평가기준 개발 연구**. 한국교육과정평가원 연구보고 CRC 2018-11.

임해미(2007). **프로젝트 기반 수학수업에 대한 사례연구 - 자료분석(Data Analysis)을 중심으로 -**. 이화여자대학교 박사학위논문.

Boise State University and the Buck Institute for Education (2004). *PBL Online Course: Instructor's Manual* [On-line]. Available from: http://edtech.boisestate.edu/fipse/default.htm

Douglas, S. F. (2000). *A Teacher's Guide to Project-Based Learning*. ED 469734.

Intel Innovation in Education (2004). *Designing Effective Project*. [On-line]. Available from: http://www97.intel.com/education

Jones, B. F., Rasmussen, C. M., & Moffit, M. C. (1997). *Real-life problem solving: A collaborative approach to interdisciplinary learning*. Washington, DC: American Psychological Association.

Kilpatrick, W. H. (1926). *The Project Method: The Use of the Purposeful Act in the Educative Process*. NY: Teachers College Press of Columbia University.

Laffey, J., Tupper, T., Musser, D. & Wedman, J. (1998). A Computer-mediated support system for project- based learning. Educational Technology Research and Development, 46(1), 73-86.

Larmer, J., Mergendoller, J., & Boss, S. (2015). *Setting the standard for project based learning: A proven approach to rigorous classroom instruction*. 최선경, 장밝은, 김병식 공역(2017). **프로젝트 수업 어떻게 할 것인가**. 서울: 지식프레임.

Markham, T., Larmer, J. and Ravits, J. (2003). *Project based learning handbook: A guide to standards- focused project based learning for middle and high school teachers.* 2nd ed. 노선숙, 김민경, 임해미 공역(2007). **프로젝트 기반 학습 입문서: 중등교사를 위한 기준중심 프로젝트 기반 학습 안내서**. 파주: 교육과학사.

Mifflin, H. (2003). *Project-based learning background knowledge and theory.* [On-line]. Available from: http://college.hmco.com/education/pbl/background.html

Thomas, J. D. (2000). *A Review of research on project based learning.* San Rafael. CA: The Autodesk Foundation. [Online] Available from: http://www.autodesk.com/foundation

Ⅶ. 관찰, 면담, 구술, 자기, 동료 평가

2015 개정 수학과 교육과정의 '평가 방법'에서는 '관찰 평가, 면담 평가, 구술 평가'에 대해 다음과 같이 제시하고 있다.

- 관찰 평가, 면담 평가, 구술 평가는 학생 개인 및 소집단을 관찰, 학생과의 대화, 학생의 발표를 통해 학생의 이해 정도와 사고 방법, 수행 과정 등을 평가하는 방법으로, 의사소통, 태도 및 실천 능력 등을 평가할 때 활용할 수 있다.

1. 관찰 평가[48)]

가. 관찰 평가의 정의와 특징

관찰 평가는 학생들이 수학을 행하는 자연스러운 상황 속에서 교사가 특별한 조작이나 제재를 가하지 않고 학생의 사고 과정이나 수행 과정에서 생기는 결과물 등을 있는 그대로 기술하고 해석하는 평가 방법이다(강옥기 외, 2012a). 관찰 평가는 도구를 사용하지 않는 자료 수집 방법으로 도구를 사용하더라도 평가를 하는 사람에게는 영향을 주지만 피평가자에게는 영향을 주지 않는 직접적 평가 방법이다(황정규, 1998).

학습의 결과보다 학습의 과정에 주된 관심을 기울이는 평가라면, 학생들의 인지적 영역에 대한 평가보다는 수학 학습의 태도, 성향, 수학 불안, 흥미, 성실성, 끈기 등과 같은 정의적 영역의 평가에 초점을 두는 관찰 평가가 적절할 것이다. 수학적 개념의 이해나 계산 능력의 발달 등과 관련해서도, 관찰 평가가 지속적으로 이루어지고 그것이 다시 교수·학습에 반영된다면, 관찰 평가는 인지적 영역에서도 충분히 의미 있는 평가 수단이 될 수 있다(김수동 외, 2005).

교실에서 발생하는 모든 활동을 이해하는 것은 기본적으로 수행해야 할 교사의 임무라고 할 수 있으므로, 교사가 학습 과정 중심의 평가를 염두에 둔다면 관찰 방법은 평가 방법의 종류와 관계없이 항상 수반되는 활동이라고 할 수 있다. 피관찰자인 학생의 의도와 상관없이 관찰자인 교사의 관점에서 평가되기 때문에 평가의 객관성이나 정확성을 확보하는 것은 관찰 평가와 관련한 핵심적인 문제이다. 관찰자의 주관적인 편견이나 오류를 최소화하기 위한 여러 가지 노력이

48) 김수동 외(2005), 이금선 외(2013)의 내용을 재구성하여 작성하였음.

이루어져야 하며, 구조화된 관찰, 평정표나 채점 기준표 등의 제작, 녹화 관찰, 여러 명의 관찰자에 의한 평가의 다원화 등이 그러한 노력의 일환으로 사용될 수 있다.

평가 과정에서 관찰법은 주로 관찰해야 할 행동과 상황을 정의하고, 행동의 특성에 따라 관찰 방법과 기록 방법을 계획한 후, 평가의 상황과 환경을 확인하고 정보를 수집한다. 그리고 마지막으로 관찰한 행동 정보를 해석하는 과정을 거친다(최은희, 2011).

관찰 및 면담 평가에서 평가자는 수학 문제를 해결하기 위해 사고하는 개인, 소집단 또는 학급을 관찰하거나 면담하면서 기록한다. 이 방법은 수학적인 수행 능력과 같은 인지적 영역뿐 아니라 수학에 대한 태도와 신념 등 정의적인 영역까지를 평가할 수 있는 장점이 있다(황혜정 외, 2016). 관찰은 주로 교사 주도적으로 이루어지며 학교의 정규 수업 시간의 교수학습 활동 중에 학생의 모둠 활동 상황이나 발표 등을 주의 깊게 관찰하는 것을 말하며, 이때 학생의 수업 활동 중의 태도 등에 대한 다양한 정보를 얻을 수 있다.

나. 관찰 평가의 방법

관찰 평가가 효과적인 평가도구로서의 역할을 하기 위해서는 평가 이전에 구체적인 관찰 요목과 기록 방법에 대한 치밀한 계획을 세워 학생들의 수학적 힘을 발달시키는 데 촉진자로서 역할을 할 수 있도록 해야 한다(정경남, 2002). 학생 관찰은 수업을 진행하는 동안에 형식적 또는 비형식적으로 행할 수 있다. 그러나 사전에 무엇을 관찰할 것인지 생각한 다음 그에 따른 목록을 작성하고, 학생 개개인의 활동과 과제에 대한 반응을 이미 작성한 목록에 기입할 필요가 있다. 이와 같이 준비하여 의식적으로 학생들을 관찰하면 평소에 그냥 지나칠 수 있었던 것도 주목할 수 있고 학생들의 사고에 대한 평가 자료를 얻을 수 있다(고상숙 외, 2020).

관찰법은 다른 데이터 기술 방법을 동시에 사용하는 것을 배제하지 않는다. 요컨대 관찰법은 어느 특정한 장면이나 상황에서 발생하는 행동 체계를 가능한 상세하고 정밀하게 탐구하기 위해 모든 신체적 기능과 측정도구를 이용할 필요가 있다(박도순 외, 2011).

객관적이고 정확한 관찰을 위한 평가 방법으로는 관찰 대상을 있는 그대로 기술하는 일화기록, 체크리스트나 평정척도 등을 이용하기도 하고, 경우에 따라서는 비디오 녹화를 한 후 분석하는 방법도 있다. 관찰의 기록 방법에는 관찰하는 학생의 행동이나 상황을 가능한 한 자세하게 이야기 식으로 기술하는 일화 기록법, 체크리스트, 평정 척도법, 학생 개인별 관찰 평가 프로파일, 동영상 촬영 및 전사를 통한 관찰 등을 이용하여 체계적으로 기록하는 방법 등이 있다.

(1) 일화 기록법

일화 기록법은 특정 학생의 우발적인 행동을 간결하게 묘사하는 것이다. 구체적인 행동 사례를 될 수 있는 대로 상세하게 기록하는 것으로, 학생별로 일시, 장소, 일화 내용과 교사의 의견을 함께 담아둘 수 있다. 일화 기록법의 예시를 제시하면 [그림 Ⅶ-1-1]과 같다. 이와 같이 교사는 기록지에 날짜, 학생 이름, 학생의 사고 과정과 행동을 기록한다.

4/12

김○○ 문제를 해결할 때 다른 학생이 생각하는 방향과 다른 관점에서 생각함. 사고 과정이 유연하고 과제집착력이 뛰어남.

최○○ x, y가 실수일 때, $x^2-4xy+2y^2$의 최솟값을 구하는 문제를 다음과 같이 두 가지 방법으로 풀이하고는 왜 답이 다른지 질문함.

(i) $x^2-4xy+2y^2=(x-2y)^2-2y^2\geq-2y^2$ $[\because (x-2y)^2\geq 0]$

등호는 $x=2y$ 일 때 성립하므로 $x=2y$ 일 때 최솟값은 $-2y^2$이다.

(ii) $x^2-4xy+2y^2=2(y^2-2xy)+x^2=2(y-x)^2-x^2\geq-x^2$

$[\because (y-x)^2\geq 0]$

등호는 $x=y$ 일 때 성립하므로 $x=y$ 일 때 최솟값은 $-x^2$이다.

→ 바로 답변하지 않고 스스로 생각해 볼 시간을 가진 후 만나자고 약속함.

* 출처: 조현공(2014, p.185)

그림 Ⅶ-1-1 일화기록법 예시

(2) 체크리스트

체크리스트는 관찰하려는 행동을 미리 자세히 분류하고 이것을 기초로 그러한 행동이 나타났을 때 체크하거나 빈도로 표시하는 방법이다. 평가해야 하는 어떤 행동이나 특성이 빠지게 된다거나 어떤 행동에 대해서 명확하게 설명되지 못한다면 상황에 따라 교사의 해석이 달라질 수 있게 되고, 이런 경우 점검 목록표의 신뢰도는 크게 떨어지게 되므로 유의해야 한다. 또한 점검 목록표가 실제로 교사가 믿는 대로의 행동이나 성취를 측정하거나 포착하고 있는가의 여부는 체크리트의 타당도와 관계된다. 체크리스트를 만들 때에는 이와 같은 신뢰도와 타당도에 유의하여 각 항목을 세심하게 명세화하고 정의하여 구조화하여야 한다. 또, 평정을 할 때에는 학생의 행동에 대한 교사의 판단과 해석이 요구되기 때문에 이로 인한 객관성의 결여가 문제가 될 수 있다. 예를 들면, 학생에 대한 친분이나 다른 정보가 평정에 영향을 끼친다거나 교사가 암암리에 느끼는 항목 사이의 상관 정도에 따라 그 항목들을 비슷하게 평가하게 된다거나 하는 평가 상의 오류가 일어나지 않도록 주의해야 할 것이다.

체크리스트의 예시를 제시하면 〈표 Ⅶ-1-1〉과 같다. 이와 같은 체크리스트는 학생들의 학습 과정 뿐 아니라 협업 과정을 포함한 여러 유용성을 가지고 있다.

표 Ⅶ-1-1 체크리스트 예시

○○학교 ○학년 ○반 ○번 이름: ○○○

영역	세부 항목	〈일자별 기록〉					
		3/2	3/9	3/16	3/23	/	/
자신감	어려운 문제도 두려워하지 않고 열심히 해결하려고 노력한다.						
	자신의 답이 옳다고 생각한다.						
	수학 문제해결에 자신감이 있다.						
인내심	시간이 오래 걸리는 문제도 끝까지 풀려고 애쓴다.						
	즉시 정답을 구하지 못할 때에는 금방 포기해 버린다.						
	모르는 문제는 질문을 하며 알려고 한다.						
	…						

* 출처: 이금선 외(2013, p.294)

(3) 평정 척도법

평정 척도법은 피관찰자의 어떤 특성을 일정한 표준에 따라 단계를 나누고 그에 맞추어 평정하는 방법이다. 즉, 학생을 등급이나 일정한 척도로 분류하여 평가하는 방법이다. 관찰하려는 특성에 대해 3~5개 정도의 차를 둔 문장을 준비해서 학생마다 각각에 표시할 수도 있고, 어떤 행동을 나타낸 문장에 대해 '매우 그렇다'에서 '전혀 그렇지 않다'까지를 5점 척도로 표시할 수도 있다. 평정 척도법의 예시를 제시하면 〈표 Ⅶ-1-2〉와 같다.

표 Ⅶ-1-2 평정 척도법 예시

○○학교 ○학년 ○반 ○번 이름: ○○○ 일시: ○년 ○월 ○일

영역	관찰 요소	매우 그렇다	그렇다	보통	그렇지 않다	전혀 그렇지 않다
개념적 지식	개념을 정확하게 말이나 글로 표현할 수 있는가?					
	개념의 예와 예가 아닌 것을 제시할 줄 아는가?					
	개념과 원리를 비교, 통합할 수 있는가?					

* 출처: 이금선 외(2013, p.294)

(4) 학생 개인별 관찰 평가 프로파일

관찰 평가를 통해 학생 개개인의 변화를 포착하고 학생들의 성장과 교수·학습을 개선하고자 한다면, 평가를 기록하는 방법은 학생별로 변화하고 성장하는 모습을 총체적으로 파악할 수 있는 학생 개인별 프로파일의 형태로 누적하여 기록하는 것이 바람직하다. 관찰 평가 프로파일은 학생 개인의 향상 정도와 수학 학습에 대한 태도 및 정의적 특성의 변화를 기록한다. 학생 개인별 관찰 평가 프로파일의 예시를 제시하면 〈표 Ⅶ-1-3〉과 같다.

표 Ⅶ-1-3 학생 개인별 관찰 평가 프로파일 예시

ㅇㅇ학교 ㅇ학년 ㅇ반 ㅇ번 이름: ㅇㅇㅇ									
평가 요소			평가 항목	평점	〈일자별 기록〉 3/9	3/16	3/23		
정의적 특성	성실성		교과서, 노트, 프린트, 자 등의 준비물을 잘 갖추고 수업 준비가 되어 있는가?	상		ㅇ			
				중	ㅇ				
				하			ㅇ		
	참여도		과제, 프린트 등을 했는가?	상		ㅇ			
				중			ㅇ		
				하	ㅇ				
			노트 수시 검사, 교과서 대단원 끝날 때 검사	상					
				중					
				하					
수학적 성향	흥미		학습 과제에 대한 관심과 흥미가 있는가?	상					
				중					
				하					
	자신감		표현의 정확성, 유창성, 적극성, 논리	상					
				중					
				하					
인지 행동	사실과 절차 알기		개념을 잘 이해하고 있는가? 개념의 정의를 알고 있는가?	상					
				중					
				하					
	개념 활용하기		그래프를 정확하게 그리는가? 정의역이 제한되어 있을 때와 수 전체일 때의 그래프를 구별할 수 있는가? 주어진 그래프의 의미를 해석할 수 있는가?	상					
				중					
				하					
	문제 해결	선택하기	실생활을 포함한 문제를 해결하기 위해 이미 알고 있는 지식들을 적절히 잘 사용하여 해결하고 있는가?	상					
				중					
				하					
		모델링 하기	문제를 해결할 때 문제의 조건과 상황(함수의 정의역을 명시해야 할 경우 등)을 완전하게 고려하고 있는가?	상					
				중					
				하					
		문제 만들기	실제 생활 속에서 찾을 수 있는 정비례, 반비례 관계의 예를 찾아보고 이를 문제화할 수 있는가?	상					
				중					
				하					

* 출처: 김수동 외(2005, p.198)

(5) 동영상 촬영 및 전사를 통한 관찰

한정된 수업시간에 학생들을 관찰하는 시간적·공간적 제약이 따른다. 이때 관찰하지 못하고 놓치는 사항들이 발생하지 않도록 하기 위해 교수·학습 장면을 수업 중에 동영상으로 촬영하는 방법이 있다. 이때 동영상에 기록된 학생들의 행동을 〈표 Ⅶ-1-4〉와 같이 부호화된 기호로 표시할 수 있다.

표 Ⅶ-1-4 동영상에 기록된 학생의 행동목록 코딩

영역	상위 범주	하위 범주	코드
인지적 영역	수학적 지식	정확한 지식 부정확한 지식 확장된 지식 암기한 단순 지식	CK1 CK2 CK3 CK4
	표현	수학적 표현의 정확한 서술 …	CR1
	절차	체계적 절차 …	CP1
	문제해결	구체적 상황을 통한 문제해결 …	CPS1

* 출처: 김수동 외(2005, p.295)

다. 관찰 평가 시 유의점

관찰 평가 활동은 그 목적에 따라 며칠 만에 끝날 수도 있으며, 한 학기 동안 계속될 수도 있다. 단기간의 관찰 평가는 특별한 개념이나 기능을 파악하는 데 적절하며, 장기간의 관찰 평가는 문제해결 능력이나 의사소통 기능과 같은 수학적 힘의 다양한 측면들이 어떻게 발전하고 있는가를 파악하는 데 적절하다. 수행능력 평가를 위해서 관찰 평가를 수행할 경우 단기간 안에 모든 학생들을 다 관찰하려고 생각해서는 안 된다. 단 한 번의 관찰로 기록한 자료는 어떤 목적에도 적절하지 않다. 자료를 수집하는 형식과 방법은 교사의 스타일이나 습관에 따라 영향을 받을 수 있으며, 관찰의 방법도 그 목적에 따라 달라져야 함으로 수행능력 평가를 위한 관찰은 다양한 방법으로 장기

간에 걸쳐 이루어져야 한다(강옥기 외, 2012b).

관찰 평가에서 흔히 일어날 수 있는 오류 중의 하나는 관찰된 행동을 낱개로 분류하여 그 각각에 대한 해석을 시도함으로써 정확한 평가를 하지 못하는 것이다. 학생들의 행동에 대한 모든 해석이나 원인 분석은 관찰이 모두 끝난 후에 최대한 객관성을 유지하면서 총체적으로 이루어질 수 있도록 노력해야 한다. 따라서 지속적이고 연속적인 평가를 위해서는 관찰 내용을 기록하는 것이 중요하게 된다.

이러한 관찰 평가의 어려움을 고려할 때, 관찰 평가 시 다음과 같은 사항을 유의할 필요가 있다(김수동 외, 2005, p.184).

- **계획성 있는 관찰을 한다.**
  무엇을 관찰할 것인지, 관찰의 행동 단위를 어떻게 정의하여 그것을 관찰할 때 어떠한 관찰 방법을 사용할 것인지, 관찰의 기간은 어떻게 잡고, 그 내용을 어떻게 기록하고, 돌발적인 사건은 어떻게 처리하고, 어떤 기준에 의거하여 해석 또는 진단할 것인지 사전에 면밀히 계획해야 한다.
- **객관적이고 즉각적인 태도로 관찰을 한다.**
  관찰이나 기록 시 객관적이어야 하고, 관찰과 해석을 번별할 줄 알아야 하며, 사건 이전의 경험을 배제하고 언제나 처음 대하는 듯 한 태도를 가져야 한다.
- **관찰 환경의 조건을 충분히 고려하여 관찰해야 한다.**
  어떤 사태, 환경에서 관찰된 행동이 일어났는지를 기록해 두는 것이 중요하다. 같은 행동이라도 환경에 따라서 해석이 얼마든지 달라질 수 있기 때문이다.
- **학생의 행동 추이를 주의해서 관찰해야 한다.**
  학생 하나하나의 행동은 넓은 범위에서 인간의 욕구에 따라 특정한 목표를 향하여 움직이는 일련의 행동 가운데 어느 한 부분이다. 학생의 의미 있는 연속 행동의 일부분으로 행동을 포착할 필요가 있다.
- **적절한 기록 방법, 정리 방법을 미리 정해 두어야 한다.**

관찰 평가를 위한 기록 방법은 여러 가지가 있을 수 있다. 기록 방법의 선택은 관찰 목적, 관찰의 행동 단위가 무엇인가에 따라 결정된다. 한 가지 방법만 사용할 것이 아니라 문제와 자료의 성질에 따라 변화 있는 방법을 다양하게 구사하는 융통성이 있어야 한다.

라. 수학교육평가에서 관찰 평가 사례

관찰 평가는 다양한 수업 상황에서 학생의 정의적 영역 뿐 아니라, 인지적 영역, 역량 등을 총합적으로 평가할 수 있는 방법이다. 〈표 Ⅶ-1-5〉는 모바일 앱을 활용하여 수열 단원의 수업 관찰를 위해 개발된 평가 도구이다(임종순, 신인선, 2017). 2015 개정 수학과 교육과정에서 제시된 6개의 교과 역량에 따라, 학생들이 수열을 처음 접할 때 흥미를 가질 수 있도록 안내하며 이를 관찰하기 위해 〈표 Ⅶ-1-5〉와 같이 관찰 목록 요소 및 세부 내용을 제시하였다.

표 Ⅶ-1-5 수학교육평가에서 관찰 평가를 위한 관찰 목록 및 세부 내용의 사례

항목	세부 내용	
학습 태도	경청	수업 중의 경청하는 태도와 자세가 보이는가?
	과제	제시된 과제나 학습지 등의 이행 여부는 어떠한가?
	준비도	준비물을 잘 가지고 있는가?
	노트정리	노트에 자신의 생각을 정리하며 성실하게 수행하는가?
수학적 성향	집중과 끈기	오랜 시간 과제나 수업에 집중하고 끈기있게 수행하는가?
	적극성	자신감이 있으며 주도적이고 적극적으로 수업에 참여하는가?
	협동	친구들이 어려워하는 점을 도와주며 함께 수업에 참여하는가?
	흥미	문제에 대한 흥미와 호기심을 갖는가?
개념 및 절차	등비수열의 뜻을 이해하는가?	
	등차수열과 등비수열을 비교할 수 있는가?	
수학 교과 역량	문제해결	등비수열의 합의 공식을 유도할 수 있는가?
	추론	등비수열의 합의 과정을 수학적으로 분석 검증하는가?
	의사소통	풀이과정과 결과를 잘 설명하고 서술할 수 있는가?
	창의·융합	등비수열의 합을 구하는 과정에서 새로운 풀이를 제시하는가?

* 출처: 임종순, 신인선(2017)을 재구성하여 제시함.

〈표 Ⅶ-1-5〉의 관찰 목록 및 세부 내용을 수업 내용에 맞게 재구성하여 평가표로 활용할 수 있을 것이다. 또한 평가 결과를 바탕으로 학교생활기록부의 과목별 세부 사항 기재, 교수학습 피드백 제공, 학생과 학부모 상담 등에 활용이 가능하다(임종순, 신인선, 2017).

되돌아보기 + 더 나아가기

1. 관찰 평가의 방법과 특징에 대해 설명하시오.

2. 관찰 평가의 장점과 유의점에 대하여 설명하시오.

3. 〈표 Ⅶ-1-5〉를 참고하여 중·고등학교 수학과 내용 중 하나의 영역을 선택하여, 관찰 평가를 위한 채점 기준표에 들어갈 항목을 작성하시오.

표 Ⅶ-1-5 수학교육평가에서 관찰 평가를 위한 관찰 목록 및 세부 내용의 사례

항목	세부 내용	
개념 및 절차		
수학교과 역량	문제해결	
	추론	
	창의·융합	
	의사소통	
	정보처리	
	태도 및 실천	

참고문헌

강옥기, 허난, 이장주, 조현공, 이금선, 양성현, 손정화, 김해윤, 김윤미, 한주연(2012a). **관찰 및 면접 중심의 대안평가 기반 조성**. 한국과학창의재단 연구보고서 2012-12.

강옥기, 강윤수, 고상숙, 고호경, 권나영(2012b). **수학교육학 신서**. 서울: 교우사.

고상숙, 고호경, 김현주, 박만구, 한혜숙, 홍혜윤(2020). **수학교육평가론**. 서울: 경문사.

교육부(2015). **수학과 교육과정**. 교육부 고시 제2015-74호[별책8].

김수동, 이의갑, 김경희, 김선희, 박은아, 신명선, 김수진, 전영석, 박가나, 서수현(2005). **수학 수업에서 학생평가를 잘하려면**. 한국교육과정평가원 연구보고 ORM 2005-51-4.

박도순, 원효헌, 이원석(2011). 교육평가. 서울: 문음사.

이금선, 허난, 양성현, 손정화, 조현공, 이장주, 김해윤, 강옥기(2013). 수학 학습 평가에서의 관찰 평가 현장 적용에 관한 연구. **한국학교수학회논문집, 16**(2), 289-318.

임종순, 신인선(2017). 모바일 앱을 활용한 수열단원 수업 관찰 평가 도구 개발과 적용. **학습자중심교과교육연구, 17**(24), 821-845.

정경남(2002). **수학과 수행평가에서 면접을 병행한 채점 방법에 관한 연구**. 건국대학교 대학원 석사학위 논문.

조현공(2014). **관찰과 면담을 통한 수학과 평가의 교수학습 지원 탐색**. 성균관대학교 일반대학원 박사학위 논문.

최은희(2011). 관찰 중심의 아동 평가에 대한 고찰-관찰법을 중심으로- . **대한감각통합치료학회지, 9**(1), 53-61.

황정규(1998). **학교학습과 교육평가**. 서울: 교육과학사.

황혜정, 나귀수, 최승현, 박경미, 임재훈(2016). **수학교육학신론**. 서울: 문음사.

2015 개정 수학과 교육과정의 '평가 방법'에서는 '관찰 평가, 면담 평가, 구술 평가'에 대해 다음과 같이 제시하고 있다.

- 관찰 평가, 면담 평가, 구술 평가는 학생 개인 및 소집단을 관찰, 학생과의 대화, 학생의 발표를 통해 학생의 이해 정도와 사고 방법, 수행 과정 등을 평가하는 방법으로, 의사소통, 태도 및 실천 능력 등을 평가할 때 활용할 수 있다.

2. 면담 평가49)

가. 면담 평가의 정의와 특징

면담 평가는 평가자와 학생이 서로 대화를 통해서 학생의 수학 학습 상황과 배경, 수학적 성향과 특성을 파악하고, 수학적 사고 과정이나 문제해결의 과정을 보다 심층적으로 알아보기 위한 평가 방법으로 정의할 수 있다(강옥기 외, 2012). 즉, 면담 평가는 학생의 수학적 사고과정과 이해, 정의적 특성에 대하여 풍부한 정보를 얻을 수 있는 평가 방법이다(조현공, 2014). 면담은 교사가 학생과 일대일로 대화하면서 학생의 수학적 사고 과정이나 문제해결의 과정을 보다 심층적으로 알아볼 수 있는 평가 방법으로 특정 학생의 특정 개념에 대한 추가적인 정보가 필요한 경우가 있을 때 아주 유용하다(고상숙 외, 2020). 교사는 주로 정규 수업 외의 상황에서 학생들과의 면담을 통해 그들과 직접 대화함으로써 그들이 수학 수업 상황에 어떻게 수용하고 대처하는지에 대해 보다 깊은 이해를 구할 수 있다(황혜정 외, 2016).

면담 평가를 통하여 학생이 오답을 내는 원인을 알 수 있고 수학적 성향을 알아볼 수도 있다(조현공, 2018). 교사는 학생과의 대화를 통해 그의 수학적 사고과정과 학습상황, 수학적 성향과 특성을 심층적으로 파악하여 평가할 수 있으며, 구술 평가도 면담 평가에 포함되는 것으로 보기도 한다.

나. 면담 평가의 방법

면담 평가는 교사가 미리 체계적으로 구조화한 질문을 하거나 학생의 반응에 대하여 자연스럽게 응대를 하면서 반구조적 또는 비형식적인 자연스러운 질문을 할 수도 있다(조현공, 2018). 교사는 면담 과정에서 학생들의 사고 패턴을 알게 됨으로써 지난 수업을 되돌아보고 미래의 수업을 더 충실하게 계획할 수 있다.

면담 평가 방법은 구조화 면담(형식적 면담), 반구조화 면담, 비구조

49) 김수동, 김선희(2005), 조현공(2018), 고상숙 외(2020)의 내용을 재구성하여 제시함.

화 면담(비형식적 면담) 크게 3가지 유형으로 분류된다. 면담 평가 방법의 유형별 특징은 다음과 같다.

(1) 구조화 면담(형식적 면담)

구조화 면담 방법은 교사가 미리 만든 일련의 질문에 따라 학생과의 면담을 진행하는 방법이다. 교사의 평가 목표에 따라 조직성과 융통성을 가질 수 있다. 면담 도중에 학생의 반응에 개입하거나 대화의 방향을 바꾸지 않기 때문에, 질문에 대한 정확한 정보를 얻을 수 있다.

구조화 면담을 위해서는 먼저 평가의 목표를 설정하고, 평가 목표에 기반하여 순서를 정한 일련의 질문지를 개발하고, 면담 기록 양식을 만들어 면담 과정에서 나타난 학생의 반응을 기록한다.

구조화 면담은 표준화된 정보를 제공하기는 어려우나, 학생들 간의 인지적·정의적 영역에 대해 비교가능한 자료를 수집할 가능성이 상대적으로 높다. 또한 일대일 면담을 한다면, 학생들의 문제해결 수행 능력과 태도를 주의 깊게 관찰할 수 있다.

(2) 반구조화 면담

반구조화 면담은 일정한 수의 중요한 질문을 구조화하고, 그 외의 질문을 비구조화하여 면담을 진행하는 방법이다.

(3) 비구조화 면담(비형식적 면담)

비구조화 면담은 면담을 통한 평가 목적은 명확하되, 그 형식이나 방법은 교사가 면담 상황에 맞게 조정하여 진행하는 면담 방법이다. 학생에게 하는 질문의 응답, 면담 분위기도 자유롭게 취할 수 있다.

면담 평가를 위해서는 평가 항목표, 채점 기준표, 면담 기록지 등이 필요하다(〈표 Ⅶ-2-1〉,〈표 Ⅶ-2-2〉,〈표 Ⅶ-2-3〉). 면담의 방법에 따라, 각각의 기록 양식들을 평가 목표에 맞게 활용할 수 있다.

표 Ⅶ-2-1 수학교육평가에서 면담 평가를 위한 평가 항목표의 사례

평가 영역	평가 항목		세부 사항
정의적 영역	수학적 성향	자신감	발표력, 표현의 정확성, 논리성, 확신의 유무
		창의성	아이디어의 다양성(유창성), 대안적 방법(융통성), 독창성, 정교성 등
인지적 영역	개념 및 절차		개념(용어, 기호, 정의)에 대한 이해, 적절한 알고리즘의 적용 및 각 단계에 대한 바른 설명과 이유 제시, 주어진 개념의 적용과 해설
	문제해결		실생활에의 적용, 문제의 의미 파악, 문제해결을 위한 단서 제시, 문제풀이를 위해 다양하고 적절한 전략 적용
	의사소통		적절한 알고리즘의 적용 및 각 단계에 대한 바른 설명과 이유 제시
	추론		문제풀이 방법의 명확성, 참신성, 구체성, 합리성, 문제해결의 결과를 다른 상황 및 실생활에의 적용, 문제해결 과정에서 새로운 의문점이나 연구 도출
총평			

* 출처: 조현공(2018, p.194)

표 Ⅶ-2-2 수학교육평가에서 면담 평가를 위한 채점기준표 사례

평가 영역	평가 항목		매우 우수	우수	보통	미흡
정의적 영역	수학적 성향	자신감	과제 해결 시 자신감 있게 논리적으로 잘 표현함	과제 해결 시 자신감이 약간 있고 논리적인 표현을 함	과제 해결 시 자신감이 없고 논리적 표현이 부족함	과제 해결 시 자신감이 거의 없고 논리적 표현을 거의 못함
		창의성	문제해결 과정에서 유창성, 융통성, 독창성, 정교성이 두드러지게 나타남	문제해결 과정에서 유창성, 융통성, 독창성, 정교성이 자주 나타남	문제해결 과정에서 유창성, 융통성, 독창성, 정교성이 가끔씩 나타남	문제해결 과정에서 유창성, 융통성, 독창성, 정교성이 거의 나타나지 않음
인지적 영역	개념 및 절차		개념 표현 방법을 용어, 그림, 기호를 사용하여 정확하게 나타내고 설명하며 개념과 관련된 절차의 의미와 해석을 잘 이해하고 나타냄	개념 표현 방법을 용어, 그림, 기호를 사용하여 다른 것으로 전환하려고 시도하고, 절차는 절절하게 설명하나 부분적으로 오개념, 잘못된 표현을 사용함	개념 표현 방법을 용어, 그림, 기호를 사용하여 다른 방법으로 전환하려고 부분적으로 시도하고, 수학적 절차도 부분적으로만 설명함	개념 표현 방법을 용어, 그림, 기호를 거의 사용하지 못하고, 관련된 수학적 절차에 대한 개념적 이해가 부족하여 설명을 거의 하지 못함

평가 영역	평가 항목	매우 우수	우수	보통	미흡
	문제 해결	…	…	…	…
	의사 소통	…	…	…	…
	추론	…	…	…	…
종평					

* 출처: 조현공(2018, p.194)

표 Ⅶ-2-3 수학교육평가에서 면담평가를 위한 면담 기록지의 사례

<table>
<tr><th colspan="8">면담 기록지</th></tr>
<tr><td>면담 대상</td><td colspan="7">(　　)학년 (　　)반　　이름:　　　　성별 :</td></tr>
<tr><td>일시</td><td colspan="5">20　년　월　일　:　～　:</td><td>면담교사</td><td></td></tr>
<tr><td>면담계획
(면담 목적/
진행 계획 등)</td><td colspan="7">•
•
•</td></tr>
<tr><td>면담 내용
(과제/질문과
답변/학생
특성)</td><td colspan="7"></td></tr>
<tr><td rowspan="3">평가 결과</td><td rowspan="2">평가
영역</td><td>자신감</td><td>창의성</td><td>개념 및 절차</td><td>문제해결</td><td>의사소통</td><td>추론</td></tr>
<tr><td></td><td></td><td></td><td></td><td></td><td></td></tr>
<tr><td>교사
총평</td><td colspan="6"></td></tr>
<tr><td>면담 후
학생의
변화</td><td colspan="7">•
•
•</td></tr>
</table>

* 출처: 조현공(2018, p.196)

다. 면담 평가 시 유의점

학생에 대한 이해와 학습에 대한 심층적인 평가를 위한 면담 평가를 위해서, 교사는 다음과 같은 사항에 유의하여야 한다.

- **중립적인 입장을 취해야 한다.**

  교사의 태도나 반응은 어떤 응답을 암시하거나 자신의 의견을 표

명하지 말아야 한다. 면담 평가는 분석적인 평가로 주요 목적은 학생이 주어진 질문이나 과제를 해결하는 동안 직면하는 어려움들을 학생들의 말을 통하여 확인하는 것이다.

- **질문의 내용과 시기가 적절해야 한다.**
  교사는 제시하는 질문들 중간에 학생들이 반응할 수 있는 충분한 시간을 주어야 한다.
- **학생이 자발적으로 면담에 응할 수 있는 분위기를 조성한다.**
  면담 과정 동안 학생들에게 면담에 대한 편안함과 학생의 이야기를 경청할 준비가 되었음을 보여 주었을 때, 학생들의 자발적인 참여를 유도할 수 있다.
- **질문을 하고 답하는 형식이 아닌, 상호 대화하는 분위기를 조성한다.**
  학생의 반응이나 응답에 대하여 수용적이면서 비평가적인 입장을 취하는 동시에, 학생들의 사고와 호기심을 존중해야 한다.

라. 수학교육평가에서 면담 평가 사례

면담 평가를 위해서는 평가 목표에 맞는 기록지와 채점 기준표 등(〈표 Ⅶ-2-1〉,〈표 Ⅶ-2-2〉,〈표 Ⅶ-2-3〉 참조)이 사전에 마련되어야 하며, 면담 과정 중에 학생의 반응에 대한 세심한 기록이 필요하다.

〈표 Ⅶ-2-4〉는 평가를 위한 각 항목별 채점 기준을 4단계 A~D(매우우수, 우수, 보통, 미흡)로 세분화하고, 각 단계별 특성을 정리하여 기술한 예이다.

이러한 기록을 통해 면담 평가에서 학생들을 보다 세밀히 평가할 수 있다. 이와 같이 면담 평가는 특정 학생들의 특정 개념에 대한 추가적인 정보가 필요할 때 유용하다(조현공, 2018). 또한 이러한 면담 평가를 통해 작성된 기록지는 교수·학습 과정에서 학생들의 사고 과정을 파악하고, 수업 계획을 위한 자료로도 활용될 수 있을 것이다.

표 Ⅶ-2-4 수학교육평가에서 면담평가지 작성 사례

<table>
<tr><th colspan="8">면담 기록지 1</th></tr>
<tr><td>면담 대상</td><td colspan="7">(2)학년 (7)반 이름: 이 ㅇㅇ 성별: 남</td></tr>
<tr><td>면담 계획
(면담 목적
면담 진행
계획 등)</td><td colspan="7">• 면담 목적: 학습부진의 원인과 공부하는 방법에 대한 면담
여러 가지 사각형의 정의와 성질에 대한 질문
(쪽지시험에서 틀린 문항의 개념)
• 점심시간을 이용하여 성적에 대한 부담감을 느끼지 않도록 질문을 함
• 수학 성적과 관계없이 교사가 학생에게 관심을 가지고 있다고 느낄 수 있도록 질문</td></tr>
<tr><td>면담 내용
(면담 과제
질문과 답변
학생 특성)</td><td colspan="7">1. 1차 면담
• 수업 준비물과 수업태도가 좋지 않은 이유는?
– 교과서를 분실하였고 학교 수업 시간에 공부하는 것 이외에 수학 공부를 하지 않기 때문에 전 시간에 배운 것을 기억하지 못함.
• 새 교과서를 주고 매 시간 교과서에서 배운 내용을 노트에 정리한 것을 선생님이 점검해 주면 어떨까?
– 교과서를 감사하게 받고, 노트 점검에 대하여 호의적으로 반응함.
• 수학공부에 대한 흥미는 10점 만점 중에 몇 점인가?
– 0점이다. (기초실력 부족과 가정 환경상 교사 이외에 동기부여를 해주는 사람이 없다.) 수학뿐만 아니라 모든 교과 수업에 대한 열의가 떨어진다. 자기주도 학습을 못하지만 공부를 해서 성적을 향상시키고 싶다.
• 다음 수업시간부터 개인적으로 개념 정리에 대한 노트검사를 하기로 함
• 멘토를 바꾸어 주기로 함(본인이 원하는 멘토 학생으로 자리 교체)

2. 2차 면담
• 첫 번째 면담 후 태도가 좋아진 것에 대하여 칭찬을 함
• 틀린 문제에 대한 노트 정리를 검사하기로 함
• 여러 가지 사각형 내용 평가에서 틀린 개념에 대한 질문
– 직사각형, 마름모, 정사각형의 정의와 성질을 그림을 그려가면서 설명하도록 함
• 문제 풀이가 모두 맞았는데 본인이 풀었는지 확인
– 멘토의 답을 보고 쓴 것, 본인이 푼 문항을 솔직하게 말함. 모르는 문제를 설명해 줌</td></tr>
<tr><td rowspan="3">평가 결과</td><td rowspan="2">평가
영역</td><td>자신감</td><td>창의성</td><td>개념 및
절차</td><td>문제해결</td><td>의사소통</td><td>추론</td></tr>
<tr><td>부족</td><td>부족</td><td>부족</td><td>나쁨</td><td>부족</td><td>부족</td></tr>
<tr><td>교사
총평</td><td colspan="6">• 가정환경이 좋지 않아 교사 이외에 부진한 학습을 보충해주거나 관심을 가져주는 사람이 없다. 교과서 내용도 이해하기 어려워 마음에 맞는 멘토와 교사의 설명과 관심이 필요하다. 기초학력 부진으로 자신감이 없고 집중도가 떨어지지만 자신을 변화하고 싶은 의지는 있다.</td></tr>
<tr><td>면담 후
학생의 변화</td><td colspan="7">• 첫 번째 면담 후 수업태도가 눈에 띄게 좋아지고, 평소에는 교사를 피해 다니던 학생이 친근하게 인사를 잘 함. 면담 이전에는 수업 시간에 노트필기도 끝까지 못하고 산만하였는데 면담 후에는 수업에 집중 하려고 노력함
• 두 번째 면담 후에 평가에서 틀린 개념들을 고쳐 검사를 받고 수업시간에 노트 필기한 것에 대한 점검을 스스로 받음. 이전에는 모르는 문제에 대한 설명을 요구하지 않았는데, 면담 후 개별 학습 시간에 모르는 문제에 대한 설명을 요청함</td></tr>
</table>

* 출처: 조현공(2018)을 재구성하여 제시함.

되돌아보기 + 더 나아가기

1. 면담 평가의 방법과 특징에 대해 설명하시오.

2. 면담 평가의 장점과 유의점에 대하여 설명하시오.

3. 다음은 면담 평가를 위한 채점 기준표이다. 빈 칸에 면담 평가를 위한 채점 기준을 작성하시오.

평가 영역	평가 항목		매우 우수	우수	보통	미흡
정의적 영역	수학적 성향	자신감	과제 해결 시 자신감 있게 논리적으로 잘 표현함	과제 해결 시 자신감이 약간 있고 논리적인 표현을 함	과제 해결 시 자신감이 없고 논리적 표현이 부족함	과제 해결 시 자신감이 거의 없고 논리적 표현을 거의 못함
		창의성	문제해결 과정에서 유창성, 융통성, 독창성, 정교성이 두드러지게 나타남	문제해결 과정에서 유창성, 융통성, 독창성, 정교성이 자주 나타남	문제해결 과정에서 유창성, 융통성, 독창성, 정교성이 가끔씩 나타남	문제해결 과정에서 유창성, 융통성, 독창성, 정교성이 거의 나타나지 않음
인지적 영역	개념 및 절차		개념 표현 방법을 용어, 그림, 기호를 사용하여 정확하게 나타내고 설명하며 개념과 관련된 절차의 의미와 해석을 잘 이해하고 나타냄	개념 표현 방법을 용어, 그림, 기호를 사용하여 다른 것으로 전환하려고 시도하고, 절차는 절절하게 설명하나 부분적으로 오개념, 잘못된 표현을 사용함	개념 표현 방법을 용어, 그림, 기호를 사용하여 다른 방법으로 전화하려고 부분적으로 시도하고, 수학적 절차도 부분적으로만 설명함	개념 표현 방법을 용어, 그림, 기호를 거의 사용하지 못하고, 관련된 수학적 절차에 대한 개념적 이해가 부족하여 설명을 거의 하지 못함
	문제해결					
	의사소통					
	추론					

참고문헌

강옥기, 강윤수, 고상숙, 고호경, 권나영(2012). **수학교육학 신서**. 서울: 교우사.

고상숙, 고호경, 김현주, 박만구, 한혜숙, 홍혜윤 (2020). **수학교육평가론: 제2판**. 서울: 경문수학교육.

김수동, 김선희(2005). **수학 수업에서 학생평가를 잘 하려면**. 한국교육과정평가원 연구보고 ORM 2005-51-4.

조현공(2014). **관찰과 면담을 통한 수학과 평가의 교수학습 지원 탐색**. 성균관대학교 일반대학원 박사학위 논문.

조현공(2018). 관찰 및 면담 평가. 서보억, 한혜숙(편). **수학 교수·학습 향상을 위한 평가**. 서울: 경문사. pp.180-206.

황혜정, 나귀수, 최승현, 박경미, 임재훈(2016). **수학교육학신론**. 서울: 문음사.

3. 구술 평가

가. 구술 평가의 정의와 특징

구술 평가는 특정한 문제나 내용에 대하여 자신의 생각이나 풀이법 등을 발표하도록 하여 문제의 이해 정도, 표현력, 의사소통 능력 등을 평가하는 방법으로 면담평가와 유사한 측면이 있다(김형미, 김인수, 2009). 구술 평가는 학생이 학습한 내용을 토대로 자신이 해결한 문제의 문제해결 과정을 효과적으로 전달할 수 있는지를 평가하는 것으로 의사소통 능력을 평가하는 데 적절한 평가 방법이다.

2015 개정 교육과정에 제시된 평가 방법에서도 "관찰 평가, 면담 평가, 구술 평가는 학생 개인 및 소집단을 관찰, 학생과의 대화, 학생의 발표를 통해 학생의 이해 정도와 사고 방법, 수행 과정 등을 평가하는 방법으로, 의사소통, 태도 및 실천 능력 등을 평가할 때 활용할 수 있다."고 명시되어 있다(교육부, 2015). 이와 같이 구술 평가는 지필 검사에서 측정하기 어려운 학습자의 인지적 능력과 학습 태도 및 자신감 등의 정의적인 능력뿐만 아니라 의사소통 능력까지 포괄적으로 파악할 수 있는 평가이다.

수학과에서 구술 평가는 주로 교수·학습 과정에서 학생에게 발표할 기회가 제공되었을 때 활용되며, 학생의 학습 내용에 대한 이해 정도와 적절한 수학적 용어를 사용하여 설명하는 등의 인지적 능력에 대한 평가와 주어진 내용을 설명할 때의 태도와 자신감 등의 정의적 능력에 대한 평가를 하는 데에도 효과적이다. 또한 학생의 설명 과정에서 나타나는 학생의 수학적인 오개념을 직접적으로 파악하고 이를 토대로 피드백을 제공함으로써 수학 학습 능력을 제고함으로써 수학에 대한 자신감 등을 함양할 수 있다.

구술 평가는 학생들이 수학적인 내용이나 주제에 대하여 자신의 의견이나 생각을 발표하고, 이를 통하여 수학적 성향과 능력 그리고 표현력·판단력·의사소통 능력 등을 평가하는 유형이다. 평가자와 학생이 대화(질의와 응답)를 통하여 학생의 수학적 능력이나 이해의 자료와 정보를 수집하기 때문에 지필고사나 서류만으로는 알 수 없는 사항들을 알아 낼 수 있다. 즉, 구술 평가는 학생의 학습 상태에 대한 심도 있는 정보를 얻을 수 있으며, 사전에 예상 할 수 없었던 정보나 자료를 얻을 수 있고, 평가 시 융통성을 발휘할 수 있는 장점이 있다.

나. 구술 평가의 방법50)

구술 평가는 학생들이 특정 내용이나 주제에 대하여 자신의 의견이나 생각을 발표하게 함으로써, 학생의 준비도, 이해력, 표현력, 판단력, 의사소통 능력 등을 직접 평가할 수 있다. 이를 위해 다음과 같은 방법으로 구술 평가를 수행할 수 있다.

- 특정 주제에 대하여 학생들에게 발표 준비를 하도록 한 후, 발표에 대해 평가할 수 있다.
- 또는 평가 범위만 미리 제시하고 구술 평가를 시행할 때 교사가 관련된 주제나 질문을 제시하고 학생이 답변하도록 하여 평가할 수 있다.

다. 구술 평가 시 유의점51)

구술 평가를 통해 학생들의 사고 과정, 수준 등을 이해하기 위해 관찰하고 질문하기 위해서는 시간과 노력이 많이 들고, 학생에 따라 편견을 가질 수 있는 단점이 있다. 따라서 평가 목표에 부합하는 구술 평가가 이루어지기 위해서는 다음과 같은 사항에 유의하여야 한다.

- 평가 목표에 부합하는 평가 점검 목록, 평가 기준, 채점 기준표를 사전에 결정하고, 준비한다.
- 학생들의 행동과 사고에 대한 자료의 기록 여부 및 학생들에게 등급을 어떻게 줄 것인가를 결정하고, 평가 시 결과를 객관적으로 즉시 기록해야 한다.

50) 교육부, 한국교육과정평가원(2018, p.19)을 재구성하여 제시함.
51) 박배훈 외(2003)를 재구성하여 제시함.

- 학생들이 발표를 할 때 편안하고 친근한 분위기를 형성해 주고, 시간적 여유를 갖도록 한다.
- 학생들이 무엇을 사고하고 행하는가를 분명히 나타낼 수 있도록 명확한 질문을 해야 한다.
- 학생들에게 질문 시에는 학생의 문제해결에 최대한 방해가 되지 않도록 적시에 질문하고, 평가하려는 목표에 부합하는 행동이나 사고의 증거를 조심스럽게 기록하여야 한다.

라. 수학교육평가에서 구술 평가 사례

구술 평가를 위해 원칙적으로 평가 목표별 평가 기준이 마련되어야 하지만, 실제의 말하기에서는 평가 목표들이 서로 얽히게 되면서 평가 기준이 중복될 수 있다(이도영, 2010). 때문에 구술 평가에서는 평가 목표의 특성을 살리는 것을 우선적으로 하여 평가 요소를 추출하는 것이 중요하다. 이를 위한 구술 평가에서 평가 요소와 평가 기준에 대한 예를 제시하면, 〈표 Ⅶ-3-1〉과 같다.

표 Ⅶ-3-1 구술 평가를 위한 평가 요소와 평가 기준

평가 요소	평가 기준
화자	화자는 화자 자신을 잘 알고 말을 하는가?
청자	화자는 청자를 잘 알고, 청자와의 관계 맺음을 잘 하는가?
상황	화자가 상황을 적절하게 해석하여 말하기에 반영할 수 있는가?
발화/담화 기능, 규범, 관습	화자는 담화 종류에 따라 말하기의 인지적 과정 및 상위 인지 과정을 적절히 활용하여 말을 할 수 있는가?
인지 과정	화자는 담화 종류에 따라 말하기의 인지적 과정 및 상위 인지 과정을 적절히 활용하여 말을 할 수 있는가?
표현 및 전달 방식	화자는 다양한 표현 및 전달 방식을 적절히 활용하여 자신의 생각이나 느낌을 효과적으로 말할 수 있는가?
잡음	화자는 말하기의 잡음을 최대한 줄이면서 말을 하는가?
화자와 청자의 상태 변화	화자는 말하기의 목적 달성 여부에 관심을 갖고 말하기의 목적을 달성하고자 하였는가?

* 출처: 이도영(2010, p.30)

구술 평가를 위한 평가 요소와 평가 기준(〈표 Ⅶ-3-1〉)을 참고하여 수학적 교수·학습 상황에 맞는 구술평가를 위한 기록지를 〈표 Ⅶ-3-2〉와 같이 만들 수 있다.

표 Ⅶ-3-2 수학교육평가를 위한 구술 평가 기록지 예시

구술 평가 기록지			
발표 학생	( )학년 ( )반 이름:		
일시	20 년 월 일 : ~ :	평가교사	·
발표 태도			
내용 이해			
내용의 논리성			
의사소통(교사/학생)			
표현 및 전달 방식			
수학적 오개념			
구술 발표 후 학생과의 면담			

구술 평가는 학생의 성격, 발표 내용 및 방법, 발표자의 학습 능력, 발표 환경에 따라 다양한 상황이 발생할 수 있으므로 평가표를 기준으로 학생들을 평가하되, 평가를 위해 점수를 주는 것에 중점을 두기보다는 학생들이 점수에 구애받지 않고 자연스럽게 발표할 수 있는 분위기를 조성하는 것이 중요하다.

되돌아보기 + 더 나아가기

1. 구술 평가의 방법과 특징에 대해 설명하시오.

2. 구술 평가의 장점과 유의점에 대하여 설명하시오.

3. 다음은 구술 평가를 위한 채점 기준표의 일부이다.
   빈 칸에 구술 평가를 위한 채점 기준을 작성하시오.

구술 평가 채점 기준				
평가 요소	매우 우수	우수	보통	미흡
발표 태도				
내용의 논리성				
표현 및 전달 방식				
수학적 오개념				

참고문헌

교육부(2015). **수학과 교육과정**. 교육부 고시 제2015-74호[별책8].

교육부, 한국교육과정평가원(2018). **중학교 교사별 과정 중심 평가 이렇게 하세요**. 한국교육과정평가원 연구자료 ORM 2018 -56-2.

김형미, 김인수(2009). 수학과 수행평가에 대한 수학교사와 학생의 이해에 관한 연구. **과학교육연구지, 33**(1), 23-34.

박배훈, 류희찬, 이기석, 김인수(2003). 창의성 신장을 위한 새로운 수학교육 평가 방안에 관한 연구. **학교수학, 5**(1), 1-25.

이도영(2010). 말하기 평가 목표와 평가 기준 설정 방안. **교육논총, 30**(2), 19-35.

4. 자기 평가, 동료 평가

가. 자기 평가, 동료 평가의 정의와 특징

자기 평가는 학습자 본인의 수학 학습에 대한 태도 및 자신감 등에 대한 것을 스스로 평가하는 것을 말한다. 자기 평가는 자신의 문제해결 과정을 반성하는 메타 인지적 사고의 한 과정으로 자신의 수학 학습에 대한 인지적 능력뿐만 아니라 정의적인 학습 태도, 자신감, 흥미 여부 등에 대해 객관적으로 평가할 수 있는 기회를 제공해준다. 일반적으로 학교 현장에서의 주요 평가 내용인 인지적 영역에 대한 평가는 학생의 학습 능력을 양적으로 어느 정도 파악할 수 있지만 외적으로 잘 표출되지 않는 정의적 영역에 대한 정보는 파악하기 어려울 수 있다. 학생은 자기 평가를 통해 본인의 수학 학습에 대한 태도를 파악함으로써 정의적 역량을 재고할 수 있다.

자기 평가 도구는 학생들이 자신의 수학 공부에 대해서 어떻게 생각하고 있는지에 대한 평가 설문지를 활용하면 자신의 수학에 대한 관심, 흥미, 자신감, 학습 의욕 등에 대한 정보를 파악할 수 있다. 또한 교사는 이러한 자기 평가 설문지를 통해 정의적 영역에 대한 학생의 수학 학습에 대한 심리적인 상태를 파악함으로써 교수학습 상황에 적절한 피드백을 제공할 수 있다.

동료 평가는 동료 학생들이 상대방을 서로 평가하는 방법으로, 협력 학습 상황에서 학생 개개인의 역할 수행 정도나 집단 활동에 기여한 정도를 평가할 때 활용할 수 있다(교육부, 2015). 동료 평가를 위해서는 동료 간에 서로의 평가를 긍정적으로 받아들일 수 있는 신뢰감이 우선되어야 한다. 동료 평가는 학생 수가 많아서 담당교사 혼자서 모든 학생을 평가하기 어려운 경우, 자기 평가와 동료 평가를 함께 이용하여 학생을 평가할 수 있다. 김송자, 최창우(2006)에 따르면, 학생들은 동료 평가 과정에서 교사가 직접 학생의 활동 결과를 확인하여 주지 않아도 되어 수업 활동 진행을 위한 시간을 확보할 수 있었고, 이러한 시간은 부진 학생들의 개별 지도 시간으로 활용할 수 있었다. 또한 학생 각자가 오류의 원인을 동료들로부터 바로 확인하여 수정함으

2015 개정 수학과 교육과정의 '평가 방법'에서는 '자기 평가'와 '동료 평가'에 대해 다음과 같이 제시하고 있다.

- 자기 평가는 학생 스스로 자신의 이해와 수행을 평가하는 방법으로, 문제 해결과 추론 과정의 반성, 자신의 생각 표현, 태도 및 실천 능력 등을 평가할 때 활용할 수 있다.
- 동료 평가는 동료 학생들이 상대방을 서로 평가하는 방법으로, 협력 학습 상황에서 학생 개개인의 역할 수행 정도나 집단 활동에 기여한 정도를 평가할 때 활용할 수 있다.

로써 학업성취가 우수한 학생들에게는 정적 강화의 효과를 볼 수 있다는 장점이 있다. 동료 평가 시 학생들은 서로의 답을 확인하면서 의견의 차이가 있을 경우, 문제해결을 위해 다시 문제를 살펴보고 논의하여 문제 상황에 대해 생각할 수 있기 때문에, 의사소통 역량 함양을 위한 기회를 제공할 수 있다.

또한 자기 평가, 동료 평가는 교사가 학생을 관찰하고 기록한 내용과 수시로 시행한 평가 등이 타당하였는지를 비교·분석할 수 있는 기회를 제공한다. 특히 학생 수가 많아서, 담당 교사 혼자의 힘으로 부든 학생들을 제대로 평가하기 어렵다고 판단될 때, 동료 평가 결과를 반영하여 최종 성적을 반영한다면 교사의 주관성을 배제할 수 있을 뿐 아니라, 성적처리 방식에 대한 공정성도 높일 수 있다(교육부, 한국교육과정평가원, 2018).

나. 자기 평가, 동료 평가의 방법[52)]

자기 평가, 동료 평가는 수행 과정이나 학습 과정에 대하여 학생이 스스로 평가하거나, 동료 학생들이 상대방을 서로 평가하는 방법이다. 앞에서 언급된 여러 평가 유형들과 결합하여 시행될 수 있다. 자기 평가, 동료 평가 방법은 수업 활동 중심 평가와 과제 중심 평가로 분류될 수 있는데, 유형별 특징은 다음과 같다.

(1) 수업 활동 중심의 자기 평가, 동료 평가

수업 활동 중심의 자기 평가, 동료 평가는 수업 중에 푼 문제가 이해하기 어려웠거나 쉬웠던 문제들에 대해 스스로 자기 평가지를 기록하거나, 모둠별로 새롭게 경험한 내용, 흥미를 유발한 내용 등을 중심으로 자기 평가지와 동료 평가지를 기록할 수 있다.

예를 들면, 수업 내용 중에 자신이 이해한 내용이나 처음에 쉽게 풀 수 없었던 문제를 해결한 경험 사례들을 기록하고, 교사는 학생이 작성한 기록지 결과에 대해 논평 등을 통해 피드백을 제공할 수 있다(<표 Ⅶ-4-1>).

52) 교육부, 한국교육과정평가원(2018, p.20), 고상숙 외(2020, pp.120-121)를 재구성하여 제시함.

표 Ⅶ-4-1 수업 활동 중심의 자기 평가 기록지(예)

단원 명	
날짜	( )년 ( )월 ( )일 ( )교시
이름	( )학년 ( )반( )번
주제(문제)	
해설(풀이)	
반성 및 소감	
자기 평가	아주 못함( ) 못한 편임( ) 잘한 편임( ) 아주 잘함( )
교사 논평	

* 출처: 고상숙 외(2020, p.121)를 재구성하였음.

(2) 과제 중심의 자기 평가, 동료 평가

과제 중심의 자기 평가, 동료 평가는 교사가 학생들에게 문제를 제시하고 이를 풀게 하거나, 주제만 제시하여 학생 또는 모둠별로 문제를 해결하게 하면서 진행할 수 있다.

예를 들면, 학생들은 프로젝트 수행 과정에서 모둠 단위의 동료 평가를 수행함으로써(<표 Ⅶ-4-2>), 다른 학생들과의 관계, 성취 수준 등에 대해 스스로 생각하고 반성할 수 있는 기회를 가질 수 있다.

표 Ⅶ-4-2 과제 활동 중심의 동료 평가지(모둠 관찰 체크리스트)

모둠 관찰 체크리스트					
프로젝트명: 모둠 구성원:	날짜:				
5~10분간 모둠을 관찰한다. 모둠 구성원의 참여 정도를 표시한다.	모두	대부분	다소	극히 소수	없음
새 과제를 시작하는 시점에서, 모둠 구성원은					
해야 할 일들 및 계획에 동의한다.	□	□	□	□	□
즉각적으로 수행한다.	□	□	□	□	□
프로젝트 교재를 만들어 낸다.	□	□	□	□	□
교사의 도움 없이 해결한다.	□	□	□	□	□
각자 해야 할 임무를 나눈다.	□	□	□	□	□
조사를 수행하는 시점에서, 모둠 구성원은					
기초 자료를 검토한다.	□	□	□	□	□
메모를 한다.	□	□	□	□	□
관련 있는 대화를 한다.	□	□	□	□	□
새로운 정보의 중요성을 안다.	□	□	□	□	□
과제 수행에 충실히 임한다.	□	□	□	□	□

프로젝트 작업에 대해 논의하는 과정에서, 모둠 구성원은					
명료한 질문을 한다.	□	□	□	□	□
각자에게 이야기할 기회를 준다.	□	□	□	□	□
효과적으로 결정한다.	□	□	□	□	□
의사결정과 계획을 기록한다.	□	□	□	□	□
중요한 정보를 공유한다.	□	□	□	□	□
과제 수행에 충실히 임한다.	□	□	□	□	□

* 출처: Markham(2003; 노선숙 외, 2007, p.160 재인용)을 재구성하였음.

다. 자기 평가, 동료 평가 시 유의점[53)]

자기 평가, 동료 평가는 학생으로 하여금 자신이 평가 과정에 참여한다는 느낌을 가지게 할 뿐 아니라, 다른 평가 자료와 비교하거나 보충할 수 있는 학생 중심의 독특한 정보를 제공한다. 반면에, 기록하는 데 많은 시간이 소요될 수 있으며 학습 능력과 상관없이 기록하는 데 익숙한 학생들에게 유리할 수 있다. 또한, 학생들이 자신이 문제를 해결하거나 과제를 수행하는 과정을 기억하지 못하여 불완전하거나 부정확한 정보를 제공할 수 있다. 그리고 평가 과정에서 학생들의 반응이 계속 솔직함을 유지한다고 보기 어려울 수 있다. 이러한 사항들이 평가 결과에 부정적인 영향을 미치지 않도록 하기 위해서는 다음과 같은 사항에 유의하여야 한다.

- **학생들의 학습 수준에 맞는 과제를 스스로 계획·실행하고, 자기 주도적인 탐구력을 배양할 수 있는 학습 환경을 조성해야 한다.**
  학생들의 수학학습에 관련한 태도의 성장과 변화, 학습 내용에 대한 이해력과 성취 정도를 고려해야 한다.
- **자기 평가, 동료 평가에 대한 교사의 평가 준거와 학생들의 평가 결과에 대한 기대치가 함께 고려되어야 한다.**
  평가 결과에 영향을 줄 수 있는 학생들의 학습활동에 대한 믿음과 자신감 등을 고려하여 평가를 수행해야 한다.

53) 남승인 외(2017)을 재구성하여 제시함.

- 모둠 구성 시 서로의 사고과정에 대하여 반응하고 평가 할 수 있는 동료를 선정하고, 모둠 내 원활한 상호작용이 이루어 질 수 있도록 한다.

라. 수학교육평가에서 자기 평가, 동료구술 평가 사례

자기 평가는 학습자의 수학 성향에 미치는 영향을 알아보는데 유용한 자료로 활용될 수 있다. [그림 Ⅶ-4-1]의 자기 평가지는 중학생들이 수업 중에 자기 자신을 스스로 평가하여 작성할 수 있는 자기 평가지 사례이다(이선재, 고호경, 2017).

직접 느끼며 실천하는

나만의 수학 공부 비법

○○중학교
1학년 반 번
이름

1. 학습기간 : 2015년 (   )월 (   )일 ~ 2015년 (   )월 (   )일 (일간)

2. 이번 수학 학습에서 이루고 싶은 것을 구체적으로 적어봅시다.

수학 학습 내용	학습 태도 및 자기 관리

3. 나의 실천 내용

날짜			시작 시간	종료 시간	학습계획		완성
월	일	요일			학습할 내용	계획	

4. 스스로 반성하고 평가하기

구분	점검 항목	Red	Yellow	Green
학습내용				
학습태도 및 자기관리				
나의 수학 공부 story				
나의 성장온도는?	℃	( )의 한마디!		

* 출처: 이선재, 고호경(2017)

그림 Ⅶ-4-1 수학교육평가에서 자기 평가를 위한 자기 평가지 사례 학생들은 평가 항목에 주어진 칸이 많으면 평가표 작성을 힘들어할 뿐 아니라, 동일한 내용을 반복하여 자기 평가지를 작성하기도 한다. 때문에 자기 평가지는 학생들이 이해할 수 있는 언어와 표현으로 문항을 이해하는데 어려움이 없어야 하며, 자기 평가지를 작성하는데 힘들어하지 않도록 구성할 필요가 있다(이선재, 고호경, 2017). 이를 위해 [그림 Ⅶ-4-1]의 자기 평가표를 통해서 교사가 확인하고자 하는 요소가 함께 제시되어야 한다(〈표 Ⅶ-4-3〉).

표 Ⅶ-4-3 수학교육평가에서 자기 평가지를 통해 교사가 평가하고자 하는 요소

문항		요소
이루고 싶은것	학습 내용	점검, 조절, 계획, 목표지향성, 공부환경관리
	학습 태도	
실천 내용	시간, 내용, 계획, 완성	시간관리, 노력관리
스스로 반성하고 평가하기	red, yellow, green	점검, 조절, 자기효능감
	나의 수학 공부 스토리	정교화, 조직화, 점검, 조절, 계획
	성장 온도	자기효능감
	피드백	타인의 조력

* 출처: 이선재, 고호경(2017)

이러한 평가 요소와 평가표에 따라 수행된 자기 평가 결과, 학생들은 자기 평가지를 통해 연구 대상 중 평소에 낮은 성취도로 수업시간에 소외되었던 학생들은 꾸준히 스스로 자기 평가를 하고, 교사의 피드백을 받으면서 자신감이 향상된 것으로 나타났다(이선재, 고호경, 2017).

그러나 자기 평가지를 작성하는 데 있어 개인차가 크기 때문에 교사는 학생의 특성과 학업 수준을 고려하여 자기 평가지를 제공하고, 지속적인 피드백을 제공할 필요가 있다.

동료 평가는 학생들이 모둠별 활동을 할 때, 자기 평가와 함께 모둠 간·모둠 내 평가를 수행할 수 있다. 모둠 간 동료 평가지의 예시를 제시하면 〈표 Ⅶ-4-4〉와 같다.

표 Ⅶ-4-4 수학교육평가에서 모둠 간 동료 평가지 사례

평가 기준	평가 내용	(상: 3, 중: 2, 하: 1)			
		1조	2조	3조	…
창의성	탐구 주제 및 탐구 문제, 탐구 방법, 결과 해석 등이 수학적이고 창의적인가?				
탐구 계획	탐구 주제에 적절한 탐구 문제를 세웠는가?				
탐구 수행	탐구 방법이 탐구 문제를 해결하는데 적절하였는가?				
	탐구 과정이 정확하였는가?				
	탐구 문제를 해결하여 결과를 잘 나타내었는가?				
완성도	탐구 결과가 의미있고 다른 연구와 차별성이 있는가?				
자기 주도, 협농성	전 과정에 (구성원 전원이) 주도적으로 참여하었는가?				

* 출처: 교육부, 한국과학창의재단(2019, p.107)

모둠 내 활동을 통한 자기 평가지와 동료 평가지 양식의 예를 제시하면 〈표 Ⅶ-4-5〉와 같다. 동료 평가에서는 평가자가 학생 자신이므로, 학생들이 평가자가 되어 스스로 평가 내용과 배점을 만들어 이에 따라 평가를 하는 경험을 하도록 할 수 있다.

표 Ⅶ-4-5 수학교육평가에서 모둠 내 자기 평가지 및 동료 평가지 사례

[자기 평가지 및 동료 평가지]			
탐구 주제		작성 날짜	
학년/반	( )학년 ( )반 ( )번	이름	
평가 영역	**평가 내용**		**배점**
자기 평가			
동료 평가			

* 출처: 교육부, 한국과학창의재단(2019, p.113)

되돌아보기 + 더 나아가기

1. 자기 평가, 동료 평가의 방법과 특징에 대해 설명하시오.

2. 자기 평가, 동료 평가의 장점과 유의점에 대하여 설명하시오.

3. 다음 표는 자기 평가, 동료 평가를 위한 양식이다. 중등 수학과 교육과정에 포함된 내용 중에서 하나의 탐구 주제를 정하여, 탐구 수행에 중요하게 생각되는 부분들에 대한 평가 내용을 채우시오.

<table>
<tr><th colspan="5">[자기 평가지 및 동료 평가지]</th></tr>
<tr><td>탐구
주제</td><td></td><td>작성
날짜</td><td colspan="2"></td></tr>
<tr><td>학년/반</td><td>(　)학년 (　)반 (　)번</td><td>이름</td><td colspan="2"></td></tr>
<tr><th>평가
영역</th><th colspan="3">평가 내용</th><th>배점</th></tr>
<tr><td rowspan="4">자기
평가</td><td colspan="3"></td><td></td></tr>
<tr><td colspan="3"></td><td></td></tr>
<tr><td colspan="3"></td><td></td></tr>
<tr><td colspan="3"></td><td></td></tr>
<tr><td rowspan="4">동료
평가</td><td colspan="3"></td><td></td></tr>
<tr><td colspan="3"></td><td></td></tr>
<tr><td colspan="3"></td><td></td></tr>
<tr><td colspan="3"></td><td></td></tr>
</table>

* 출처: 교육부, 한국과학창의재단(2019, p.113)

참고문헌

고상숙, 고호경, 김현주, 박만구, 한혜숙, 홍혜윤(2020). **수학교육 평가론**. 서울: 경문사.

교육부(2015). **수학과 교육과정**. 교육부 고시 제2015-74호[별책8].

교육부, 한국교육과정평가원(2018). **중학교 교사별 과정 중심 평가 이렇게 하세요**. 한국교육과정평가원 연구자료 ORM 2018-56-2.

교육부, 한국과학창의재단(2019). **수학과제 탐구: 2015 개정 교육과정 적용 모델 교과서**.

김송자, 최창우(2006). 초등학교 수학과 수행평가 실천에 관한 연구– 자기평가·동료평가·관찰 평가를 중심으로–. **한국초등수학교육학회지**, 10(1), pp.67–87.

남승인, 신준식, 류성림, 권성룡, 김남균, 권점례, 이종학(2017). **수학교육학 용어해설집**. 서울: 경문사.

이선재, 고호경(2017). 자기평가가 학습자의 수학 학습 성향에 미치는 영향. **수학교육논문집**, 31(4), 457–485.

Markham, T., Larmer, J. and Ravits, J. (2003). *Project based learning handbook: A guide to standards- focused project based learning for middle and high school teachers*. 2nd ed. 노선숙, 김민경, 임해미 공역(2007). **프로젝트 기반 학습 입문서: 중등교사를 위한 기준중심 프로젝트 기반 학습 안내서**. 파주: 교육과학사.

▶ 찾아보기

21세기 역량 ······ 103
CCSSM ······ 25, 94, 163
CSAT ······ 256
DeSeCo ······ 74, 87
Education 2030 ······ 87, 91, 222
eTIMSS ······ 242
IEA ······ 240, 248
NAEA ······ 204, 256
NCTM ······ 3, 16, 22, 93, 155
paperTIMSS ······ 242
PISA ······ 88, 127, 157, 160, 219, 256
SBA ······ 95, 163, 204
TCMA ······ 246
TIMSS ······ 127, 240, 241, 256
TPACK ······ 148
가치 ······ 131, 134, 135
개발 연구 ······ 325
갤러리 워크 ······ 27
결합 게임 ······ 327
계산 ······ 194, 198, 205
고교학점제 ······ 180
공동체 역량 ······ 74
과정 중심 평가 ······ 112, 114
관찰 평가 ······ 262, 336
관찰 프로토콜 ······ 26
관찰법 ······ 116, 337
교과 이수 기준 ······ 184
교육과정 성취기준 ······ 46, 48, 173
교육평가 ······ 2
구술 평가 ······ 45, 115, 262, 356
구술 평가 기록지 ······ 359
구조화 면담 ······ 349
국가수준 학업성취도 평가 ······ 204
규준참조 지표 ······ 137
내적 동기 ······ 128
논술 ······ 115
단답형 ······ 275, 277
단원/영역별 성취수준 ······ 176
대학수학능력시험 ······ 190, 256
도구적 동기 ······ 128, 233
동료 평가 ······ 46, 116, 259, 361
라운드 로빈 활동 ······ 28
맥락 ······ 206, 208, 223, 224
면담 ······ 30
면담 기록지 ······ 351, 353
면담 평가 ······ 45, 259, 348
문제 해결 ······ 10, 37, 75, 201
문항난이도 ······ 297
문항변별도 ······ 298
문헌 연구 ······ 324
반구조화 면담 ······ 349
변혁적 역량 ······ 93
분석적 채점 방법 ······ 282, 284
비구조화 면담 ······ 349
비형식적 면담 ······ 349
사례 조사 ······ 324
서답형 ······ 275
서술형 ······ 276
선다형 ······ 268
성취기준 ······ 172
성취수준 ······ 172
성취수준별 학업 특성 ······ 209, 210
성취평가제 ······ 169
세트형(복합형) ······ 270
수학 불안감 ······ 128
수학 소양 ······ 220, 221
수학 실험 ······ 324
수학 학습 전략 ······ 128

수학과제 탐구 ······ 321, 324, 325
수학적 담화 ······ 29
수학적 모델링 ······ 75, 225, 273
수학적 실천 ······ 25, 94
수학적 창의력 ······ 64
수행평가 ······ 115
실험·실습 ······ 115
심미적 감성 역량 ······ 74
역량 ······ 74
연구 윤리 ······ 325
완성형 ······ 269
의사소통 ······ 12, 37, 74, 80
이해 ······ 199, 205
인지적 영역의 평가 ······ 56
일반 평가 ······ 6
일화 기록법 ······ 338
자기 평가 ······ 45, 115, 116, 259, 361
자기관리 역량 ······ 74
자신감 ······ 129, 131, 132
자아 개념 ······ 128
자아 효능감 ······ 128
정답형 ······ 268
정보 처리 ······ 37, 82
정의적 영역 지표 ······ 138
정의적 영역의 평가 ······ 57
준거참조 지표 ······ 138
준거참조평가 ······ 204
지식정보처리 역량 ······ 74
지필 평가 ······ 45, 260
진단평가 ······ 70, 71, 72
집중 질문 ······ 30
창의적 사고 역량 ······ 74
창의·융합 ······ 37, 78
채점 기준 ······ 231, 232, 262
체크리스트 ······ 339
총체적 채점 방법 ······ 283, 284
총합평가(총괄평가) ······ 70, 71, 72
최소 학업 성취수준 ······ 184
추론 ······ 13, 37, 77, 199, 222
추진 질문 ······ 310
출구 카드 ······ 33
컴퓨터 기반 평가 ······ 158
태도 및 실천 ······ 37, 84
테크놀로지 내용교수지식 ······ 148
테크놀로지 활용 평가 ······ 150
토의·토론 ······ 115
평가기준 ······ 4, 17, 47, 172
평가준거 성취기준 ······ 47
평가틀 · 89, 193, 205, 206, 222, 243, 260
평정 척도법 ······ 340
포트폴리오 평가 ······ 45, 65, 115, 258
표준점수 ······ 196
표준화 ······ 196
프로그램 평가 ······ 14
프로젝트 평가 ······ 45, 115, 258, 308, 316
프로젝트 학습 ······ 309
피드백 ······ 30, 123, 177
학생 평가 ······ 8
학습 나침반 ······ 92
학습의욕 ······ 135
학업성취율 ······ 185
합답형 ······ 268
형성평가 ······ 24, 71
형식적 면담 ······ 349
흥미 ······ 129, 131, 133

이광상

한국교원대학교 대학원 수학교육과 졸업 (수학교육학 박사)

(현) 한국교육과정평가원 연구위원

- ▹ 국가수준 학업성취도 평가
- ▹ 교과 교육과정 국제 비교 연구
- ▹ 중등 서 · 논술형 평가도구 개발 및 보급
- ▹ 2015 개정 수학과 교육과정 개발 연구
- ▹ 2015 개정 수학과 교육과정에 따른 평가기준 개발 연구 등

임해미

이화여자대학교 대학원 수학교육과 졸업 (수학교육학 박사)

(전) 한국교육과정평가원 연구위원

- ▹ 국제 학업성취도 평가(PISA, TIMSS)
- ▹ 국가수준 학업성취도 평가
- ▹ 미래사회 대비 교육평가 비전 연구
- ▹ OECD Education 2030 연구
- ▹ 2015 개정 수학과 교육과정 개발 연구 등

(현) 공주대학교 수학교육과 교수

최인선

이화여자대학교 대학원 수학교육과 졸업 (수학교육학 박사)

(현) 한국교육과정평가원 연구위원

- ▹ 교과 교육과정 국제 비교 연구
- ▹ 국제 학업성취도 평가(TIMSS)
- ▹ 세계 각국의 대학 입시제도 연구
- ▹ OECD Education 2030 연구
- ▹ 2015 개정 수학과 교육과정에 따른 평가기준 개발 연구 등

김성경

경북대학교 대학원 수학교육과 졸업 (수학교육학 박사)

(현) 한국교육과정평가원 부연구위원

- ▹ 국가수준 학업성취도 평가
- ▹ 교과 교육과정 국제 비교 연구
- ▹ 공교육정상화 정책 효과 분석
- ▹ 2015 개정 교육과정 실태 분석 연구 : 초등 1~2학년을 중심으로
- ▹ 2015 개정 수학과 교육과정에 따른 평가기준 개발 연구 등

수학교육평가의 이론과 실제

초판발행 2021년 1월 5일
초판 2쇄 발행 2024년 1월 5일

지은이 이광상 · 임해미 · 최인선 · 김성경
펴낸이 오판근
펴낸곳 (주) 교우
주 소 서울시 동대문구 약령시로 8 교우빌딩 2층 (주)교우
전 화 02-925-2861 / **팩 스** 02-925-2860, **편집부** 02-925-2825
홈페이지&북스토어 www.kyowoo.co.kr / **이메일** kyowoo@kyowoo.co.kr

등 록 1994년 3월 24일 제1994-000013호
ISBN 979-11-251-0324-0 (93410)

Published by Kyowoo Co., Ltd. Printed in Korea

(주) 교우는 보다 혁신적이고 참신한 도서를 다양하게 기획하고 있습니다.
책으로 펴내고자 하는 아이디어나 원고는 메일로 보내주세요.
(주) 교우는 전과정을 책임지고 최선을 다하겠습니다.

값 26,000원

교우미디어는 (주) 교우의 Imprint 사입니다.
수학정원·과학정원은 (주) 교우의 새로운 브랜드명입니다.

잘못된 책은 구입하신 서점에서 교환해 드립니다.